20세기 일본의 역사학

20-SEIKI NIHON NO REKISHIGAKU
by NAGAHARA Keiji
Copyright © 2003 NAGAHARA Kazuko. All right reserved.
Originally published in Japan by YOSHIKAWA KOBUNKAN, Tokyo.
Korean translation edition published 2011 by Samcheolli Publishing Co., Seoul.
Korean translation rights arranged with YOSHIKAWA KOBUNKAN, Japan
through THE SAKAI AGENCY and BC Agency.

이 책의 한국어판 저작권은 사카이에이전시와 BC에이전시를 통해 저작권자와 독점 계약한
삼천리에 있습니다. 저작권법에 따라 보호받는 저작물이므로 무단 전재와 복제를 금합니다.


## 20세기 일본의 역사학

| | |
|---|---|
| 지은이 | 나가하라 게이지 |
| 옮긴이 | 하종문 |
| 펴낸이 | 송병섭 |
| 디자인 | 이수정 |
| 펴낸곳 | 삼천리 |
| 등록 | 제312-2008-000002호 |
| 주소 | 121-865 서울시 마포구 성산동 294-14 2층 |
| 전화 | 02) 711-1197 |
| 전송 | 02) 6008-0436 |
| 전자우편 | bssong45@hanmail.net |

1판 1쇄  2011년 2월 28일

값 25,000원
ISBN 89-94898-02-5 03910
한국어판 © 하종문 2011

이 책은 JAPANFOUNDATION 国際交流基金 출판/번역 조성사업의 지원을 받았습니다.

# 20세기 일본의 역사학

20世紀日本の歷史学

나가하라 게이지 지음 | 하종문 옮김

## 나가하라 게이지 永原慶二

1922년 중국 다롄 태생. 도쿄대학 국사학과를 졸업하고 히토쓰바시대학 대학원에서 〈일본 봉건제의 성립 과정 연구〉로 박사학위를 받았다. 1958년부터 1986년까지 히토쓰바시대학 교수를 지냈고 정년퇴임한 뒤 일본복지대학과 와코대학에서 학생들을 가르쳤다. 특히 장원제와 영주제를 바탕으로 일본 중세사 연구의 기초를 확립했고, 역사학연구회 위원장, 일본학술회의 회원, 문화재보호심의회 전문위원을 지냈다. 60여 년 동안 일본 중세사와 사회경제사, 사학사, 교과서 문제에 관해 《일본 봉건사회론》(1955), 《일본의 중세사회》(1968), 《중세 내란기의 사회와 민중》(1977), 《역사학 서설》(1978), 《일본 경제사》(1980; 한국어판 박현채 옮김, 지식산업사, 1984), 《'자유주의 사관' 비판》(2000) 등 30여 권의 저작을 남겼다. 2004년 세상을 떠난 뒤 《나가하라 게이지의 역사학》(2006)과 《나가하라 게이지 저작선집》 전10권(2007~2008)이 간행되었다.


## 하종문

한신대학교 일본지역학과 교수. 한중일3국공동역사편찬위원회 편찬위원과 《역사비평》 편집위원을 맡고 있다. 서울대학교 인류학과를 졸업하고 도쿄대학 대학원 일본사학과에서 〈전시 노동력 정책의 전개〉로 박사학위를 받았다. 지은 책으로 《역사와 책임》(2008, 공저)과 《東アジアの歷史政策—日中韓對話と歷史認識》(2008, 공저), 《미래를 여는 역사》(2006, 공저), 《근현대 일본정치사》(2000)등이 있고, 옮긴 책으로 《근대 일본의 사상가들》(2009, 공역), 《세 천황 이야기》(2009, 공역) 등이 있다.

---

┤ 일러두기 ├

1. 일본 지명과 인명을 비롯한 고유명사는 일본어 발음대로 표기하고 원어를 괄호 안에 표기했다.
2. 본문에 나오는 책과 논문 등 저작 이름은 가능하면 우리말로 옮겨 표기하고 찾아보기 항목에 원저작 이름을 병기했다. 예를 들면, 《역사서술의 이론과 역사》(歷史敍述の理論及歷史, 1926).
3. 원서에 수록된 〔일본 근현대사 연표〕(40여 쪽 분량)는 본문 내용으로 충분하다고 생각해 한국어판에서는 생략했다.

| 머리말 |

이 책 집필을 의뢰받은 것은 20세기가 겨우 두 해 년 남짓 남은 1998년 가을 무렵이다. 나는 본디 일본 중세사 전공자로서 사학사를 연구 주제로 삼지 않았기에, 곧바로 "알았다"라고는 도저히 말하지 못하고 "생각해 보겠다"고만 답을 했다.

그렇다고 사학사에 대해 전혀 무관심한 것은 아니며, 과거에도 《역사학서설》(1976년, 東京大学出版会) 등 사학사에 관한 작업에 다소 관여한 바 있다. 또 대학에서 강의 제목으로 일본 사학사를 내건 적도 있다. 그러나 주어진 제목인 '20세기 일본의 역사학'에 대해 비록 일본사 연구에 국한하더라도 혼자서 종합적인 관점으로 논술하는 것은 불가능하며, 그 시대에 속하는 자신은 제쳐 둔 채 선배 동학의 작업과 역사관에 관한 문제를 논평하는 것이 바람직한가 하는 생각도 부정하기 어려웠다.

그러던 중 다른 일에 쫓겨 어느새 21세기에 접어들고 말았고, 이 일은 이제 시기를 놓쳤구나 하고 내심 느끼게 되었다. 하지만 지난해(2001년) 봄, 또다시 역사 교과서 문제가 발생하고 '역사관과 역사인식' '내셔널리즘' '국민국가' '역사 왜곡' 등이 나라 안팎에서 치열하게 되물어짐에 따라 내 생각도 크게 바뀌었다.

지금 시점에서 일본 근현대 사학사를 '공평'하게 또는 '균형감 있게 개설적으로' 쓰는 것보다 절실한 것은, 메이지(明治) 이래 일본의 역사학 내지 일본사학에 대한 인식을, 그와 불가분한 역사교육까지 시야에 넣고서 나름의 각도에서 점검해 보는 일이라는 생각이 급속도로 강해졌다. 내가 이 책에서 가장 중점을 두어야 한다고 여긴 것은, 각 시대와 각 분야의 구체적인 연구사, 즉 '학설사'를 자세하게 들여다보는 것이 아니라, 역사학과 국가·정치·경제·사회가 맺는 관계라는 문제였다. 흔히 얘기하듯이 역사는 '과거'에 대한 '현재'의 문제 제기이기에, 거기에는 반드시 역사를 보는 이의 사상이 있고 그것에 바탕을 둔 방법이 있다. 그 점을 기본 시점으로 삼고 메이지 이래 근현대 일본 사학사를 역사 연구자가 각각 '하나의 사학사'로서 서술하면 되며, 바로 그것을 써야 한다고 생각하게 된 것이다. 교과서 문제를 역사학·역사교육의 역사로 거슬러 올라가 근원적으로 살펴보고, 또 비판하기 위해서도 사학사에 대한 이해와 인식이 불가결하다는 것이 집필을 결심한 중요한 동기가 되었다.

그렇게 생각하자 조금 마음이 편해졌다. 그런데 집필을 시작하면서 특히 '2부 현대 역사학의 전개'에 해당하는 전후 사학사 부분은 같은 세대나 나보다 젊은 세대 연구자의 방대한 작업을 어떻게 받아들일 것인가 하는 점을 놓고 몹시 곤란을 겪었다. 동학들의 뛰어난 작업을 다루지도 못하고 올바르게 평가하지도 못함으로써 결례를 범하지는 않았는가 하는 생각도 강해졌다. 그러나 동시대의 사학사를 쓰는 일은 자신의 역사관을 있는 그대로 드러내는 일이기도 하기에, 지금은 이런 내 생각을 빌미삼아 그저 용서를 구할 따름이라고 마음먹었다.

나는 패전 직후부터 미력하나마 일본사 학계에서 60년 가까운 세월을 보냈다. 이제 그 세대 사람들이 급속히 줄어드는 지금, 동시대적 기억 속에 있는 일본사 연구의 상황과 추이를 자신이 느끼는 대로 가감 없이 남겨 두는 일도 다소 의미가 있지 않을까 생각된다.

이것이 이 책의 집필에 즈음한 솔직한 마음이다. 작업하면서 나름대로 큰 수확이었다고 생각한 것은, 이 책 덕분에 지난해부터 올해에 걸쳐 전전·전후의 여러 중요 문헌을 다시 읽었으며, 젊을 적에는 느끼지 못하거나 몰라서 놓쳤던 문제를 새삼 발견함으로써, 역사를 향한 선배들의 마음에 다가갈 수 있었다는 점이다.

이 책은 2002년 2월부터 7월 사이에 집필했다. 얼추 완성된 원고를 사학사를 전공하는 학우 이마이 오사무(今井修) 씨한테 보여 줘서 적절한 충고를 받았다. 게다가 이마이 씨가 독자적으로 만들고 있는 근현대 일본 사학사 연표를 이 책에 어울리는 형태로 실을 수 있게 되었다. 이 자리를 빌려 깊이 감사를 드린다.(연표는 내용상 불필요하다고 여겨 한국어판에서는 생략했음을 밝혀 둔다―옮긴이)

또 집필을 권하고 긴 시간 여러 모로 지원해 주었을 뿐 아니라 제작을 담당하면서 모자란 부분을 친절히 도와주신 요시카와코분칸(吉川弘文館) 편집부의 사이토 노부코(斎藤信子) 씨와 출판사에도 깊은 감사의 마음을 전한다.

2002년 12월
나가하라 게이지

| 차례 |

머리말 5

들어가며: 사학사에 대한 시각 15

## 1부 근대 역사학의 성립

### 1장 | 메이지유신과 일본사학 ········ 21
유신기 일본사학의 조류
수사국의 창설
'국사 편집' 방침을 둘러싸고
유럽 역사학에 대한 관심

### 2장 | 문명사와 계몽주의 역사학의 전개 ········ 33
문명개화의 사상 조류
후쿠자와 유키치의 역사 사상
다구치 우키치의 《일본개화소사》
나카 미치요의 〈일본상고연대고〉
도쿠토미 소호의 '평민주의' 역사 사상과 '사론사학'

### 3장 | 근대 실증주의역사학의 탄생 ········ 46
수사 사업의 제국대학 이관
시게노 야스쓰구의 실증주의역사학
구메 구니타케의 〈신토는 제천의 풍속〉
신토-국학파의 역습과 실증주의역사학파의 후퇴
정치사 중심의 아카데미즘 실증주의역사학의 성립

4장 | '구미식 근대의 가능성'을 역사에서 찾기 ·············· 58
　국사 · 동양사 · 서양사 3과 제도의 성립
　'구미'를 따라잡을 수 있을까: 메이지 30년대의 새 사학
　하라 가쓰로와 우치다 긴조
　나카타 가오루의 법제사학
　제국주의와 역사학
　남북조 정윤론 사건

5장 | 고유문화와 사회 · 민중의 발견 ·············· 73
　확대되는 역사 연구의 대상
　기다 사다키치의 《민족과 역사》
　야나기타 구니오의 민속학과 일본사학
　쓰다 소우키치의 '신대사'와 '국민사상사'
　이하 후유의 오키나와학

6장 | 다이쇼 · 쇼와 시기의 도시사와 문화사 ·············· 87
　도시사와 문화사에 대한 관심
　고다 시게토모의 근세도시사와 일본-유럽 교류사
　미우라 히로유키의 사회적 관심
　쓰지 젠노스케의 불교학
　니시다 나오지로의 '문화사학'
　무라오카 쓰네쓰구의 사상사와 와쓰지 데쓰로의 정신사

7장 | **사회구조와 변혁의 관점** ……………………………… 102
　　　사회주의 사상과 마르크스역사학의 성립
　　　노로 에이타로의 《일본 자본주의 발달사》
　　　《일본 자본주의 발달사 강좌》와 일본 자본주의 논쟁
　　　하니 고로의 메이지유신사
　　　핫토리 시소의 역사론
　　　와타나베 요시미치의 고대사 연구
　　　'가부장제'와 싸운 다카무레 이쓰에

8장 | **군국주의 광풍 하에서의 실증 연구** ……………………… 122
　　　사회경제사학회와 역사학연구회
　　　혼조 에이지로와 일본 경제사 연구
　　　주변 분야로부터 심화되는 역사 연구
　　　아루가 기자에몬의 농촌사회사와 후루시마 도시오의 농업사
　　　전전·전시기 실증주의적 연구의 고도화
　　　아이다 니로의 고문서학

9장 | **전쟁과 초국가주의 역사관** ……………………………… 138
　　　'근대 천황제 국가'와 역사학
　　　히라이즈미 기요시의 황국사관
　　　쓰다 소우키치의 수난
　　　문부성의 《국사개설》
　　　일본 낭만파와 니시다 역사철학 그룹

# 2부 현대 역사학의 전개

**1장 | '전후역사학'의 발상** ................................................ 155
    패전, 역사학과 역사교육
    이시모다 쇼의 《중세적 세계의 형성》과 도야마 시게키의 《메이지유신》
    점령 정책과 전후 개혁, 강좌파 이론
    '근대주의' 역사학의 일본 사회 인식
    마르크스역사학의 사회구성체론과 '이행'론
    아라키 모리아키의 가부장제적 노예사회론
    인민투쟁사와 잇키 연구
    실증주의역사학과의 교류

**2장 | 마르크스역사학에 대한 비판 속에서** ................................................ 184
    《쇼와사》 논쟁
    '단선적 발전단계론' 비판
    '서구 모델의 근대' 인식에 대한 비판
    동아시아사와 세계사 속의 일본사
    '지방'·민속·여성·소수자의 시각
    역사의 단절과 연속

**3장 | 고도 경제성장과 일본사학의 전환** ................................................ 207
    실증주의역사학의 발전과 변모
    아사오 나오히로의 제언, '일본 근세사의 자립'
    '근대화론'의 등장과 '일본문화론' '일본사회론'

이에나가 사부로의 교과서검정 소송과 역사 재인식론
　　민속, 다른 문화를 향한 눈
　　이로카와 다이키치와 가노 마사나오의 민중사상사
　　야스마루 요시오의 민중사와 통속도덕론

4장 | **'근대' 비판과 사회사 연구** ……………………… 229
　　고도 경제성장의 종언과 '근대' 비판
　　'사회사'가 지향하는 바
　　아미노 요시히코의 중세 사회사
　　'진보'에 대한 회의와 낭만주의
　　민족·사회·국가에서 '통합'의 의미
　　도시사 연구의 새로운 시각

5장 | **역사의 총체적 파악을 향해** ……………………… 250
　　연구 과제와 방법의 혁신
　　생활사와 기술사에 대한 관심
　　여성사 연구의 비약
　　신분제론과 '비천' 신분론
　　전근대의 국가사와 국가론
　　천황·천황제론의 새로운 단계
　　미즈바야시 다케시의 국가제도사
　　류큐·오키나와사와 북방사
　　'일본국'의 안과 밖

**6장 | 근현대사를 보는 눈의 변화** ········· 279
    문제의식의 전환
    청일전쟁과 러일전쟁, 제국주의
    아시아태평양전쟁사와 전쟁 책임
    전후사의 연구 틀 문제
    외국인 연구자의 일본 근현대사 연구
    역사 왜곡과 역사교육

**7장 | 연구 체제의 확충과 사료·자료의 조사와 정비** ········· 300
    연구 기관과 학술 체제
    대형 사적의 종합 조사와 복원
    사료·자료의 다양화와 학제적 협동
    사료의 공개 간행과 충실한 연구 길잡이 서적

    맺음말 319
    옮긴이의 말 331
    찾아보기 337

| 들어가며 |

# 사학사에 대한 시각

　이 책은 메이지유신 이래 학문으로서 역사학·일본사학이 어떠한 사상을 바탕으로 어떠한 문제의식을 지니고 또 어떠한 방법으로 연구를 추진해서 오늘날에 이르렀는가를, 가능한 한 계통적으로 되돌아보고 현재와 장래의 역사학의 과제를 생각해 보고자 한 것이다. 말하자면 일본사 연구를 토대로 한 근현대 일본 사학사가 된다.
　통상 '사학사' 하면 연상되는 내용이 언제나 명백하고 확정적인 것은 아니다. 예를 들면, 흔히 시대마다 대표적인 역사가와 그 업적에 역점을 두고 일본사 연구의 발자취를 더듬어 간다. 또 그것과는 다소 다른 느낌으로 각 시대사의 중요한 쟁점에 초점을 맞춰 일본 역사학의 흔적을 추적하는 방법도 있다. 그런가 하면 일본 역사학계와 그것을 둘러싼 시대·사회 상황의 관련성에 주목할 수도 있다. 예를 들면 구메 구니타케(久米邦武) 사건, 남북조 정윤론(正閏論) 사건, 쓰다 소우키치(津田左右吉) 필화 사건 같은 역사학 연구의 중대 사건을 실마리로 삼아 일본 역사학을 되짚어 보는 방법도 있을 것이다.
　한 마디로 일본 사학사라고 해도 시각이나 접근법은 제각각이며 어느 것이 옳고 어느 것이 부적절하다고 간단하게 결론지을 수는 없다. 저마다 어느 정도 중요성과 가치가 있다.

그런 여러 접근법을 인정한 다음, 이 책에서 나는 각각의 시대 상황을 고려하면서 일본 역사학의 사상과 방법이 전개되는 과정을 계통적으로 좇아가 보려고 한다. '역사관과 역사인식의 방법에 관점을 가미한 사학사'라고 해도 좋겠다. 다만 '역사인식의 방법'이라고 하면 다소 갑갑한 느낌도 있다. 역사학에서 '방법'이란 흔히 연구 기술과 대상에 접근하기 위한 사료 등 구체적이고 기술적인 연구 방법을 가리키는 경우가 많기 때문이다. 그런 점에서는 일괄해서 '역사학(일본 역사학)의 사상과 역사 연구의 존재 방식'의 역사적 전개라고 말하는 편이 내 생각과 더 가깝지 않을까 싶다.

일상적인 연구 활동으로 사료와 마주하고 개별 사실을 규명하려 할 때, 역사 연구자는 종종 그 직접적인 목표에 이른바 몰입되어 파고드는 경우가 많다. 흥미가 일어 조사를 하거나 이런저런 의의를 지닐 것이라는 논리가 분명치 않아도, 조사하고 싶다는 생각은 그 어떤 대상에 관해서도 들기 마련이다. 그것이 연구를 진전시키는 기초가 된다는 점은 부정할 수 없다. 역사학과 같이 어떤 사실이라도 전혀 연구할 가치가 없다고 말하기는 어려운 학문 분야에서는 역사가의 사상까지 더듬어 가며 그 연구의 의의를 되묻지 않는 것이 외려 통례이다. 메이지 이래의 사학사를 되돌아보면, 그런 경향을 두고 이따금 '사상 없는 실증주의 사학'이라고 평가하기도 하고 한편에서는 비난을 퍼붓기도 했다. 그럼에도 불구하고 일본사 연구의 구체적 상황으로 들어가 보면 볼수록 '사상 없는' 역사 연구는 널리 행해졌으며, 그것이 일본 역사학의 밑바탕을 이루고 있다고 해도 무방할 지경이다.

세분화된 연구 논문만 하더라도 그 밑바탕과 배경에는 역시 문제의식이라 할 만한 것이 있고, 역사 연구자가 현대와 마주보면서 과거에서 무엇을 찾아낼 것인가와 같은 발상도 있기 마련이다.

역사학이라는 학문이 사실(史實)을 파헤치는 기초적 작업이라는 면에서는 실증과학이지만, 역사상을 구성하고 서술하는 데 이르는 역사인식의 성립은 역사가의 사상 없이 불가능하다. 여기에 역사학의 객관성과 주관성의 통합이라는 난제가 있다. 메이지유신 시기의 문명사관이나 전전·전후의 마르크스역사학 등은 일정한 가치 의식을 분명하게 밝히면서 현실에 관여하고 역사의 진보에 기여하려는 계몽주의적 정신이 특히 강했다. 메이지의 국체사관(國體史觀)이나 전시기의 황국사관은 전혀 다른 성질인 데다 엄밀한 의미에서 학문이 아니라고 생각되지만, 현실에 관여한다는 의식이 강렬하다는 점에서는 서로 통하는 점이 있다.

역사학의 사상이라고 하면 아무래도 그런 주체성과 실천성이 강한 특징이 먼저 눈에 들어오기 쉬우나, 거기에만 눈이 가는 것도 사학사로서는 적절하지 않다. 그런 의미에서 이 책에서 시도하는 일본 사학사의 인식과 서술의 기본은, 대표적인 것뿐 아니라 구체적인 연구의 조류와 성과들도 감안하여 일본 역사학의 사상을 가능한 한 넓게 관찰하며, 시대와 연결시켜 그 전개의 의미를 생각하려는 데 있다.

나는 과거 가노 마사나오(鹿野政直) 씨와 함께 《일본의 역사가》(日本評論社, 1976년)라는 책을 펴낸 적이 있다. 그러한 역사가 열전 식의 시도도 사학사 인식의 한 측면으로서 유용하다고 생각하지만, 방법으로서는 소박했으며 지은이의 개성을 담은 사상사로서도 미숙했다. 이 책에서는 그런 점도 고려하여 일본 역사학의 사상 동향을 몇 시기로 구분하여 각각의 특징과 의미를 살피는 방식으로 진행하고자 한다.

| 일본 사학사 참고문헌 |

大久保利謙,《日本近代史学の成立》大久保利謙歴史学者作集 7(吉川弘文館, 1933)

大久保利謙,《日本近代史学事始め》岩波新書(岩波書店, 1996)

松島栄一,〈日本における歴史学の発達〉,《日本歴史講座 第一巻》(河出書房, 1952)

家永三郎,《日本の近代史学》(日本評論社, 1957)

岩井忠熊,〈日本近代史学の形成〉,《岩波講座日本歴史 別巻1》(岩波書店, 1963)

北山茂夫,〈日本近代史学の発展〉,《岩波講座日本歴史 別巻1》(岩波書店, 1963)

門脇禎二,〈史学史〉(林屋辰三郎 編,《日本史研究序説》, 創元社, 1965)

小沢栄一,《近代日本史学史の研究 明治編》(吉川弘文館, 1968)

遠山茂樹,《戦後の歴史学と歴史意識》(岩波書店, 1968)

犬丸義一,《歴史科学の課題とマルクス主義》(校倉書房, 1970)

柴田三千雄,〈日本におけるヨーロッパ歴史学の受容〉,《岩波講座世界歴史 30 別巻》(岩波書店, 1971)

永原慶二 他,《日本史学論争》(歴史学研究会・日本史研究会 編,《講座日本史 9》, 東京大学出版会, 1971)

五井直弘,《近代日本と東洋史学》(清木書店, 1976)

成瀬治,《世界史の意識と理論》(岩波書店, 1977)

《岩波講座日本歴史 別巻1 戦後日本史学の展開》(岩波書店, 1977)

《岩波講座日本通史 別巻1 歴史意識の現在》(岩波書店, 1995)

鹿野政直,《近代日本の民間学》(岩波書店, 1983)

斉藤孝,《昭和史学史ノート》(小学館, 1984)

今谷明他 編,《20世紀の歴史家たち 1・2 日本編 上・下》(刀水書房, 1997・1999)

鹿野政直,《化生する歴史学》(校倉書房, 1998)

歴史学研究会 編,《戦後歴史学再考》(清木書店, 2000)

成田龍一,《歴史学のスタイル》(校倉書房, 2001)

日本歴史学会 編,《日本史研究者辞典》(吉川弘文館, 1999)

# 1부
# 근대 역사학의 성립

# 1장
# 메이지유신과 일본사학

## 유신기 일본사학의 조류

　메이지유신은 사상·문화까지를 포함하는 전 사회체제와 질서 구조의 대전환을 불러온 변혁이었다. 막번 체제가 공인한 가치 체계인 유교적 명분론과 그것을 지탱하는 역사관은 기본적으로는 부정되었다. 그러나 메이지 신정권이 그것을 대체할 수 있는 새로운 가치 체계를 일원적으로 제시한 것은 아니었다.

　유신 정부는 한편에서는 '왕정복고' 천황 정권을 간판으로 내세워 신기관(神祇官)을 두었으나 다른 한편에서는 '사민평등' '문명개화'를 표방했다. 그 둘을 어떻게 통일하고 신정권의 기본 이념과 정통성을 어떻게 뒷받침할 것인가와 더불어 국가관·역사관도 처음부터 명확한 형태로 제시하지는 못했다.

　그런 격동기 상황을 반영하여 유신기의 사회사상·역사관과 그 담당자도 신구가 뒤섞여 어느 쪽이 주도권을 쥘 것인가도 쉽사리 정해지지 못했다. 첫째는 도쿠가와(德川) 이래의 유교적 명분론을 존왕론(尊王論)으로 뒤바꿔서 천황-'신민'적 명분론으로 재생을 도모하고 뒷날 교육칙어로 귀결되는 유교계 이데올로기 그룹이다. 천황의 측근이었던 모토다 나가자네(元田永孚, 1818~1891년)가 대표적 이데올로그였다.

두 번째는 유교를 모체로 하면서도 청의 고증학을 배워 봉건적 명분론을 넘어서려 했던 사족 출신의 한학자 그룹이다. 사쓰마(薩摩, 가고시마 현-옮긴이) 번 출신의 시게노 야스쓰구(重野安繹, 1827~1910년), 사가(佐賀, 사가 현-옮긴이) 번 출신의 구메 구니타케(久米邦武), 에치고(越後, 니가타 현-옮긴이) 출신의 호시노 히사시(星野恒, 1839~1917년) 같은 이가 대표적인 인물이다. 뒤에 나오겠지만 이들은 정부의 국사편찬 사업의 중심이 되고 유럽 근대 역사학을 배워 제국대학(교토대학이 생기는 1897년까지 '제국대학'은 도쿄대학만을 가리킴-옮긴이)의 문과대학 교수가 되었다.

세 번째는 국학-신토(神道)계 학자들이다. 국학자들은 대부분 원래 무가(武家) 출신이 아니며, 학설과 더불어 막번 체제 아래에서는 이른바 비주류였다. 막말 국학의 거두 히라타 아쓰타네(平田篤胤, 1776~1843년)는 자신의 설교에 종교 색을 강화하여 각지의 신관(神官)·호농을 중심으로 550명의 문도를 거느렸다. 메이지유신과 더불어 이 계열의 인물들은 신토 국교화 운동에 나서서 폐불훼석(廢佛毀釋, 메이지 초기의 불교 배척 운동-옮긴이)을 추진했고, 신화에 국가의 아이덴티티를 요구하는 복고적 역사관을 주장하여 메이지 전기의 각 파벌 가운데 가장 우익적인 조류를 형성했다.

네 번째는 문명사·개화사의 흐름이다. 저 위대한 선구자 후쿠자와 유키치(福沢諭吉, 1834~1901년)는 일찍이 난학(蘭学)을 배웠으나 영학(英学)으로 옮겼고, 막부 붕괴 이전에 이미 세 차례에 걸쳐 미국과 유럽을 방문하여 서구 문명에 대한 이해를 높였다. 1866년에는 벌써 《서양사정》(西洋事情)을, 1875년에는 《문명론의 개략》(文明論之槪略)을 간행했다.

후쿠자와보다는 훨씬 어린 다구치 우키치(田口卯吉, 1855~1905년)도 약관 스물셋의 나이에 1877년부터 《일본개화소사》(日本開化小史)의 간행을 개시했고, 후쿠자와와 함께 문명사파의 기수가 되었다. 이 문명사파는 두말 할 나위도 없이 일본 근대 사학사의 원점 중 하나가 되기 때문에 따로 다시 서술하기로 한다.

이 네 갈래는 엄밀히 말하면 모두 역사학 사상은 아니다. 아직 역사학으로 전문화되기 이전의 미분화된 사조였다. 그러나 그들은 저마다 당파적인 측면도 지니고 서로 대항했으며, 초창기 메이지 국가에서 역사학의 주도권을 다투었다.

그 밖에 메이지 이후의 일본사 연구에도 커다란 영향을 끼친 빠뜨릴 수 없는 학자로 하나와 호키이치(塙保己一, 1746~1821년)와 반 노부토모(伴信友, 1773~1846년)가 있다. 둘 다 일반적인 분류에서는 국학자에 속할 것이다. 하나와는 일본어 서적의 수집과 연구에 힘써 막부로부터 화학강담소(和学講談所)의 설립을 허락받아 《군서유종》(群書類從)을 편찬했다. 반 노부토모는 《일본서기》를 비롯한 고전 연구에 힘을 쏟아 국학계 고증학의 발전에 큰 발자취를 남겼다.

고증학은 한학계와 국학계가 저마다 개성을 발휘했으나, 에도(江戶) 후기에는 조닌(町人, 도시 거주 서민 — 옮긴이) 사이에 장서와 문헌고증이 거의 취미처럼 유행했으며, 그런 흐름은 메이지 이후 역사학의 모태가 되었다. 단지 하니와나 반의 학통은 메이지 초기의 정치적인 사상투쟁의 본무대에는 등장하지 않은 탓에 위에서 든 네 조류에 들어갈 정도는 아니었다.

## 수사국의 창설

막말 유신의 격동 속에서 신구 역사 사상이 위와 같이 거센 소용돌이를 형성한 것인데, 그것은 애초부터 개별 역사가의 사상 차원으로 정리될 수는 없었다.

국가가 통합의 궤적을 '정사'(正史)로 기록하여 정통성의 근거로 삼기 때문에, 역사를 편찬한다는 사고방식은 '이십사사'(二十四史) 중국 역대 왕조가 채용해 오던 바이다. 그러기에 정부 내에 '사국'(史局)을 두고 사관을 등용하는 것이 원칙이었다.

일본에서도 고대 율령국가에서 같은 사고방식을 이어받아 '육국사'(六國史)의 편찬이 이루어졌다. 그러나 가마쿠라(鎌倉) 시대에 막부의 《아즈마카가미》(吾妻鏡) 편찬은 있었으나, 조정이 정사를 편찬하는 전통은 헤이안(平安)·가마쿠라·무로마치(室町)·에도 시대를 이어 가지 못하고 끊어졌다. 에도 시대에 미토(水戶) 번주 도쿠가와 미쓰쿠니(德川光圀)의 명에 따른 《대일본사》 편찬은, '진무'(神武)부터 고코마쓰(後小松)까지 '천황 100대'를 기전체로 편찬한다는 방침을 세우고, 사국 창고관(彰考館)을 두어 사업을 추진했다. 정사 편찬 사업에 가까운 성격이었지만 유교적 명분론을 바탕으로 하는 역사관에 서 있었기에, 그것을 유신 정부가 그대로 승계할 수는 없었다.

그런 탓에 재빨리 1869년 2월(구력, 이하 1872년 12월 3일을 1873년 1월 1일로 한 개력까지는 구력), 신정부의 가이세이학교(開成學校, 막부의 양학 연구 교육기관인 가이세이쇼開成所의 후신)와 쇼헤이학교(昌平學校, 막부의 쇼헤이자카학문소昌平坂學問所의 후신)는 "육국사 편수 이후 황공하옵게도 조정이 쇠미함에 따라 저술의 분부도 없이" 경과했으나,

이번에 왕정복고의 대업이 이루어진 이상 옛날과 같이 국사 편수의 대사를 일으켜 (⋯⋯) 개국의 성지(聖旨)를 내셔서 총재 이하 편수·기록 관리를 두시고 학교 관원인 소장으로 하여금 겸무를 명하신다면 중대한 일이지만 간편하게 처리하실 수 있다고 사료됩니다.

하고 정부에 건의했다. 정부는 이를 받아들여 3월 구단사카우에(九段坂上)의 구 화학강담소(和学講談所)에 사료편집국사교정국을 설치했다.

이어 4월 메이지 천황은 다음과 같은 서한을 산조 사네토미(三条実美)에게 내렸다.

수사는 만세불후의 대사이자 조종(祖宗)의 장거이니 삼대실록(901년 편찬된 육국사의 마지막 사서 — 옮긴이) 이후 단절된 것은 어찌 큰 잘못이 아니겠는가. (……) 그런 고로 사국을 열어 조종의 위업을 이어 크게 문교를 천하에 펴고자 하여 총재의 직에 명하노라. 모름지기 속히 군신 명분의 뜻을 바로잡고 화이(華夷) 내외의 구별을 밝힘으로써 천하의 도리를 교육하라.

'군신 명분의 뜻'이나 '화이 내외의 구별' 같은 구절에서 볼 수 있듯이 기본은 여전히 유교적 명분론이다. 중국의 전통에 따라 육국사를 승계하고 새로운 천황 정권이 국가 통치의 정통성을 갖는다는 점을 역사에 의거하여 명시하려는 것이 본뜻이다. 앞서 얘기한 바와 같이 이미 후쿠자와 유키치의《서양사정》은 널리 읽히고 있었으나, '왕정복고'를 표방하는 신정부는 나라 밖의 정세로 눈을 돌리기보다는 '군신 명분의 뜻'과 '화이 내외의 구별'을 기본으로 삼는 태도를 취한 것이다.

같은 해 7월 제정된 태정관제(太政官制) 아래에서는 대학교 별당(別當)이 '국사를 감수'하도록 하여 10월 대학교에 국사편집국이 개설되었다. 그러나 사정은 분명치 않으나 국사편집국이 12월에 폐쇄되었고, 이듬해 1870년 2월 태정관 정원(正院)에 기록편집계가 설치되어 사료 수집에 나섰다. 1872년 10월 역사과와 지지과(地誌課)가 설치되지만, 당분간은 유신 사료를 집성하는《복고기》(復古記)의 편집이 우선시되었다. 신정권으로서는 자신들이 승리한 기록이자 정통성을 증명하는 것이기도 한《복고기》의 필요성을 절감했음에 틀림없다.

이어 1875년 4월 역사과는 수사국(修史局)으로 개편되었고 시게노 야스쓰구까지 가세하여 80명의 인원을 거느린 큰 조직으로 바뀌었다. 또 9월에는 내무성으로 옮겨갔던 지지과도 이관되어 국사 편집 사업은 이제 본격적으로 출발하는 듯했다. 하지만 1877년 1월 들어 정부는 재정난 탓에 수사국을 수사관으로 바꾸고 관원도 42명으로 줄였다.

이런 수사국, 사관의 설치와 사업은 근대 사학사의 출발점으로서 매우 중요한 의의가 있다. 되돌아보면 이 시점에서는 아직 전문적으로 역사학 교육을 받은 전문 역사가라 할 만한 인재가 없었다. 앞서 말하였듯이 막말·유신의 격동 속에서 신구 여러 역사관과 역사론이 등장했고 논단은 활기를 띠고 있었지만, 그 속에서 신정권이 어느 쪽을 사국의 중심에 등용하는가에 따라 이른바 국가가 공인하는 사관이 선택을 받게 되는 것이다.

막번 체제 해체에 따라 유학이 국가적 교학으로서의 지위를 상실한 것은 비교적 최근의 일인 데다 유신 정권 아래에서도 사상의 자유화는 쉽사리 실현되지 않았기에, '관허(官許) 역사학'의 입장과 권위를 놓고 각파가 다툼을 벌인 것은 자연스런 추세였다.

그런 가운데 막번 체제 하에서 이른바 야당이었던 신토-국학계와 고증학계 학파는 유신 초기 신토 국교화 정책에 힘입어 유학을 대체하는 새로운 '관허 학문'으로서의 지위를 지향함으로써 수사관 주도권 다툼에 나설 가능성이 컸다. 양자 사이에 어떤 교류와 대립이 있었는지는 분명치 않으나, 이후에 전개된 경위를 보자면 틀림없이 불꽃을 튀길 정도였다고 생각된다. 이 문제의 추이는 일본 근대 역사학의 진로에 대단히 큰 영향을 주었다.

### '국사 편집' 방침을 둘러싸고

수사국이 발족할 당시 편집관은 한학계의 가와다 쓰요시(川田剛, 1830~1896년)·시게노 야스쓰구·나가마쓰 쓰카사(長松幹), 국학계의 다니모리 요시오미(谷森善臣)·오고 가즈토시(小河一敏) 같은 전문가들이 맡고 있었다. 이들 가운데 나가마쓰 쓰카사가 《복고기》를 담당했고, 나머지 네 사람이 시대별로 맡아 사료 수집을 시작했다.

그러나 '국사 편집' 방침에 대해서는 애초부터 적지 않은 난관이 있었다. 첫째 사료의 수집 편찬을 주로 할 것인가 정사 서술을 목표로 할 것인가 하는 문제, 둘째 육국사를 잇는다고 해도 당장 어느 시대부터 착수할 것인가 하는 문제, 셋째 역사 서술을 할 경우 중국식의 편년체와 기사본말체 가운데 어느 쪽을 따를 것인가 또는 문명사를 비롯한 유럽 역사학의 장점을 편찬 방침에 어떻게 수용할 것인가 하는 문제, 넷째 서술 문체는 한문으로 할 것인가 일문으로 할 것인가 하는 문제 등, 애초부터 쉽게 처리할 수 없는 일투성이였다.

이런 문제를 둘러싸고 특히 수사관의 중심이 된 시게노와 가와다 사이에 처음부터 격렬한 대립이 일었다. 요컨대 시게노는 정사 서술을 주장했고 가와다는 서술 없이 '사료 채집'만을 주장했다.

시게노 야스쓰구는 쇼헤이코(昌平黌)에서 수학하며 고학파(古學派)의 고증학에 친숙했다. 사쓰마 번 출신인 데다 이미 쉰 살에 가까운 나이였으므로 수사국 부장(副長)이 되었고 수사관에서 영향력을 발휘했다. 가와다 쓰요시는 빗추마쓰야마(備中松山) 번 출신의 유학자로 1870년 대학(大学, 문부성의 전신 — 옮긴이) 소박사로서 문부성에서 국사 편집에 관여했으며, 정원(正院) 역사과를 거쳐 편집관이 되었다. 두 사람이 서로 대립한 경위는 뚜렷하지 않다. 다만 뒷날(1890년 4월) 가와다가 도쿄학사회원(東京学士会院, 일본의 '왕립아카데미'에 해당하며 1879년에 설립 — 옮긴이)

에서 '외사변오의 설'(外史辨誤ノ說)이라는 강연에서 은연중에 시게노를 비판한 것에 대해, 시게노가 5월《사학회잡지》제6호(1890년)에〈가와다 박사 외사변오의 설을 듣고〉(川田博士外史辨誤ノ說ヲ聞テ)라는 반비판 글을 싣게 된다. 시게노의 엄격한 사료 비판과 전승된 사실(史實)의 말살에 대해 가와다가 "사실의 탐색이 지나쳐서 충신 효자가 지하에서 통곡한다"고 힐난했고, 이어 시게노가 "그렇다면 사학의 발달 진보에 장해가 된다"고 주장한 데서 쟁점이 가장 잘 드러난다. 가와다가 역사를 '명교도덕'(名敎道德)에 종속시키려고 한 데 비해, 시게노는 합리적 실증주의 입장에서 반대한 것이다. 이 대립은 아마 수사관 초기부터 잠재되어 있었음에 틀림없다. 역사를 '명교도덕'으로부터 어떻게 해방시킬 것인가 하는 것은 역사학이 봉건에서 근대로 이행하는 과정에서 가장 절실하고 심각한 문제라고 봐야 한다.

이런 난제를 끌어안고 출발한 수사국이 축소되어 수사관으로 옮아간 1877년 1월 국학계의 다니모리 요시오미와 오고 가즈토시가 사직했다. 한편 한학계에서는 구미파견 특명전권대사 이와쿠라 도모미(岩倉具視)를 수행하여《구미회람실기》(米歐回覽実記) 편찬에서 수완을 발휘했던 구메 구니타케가 수사관에 가세했다. 구메도 쇼헤이코에서 배운 한학자인데, 뒷날 편년사 서술이 시작되면서 집필의 중심이 된다.

이 인사이동은 메이지 국가에서 정사 편찬의 주도권을 고증학계의 한학자가 쥐게 되었음을 의미한다. 또 과거에 시게노와 의견이 맞지 않았던 가와다 쓰요시도 수사관을 떠나 궁내성으로 옮겼고, 1882년에는 시게노가 주장한 바에 따라 '정사' 편찬이 본격적으로 시작되었다. 뒷날 제국대학에 사학과(1887년)에 이어 국사과(1889년)가 설치되었을 때 시게노, 구메, 호시노 히사시와 같이 차례로 교수의 자리에 앉는 사람들이 여기에 모습을 드러낸다. 모두가 한학계 고증사학자들이다.

'정사'의 형식은 편년사, 서술 문장은 한문이라는 고풍이 채용되었다.

서술의 출발을 보면 1869년 메이지 천황의 조칙에서는 '육국사'를 잇는 다고 했으나 수사국 발족 때는 고코마쓰 천황의 오에이(応永) 원년(1394년)부터 착수하기로 되었다가, 최종적으로는 고다이고 천황의 분포(文保) 2년(1318년, '분포'는 1317~1318년에 사용된 연호 — 옮긴이)부터로 변경되었다. 남북조 시대의 중요성에 무게를 둔 구메 구니타케의 의향이 반영된 듯하다.

이상의 내용은 고코마쓰 천황까지를 기전체로 서술한 미토의《대일본사》를 정사로 규정하고 그를 잇는다는 당초 수사국의 인식을 뒤바꾼 것이며, 분포에서 메이토쿠(明徳, 1390~1393년에 사용된 연호 — 옮긴이)까지 즉 남북조 시기의 서술은《대일본사》와의 중복도 개의치 않겠다는 의미가 된다. 따라서《대일본편년사》가《대일본사》를 넘어서야 한다는 사명을 짊어진 것이기도 했다. 시게노의 '고지마 다카노리'(児島高德, 고다이고 천황과 남조에 충성을 바친 무사 — 옮긴이) 말살론(〈児島高德考〉,《日本大家論集》2권 6호, 1890년 등)이나 구메의〈태평기(太平記)는 사학에 이롭지 않다〉(《史学会雜誌》17~22호, 1891년, '태평기'는 남북조 시대를 다룬 역사 이야기로 남조를 옹호했다 — 옮긴이) 같은 과격한 논조는 그런 상황에서 생겨난 것이다.

이렇듯《대일본편년사》의 출범은 애초부터 험난했다. 먼저 원래 근대국가가 직접 역사인식을 독점한다는 의미의 '정사' 곧 '관찬 역사'를 편찬하는 것이 적절한가 여부이다. 이 문제는 뒤에 다루겠지만 1893년《대일본편년사》사업의 중단이라는 결말로 나아간다.

또 한학계 학자의 '수사' 독점이라는 방식은, 1882년에 신관(神官) 양성 기관으로 개설된 황전강구소(皇典講究所)가 신토-국학계 학자들이 집결한 거점이 되고 뒷날 대일본제국헌법과 교육칙어를 제정하는 데 온 힘을 기울일 이노우에 고와시(井上毅, 1844~1895년)의 강력한 지원을 얻게 됨에 따라, 양자 간에 커다란 응어리를 남기게 되었다. 그것은 인사 문제에 그치지 않고 일본 근대 역사학의 존재 방식이라는 사학사의 기본 문제와도 연관되는 일이었다.

## 유럽 역사학에 대한 관심

시게노 야스쓰구나 구메 구니타케 같은 한학계 역사가의 역사 사상은 관찬 '정사'를 자신의 손으로 쓴다는 점에서 근대 역사학의 발상이라기보다는, 중국 정사의 전통을 염두에 둔 천황제 국가적인 발상이었다. 그렇지만 시게노 같은 이의 생각 중 일부에는 명분론적·봉건 교학적 가치의 도입을 배제하려는 점에서 근대 역사학의 원리와 통하는 측면도 있다.

시게노는 1879년 12월 도쿄학사회원에서 〈국사편찬의 방법을 논한다〉(国史編纂ノ方法ヲ論ズ, 《東京学士会院雑誌》 1편 8호, 1880년)라는 제목으로 한 강연 중에서 "…… 그렇지만 육국사는 실록이자 칙찬이며, 국가의 악덕 등은 감춰서 쓰지 않는 것이 있다"고 단언했듯이, 국가 권력에 밀착함으로써 권력자한테 불리한 것은 쓰지 않는다는 역사학의 곡필 가능성을 준엄하게 자각하고 있었다. 그런 만큼 시게노는 자신과는 계보나 성격이 전혀 다른 유럽 역사학의 방법에 겸허한 관심을 보이는 냉철함을 지니고 있었다. 강연에서 그는 또 이렇게 말한다.

서양사의 무엇을 살피려는가 하면 (……) 크게 화한사(和漢史)와 다르기에 수사의 참고로 쓰려고 생각한다. 다만 그 내용은 시간에 따라 기술된다고 하더라도 일의 본말은 반드시 그 다음에 정리하고 글 중의 요지 부분은 때때로 판단을 가하여 독자의 주의를 유발한다. (……) 단지 우리 나라와 중국의 일에 대해 쓰는 것과 달리, 시작에 근거하여 끝을 요하며 전말을 증명하여 현재의 사정을 글 안에 왕성하게 드러낸다. 그런 형식은 반드시 채용할 만하다.

"원서를 읽을 수 없어서 일한(日漢) 역서에 대해 조금 조사"했더니, 연대기적 서술에 그치지 않는 서양사의 자유롭고 활달함과 판단의 훌륭함에 크게 매력을 느낀 모양이다. 거기에는 전통적인 유학자와는 다른 참신한 감각이 있다.

여기서 시게노가 관심을 기울인 '서양사'란 꼭 '문명사' 부류를 가리키지 않는다. 예시된 것은 "영국인 몬세이의 사쓰마 반란기" "프랑스인 크라세이의 일본 서교사(西敎史)" "모 영국인의 황국사" 등이다. 시게노는 직무상 "서양의 역사는 대개 사찬(私撰)이며 붓 가는 대로 논지를 이루"는 서술 방식으로 눈을 돌려 "옳은 것은 옳고 그른 것은 그르다"고 하는 자세로 권력자한테 "불리한 사실을 은폐"하지 않는다는 점을 좋다고 본 것이다.

그뿐 아니라 시게노는 1878년 2월 서양 역사학의 서술 방식을 적극적으로 배우기 위해 태정관 권소서기관(權少書記官) 스에마쓰 겐초(末松謙澄, 1855~1920년, 후쿠오카 번사 출신의 관료·의원·대신이며《防長回天史》를 편찬한 역사가이기도 했다)를 영국과 프랑스로 파견하여 두 나라의 역사 편찬 방법을 연구시키고 싶다는 의견을 올렸다. 이 상신이 받아들여져 스에마쓰는 '영국 일본공사관 서기 일등견습'이라는 신분을 받고 부임하여 G. 젤피(1821~1892년, 영국에 망명한 헝가리의 이론적·철학적 역사가)에게 역사 편찬에 참고가 되는 책 집필을 의뢰했다(스에마쓰는 1878년부터 1886년까지 영국에 체류했다).

젤피도 요청을 받아들여 새로이 저술한《사학》(《日本近代思想大系 13 歷史認識》에 초역이 실려 있다)은 미완성인 채 일본으로 발송되었고, 시게노 자신이 거기에 의견 주석을 달았다(사료편찬소에 소장된《重野家寄贈史料》). 서양의 수사 방법을 배우려던 시게노의 강한 의욕을 잘 보여 주는 대목이다.

유럽 역사학에 대한 시게노의 편견 없는 학습 의욕은 당시 전성기를 구가하던 문명사와 교류하고 상호 접근하는 쪽으로도 길을 열어 갔다.

| 참고문헌 |

東京大学 史料編纂所 편,《東京大学史料編纂所史 史料集》, 東京大学出版会, 2002년.

田中彰·宮地正人 편·주석,《日本近代思想大系13 歷史認識》, 岩波書店, 1991년.

松島栄一 편,《明治文学全集78 明治史論集(二)》, 筑摩書房, 1976년.

史学会,《史学会百年小史》, 山川出版社, 1989년.

## 2장
# 문명사와 계몽주의 역사학의 전개

### 문명개화의 사상 조류

　유신 정권이 성립한 이래 국가의 수사 사업은 기구 면에서도 인사 면에서도 우여곡절을 겪으면서 추진되어, 1882년 드디어 《대일본편년사》의 편찬이 시작되었다.
　그동안 한편에서는 후쿠자와 유키치의 《문명론의 개략》으로 대표되는 계몽주의적 문명론과 문명사관이 급격히 힘을 얻어 유신 변혁에 또 하나의 지도적 사조가 되었다.
　후쿠자와의 《서양사정》 초편 3권은 1866년, 외편 3권은 1868년, 2편 4권은 1870년에 발행되었는데, 초편 3권은 "복사판까지 합쳐 20만~25만 부"에 이르렀다고 한다(岩波文庫, 1942년 초판 곤노 와시치昆野和七의 해설). 이런 놀랄 만한 보급으로 보더라도 정부의 문명개화 정책이 본격적으로 전개되기 전부터 이미 국내에서는 서양 문명에 대한 관심이 얼마나 높았는지를 헤아릴 수 있다.
　폐번치현을 거쳐 1872년에는 학제, 태양력 채용, 징병령 등 개화 정책

이 잇달아 추진되기 시작했다. 후쿠자와의 《학문의 권유》(学問のすゝめ) 제1편은 그해 2월 개화 정책 개시보다 앞선 시점에 간행되었다.

이듬해인 1873년에는 후쿠자와를 비롯하여 모리 아리노리(森有礼), 가토 히로유키(加藤弘之), 니시 아마네(西周), 쓰다 마미치(津田真道), 미쓰쿠리 린쇼(箕作麟祥) 같은 대표적인 양학자를 망라하는 계몽사상 결사가 발족했다. 메이로쿠샤(明六社)이다. 서양서 번역 능력을 지닌 인재들은 막말의 가이세이쇼(開成所) 영학 그룹 같은 형태로 성장했고, 유신 후에는 태정관 정원 번역국, 문부성 반역과(反譯課), 대장성 번역국 같은 곳에 결집하여 수를 늘려 갔다.

그런 가운데 1874년에는 프랑수아 기조(François Guizot, 1787~1874년)의 《구라파문명사》(歐羅巴文明史)가 나가미네 히데키(永峰秀樹)에 의해 번역 간행되었고, 이듬해에는 오시마 사다마스(大島貞益)가 토머스 버클(Thomas Buckle, 1821~1862년)의 《영국개화사》를 번역 출간했다. 난학의 대가 미쓰쿠리 겐보(箕作阮甫)의 손자로 번역국 국장이었던 미쓰쿠리 린쇼는 영국과 프랑스의 역사서를 바탕으로 《만국신사》(萬国新史)를 저술하여 1871년부터 1876년에 걸쳐 간행했다.

문명사에 대한 국민들의 관심이 드높아진 데에는 원래 여러 요인이 있다. 아편전쟁, 흑선, 개국, 불평등조약으로 이어지는 상황에 대한 위기감, 유신에 따른 근대적 국가와 국민 형성을 향한 개화 정책, 그에 대응하는 민중의 지적 욕구 고조 등이다. 특히 유아독존적인 자국중심 사관을 물리치고 세계 역사 속에서 자국을 직시하려는 욕구가 높아진 점은 더 말할 필요가 없다. 서양 문명은 어떻게 창출되었는가, 일본은 그 경험을 배움으로써 선진국에 다가갈 수 있는가, 이런 문제의식이 계몽사상으로서 보편주의와 진보주의 역사관을 공유하고 있었다는 점이 메이지 전반기의 사학사를 특징짓게 된다.

## 후쿠자와 유키치의 역사 사상

후쿠자와 유키치는 《서양사정》에 이어 1872년 2월부터 1876년 11월까지 틈틈이 《학문의 권유》를 집필했다. 1880년 7월 합본하여 간행했는데, 후쿠자와가 '서론'에서 "발행 부수가 오늘까지 대략 70만 권이고 그중 초편은 20만 권에 이른다"고 할 정도로 널리 보급되었다. 그 사이 1875년에는 《문명론의 개략》 6권을 간행했다. '제1장 논의의 본질을 정하는 일'에서 '제10장 자국의 독립을 논한다'에 이르는 이 책이야말로 후쿠자와 유키치의 대표작인 동시에 메이지 초기 계몽사상의 대표작이기도 하다.

《문명론의 개략》에는 장의 구성에서 알 수 있듯이 본래 일반적인 역사학적 연구 또는 역사 서술이라고 할 수는 없다. 그러나 '서언'에 썼듯이, 후쿠자와에게는 '문명'의 진보야말로 역사 전개의 근본이었던 것이다.

> 문명론이란 사람의 정신 발달에 관한 논의이며 그 취지는 한 사람의 정신 발달을 논하는 데 있지 않고 천하 중인(衆人)의 정신 발달을 모두 모아 그 전체의 발달을 논하는 것이다. 따라서 문명론 또는 중심(衆心) 발달론이라 부를 수도 있다.

후쿠자와에 따르면 인간 활동의 영역이 분화하여 정신의 작용이 다양해지는 데서 자유가 생겨나며, 자유의 확대(자유정신)가 인간의 노력과 그에 근거한 사회의 '문명화'를 가능하게 만든다. 야만―반개―문명이라는 인류사의 '진보' 단계로 봐서 막말의 일본은 아직 '반개'(半開) 사회였다고 한다. 후쿠자와는 막말 유신기 자국의 독립이 위태로운 상황에 직면한 가운데, 어떻게 해서 '서양의 문명'에 도달할 것인가를 절박한 과제로 인식했다.

후쿠자와에게 '서양 문명'은 인류의 역사적 진보를 앞서 체현한 것이기에 보편적 의의를 지닌 것으로 보였다. '문명사'는 일국의 역사를 고유·특수의 측면에서 보는 것이 아니라 먼저 보편적 법칙적 진보의 측면에서 파악하려는 것이었다. 그런 역사의 '진보'에 대한 확신은 막번 체제의 급격한 해체를 눈앞에 둔 유신기의 지식인에게 거의 공통적으로 나타나며, 그런 조류는 전전의 마르크스주의 역사학(유물사관 역사학, 이하 '마르크스 역사학'으로 칭함) 나아가 '전후역사학'으로 이어졌다.

메이지유신 이후 20여 년 동안의 계몽주의 사상과 진보사관은 그런 의미에서 일본 근대 사학사를 관통하는 유력한 조류로서 큰 의미를 지녔다. 후쿠자와를 곧바로 역사가 또는 역사 연구자로 부르는 것은 적절하지 않으나, 그는 에도(봉건)와 메이지(근대)를 결정적인 단절로 파악했으며 그런 문명사의 진보가 갖는 의의를 인류사적 법칙적 보편이라 자리매김하여 그것을 어떻게 실현할 것인가에 심혈을 기울였다.

그러나 이런 계몽주의적 진보사관이 한편으로는 '문명사'에서 메이지 국가가 담당하는 역할(위로부터의 개화 정책)에 대해 거의 의심을 품지 않았고, 목표로 삼은 '국민국가'의 모습에 대해 아무런 비판도 하지 않았다는 점은 그냥 지나칠 수 없다. 그 때문에 얼마 지나지 않아 자유민권의 사상적 지도자 우에키 에모리(植木枝盛)의 메이지 제2의 개혁, 도쿠토미 소호(德富蘇峰)의 제2유신론이 제기되었다. 그런 의미에서 계몽주의 문명사가의 역사인식은 '메이지 국가'에 대한 비판 정신을 결여하고 있다고 말할 수밖에 없으며 그것은 그 뒤 자국의 근대사 인식에도 그림자를 드리우게 된다.

종래의 일본 사학사에서 '문명사'는 시게노 야스쓰구 등으로 대표되는 아카데미즘 실증주의역사학과 대조되는 '방계' 또는 '재야'로서만 자리매김되었고, 후쿠자와든 다음에 살펴볼 다구치 우키치(田口卯吉)든 사학사적 평가, 특히 메이지 이래 전후에 이르는 사학사 속에서 차지하는 비중을 가벼이 여겨 온 경향이 있다. 그 점에서 나는 이른바 '긍정'과 '부정' 양면에서 문명사의 역할을 특히 장기적인 시야에서 주시해 보고자 한다.

## 다구치 우키치의 《일본개화소사》

저명함으로 후쿠자와에 버금갈 뿐 아니라 후쿠자와보다도 직접적으로 역사학과 인연이 깊은 문명사가로서 알려진 이는 《일본개화소사》(日本開化小史)의 지은이 다구치 우키치(호는 鼎軒, 1855~1905년)이다. 다구치는 막부 하급 무사 가치(徒士, 보병 무사―옮긴이)의 자식으로 에도에서 태어나, 1872년 대장성 번역국의 상등 생도(生徒)가 된다. 영어와 경제학을 배우고, 1874년 지폐료(紙幣寮, 지폐와 우표 등을 인쇄한 관청―옮긴이)에 출사하여 번역에 종사하던 중 1877년부터 1882년에 걸쳐 《일본개화소사》를 썼으며, 1878년에는 대표작 《자유교역 일본경제론》을 간행했다. 1879년 《동양경제잡지》를 창간하고 1891년에는 역사학 잡지 《사해》(史海, 경제잡지사)도 발행했으며, 나중에는 《국사대계》(国史大系)를 간행하여 경제학과 역사학 두 분야에 크게 공헌했다.

계몽주의 역사가로서 다구치의 역사 사상과 학식은 《일본개화소사》에 한껏 펼쳐져 있다. 당시 '문명사'라고 하면 프랑수아 기조나 토머스 버클의 저작이 기준이었고, 그런 저작들이 나름의 참고가 될 수도 있었다. 하지만 시각이나 사상은 참고하더라도, 원시·고대에서 메이지에 이르는 구체적인 일본 역사의 전개를 문명사로서 서술하려고 한다면 직접 참고할 만 것은 별로 없다. 에도 시대 이래 고대사 연구에 가장 큰 성과를 보인 것은 국학계 학자들의 업적이겠지만, 그들의 근본 자세는 《고사기》(古事記)와 《일본서기》(日本書紀)를 이른바 원전으로 삼고 그대로 역사 서술에 수용하는 것이었다. 따라서 다구치는 그런 중압과 싸우는 데서 출발할 수밖에 없었다.

다구치는 《일본개화소사》 제1장에 이렇게 쓰고 있다.

무릇 인심의 진척도는 재화를 얻는 난이도와 분리될 수 없는 법이니, 재화가 풍부한데 인심이 뒤쳐진 곳은 없고, 인심이 앞서는데도 재화가 부족한 나라는 없다.

그의 문명사론은 기본적으로 경제의 발전과 그 정도야말로 문명의 수준을 결정한다고 이해한다. 그 점에서 후쿠자와가 인간의 지력과 그 다양화를 바탕으로 한 자유야말로 문명 발달의 기동력이라고 본 것과는 크게 다르다.

그러나 다구치는 이런 경제사관의 합리성에 입각하여 신화시대를 사실(史實)과 혼동하는 고전에 의존한 역사를 명확하게 부정할 수 있었다. 고고학적 지식과 견문도 문헌 비판도 참고할 만한 게 거의 없던 시대인 만큼, 그런 사고방식은 다구치 자신의 합리적 사고에서 나온 것이라 할 것이다. '신대'(神代)를 부정하면서도 '진무 천황 때'를 그대로 역사시대로 간주하는 등 한계가 있었으나, '신토의 기원'을 합리적인 관점에서 다시 보려는 시도야말로 후술하는 구미 구니타케의 논문 〈신토는 제천의 풍속〉(神道は祭天の古俗)을 강력하게 지지한 것과 연결되는 발상이다.

이리하여 다구치는 일본의 역사를 '재화를 얻는 방법'의 진보, 그에 바탕을 둔 '인심의 진보' 정도를 척도로 삼아 일관된 눈으로 살폈다. 그럼에 따라 종래 '암흑시대'로 배척되기 일쑤였던 남북조에서 센고쿠(戰國) 동란 시대에도 민중, 경제의 '진보'를 평가하고 쓰치잇키(土一揆, 무로마치 시대의 농민 봉기 ─ 옮긴이)를 폭도로 보는 구래의 관점을 배제했다.

다구치는 그런 역사 진보의 근원적 힘을 "삶을 지키고 죽음을 피하려"는 인간의 자기 보존 욕망에서 찾았다. "이런 바람을 달성하기 위해 사람들은 지력을 움직일 수밖에 없었고, 그렇기에 재화의 양상이 진보하고 인심의 내면도 동시에 진보한다"고 보고, 역사는 사회 진보의 역사이며 그것은 이런 시각과 논리에 따라 법칙적으로 파악된다고 생각했다.

이리하여 《일본개화소사》는 전통적인 역사관과는 전혀 다른 관점에 따라 일본 역사의 새로운 지평을 열어 나갔다. 기타바타케 지카후사(北畠親房)의 '정통론'에 기반을 둔 일본사론, 아라이 하쿠세키(新井白石)의 정권 교체에 기반을 둔 일본사론, 또 《대일본사》의 명분론 중심 일본사론 등, 대표적인 역사 서술이라 얘기되던 사론들은 분명히 저마다 일관된 독자적인 기반을 지녔다는 점에서 사학사의 선구로 자리매김된다. 그러나 그런 전근대의 전통에서 완전히 벗어나 새로운 일본사론을 일관되게 전개하는 것은 참고할 만한 모델이 없기에 난관이 많았으며, 다구치의 사론도 역사 서술로서는 하나의 실험에 지나지 않았다고 봐야 할 것이다. 다구치가 《일본개화소사》를 집필하기 시작했을 때 약관 스물셋의 나이였다.

그런데 다구치의 역사인식 방법은 《일본개화소사》 이후 문명사적 명료성을 결여하게 된다. 사회적 총체로서 역사의 각 시대를 하나의 논리에 따라 구조적으로 파악하고 그 추이를 보편사적 시각에서 이해하려는 자세는 점차 사라졌고, 결국 "역사는 과학이 아니다"는 점을 강조하게 된다(《東京經濟雜誌》 1895년 11월 9일호). 그것은 다구치 문명사의 종언을 나타내며, 다구치의 문명사관이 근원적으로 취약했다는 것을 의미한다고도 하겠다.

그렇다고 해도 다구치의 문명사론은 역사의 기반으로서 '경제' '진보' '법칙' 등을 의식적으로 제기했다는 점에서 획기적인 의미가 있다. 그런 역사의 기반이 후쿠자와 유키치와 다구치 이후 실증주의역사학이 본류가 되는 가운데 점차 빛이 바랬다고는 해도, 전후에 이르는 사학사를 전망하면 이후 장기간에 걸쳐 역사 이론과 방법에 일정한 영향력을 미쳤다는 것을 확인할 수 있다.

## 나카 미치요의 〈일본상고연대고〉

문명사관에서 그냥 넘길 수 없는 문제 가운데 하나는 국가의 기원에 관해 기기(記紀,《고사기》와《일본서기》— 옮긴이) 신화를 마치 사실이라 보는 히라타(平田) 국학-신토계의 주장이었다. 이들은 유신 초기 제정일치를 표방하며 신토 국교화 정책을 추진하려던 정치세력을 형성했는데, 그 비합리성을 백일하에 드러내기 위해서는 기기의 건국신화와 더불어 그와 불가분한 일본 기년(紀年)의 허위성을 밝히지 않으면 안 된다.

이 문제를 둘러싸고 가장 중요한 역할을 한 이가 나카 미치요(那珂通世, 1851~1908년)였다. 나카는 모리오카(盛岡) 번사인 유학자 집에서 태어나 유신 후 게이오의숙(慶應義塾)에서 배운 다음 지바(千葉)와 도쿄의 사범학교에서 가르쳤으며,《지나통사》(支那通史) 5책(1888~1890년)의 지은이로 알려진 중국사가였다. '동양사'라는 말도 나카가 처음 사용한 조어라고 전해진다.

나카는 일본 기년에 관해 1878년 1월《양양사담》(洋々社談) 38호에 〈상고연대고〉(上古年代考)라는 한문체 논문을 실었다.《일본서기》의 기년은 사실과 맞아떨어지지 않고 오류가 많다는 것, 그 원인은 신유혁명설(辛酉革命說)에 따라 스이코(推古) 천황 9년 신유년부터 일부(一蔀) 즉 1260년 전을 진무 천황 즉위년으로 삼은 데 따른 것이라는 점을 지적하며, 중국과 조선의 사실·기록과 대비하여 연구할 필요가 있다고 역설했다.

그 뒤 1888년이 되어 이 논문은《문》(文) 편집을 맡고 있던 미야케 요네키치(三宅米吉)의 권유로 일본어로 고쳐 〈일본상고연대고〉라는 제목으로 그 잡지 9월 1일, 8일호에 재발표되어 커다란 주목을 받았다.

미야케 요네키치(三宅米吉, 1860~1929년)도 1886년에《일본사학제요》(日本史学提要)를 간행한 문명사파 역사가였다. 미야케는 기기 신화에 의존하는 국가 기원론에 반대하여 고고학에 따라 그것이 규명되어야 한다고 주장한 합리적인 정신의 소유자였다. 《일본사학제요》는 역사 발전의 법칙성을 강하게 의식한 문명사관으로 점철되어 있다. 그런 입장에서 미야케가 나카의 논문에 주목한 것은 당연한 일이었다.

따라서 기기 기년 문제는 단순히 학문적인 학설 제기로만 받아들여질 수 없었다. 그에 관한 인식은 신토파, 한학계 고증학파, 문명사파 등 각 파 사이에 견식과 관점이 날카롭게 갈라지는 지점이다. 나카의 논문에 대해 수사국 그룹의 시게노 야스쓰구, 구메 구니타케, 호시노 히사시 같은 이는 호의적이고 긍정적인 반응을 나타냈다.

그런가 하면 미토 번 고도칸(弘道館)계의 역사가 나이토 지소(內藤耻叟, 1828~1902년)는 "이런 일들은 생각건대 일본의 미사(美事)를 높이지 못한다"며 반발했다(《文》1888년 9월 22일). 기년을 의심하고 이를 단축해야 한다고 보는 것은 '일본의 미사'가 되지 않으므로 연구할 의의가 없다는 얘기이다. 국가의 '미사'라 여겨지지 않는 것을 연구해서는 안 된다거나 언급해서는 안 된다는 주장은 '국체사관파'의 역사 사상으로서 오늘날까지도 이어진다. 또 국학자 오치아이 나오즈미(落合直澄, 1840~1891년)도 《문》(1888년 12월 8일)에 글을 실어 "수사국의 선생들이 나카 씨의 설에 가세하는 것은 세인의 이목을 놀라게 했고 나도 간담이 서늘했다"고 격분하며 수사국에 항의했다.

이런 경과에서 분명하듯이 기년 문제는 일본국의 기원을 나카처럼 동아시아사 전체라는 국제적 시야에서 생각할 것인가, 오로지 '우리 나라의 미사'로서 자국 중심적으로 받아들일 것인가를 둘러싼 대결이었다. 문명사파가 국제적 시야 또는 보편사적 시각에서 합리적으로 해석했고 국학-신토파는 그에 반대했다. 거기에서는 역사인식에서 '보편' 쪽을 중시할 것인가, '특수' 쪽을 중시할 것인가라는 역사관의 기본에 관한 대립이 일찍부터 집약적으로 표출되고 있다. 일본에서 근대 역사학은 처음부터 정치와 뒤얽힌 파란 속에서 탄생했던 것이다.

## 도쿠토미 소호의 '평민주의' 역사 사상과 '사론사학'

이제 문명사파와는 다소 성질과 시기를 달리하지만, 젊은 도쿠토미 소호(德富蘇峰, 1863~1957년)의 '평민주의' 역사 사상에 대해서도 살펴보기로 하자.

소호는 잘 알려져 있듯이 청일전쟁을 계기로 대외팽창론자로 변신하여 1957년 죽음에 이르기까지 일본의 대표적인 국가주의·제국주의 이데올로그로 활약했다. 그러나 젊은 날의 소호는 스물셋이던 1886년 《장래의 일본》(將來之日本)을 다구치 우키치의 경제잡지사에서 간행하면서 일약 명성을 얻었고, 상경한 뒤 약 10년 동안 '평민주의' 논객으로서 스스로 주재하던 민우사(民友社)의 잡지 《국민의 벗》(国民之友)을 주 무대로 삼아 화려하게 활동했다.

소호의 '평민주의' 역사관은 유신의 혁명성을 적극적으로 평가하고 '왕정복고' 사관을 배제하는 동시에, 메이지 20년대(1887~1896년─옮긴이)에 들어와 유신의 대업은 이미 상실되고 황폐화되어 제2의 혁명(유신)이 필요한 상황에 이르렀다는 인식에 서 있었다. 그리고 그 제2의 유신을 추진하는 주도 세력은 '메이지의 청년'이며 '시골 신사'라고 보고 역사적 진보의 주체를 지방 호농층에서 찾았던 것이다.

도쿠토미 소호의 '평민주의' 역사 사상이 후쿠자와 유키치, 다구치 우키치의 문명사처럼 '문명' '개화' '진보' 같은 키워드를 드러내 놓고 표방하지는 않는다. 하지만 제2의 유신을 주장한다는 점에서는 메이지 정부 비판에 소극적인 후쿠자와나 다구치보다는 훨씬 급진적이었다고 할 수 있다. 이 시기의 대표작 《요시다 쇼인》(吉田松陰, 民友社, 1893년)은 요시다 쇼인을 혁명가로 부각시켜 유신을 대표하게 함으로써 제2의 유신을 전망하려 했다고 할 수 있다. 거기에는 문명사파와는 사상적 입장을 조금 달리하면서도 민간의 '사론사학'이라는 점에서는 공통되는 역사가의 주체성이 대담하게 표출되어 있다.

이 민우사 《국민의 벗》의 흐름에는 〈일본 역사에 나타난 인권 발달의 흔적〉(日本の歴史に於ける人權發達の痕迹)을 쓴 야마지 아이잔(山路愛山, 1864~1917년), 《신일본사》의 지은이 다케코시 요사부로(竹越与三郎, 三叉, 1865~1950년)가 있다. 이들로 대표되는 사론사학은 재야의 역사학으로서 메이지 시기 내내 사회적인 영향력을 발휘했다.

다케코시는 사이타마(埼玉) 현에서 태어나 게이오의숙에서 배웠으며 후쿠자와 유키치가 창간한 《시사신보》(時事申報)의 기자가 되었다. 이어 도쿠토미 소호가 창간하고(1890) 주재한 《국민신문》으로 옮겼다. 소호의 '평민주의' 사상에 공명하면서 1891년 《신일본사》 상권을 간행했다(중권은 1892년, 하권은 미완성). 메이지유신 이래의 '격변의 개략과 대강'을 밝히려는 것이 목적이며 소호의 《요시다 쇼인》 발간보다 2년을 앞선다. 다케코시는, 역사는 '인간 사상 변화'의 관점에서 봐야 하며 유신 이전과 이후 사회의 사상적 변화를 고찰하여 메이지유신은 일종의 사회혁명이라고 논했다. 이런 다케코시의 배경에는 의심할 바 없이 막번제로부터 번벌전제로 바뀌는 권력의 역사에 대한 통렬한 비판이 있으며, 오시오 헤이하치로(大塩平八郎)의 난 등에 공감을 표시하는 한편 번벌 정부가 "국가 인민을 대표해야 할 천황"을 독점 이용하고 있다고 비판했다.

이어 다케코시는 《이천오백년사》(二千五百年史, 1896년)를 썼다. 1902년 이후에는 중의원 의원(정우회), 1922년에는 귀족원 의원, 1940년에는 추밀고문관이 되어 체제 친화적인 정치가로 전향하지만, 그 사이 1919년부터 1920년까지 《일본 경제사》(전8권)도 간행했다. 《이천오백년사》는 정치사이고, 《일본 경제사》는 "역사의 첫 번째 원인은 경제적 요인"이라는 관점에서 사료도 널리 섭렵한 역작이다. 기기 신화를 그대로 사실이라고 보았듯이 문헌 비판이라는 점에서는 실증주의 역사학과 도저히 맞설 수 없지만, 자신의 입장을 명확히 천명한 사론사학으로서의 매력은 있다.

나아가 야마지 아이잔을 말하자면 다케코시를 뛰어넘는 대담성과 명쾌함, 특히 아카데미즘 실증주의역사학에 대한 비판을 정면에 내세워 사론사학의 진수를 보여 주었다.

야마지는 에도 출생으로 도요에이와학교(東洋英和学校)를 졸업하고 민우사의 일원이 되어 《국민의 벗》에 정치평론과 사론, 문학평론을 썼다.

> 과거의 일은 자연스레 과거가 되며 오늘의 일과 교섭함이 없이 역사를 보려고 하는 지금의 학풍은 내가 가장 싫어하는 바이다. 만약 과거 역사가 현재의 문제와 완전히 분리될 수 있다면 나는 학문 가운데 가장 무미건조하고 싫증나기 쉬운 것이 역사학이라고 생각한다. 옛날은 지금과 같으며 지금은 또 옛날과 같으니, 인생은 같은 법칙에 따라 움직이고 나라는 같은 운명을 돌며 흥하고 쇠한다는 이치를 체득해야만 역사학이 비로소 인간의 생명을 다룰 수 있는 것이다.(〈戦国策とマキヤベリを讀む〉,《国民之友》361, 1897년. 이 글은 岩井忠熊,〈日本近代史学の形成〉에서 인용)

이 대목은 야마지의 생각을 잘 드러내고 있다. 그것은 문명사학에서 발원하여 뒷날 마르크스역사학에 수용되어 가는, 일본 근현대사를 관통하는 역사관의 커다란 줄기 가운데 하나이다.

야마지는 이런 주장을 직접적으로는 오로지 고증에만 매달리는 관학 아카데미즘 실증주의역사학을 향해 던졌겠지만, 나아가 같은 해에 쓴 〈일본 역사에 나타난 인권 발달의 흔적〉(《国民之友》330~332쪽, 1897년)과 같은 독창적이고 선진적인 역사론으로 결실을 맺는다. 그 뒤로도 야마지의 집필 활동은 놀라울 정도였고, 《현대 금권사》(現代金權史), 《아시카가 다카우지》(足利尊氏), 《미나모토노 요리토모》(源賴朝) 등 오늘날에 이르기까지 읽히고 있는 책도 적지 않다. 그 속에 담겨 있는 백미는 사회적 정의감에 선 강렬한 비판 정신이며, 특히 도쿠토미가 평민주의에 서 있던 시기에는 야마지도 그 입장에서 자유로이 활달한 사론을 전개했다. 야마지는 뒷날 도쿠토미의 변심과 비슷하게 국가사회주의로 옮아가 제국주의를 인정하기에 이르지만, 일본 사학사에서는 사론사학의 선구자로 빛을 발하고 있다.

| 참고문헌 |

福沢諭吉,《文明論之概略》, 田口卯吉,《日本開化小史》는 岩波文庫 수록.
丸山真男,《〈文明論之概略〉を讀む》상·중·하(岩波新書), 岩波書店, 1986년.
田口親,《田口卯吉》'人物叢書', 吉川弘文館, 2000년.
大久保利謙 편,《明治文学全集35 山路愛山集》, 筑摩書房, 1965년.
坂本多加雄,《山路愛山》, 吉川弘文館, 1988년.
竹越三叉,《日本經濟史》, 平凡社, 1928~1929년.
辻善之助 편,《日本紀年論纂》, 東海書房, 1947년.

# 3
# 근대 실증주의역사학의 탄생

### 수사 사업의 제국대학 이관

앞에서 살펴보았듯이 수사관은 1882년부터 '정사'를 편술하기 시작했다. 그러나 그 길은 결코 평탄하지 못했다. 국학-신토계나 그를 지지하는 이노우에 고와시 같은 관료·정치가의 압력이 거셌다. 거기에 더해 국가 자신이 '정사'를 서술한다는 중국의 방식이 근대국가를 지향하는 메이지 국가에게도 당연한 일인가 하는 근본적 문제도 있었다. 수사국은 이미 수사관으로 개편되고 규모도 반으로 준 데다 1885년 태정관제에서 내각제로 전환을 앞두고서는 존폐 문제까지 일었다.

그해 11월 수사관은 편년 서술과 사료 수집 작업의 완료 시점을 1887년으로 정했던 종래의 계획을 1889년까지 연장해 달라고 요청했다. 동시에 국가가 '정사'를 편찬하는 방식은 서양처럼 학자에게 맡기는 것과는 다르지만, 제왕의 칙찬이라는 동양의 전통과 일본 '문명의 진도'로 봐서도 역시 나라의 편찬에 의거하는 것이 적절하다고 재차 논하면서, 수사관 존속을 정부에 요청했다.

그러나 1885년 12월 내각 제도의 이행에 따른 정치 기구 재편 과정에서 수사관은 폐지되었고, 이듬해 1월 내각 임시수사국으로 바뀌면서 위상은 더욱 낮아졌다.

그런가 하면 그해 3월 제국대학령(도쿄대학을 새로이 제국대학으로 하고 그 밑에 각 분과 대학을 둠)이 공포됨에 따라, 문과대학의 초빙으로 1887년 2월 독일에서 레오폴트 폰 랑케(Leopold von Ranke, 1795~1886년)의 제자 루트비히 리스(Ludwig Riess, 1861~1928년)가 일본으로 들어와 외국어 교사로서 유럽 근대 역사학의 방법을 전하게 되었다. 여기에 힘을 얻어서인지 그해 9월 제국대학에 '사학과'가 창설되기에 이른다. 또 이듬해 10월에는 제국대학의 총장 와타나베 고키(渡辺洪基)가 '임시수사국'의 사업을 내각에서 제국대학으로 이관하여 '임시편년사편찬계'를 만들자고 상신했고, 이것이 승인되어 시게노 야스쓰구가 편수 책임자가 되었다.

이에 따라 1884년 교수가 된 수사관의 시게노에 이어 구메 구니타케와 호시노 히사시도 제국대학 교수가 되었고, 1889년 6월에는 문과대학에 '국사과'가 개설되었다. 이것은 일본 근대 사학사에서도 하나의 전기가 된다. '사학과'는 이른바 '서양사'를 주된 내용으로 삼았기 때문에 '국사과'의 병설에 따라 비로소 자국의 역사를 연구하는 체제가 아카데미즘 속에 확실한 지위를 얻었다.

게다가 이 국사과의 초대 교수진에는 한학계 수사관 그룹이 취임하여 우위를 점하게 되었다. 그것은 단지 시게노 등 한학계 역사가의 승리에 그치지 않고 이후 일본사 연구와 일본 역사학의 모양새를 결정짓는 일이기도 했다.

국사학과가 개설되고 얼마 지나지 않아 1889년 11월 리스의 지도에 따라 '사학회'가 창설되었다. 곧 시게노가 회장에 취임했고 12월 15일에는 《사학회잡지》(1892년 《사학잡지》로 고침) 제1호가 발간되었다. 내용으로는

와타나베 고키 총장의 서언 외에 논설·고증·해제·잡록·기사라는 다섯 가지 틀이 설정되었다

### 시게노 야스쓰구의 실증주의 역사학

1889년 11월 1일 사학회 초대 회장이 된 시게노 야스쓰구(重野安繹, 1827~1910년)는 창립대회 석상에서 200명에 가까운 참석자를 앞에 두고 '사학에 종사하는 자는 마음이 지공지평(至公至平)해야 한다'라는 제목으로 강연을 했다(《史学会雜誌》1호, 1889년).

요즘 세상에는 역사의 필요를 느끼고 (······) 논설을 여러 잡지에 게재하는 자가 있지만 편파적인 설이 많으며 공평을 결여한 듯하다. 적어도 사학에 종사하는 자는 먼저 마음을 바로잡아야 하며, 만약 마음이 불공불평하다면 (······) 허다한 폐해를 낳고 급기야는 학문의 목적을 달성할 수 없으며, 사학의 발달을 가로막게 될 것이다. 따라서 역사가는 응당 마음을 공평히 하여 편견과 사적인 뜻을 개입시키지 않도록 힘써야 한다.

수사 사업의 중심에 있었다는 의미에서 메이지 정부의 '정사' 만들기라는 입장에 선 시게노에게 진정한 '지공지평'을 기대할 수 있는가는 근원적인 문제이다. 그러나 시게노가 여기서 염두에 둔 것은 미토의 《대일본사》로 대표되는 유교적 명분론에 선 역사관, 기기 신화가 곧 사실이라는 국학-신토계 역사관에 대한 비판일 것이다. 이런 대목이 나온다.

먼 옛날부터 역사와 유학을 합병하는 자가 있으나, 역사는 유학을 버리고 연구해야 한다. 혹여 유학을 합병하려고 하면 실로 역사의 본체를 잃는다.

시게노는 한학자로서 유학(고증계)을 배웠으나 청조 고증학의 탈명분론, 수사 사업을 통한 방대한 사료 수집과 검토 등을 통해 '지공지평'의 중요함에 대한 생각을 키웠다. 그리고 '본디 그러했던 대로의 사실' 인식이라는 랑케의 역사주의적 사고를 리스에게 배움으로써, '지공지평'에 대한 확신은 더욱 높아졌다고 판단된다.

원래 청조 고증학과 랑케 류의 유럽 근대 역사학은 기본적 성격이 같다고 말할 수는 없다. 그러나 랑케(1795~1886년)는 베를린대학 교수로 프로이센의 국가역사 편찬관을 겸했기 때문에 경력으로 보면 시게노와 통한다. 랑케는 엄밀한 사료 비판을 강조하는 동시에 '외교사의 우위'라는 역사관을 갖고 있었다. 그런 의미에서 정치로부터 이탈하는 경향을 띠었던 청조 고증학과 크게 다르지만, 관학의 중심 역사가로서 국가·정치와 맞닥뜨려야 하는 처지이던 시게노로서는 랑케사학을 순순히 받아들이게 되었을 것이다. 시게노의 '역사가의 마음, 지고지평'은 랑케의 '있는 그대로의 역사'에 겹쳐지면서 시게노의 용기를 북돋았다.

시게노의 자세는 '정사' 서술이 겐무(建武, 1334~1338년, 가마쿠라 막부의 멸망을 가리킴—옮긴이)에서 시작되었다는 점과 연계시켜 특히 《태평기》(太平記)의 사료 비판에 철저했다. 시게노로서는 정사로 평가되는 미토의 《대일본사》가 《태평기》를 안이하게 사실(史實)인 듯 다룬 데 대한 반발, 또는 《태평기》(특히 전반부)가 남조에 동정하는 데 대한 비판도 있었다. 유명한 〈고지마 다카노리 연구〉(兒島高德考), 〈구스노키 부자 사쿠라이 역의 이별〉(楠公父子櫻井驛の別れ, 남조 측 무사 구스노키 마사시게楠木正成가 무로마치 막부의 창시자 아시카가 다카우지를 치기 위해 출전하면서 아들과 이별했다는 이야기로 황국사관의 단골 소재이다—옮긴이) 등의 '말살'론, 《태평기》 지은이를 '남조파 사람(宮方深重の者)=고지마 법사(小島法師)'로 보는 연구 등이 모두 여기에서 출발한 것이다. 시게노는 '세상에 유포되는 역사는 대부분 사실이 틀린 설'(世上流布ノ史伝多ク事実ヲ誤ル

ノ說, 1884년 2월 학사회원 강연), '학문은 결국 고증으로 귀결된다'(学問は遂に考證に歸す, 1890년 3월 학사회원 강연) 등과 같은 기본 인식을 평생 실천한 역사가로서 일본 근대 실증주의역사학의 시조라 불러 마땅한 존재였다.

## 구메 구니타케의 〈신토는 제천의 풍속〉

이처럼 시게노가 대담하고 자극적인 논지를 펼치고 있을 때, 동료인 구메 구니타케(久米邦武, 1839~1931년)도 그에 못지않은 대담한 논설을 잇달아 발표함으로써, 발족 초기 《사학회잡지》는 발간되는 호마다 활기가 넘쳤다. 〈태평기는 사학에 이롭지 않다〉(17~18호, 20~22호), 〈영웅은 공중의 노예〉(英雄は公衆の奴隷, 1호), 〈권징의 구습을 씻고 역사를 보자〉(勸懲の旧習を洗ふて歷史を見よ, 19호)는 제목부터 강렬하다. 큰 흐름으로 보자면 일본 역사학을 봉건에서 근대로 선회하도록 최종적으로 밀어붙이려는 자신의 의지를 드러내는 일이었다.

1891년 10월부터 12월에 걸쳐 구메 구니타케는 《사학회잡지》(23~25호)에 〈신토는 제천의 풍속〉(神道は祭天の古俗)이라는 논문을 발표했다.

　일본은 신을 받들고 불교를 숭상하는 나라이며 국사는 그 과정에서 발달했는데도, 지금까지 역사가는 연혁을 더듬는 일을 허술히 한 탓에 사실의 심층을 파헤치는 데 이르지 못했다.

이런 인식에서 출발하여 '신토'를 역사가로서는 처음으로 객관적인 연구의 대상으로 삼았던 것이다.

구메는 이 논문을 통해 일본 사회에 뿌리박은 '가미'(神) 신앙이나 그와 떼려야 뗄 수 없는 황실의 존재에 어떤 식으로든 공격하려는 정치적 의도를 띠었던 것은 아니다. 그러나 기기 신화를 성전으로 보고 '국체'와 결부시켜 독선적인 역사상을 주장하는 신토-국학계에 대해서는 확실히 전투적 태도를 보였다. 그는 신토를 유교나 불교와 대치시키고 구별하여 배타적 우월성을 주장하는 것을 명백하게 부정했다.

생각건대 신토는 종교가 아니기 때문에 유선이생(誘善利生)이라는 취지가 없다. 다만 하늘에 제사를 지내고 양재초복(攘災招福)을 기원을 하는 정도라면 불교와 나란히 행해져도 전혀 문제가 없다.

신토를 종교로 보고 제정일치와 폐불훼석을 주장하는 쪽의 편협함을 부정한 것이다. 구메는 이렇게 '가미' 신앙을 어떤 민족한테서도 공통적으로 찾아낼 수 있는 '제천의 풍속'이라 봤고, 그런 신토를 일본만의 종교이며 '국체'의 기초라고 보는 설이 안고 있는 기본적인 오류를 날카롭게 지적했다.

그런 자랑스러운 국체를 보존하려면 시운에 따라 차근차근 진화함으로써 황실도 더욱 존영할 것이며 국가도 더욱 강성해질 것이다. 세상에는 평생 신대(神代) 부분만 강의하고 아무 의미도 없이 국체가 신토에서 시작했다고 말하면서, 언제까지나 그 강보에 쌓여 제정일치 국가에 살고자 희망하는 자도 있다. (……) 그저 대신궁의 후광에만 의지하는 것은 또한 떨어지는 낙엽과 다름없다.

여기서 구메의 사관 밑바탕에 있는 인류사적 보편성과 진보에 대한 확신이 배어난다.

그럼에도 불구하고 구메는 한편으로 '가미(神)는 사람이다'는 관점에서 신화를 사실(史實)에 견줘 파악하는 동시에 이를 조선과 중국을 포함한 동아시아 세계와 연동하는 역사의 일환으로 해석하고자 했다. 이렇게 되면 '가미'는 원시적 사회에서 나타난 관념상의 존재가 아니라 역사가 되고 만다. 거기에는 모순과 억지가 수반되는데, 그런 이해가 오늘날 통용될 리도 없다. 그러나 이와쿠라 사절단을 수행하여 서양 사회를 직접 살펴본 구메의 역사관은 '고증사학'의 틀 안에 머무르지 않고 사회의 진보를 기축으로 하는 문명사관에 가까운 특성을 나타내고 있었다.

아니나 다를까 이 논문은 곧바로 다구치 우키치의 주목을 받았다. 다구치는 이 주장을 널리 전하기 위해 구메의 양해를 얻어 자신이 발행하는 역사 잡지 《사해》 제8권(1892년 1월)에 전재했다. 거기에는 다음과 같은 대단히 도전적인 소개가 달려 있었다.

> 구메 구니타케 씨의 사학에는 일찍이 없던 의견이 실로 많다. (……) 나는 이 글을 읽고 은근히 우리 나라의 어떤 신토 맹신자는 결코 침묵하지 않을 것이라 생각된다. 만약 그들이 침묵한다면 그들이 완전히 기가 눌린 것이라 간주할 수밖에 없다.

## 신토-국학파의 역습과 실증주의역사학파의 후퇴

신토-국학파는 곧바로 반격에 나섰다. 국민 교화를 목적으로 권력의 지지를 얻어 1889년 창간된 《국광》(国光)이 무대가 되었다. 1892년 2월 25일 《국광》 3권 9호에는 필자 불명의 〈국가의 대사를 폭로하는 자의 불충불의를 논한다〉(国家の大事を暴露する者の不忠不義を論す)가 게재되었다. '비록 사실일지라도 혹여 군국(君国)에 해가 되고 이득이 없는 것은 연구하지 않는 것이 학자의 본분이다. 하물며 허구를 발설하는 자는 두

말할 나위가 없다"며 정면에서 구메를 탄핵하는 목소리를 높였다. 신토를 원시 부족 정도의 가미 신앙이라고 보는 것은 "군국에 해가 되며," 그런 "대사를 폭로하는 것은 학자의 본분에 어긋난다"는 말이다. 국가에 폐가 되는 것은 언급하지 말고 연구하지도 말라는 것으로서, 오늘날에도 문제가 되는 사고의 원류가 여기서 확인된다.

또 같은 호에는 신토 학자 사에키 아리요시(佐伯有義)도 〈구메 구니타케 씨에게 묻는다〉(久米邦武氏＝質ス)라는 글을 실었는데, '구메 씨 논의의 요점'에서 다음과 같이 지탄했다.

> 하늘이라 지칭되는 곳에는 실물이 있지 않으며, 다만 고대 인민의 상상에서 만들어 낸 것이라고 한다. (……) 구메 씨의 설은 국체를 훼손하고 교육칙어에 위배되는 바이다.

이 무렵 정치와 사회 분위기는 '대일본제국헌법,' 국회 개설, 교육칙어, '우치무라 간조(內村鑑三)의 불경사건'(1891년 1월 교육칙어 봉독식에서 경례를 거부한 사건―옮긴이)과 같이 천황제 국가 체제의 확립을 강행하던 시기여서 국체파가 대대적으로 기세를 떨치는 상황이었다.

〈신토는 제천의 풍속〉이 《사해》 제8권에 실린 다음 달인 2월, 신토 학자 4명이 구메를 방문하여 내용을 철회하라고 독촉했고, 궁내성·내무성·문부성에 구메를 파면하라고 요구했다. 상황은 수사-실증주의역사학파와 문명사가 쪽에서 예상한 것보다 훨씬 더 엄혹했다. 3월 4일 구메는 제국대학에서 '휴직'해야 했고, 《사학회잡지》와 《사해》는 안녕과 질서를 어지럽혔다 하여 발매금지 처분을 받았다.

사실 구메의 논문은 '가미'를 상상의 산물로 보는 한편, "가미는 사람이다"라고 함으로써 신대사(神代史)를 역사로 재구성하는 모순을 지녔기에, 그 허를 찔린 것이라고도 할 수 있다. 그러나 본디 여러 논자들이나 언론의 차원에서 다툴 일이 한순간에 극단적인 정치적 개입으로 뒤바뀌고 말았다. 후쿠자와 유키치가 추호의 의심도 없이 문명과 진보에 대한 기대를 걸었던 유신 정권은 벌써 이 시점에서 학술·언론계의 반동적 부분과 결합하고, 그에 따른 학문과 사상의 자유 억압이라는 성격을 노골화했다.

사태는 구메가 '휴직' 처분을 받고 제국대학에서 쫓겨난 데서 그치지 않았다. 이듬해 1893년 4월 10일에는 제국대학 국사편찬 사업이 정지되었고, 사지편찬계(史誌編纂掛)도 폐지되었다. '사료 편술'은 개인적으로 행할 일이며 국사 서술은 한문이 아니라 일본어로 해야 한다는 이유가 제시되었기에, 나름대로 논리는 서 있다. 그러나 이것을 추진한 것은 국학자 고나카무라 기요노리(小中村淸矩)를 중심으로 한 신토-국학파였고, 정치가 쪽에서는 헌법과 교육칙어 제정에 지대한 역할을 했고 황전강구소에 깊이 관여한 이노우에 고와시였다는 것은 주지의 사실이다. 한학자 가와다 쓰요시도 구메와 시게노 비판 쪽으로 돌아섰다.

이 동안 구메 구니타케와 시게노 야스쓰구는 구태여 항변하지 않았다. 다구치 우키치는 구메를 변호하는 논진을 폈으나, 상황은 정치권력에 밀착한 신토파의 승리였다. 시게노는 고령의 나이로 대학을 떠났고(1893년―옮긴이), 구메는 쫓겨난 뒤에 도쿄전문학교(뒷날의 와세다대학)로 옮겼으나 과거와 같은 자유로운 발상과 전투성을 잃어 간 듯하다.

이 사건은 명백히 아카데미즘 실증주의역사학이 천황제 정부로부터 받은 타격이었다. 그 뒤 이 그룹은 실증주의라는 면에서는 변화가 없었지만, 문명사파와 손을 잡으면서 정치적으로는 권력으로부터 자립을 적극적으로 주장하던 지난날의 자세를 급속히 누그러뜨려 갔다. 아카데미즘 실증주의역사학이 일본 역사학계의 주류라고 칭해지면서도 현실과 정면으로 맞서는 자세를 약화시켜 간 데는 이 사건이 전기가 되었다고 봐야 한다. 근현대를 관통하는 아카데미즘 실증주의역사학의 이른바 체질적인 요소가 여기에서 규정되었다는 점에서 잊어서는 안 되는 문제이다.

## 정치사 중심의 아카데미즘 실증주의역사학의 성립

1895년 4월 이미 폐지되었던 사지편찬계를 대신하여 사료편찬계가 설치되어 호시노 히사시(星野恒), 미카미 산지(三上參次), 다나카 요시나리(田中義成)가 사료편찬위원에 임명되었다. 문부대신 이노우에 고와시가 앞서 실시한 국가에 의한 정사 서술 정지에 이어 향후 사료 수집과 편찬만을 담당하도록 했던 것이다. 수사국 시대 이후 집적된 고문서와 기록물 등은 13만 점에 이르렀다고 하며, 이를 15년에 걸쳐 발행하려는 계획이었다.

그 계획에 따라 1901년 2월에 《대일본사료》 6편 1, 4월에 12편 1, 7월에는 《대일본고문서》 1권이 간행되었다. 《대일본사료》는 정치사 중심으로 편년·강문(綱文, 매일 일어난 사건에 대한 제목—옮긴이)을 만들고 사료를 배치하는 형태를 취했는데, 이후 100년이 지난 지금도 그대로 계속되고 있다.

이렇게 사료편찬계의 사업이 확정된 것은 제국대학을 중심으로 한 아카데미즘실증주의 일본 역사학의 성격이 시게노 야스쓰구, 구메 구니타케 등의 실증주의를 이어받아 국정의 추이를 중심에 두는 편년체식 정치사·외교사를 명확한 기본으로 삼았다는 것을 의미했다. 《대일본사료》가 편년체식과는 어울리지 않는 경제·사회·민중 생활 등에 관한 사료를 연도 별로 '연말잡재'(年末雜載)라는 항목에 일괄 수록하는 방식을 택한 것도 정치사·외교사를 중심에 두는 랑케식 역사관과 연결된다고 할 수 있다.

여기서 사료편찬계(뒷날 사료편찬소)를 중심으로 한 일본사 연구 체제 확립의 의미를 조금 더 다각도에서 생각해 볼 필요가 있다.

첫째, 적어도 게이초(慶長, 1596~1615년)에 이르기까지의 기본 사료(영사본·등사본의 제작)가 사료편찬계에 집적됨으로써 고대와 중세, 특히 중세사 연구의 기초가 되는 사료의 독점 체제가 성립된 점이다. 그것은 사료편찬계에 소속된 제한된 연구자의 연구 조건을 압도적으로 유리하게 만드는 반면, 사료편찬계와 무관한 대다수 연구자가 사료에서 소외되어 버리는 형국이기도 하다. 태평양전쟁 패전 뒤에 사료 공개 시스템을 추진하는 일이 사료편찬소의 긴급 과제가 된 것도 여기서 연원한 것이다.

둘째로 일본사 연구에서 편년체식 정치사·외교사·제도사 등이 우위를 점했고, 사회·경제·문화 등 정치 과정에 직접 관련이 없는 여러 측면에 대한 연구가 불리하고 곤란해지거나 일차적으로는 중시되지 않는 경향을 낳은 점이다. 1930년대의 나카무라 기치지(中村吉治)에 와서 처음으로 사료편찬계에 소속된 연구자가 농민·농정 사료 같은 분야에서 본격적인 연구의 꽃을 피울 수 있었다는 데서 잘 드러난다.

셋째로 사료편찬 사업이 궤도에 오름으로써 사료의 기초적 연구와 고증, 나아가 구로이타 가쓰미(黒板勝美)로 대표되는 고문서학 연구가 진전된 점에는 큰 의의가 있다. 반면에 사료 고증과 고문서 연구가 역사학의 근간에 자리함으로써 역사가가 현대를 살아가는 자기의 주체성과 사상성을 통해 역사인식과 씨름하는 것을 탐탁찮게 여기는 풍조를 낳았다는 점도 놓칠 수 없다. 거기에서 구메 구니타케의 〈신토는 제천의 풍속〉 사건을 계기로 현실 세계에서 한 발 물러서게 된 고증사학의 자세와 이어지는 경향을 찾아낼 수도 있겠다.

| 참고문헌 |

薩藩史研究会 편,《重野博士史学論文集》전3권, 雄山閣, 1938~1939년.

重野安繹·久米邦武·星野恒 편,《国史眼》, 大成館, 1890년.

《久米邦武歴史著作集》전5권, 吉川弘文館, 1988~1991년.

松島栄一 편,《明治文学全集77·78 明治史論集1·2》, 筑摩書房, 1965·1976년.

田中彰·宮地正人 편·교주,《日本近代思想大系13 歷史認識》, 岩波書店, 1991년.

史学会,《史学会百年小史》, 山川出版社, 1989년.

# 4
## '구미식 근대의 가능성'을 역사에서 찾기

### 국사·동양사·서양사 3과 제도의 성립

청일·러일전쟁기는 경제면에서는 일본 자본주의의 확립(산업혁명)기였고, 정치적으로나 국민 사상적으로는 내셔널리즘의 고양기였다. 앞에서 살펴보았듯이 도쿠토미 소호는 청일전쟁과 함께 평민주의를 포기하고 팽창주의로 변신했다. 미야케 세쓰레이(三宅雪嶺, 1860~1845년)는 이미 1888년 정교사(政敎社, 국수주의를 표방한 언론 단체이자 출판사 — 옮긴이) 창설에 참가하여 《일본인》을 발간하며 서구화주의를 내치고 국수주의 입장에 섰다. 그는 청일전쟁과 더불어 민족주의 경향을 강화했고, 러일전쟁 때도 국수주의 입장에서 전쟁을 지지하는 논진을 폈다.

그런 가운데 국민의 눈이 대거 아시아로 쏠리게 되자, 1894년 나카 미치요(那珂通世)는 그동안 등한시되었던 중등교육에 '동양사'라는 교과를 두어야 한다고 주장했고, 이는 받아들여졌다. 나아가 1904년에는 도쿄제국대학 사학과에 '지나사학'이 개설되었고, 1910년에는 '동양사학'이 되었다. 시라토리 구라키치(白鳥庫吉)가 '동양사학'의 담당 교수가 되었고,

대상을 중국에서 조선, 북아시아, 중앙아시아로 넓혀갔다.

그런가 하면 교토제국대학(1897년 창설)에도 1906년 문과대학이 설치되었고, 이듬해 사학과 개설과 더불어 '지나사학'(뒷날 동양사학)을 두어 나이토 고난(內藤湖南, 虎次郎, 1866~1934년)이 담당 교수가 되었다. 고난은 미야케 세쓰레이와 상통하는 내셔널리즘 사상을 지닌 동시에 일본 문화를 동양 문화의 연장선에서 자리매김하려는 점에서는 아시아주의자라고도 할 수 있다.

이리하여 나카 미치요, 시라토리 구라키치, 나이토 고난 등이 앞장서 '동양사학'이 '사학과'에서 분리 독립하는 경향이 진행되었고, 그 영향으로 1910년 '사학과'는 '서양사학과'로 특화하는 방향으로 나아갔다.

어떤 면에서 이런 흐름은 일본사 학자의 한학 소양에 의존하여 일정 지식 정도의 수준에 머무르던 중국사를 놓고 처음으로 본격적인 연구와 교육 체제가 창출되었다는 의미에서 적극적으로 평가해 마땅하다. 그런 반면에 '일본사'와 '동양사'가 분리되어 다루어지게 됨으로써 아시아사의 일환으로 '일본사'를 자리매김하고 파악하려는 시각이 약화되었다는 부정적인 측면도 놓칠 수 없다.

유럽사와 일본사의 관계는 전근대, 특히 대항해 시대 이전에는 직접적이고 유기적으로 연결되지 않으며, 둘의 관계를 묶는다면 상호 '비교' 정도가 중심이었다. 그런데 '동양사'는 일본사와 본디 무관하지 않다. 일본의 역사가 원래 아시아사의 일부분이었다는 것은 지금은 상식에 속한다. 그 점에서 3과 병립제는 통일적인 역사인식을 곤란하게 만든다든지 왜곡한다든지 할 가능성을 내포하게 되는 것이다.

게다가 일본은 메이지 이래 조선에 대해 차츰 민족적·국가적 멸시관을 강화했고, 그것이 화근이 되어 조선사를 바로 보고 연구하려는 자세를 잃어 버렸다. 조선 병합은 그런 경향을 결정적으로 밀고 갔으며, '조선사'는 '동양사' 속에서 정당하게 자리매김되지 못했다. '조선사'가 독자적인 민족·국가의 역사로서 통일적으로 서술되는 것이 패전 뒤 하타다 다카시(旗田巍, 1908~1994년)의 《조선사》(岩波全書, 1951년)가 나올 때까지 출현하지 못한 사실이 그 문제를 여실히 드러내고 있다.

그런 의미에서 3과 병립제는 일본사 인식을 자폐적으로 만드는 경향을 재촉했다. 한편 도쿄제국대학 문과대학의 '사학과'와 '국사과'는 1904년에 '사학과'로 통합되었다가, 1910년 9월 사학과에 '국사' '동양사' '서양사'의 세 전수과(專修科)가 설치되었다. 이로써 3과제가 형식을 갖추게 되었는데, 뒤이어 저마다 독립 학과로 바뀐 것은 1919년 문과대학이 개편되어 도쿄제국대학 문학부로 바뀌던 무렵의 일이다.

## '구미'를 따라잡을 수 있을까: 메이지 30년대의 새 사학

청일·러일전쟁을 벌인 일본은 자국의 자본주의를 발전시켰을 뿐 아니라 군사 강국에 진입하고 제국주의 열강의 일원이 되는 길로 빠르게 걸어갔다. 국민적 과제는 과거 후쿠자와 유키치가 제시한 독립과 문명화에서 '세계 5대국을 향해'로 바뀌었다. 그런 문제를 역사학에 견줘 보면 대략 메이지 30년대(1897~1906년 — 옮긴이) 역사학의 사상으로서 다음과 같은 논점이 떠오른다.

즉 일본사 연구에서 이전까지 애오라지 사료 고증과 정치사 중심을 주제로 삼는 모습이 변함없이 이어져도 괜찮은 것인가 하는 문제이다. 시게노 야스쓰구, 구메 구니타케 같은 이가 그 길을 개척했을 때는 명분론적 역사관이나 신토-국체론적 역사관과 싸운다는 의의가 컸으나, 이미 시대는 변했다. 역사학이 고증과 정치사 중심으로 일관하는 것은 허용될 수 없으며, 법·경제·문화·종교 등 역사적 사회의 중요한 측면에도 역사적 고찰이 이루어져야 한다는 문제이다.

일본이 구미 선진국에 버금가는 강대국을 지향하려면 그런 모든 측면에 관해서도 역사 속에서 일본의 '진보'와 '구미'형 사회로의 가능성을 탐구할 필요가 있다는 생각은 '덴포(天保)의 노인'(덴포, 즉 1830~1843년에 태어나 메이지유신을 이끈 세대를 가리키는 도쿠토미 소호가 만든 말—옮긴이)을 대신하여 '메이지의 청년' 세대 역사 연구자의 마음을 강하게 잡아 끌었다. 두 차례 전쟁의 승리는 내셔널리즘과 국수주의를 고양시켰지만, 자본주의가 산업혁명의 단계까지 진전된 현실은 경제·사회·법을 포함하는 일본의 진로를 역사 속에서 생각할 필요를 절감하게 했다. 그런 생각을 다진 2세대의 젊은 역사가들은 몰가치적이고 현재적 과제를 외면하는 '실증주의역사학'이 성에 차지 않는다는 말을 기회 있을 때마다 입에 올렸다. 1902년 《사학잡지》(13편 4호)의 한 구석에는 이런 문장이 눈에 띈다.

　수집 또 수집, 고증 또 고증, 지금 시대가 이걸로 끝나서는 안 된다는 목소리가 일부 청년 역사가들 속에서 나온다.

　분명히 고증사학 내부에서도 고증 일변도의 역사학을 비판하는 목소리가 분출하기 시작했다(참고로 리스는 같은 해 문과대학 일을 마치고 독일로 돌아갔다).
　이런 비판과 발상은 일본의 역사와 유럽의 역사를 사회 발전이나 법 제도 발전의 경로와 성격을 비교 연구하여 일본의 '구미적' 발전 가능성을 찾아보려는 쪽으로 나아갔다. 뒤에 살펴보겠지만 메이지 30년대에 연구를 본격화한 하라 가쓰로(原勝郎), 우치다 긴조(內田銀藏), 후쿠다 도쿠조(福田德三), 나카타 가오루(中田薰) 같은 이들의 발상에는 그런 경향이 정도의 차이는 있어도 공통적으로 나타난다.
　더구나 이 점은 일본 역사학이 '동양사'를 파악하는 방식과도 연관된다. 앞서 말한 3과 병립제라는 형태로 '동양사'는 연구와 교육의 한 분야로서 자리매김되었다. 그러나 아시아사와 중국사에 대한 일본의 관심은 과거처럼 자국 문명의 모국으로서 중국에 대한 경외심과는 전혀 달랐다. 말하자면 구미와 나란히 제국주의적 진출(침략)을 감행하는 데 필수적인 역사적 지식으로서의 관심이다.

따라서 일본의 '동양사학'은 중국한테서 배우기보다는 중국사 지식이나 중국사 상을 유럽 제국주의 국가의 중국사 연구를 통해 배우는 경향이 강했다. 본디 나이토 고난처럼 '동양 문화'에 강한 신념을 갖고 "동양 문화의 진보 발전에서 보자면 국민의 구별이라는 것은 작은 문제이다"(《新支那論》)고까지 하며 아시아를 하나의 보편으로 파악하려는 역사가도 있었다. 그러나 대부분은 후쿠자와 유키치의 '탈아입구'론의 연장선에서 중국을 아시아적 정체 또는 그 원인으로서 동양적 전제주의 사회라는 규정성 속에서 파악하고, 일본과 중국을 대비시켜 상호 이질성을 드러냄으로써 일본이 구미에 접근하고 추격할 수 있는 가능성을 발견하고자 했다.

그것은 결국 조선과 중국에 대한 멸시나 자국 우월적인 이해와도 이어지며, 전전 일본의 자국중심 사관의 독선과 깊숙이 결부되어 간다. 그러나 그 문제가 더욱 심각한 형태로 드러나는 것은 쇼와(昭和, 1926~1988년)기에 들어서서이다. 여기서는 이런 문제도 염두에 두면서 메이지 30년대의 역사학·일본사학의 새 동향으로 눈을 돌려보자.


## 하라 가쓰로와 우치다 긴조

20세기에 들어서는 1901년 무렵부터 일본사 연구는 양태와 방향을 대폭 변화시켜 갔다. 하라 가쓰로(原勝郎, 1871~1924년), 우치다 긴조(內田銀藏, 1872~1919년), 그리고 일본사 연구 주변에서 활동했던 후쿠다 도쿠조, 나카타 가오루. 이름을 떠올리자마자 알 수 있듯이 전전 일본 역사학과 그 주변 학문의 거장들이 일제히 등장한다.

그들은 모두 메이지유신 뒤 이른 시점에 태어나 대학을 졸업한 다음 유럽에서 유학했다는 공통점을 지닌다. 그뿐 아니라 유학을 통해 선진국인 영국·프랑스·독일의 역사와 현실에 대한 인식을 심화시켰다. 하지만 거꾸로 일본도 같은 길을 걸어 유럽을 따라잡을 수 있을까, 일본의 역사는 유럽과 전혀 다른 길을 걸어 유럽을 따라잡기란 애당초 불가능한 것은 아닐까 하는 문제의식을 저마다 품고 있었던 것 같다.

이 세대의 역사가들은 귀국 후 도쿄와 교토의 제국대학 또는 도쿄고등상업학교(히토쓰바시대학—橋大學의 전신) 교수 자리에 올라 저마다 전문 분야에서 지도적인 역할을 하게 된다. 이들은 역사와 사회의 발전을 놓고 유럽과 일본을 비교의 관점에서 다루었다는 점에서 상통했다.

그 가운데 하라 가쓰로는 1896년에 제국대학 문과대학 사학과를 졸업하고 1907년부터 1909년까지 영국·프랑스·미국에 유학했으며, 귀국하여 교토제국대학 문과대학 교수가 되었다. 본디 사학과(서양사 중심)에서 쓰보이 구메조(坪井九馬三, 1858~1936년) 밑에서 배웠기에 유럽사에 대한 관심이 강했고, 그 방면의 논문과 저작도 적지 않다. 하지만 대표작으로서는 《일본 중세사》제1권(冨山房, 1906년), 《히가시야마 시대 한 진신의 생활》(東山時代に於ける—縉紳の生活, 《藝文》, 1917년; 創元社, 1941년; 筑摩書房, 1967년, '히가시야마 시대'는 무로마치 중기인 15세기 중후반을 가리키며 진신은 고위 관리를 가리킴—옮긴이)이 알려져서 일본 중세사가로 평가받고 있다.

하라 가쓰로는 종래 일본사 서술이 "상대(上代, 6세기 말~8세기 말—옮긴이)가 자세하고 중세 이후를 간략히 서술하고 넘어가는 것"을 불만으로 여겼다. "상대에 중국에서 도래한 문물의 가치를 과대평가"하는 한편 중세를 암흑시대로 간주했기 때문이라고 판단한 하라는 일본 중세사의 의미를 가히 혁명적이라 할 정도로 뒤바꿨다. "우리 나라 문명의 발달을 온전한 출발점으로 귀착시킨" 것은 가마쿠라 시대이며, 수입된 문명을 표면적으로 수용하는 데 그쳤던 고대의 문화 상황을 극복하고 "일본인이 독립된 국민이라는 것을 자각한 시점에서 (중세는) 우리 역사상의 일대 진보를 낳은 시대"(《日本中世史》 서문)라고 보았다.

하라의 이런 일본 중세관의 배후에는 로마제국의 쇠락, 그 변경에 있던 게르만의 융성, 유럽 중세 세계의 형성과 같이 유럽 고대·중세의 전개에 관한 조감도가 있었다. 그래서 그와 유사한 전개를 교토 중심의 고대 율령국가에서 무사의 발흥에 따른 가마쿠라 막부 체제로의 이행 속에서 찾아낸 것이다.

여기에는 세계사(유럽사)적 보편과 사회적 진보·법칙을 기본으로 삼아 역사를 보는 문명사와 통하는 발상이 있을 뿐 아니라, 선진 문명의 동경과 섭취를 목표로 했던 문명사와 달리 이미 국가적 독립을 확보하고 독자적으로 유럽과 대칭되는 고대에서 중세로 진보의 길을 걸어간 일본에 대한 긍정적이고 국가적인 자신감이 읽힌다. 고대에서 중세로의 발전 도식은 뒤에 '전후역사학'의 기조를 창출한 이시모다 쇼(石母田正)의 《중세적 세계의 형성》(中世的世界の形成)으로 계승된다.

하라와 더불어 메이지 30년대의 일본사 연구에 새 기운을 불어넣은 역사가는 우치다 긴조였다. 우치다는 하라보다 한 살 적었으나 문과대학 국사과를 하라와 함께 졸업했으며, 〈일본 경제사 및 사학과 경제학의 교육적 가치〉(日本經濟史及び史学と經濟学との敎育的價值)를 대학원의 연구 주제로 삼아 1903년 영국·프랑스·독일로 유학 가기 직전 《일본 근세사》(제1권 상책)를 간행했다. 1921년에 나온 《우치다 긴조 유고 전집》(전5집, 同文館, 1921~22년)은 제1·2집이 《일본 경제사 연구》(日本經濟史の研究), 제3집 《국사총론과 일본 근세사》(国史総論及日本近世史), 제4집 《사학이론》(史学理論)과 같이 시게노·구메 시대 정치사 중심의 고증사

학과는 전혀 다른 모습이며, 당시로서는 매우 참신한 '일본 경제사' 개척에 힘썼다.

유학 직전에 간행한 《일본 근세사》는 하라의 《일본 중세사》보다 3년을 앞서지만, 기왕의 문명사와 사론사학의 분위기를 계승하는 동시에 유럽 역사학에 대한 지식과 견문을 바탕으로 종전의 고증사학에서는 불가능한 일본 근세 사회의 역사상을 포괄적으로 그려 냈다. '봉건 질서, 번 내부의 편제' 등 사회의 구조적 문제에 누구보다 큰 관심을 쏟았고, 그런 관점에서 에도 시대의 시기 구분을 시도했다.

그러나 우치다의 경제사 인식은 당시 유행하던 독일 역사학파의 단계론과는 달랐다. 우치다도 일본과 서구를 비교하는 데 관심은 있었으나, 경제 발전의 보편적·법칙적 추구와 같은 방법은 받아들이지 않았다. 역사의 '진보'를 인정하지만, 각 민족사의 전개를 획일적인 하나의 잣대로 파악하는 방법을 취하지는 않았다. 그런 의미에서 우치다의 경제사는 경제학이나 경제 이론에서 출발한 것이 아니었다. 그런가 하면 정치사 중심의 고증사학에 매우 비판적이었으며, 경제와 문화를 비롯한 정치 외적인 분야를 역사인식의 필수적인 구성 부분으로 자리매김하려는 의욕을 보였다.

하라 가쓰로와 우치다 긴조는 유학을 통해 유럽의 역사와 학문을 직접 널리 배우는 가운데 일본사 인식과 일본 역사학에 새 지평을 열었다. 이 두 사람이 신설된 교토제국대학 교수로 함께 영입되어 도쿄제국대학의 고증사학·정치사·제도사적 실증주의역사학과 대치하는 형태를 띤 것은 이후 교토대학 사학과의 학풍이나 사학사의 전개를 이해하려고 할 때 놓칠 수 없는 대목이다. 역사학의 학풍과 사상은 그 자체가 역사 속에서 형성되어 가는 법이다.

## 나카타 가오루의 법제사학

우치다는 제쳐 두더라도 하라 가쓰로의 일본사론은 유럽 역사를 염두에 두고, 일본의 역사에도 유사한 발전 코스가 있었는가, 있었다면 그것은 어떤 성질이었으며 근대와 어떻게 이어지는가 등의 문제를 생각하고자 했다. 메이지 30년대라는 일본 나름의 '국민국가' 성립기에서 구미와 비교했을 때 모든 면에서 '후진성'이 존재한다고 인정할 수밖에 없는 상황에서, 과연 일본도 '유럽적 근대화'(서양화)가 가능한가 하는 문제가 근저에 자리한 문제의식이었다.

일본 법제사학의 기초를 닦은 나카타 가오루(中田薫, 1877~1967년)한테서도 비슷한 문제의식을 엿볼 수 있다. '비교법제사'를 연구와 강의 과제로 전면에 내걸었던 나카타의 경우, 근대 법전의 제정 과정에서 선진 구미법과 일본의 전통적 법 관념, 법 관습 사이의 모순을 어떻게 이해하고 조정할 것인가 하는 현실 문제에 직면했기 때문에, 비교의 시각을 적극적으로 설정함으로써 중요한 문제를 발견할 수 있었다.

나카타의 저명한 논문 〈요로 호령 응분 조의 연구〉(養老戶令應分條の研究, 《法学論叢》 13권 1호, 1925년)는 일본과 당의 율령법을 비교 연구함으로써 양자의 차이가 기본적으로는 '이에'(家, 가문―옮긴이) 관념의 차이에 근거한다는 것을 규명했다. 이런 시각은 독일과 프랑스 유학(1908~1911년)을 통해 형성된 이해를 배경으로 도출되었다. 〈프랑스의 Parage와 일본의 소료〉(佛蘭西のParageと日本の惣領, 《国家学会雜誌》 27권 7호, 1913년)에 보이듯이 '이에'는 일본 역사 속에서 뿌리깊게 전통이 존속하는 분야였기 때문에 근대 친족법의 제정 과정에서 법과 관습·실태를 어떻게 조절할 것인가 하는 것은 대단히 절실한 문제였다. 나카타가 '이에' 연구에 정력적으로 매진하여 가부장권의 양태를 로마형과 게르만형으로 설정하고 일본의 경우는 게르만형과 통한다는 것을 밝힌 것도, 일

본의 '이에'를 무조건 특수화하지 않고 로마법·게르만법과 비교하면서 이른바 '보편'의 한 유형으로 자리매김하려 했던 것이다.

1906년 발표된 〈일본 장원의 계통〉(日本莊園の系統, 《国家学会雜誌》 20권 1~2호), 〈왕조시대의 장원에 관한 연구〉(王朝時代の莊園に関する研究, 《国家学会雜誌》 20권 3~12호)로 대표되는 장원 연구를 비롯하여 '지교'(知行, 영주의 토지 지배권 — 옮긴이)제 연구, 마을과 이리아이(入会, 관습적인 공동 소유 — 옮긴이) 연구 등 모든 테마에서 특히 게르만법과 비교함으로써 일본의 문제에 관한 인식을 심화하는 방법을 취했다. 그런 식으로 일본 고유법의 역사적 특질을 논하고 이른바 '특수'를 '보편' 속에서 본다는 수법은, 일본에서 '근대국가'가 흥할 때 유학하여 자국 역사를 유럽 역사와 대비하면서 넓은 시야 속에서 이해를 깊이하려고 한 하라와 우치다한테서 공통적으로 나타난다. 그들은 '국민국가에 대한 신뢰'를 전제로 했다는 점에서 다소 문제를 안고 있다고 봐야 하지만, 그들에 의해 전전 역사학의 이른바 최고봉이 드러났다고 해도 좋다.

### 제국주의와 역사학

돌이켜보면 메이지 30년대부터 40년대에 걸친 시기(1905~1912년을 가리킴 — 옮긴이)는 두 차례 전쟁을 이겨 낸 일본이 아시아 유일의 제국주의 국가로 급선회했던 시기이기도 했다. 조선 병합은 바로 그런 맥락의 정점에 있었다.

그런 중요한 과정에서 일본의 역사학은 어떤 자세를 취했던 것일까? 메이지 전기에 일본 역사학의 주류는 '국사 편찬'이라는 형태로 국가의 정통성을 확립하기 위한 사업에 봉사했으나, 당시 대외적으로는 여전히 근대국가로서의 독립이 큰 과제였다. 그에 비해 제국주의 국가로 발돋움하는 메이지 30년대 이후 역사학은 대상을 확대하여 경제·문화·법 등을 둘러싸고 비교사적 연구를 추진해 갔지만, 생각해 보면 구미에 버금가는 대국의 가능성을 역사 속에서 찾으려는 연구였다. 그런 가운데 제국주의 지지로 변신한 도쿠토미 소호는 있었어도, 역사가 가운데 제국주의 비판에 섰던 '고토쿠 슈스이'(幸德秋水) 같은 인물은 등장하지 않았다.

'동양사' 학자 시라토리 구라키치는 조선사에서 시작하여 '만주'와 몽골, 서역에 이르는 광대한 지역에 관한 역사 연구에 몰두했지만, '제국주의'를 반성한 적은 없다. 반성은커녕 당면한 일본의 움직임을 "과거 역사상 유례가 없는 국운의 융성, 세계 역사에서 찾아볼 수 없는 민족 생활과 민족 문화의 눈부신 발전"(津田左右吉,〈白鳥博士小傳〉; 小山正明,〈白鳥庫吉〉, 永原·鹿野 편《日本の歷史家》에 수록)이라며 예찬하고 긍정적으로 바라보았다. 따라서 시라토리는 조선과 만주를 주된 연구 대상으로 삼으면서도 식민 지배를 둘러싼 문제는 전혀 건드리지 않았다. 구미의 동양사 연구를 섭취하여 그와 동일한 수법과 관심을 보였지만, 그것을 뛰어넘는 비판적 사고는 형성하지 못했다.

이 점은 물론 시라토리에게만 책임을 돌릴 수는 없다. 메이지 30년대부터 40년대까지 일본의 역사가는 메이지유신 이후의 동시대를 '현대사'이자 학문적 대상으로서 과학적으로 인식하려는 발상을 결여했던 것이다. 이것을 태평양전쟁 패전 후 30~40년이 지난 시점에서 일었던 '현대사' 연구에 대한 관심의 크기와 견줘 보면 하늘과 땅 차이다. 메이지 30년대부터 40년대는 역사학이 자국의 역사, 특히 현대사를 객관화·상대화해서 비판적으로 보지 못하는 상태였던 것이다. 그런 점과 관련하여 1903년 정부는 소학교 교과서 제도를 1886년 이래 시행해 온 검정제에서 국정제로 바꾸고 국민의 역사의식을 획일적으로 유도하고 나섰는데도 역사학계는 그 어떤 비판도 제기하지 못했다.

## 남북조 정윤론 사건

러일전쟁이 끝나고 이듬해 1906년 사카이 도시히코(堺利彦) 등이 일본 사회당, 니시카와 고지로(西川光二郎) 등이 일본 평민당을 결성했다. 또 고토쿠 슈스이가 미국에서 돌아와 '직접행동론'을 주장했으며, 기타 잇키(北一輝, 국가사회주의자이며 2·26사건으로 사형당함 — 옮긴이)가 《국체론과 순정사회주의》(国体論及純正社会主義)를 출간했다. 바야흐로 일본의 국가와 사회에는 새로운 정치와 사상의 움직임이 보이기 시작했다.

1907년에는 '국사 편찬'과 나란히 시작되고 황전강구소로 이어지며 편찬이 진행되던 《고사류원》(故事類苑)이 완성되었고(별권은 1914년), 이듬해에는 와세다대학에 사학과가 설치되는 등 일본 역사학계에서 좋은 일도 있었지만, 사회 전반적으로는 점차 폐색감이 짙어 갔다. 1908년 '무신조서'(戊申詔書, 이른바 '사상 악화'에 대응하기 위해 황실을 중심으로 뭉치자는 내용 — 옮긴이)가 발포되었고, 정부는 '지방개량 운동'을 추진하며 민심을 다잡고 나섰다. 1910년 5월 대역사건 검거 개시, 8월 조선 병합, 1911년 1월 고토쿠 슈스이 등 사형 집행, 2월 1일 도쿠토미 로카(徳富蘆花, 소설가로서 고토쿠의 구명을 위해 노력했고 형 소호의 국가주의를 비판함 — 옮긴이)는 이를 비판하며 제1고등학교에서 '모반론'을 강연했다.

남북조 정윤론(正閏論) 사건은 그 직후인 1911년 2월 4일 중의원 의원 후지사와 모토조(藤沢元造)가 국정교과서(1909년 개정 《尋常小学日本歴史》)가 남북양조병립설을 따르고 있는 것(이 점을 《요미우리신문》이 사설에서 "대역사건을 뛰어넘는 국정교과서의 실수"라며 비난한 것을 받아)에 대한 질문서를 제출하면서 터졌다. 야당인 입헌국민당은 바로 정부 탄핵결의안을 의회에 제안했고, 국수주의 단체의 정부 공격도 끓어올라 교과서 편수관 기다 사다키치(喜田貞吉) 앞으로 "너희들은 실로 고토쿠 일당이다"라는 비난이 쇄도했다. 당시 제2차 가쓰라 다로(桂太郎) 내각은 급거 남조를 정통으로 정한다는 정치 조치를 취했고, 2월 27일 기다 사다키치를 휴직 처분했고 사료편찬위원 미카미 산지도 사임했다. 4월에는 북조 천황을 연표에서 빼고 교과서의 정정을 명하여 '요시노(吉野, 남조의 본거지 ― 옮긴이)의 조정'으로 고치게 했다.

남북조의 '양통' 문제는 기타바타케 지카후사의 《신황정통기》(親皇正統記, 남조 정통을 주장 ― 옮긴이) 이래 대문제로서 미토학·국학이 창출한 일군만민의 '국체'론에서는 국체의 근본과 연관되는 중대한 주제로 다뤄졌기 때문에 가쓰라 내각이 당혹감을 느낄 만도 했다.

그러나 이 양조병립 문제는 본래 사실(史實)에 관한 학문적 사안이며, 순서로 보자면 학자들 간의 충분한 토론을 바탕으로 내려진 결론을 역사교육에 반영해야 할 일이다. 원래 학자들 사이에도 여러 의견이 있었다. 구로이타 가쓰미는 남조정통설, 역사지리학자인 요시다 도고(吉田東伍)는 북조정통설, 구메 구니타케·미카미 산지·다나카 요시나리·기다 사다키치는 양조병립설을 주장했다.

그런데도 가쓰라 내각은 자신의 대응 방식이 학문과 교육의 근간에 관련된다는 점 따위는 전혀 고려하지 않고 검토할 시간도 없이 '남조 정통'을 그야말로 정치적 강권적으로 결정해 버렸다. '지'(智)야말로 자유와 문명의 근원이라 했던 후쿠자와 유키치 이래의 이상을 완전히 무시한 절대주의적 결정 방식이었던 것이다.

일본 역사학계로 보자면 이 사건보다 더한 굴욕은 없다는 데서 그치는 것이 아니라, 학문이 권력에 의해 지배된다는, 본디 있어서는 안 되는 방향으로 길을 열어 준 셈이 되었다. 수사국 이래의 실증주의 정치사가 다나카 요시나리는 사건 후에도 아래와 같이 강의 제목에 '남북조 시대사'라는 명칭을 써서 자신의 주장을 강조했다.

그렇지만 본 강의에서는 본디 학설의 자유가 있으므로 이 제도에 구애받지 않는다. (……) 학술적으로는 이 시대를 칭하여 남북조 시대로 하는 것이 지당하다.

자신이 담당한 사료 편찬에서도 《대일본사료》 6편 3에서는 주장을 관철하여 남북조 시대 표기를 사용했다.

그러나 나중에 강의 제목은 우에다 가즈토시(上田万年) 문과대학장의 요청을 받아들여 '요시노조 시대'로 고쳤다. 다나카로서는 그렇게 바꾸는 것이 굴욕이었지만, 이것을 계기로 여러 학술적 사서에도 '요시노조 시대'라는 명칭이 늘어났다. 하물며 역사교육 분야에서는 '학문과 교육은 별개'라는 초대 문부대신 모리 아리노리 이래의 방침이 이 사건을 통해 확실히 굳어진 형국이 되었다. 그래서 이후 고대 임신(壬申)의 난, 중세의 남북조 내란은 교과서에서 전혀 다루어지지 않은 채 봉인되어 죽은 용어가 되었고, 국민의 자국사 인식을 크게 왜곡하게 되었다. 설마 다나카도 《대일본사료》는 '학술'이고, 대학의 강의는 '교육'이라 명칭을 '요시노조 시대'로 하도록 인정하지는 않았을 터이다. 그렇더라도 한발 양보하는 일은 뒷날 헤아릴 수 없는 후퇴로 길을 열고 말았다.

남북조 정윤론 사건은 앞의 구메 구니타케 사건에 이은 사학사 상의 제2의 불상사였다. 구메 사건은 권력과 깊이 연루된 신토-국학계 학자가 표면에 나서서 움직이고 국가 권력이 이를 수용하여 구메를 해임하는 순서를 밟았다. 그에 비해 정윤론 사건은 철두철미 정치적 사건으로서 처음부터 국가 권력의 개입이라는 훨씬 잘못된 형태로 전개되었던 것이다.

| 참고문헌 |

하라 가쓰로와 우치다 긴조에 대해서는 본문에서 제시했다.

中田薫, 《法制史論集》 전4권, 岩波書店, 岩波書店, 1926 · 1938 · 1943 ·

1964년.

五井直弘,《近代日本と東洋史学》, 青木書店, 1976년.

山崎藤吉・堀江秀雄 편,《南北朝正閏論纂》, 鈴木幸, 1911년.

田中義成,《南北朝時代史》, 明治書院, 1922년.

# 5
## 고유문화와 사회·민중의 발견

### 확대되는 역사 연구의 대상

1910년 전후 메이지 말년의 일본 역사학계는 남북조 정윤론 사건이 상징하듯 어둡고 엄혹한 공기에 휩싸여 있었다.

고등상업학교(뒷날의 히토쓰바시대학)를 졸업하고 1898년부터 1901년에 걸쳐 독일에 유학하여 신역사학파 루요 브렌타노(Lujo Brentano, 1844~1931년)에게 배우고 돌아온 후쿠다 도쿠조(福田德三, 1874~1930년)는, 귀국 후 경제학의 이론·정책·역사 각 분야에 걸쳐 활약하는 동시에, 《일본 경제사론》을 독일어로 써서(1907년 일본어판 간행) 일본의 경제사학에 한 몫을 담당했다. 그러나 그런 후쿠다도 제국주의를 지지하는 사회정책학회의 주요 멤버 가운데 한 사람이 되었다(《福田德三經濟學全集》전6권, 1925~1927년).

메이지 후기 일본이 제국주의 국가로 이행해 가는 상황에서 메이지 유신 전후에 출생한 역사가나 주변 분야의 학자가 자국의 양상을 객관화하고 비판적인 자세를 견지하는 것은 몹시 어려운 일이었다. 역사가도 대역사건이나 남북조 정윤론 사건 같은 조작에 의해 비판을 봉쇄당했다기보다는 오히려 내셔널리즘이나 강대국에 대한 공감 또는 유혹을 자신의 내면에 지니고 있었기 때문이다.

하지만 그런 상황에서도 기존의 일본 역사학에는 없었던 새로운 시각과 방법이 착실히 싹을 틔우고 있었다. 거칠게 말하면 관학 아카데미즘 역사학이 유신 이래 거의 눈을 돌리지 않았던 민중과 지역 사회 또는 생활사 같은 분야에 대한 관심이다.

요시다 도고, 기다 사다키치, 야나기타 구니오(柳田国男), 쓰다 소우키치, 이하 후유(伊波普猷) 같은 이가 그런 새로운 경향을 대표하는 사람들이다. 먼저 요시다 도고를 살펴보자.

요시다 도고(吉田東伍, 1864~1918년)는 니가타 현 기타칸바라(北蒲原) 군의 농촌에서 태어나 중학교도 제대로 졸업하지 못하고 독학으로 일가를 이룬 재야 역사가이다. 온갖 직업을 두루 경험한 뒤 1901년부터 도쿄전문학교에서 강의를 하게 되지만, 역사지리·지방산업사·사회경제사 등 지역사회의 생활사와 생업사 전반에 걸쳐 큰 관심을 품었다. 젊었을 때 우연히 마주친 구메 구니타케 사건에 대해서도 "사견으로 이 문제의 사학 상의 진위나 옳고 그름을 연구하는 것은 무슨 지장이 있겠는가. 다소 물의나 반항이 있다고 해서 무슨 거리낌이 있을 소냐. 두려워 말고 용기를 내서 논의를 벌이는 게 당연하다"(《요미우리신문》 1892년 3월 8~10일)고 평하며 구메를 지지하는 기개를 드러냈다.

그런 요시다의 평생 작업은 오늘날에도 우리가 직접 학은을 입고 있는 《대일본지명사서》의 편찬 저술이었다. 1900년부터 1909년에 걸쳐 일본 열도 전역(당시 영토였던 사할린과 타이완까지 포함)의 신구의 크고 작은 지명을 망라한 뒤에 그에 관한 사료를 찾아 배치하고 고증을 더한 저작이다. 어느 정도 협력자의 도움이 있었다고는 해도 개인의 편저라고는 도저히 믿을 수 없을 만큼 어마어마한 작업이다.

요시다는 그다지 장수하지 못하고 쉰다섯에 세상을 떠났기에, 그 점에서 생각해도 불타는 의지와 글자 그대로 혼신을 다해 일에 매달리지 않았다면 이 대업을 이루지 못했을 것이다. 줄곧 국가 권력의 정점에만 시선을 두던 관학 아카데미즘 역사학에 대한 무언의 비판이라고도 할 이 사업은, 무엇보다 사회경제의 발전과 교통의 확대로 인해 국민 일반이 일상적으로 살아가는 열도 전역을 구체적으로 알 필요가 있다고 인식했기 때문일 것이다. 그런 새로운 과제에 홀로 달려든 것은 재야의 메이지인(明治人)다운 강골의 모습 그 자체이다. 전후 지명사전으로서는 《일본역사지명대계》(平凡社)와 《가도카와 일본지명대사전》(角川書店)이 도도부현마다 1권씩이라는 대규모의 형태로 간행되었지만, 이 모든 것도 요시다의 작업을 바탕으로 하지 않고서는 불가능했다고 해도 과언이 아니다.

### 기다 사다키치의 《민족과 역사》

남북조 정윤론 사건으로 정치적 희생양이 된 기다 사다키치(喜田貞吉, 1871~1939년)는 도쿠시마 현의 농촌 출신으로 제국대학 문과대학 국사학과를 졸업한 뒤 문부성의 교과서편수관을 지냈다. 하지만 관학 아카데미즘 역사학의 틀을 넘어 자유로운 발상과 넓은 관심을 가진 개성 강한 학자였다. 사건이 발생하기 전인 1899년 '일본역사지리연구회'(뒷날 '일본역사지리학회'로 바뀜)를 조직하고 잡지 《역사지리》를 발행했다. 1905년부터는 호류지(法隆寺) 재건 문제를 두고 재건 쪽의 중심 논객으로서 재건을 반대하는 쪽 건축사가 세키노 다다시(関野貞, 1867~1935년) 등과 사학사에 남을 학문적 논쟁을 펼쳤다. 나아가 고고학·고대사·민속학·민족학 등을 시야에 담은 개인잡지 《민족과 역사》(民族と歷史)를 1919년부터 5년에 걸쳐 발행하며(도중에 《사회사연구》로 제호를 바꿈), 정치사적 편년사의 그늘에 방치되었던 사회사적 사실(史實)과 씨름했다. 기다의 생각은 《민족과 역사》 발간 취지에 잘 나타나 있다.

우리 나라의 역사를 연구하는 데서 또한 결코 국민 측의 역사를 도외시해서는 만족할 수 없다.

기다는 지배·통치 측에서 보는 정치 연대기적 역사학에 대한 비판을 바탕으로 '국민 측'의 시각이 필요하다고 보았다. 그러기 위해서는 "고금 문헌의 조사뿐 아니라 두루 유물·유적·토속·전설·언어·신앙·기타 인류학, 사회학의 제반 연구 및 자료를 게재하여" 동학제현에게 제공한다고 하면서 실천한 것이다. 기다가 지향했던 바가 오늘날 일본사학계에서 널리 인정받고 그런 방법을 통한 역사 연구가 다각적으로 추진되고 있는 것을 보면, 기다의 견식과 학문적 선견지명은 높이 평가되어야 한다.

그런 관심 속에서도 특히 의의가 큰 것은 피차별민에 대한 연구이다. 기다는 《민족과 역사》를 발간하고 반년 뒤에 〈특수부락 연구호〉(特殊部落 研究号 2권 1호)를 냈다. 지금은 차별어인 '특수부락'이라는 표기가 사용된 것은 당시로서는 어쩔 수 없는 일이다. 기다는 《민족과 역사》 발간 취지에서 명확히 말했듯이 발간한 지 반년 만에 실제로 이 문제를 특집으로 꾸몄다.

과거 천민의 성립과 변천해 온 발자취를 상세히 밝히고 지금도 항상 소외되는 경향을 지닌 불쌍한 우리 동포에게 해방의 자료를 제공하고자 한다.

특집의 태반은 기다 자신이 집필했다. 기다의 피차별민 연구에서 이룬 가장 큰 공적은 피차별민의 기원에 대해, 당시 유력했던 이인종기원설이나 고대천민기원설을 부정하고 피차별의 발생 원인과 양상은 "기회와 실력의 이전에 의해 바뀌는" "필경 환경적인 문제"라고 지적한 데 있다.

기다는 남북조 정윤론 사건으로 문부성에서 내쫓긴 뒤 교토제국대학의 강사를 거쳐 1920년에는 교수가 되었다(하지만 겨우 4년 만에 "마음 편한 강사 쪽이 좋다"면서 교수직을 그만두고, 도쿄제국대학과 도호쿠제국대학의 강사를 역임했다). 교토는 오랫동안 천황의 거처로서 '부정(ケガレ, 게가레)'에 대해 가장 예민한 지역이었다. 그에 대응하여 피차별민 밀도가 가장 높으며 신분제적으로도 지배 질서의 저변에 조직되어 있었기 때문에, 기다의 피차별민 연구는 교토대학 시절에 크게 진척되었다. 또 부락해방운동의 고조라는 현실이 펼쳐진(전국수평사의 창립은 1922년 3월) 것도 응당 관련이 컸을 것이다.

기다의 가장 뛰어난 점은 피차별민을 이인종설, 고대천민기원설과 같이 고정관념 속에서 문제를 보지 않고 '동포'라는 게 각 시대 권력의 필요에 따라 창출되어 왔다고 봄으로써, 피차별민을 동태적·역사적으로 파악했다는 데 있다. 그것이야말로 날카롭고 확고한 역사가의 눈이라 할 것이며, 그런 인식은 현실의 수평운동에도 기본적 지침과 방향을 제시했다고 할 수 있다. 다이쇼(大正, 1912~1925년 ― 옮긴이)기의 일본 역사학은 뭐라 해도 다이쇼 데모크라시라는 분위기를 반영하고 있었다고 봐야 하지 않을까.

## 야나기타 구니오의 민속학과 일본사학

야나기타 구니오(柳田国男, 1875~1962년)도 넓은 의미에서는 이런 일본 역사학의 새로운 움직임을 수용하는 가운데 민속학을 창시했다.

도쿄제국대학 법과를 나와 농정학자·관료로서 출발한 야나기타가 민속학으로 방향 전환을 꾀하게 된 것은 1910년 자택에서 향토회를 열게 된 무렵부터이다(1913년《향토연구》발행).

 방향 전환의 동기는 유신 이래 일본의 근대화가 거의 대부분 위로부터 진행된 국가 정책으로서 획일적으로 강행되어 지역이 제각기 향유하던 습속이나 생활문화·신앙·전통·전승 등을 유린해 버리는 사태를 낳은 데 대한 의문, 아니 분노로 마음을 억누를 수 없었다는 데서 찾을 수 있다.

 야나기타는 당시 상황에 대해 이렇게 생각했다. 역사학의 주류는 정치사 중심의 실증적·연대기적 연구로 일관함으로써 국가 정책과 동떨어진 곳에서 생활하는 민중에게 전혀 눈길도 주지 않았으며, 또 그런 경향에 대한 일정한 비판정신을 지니고 유럽에서 배우고 돌아온 젊은 역사가들도 상호 비교적인 관점의 확대는 보이지만 전통적인 민중생활과 문화를 역사학의 대상으로 직접 다루지 않는다. 그런 탓에 일본 역사학은 오로지 문자 사료만 연구 자료로 생각하지만, 문자를 쓰지 않는 민중생활의 실체를 파헤치려면 구전·전설·신앙·예능을 비롯한 비문자 자료를 널리 발굴할 수밖에 없다.

 유럽의 잣대를 가지고 일본을 보려는 학문으로는 일본의 민중생활 실태을 파악할 수 없으며, 민중을 구할 수도 없다. '근대국가'가 생기기 전의 민중 사회와 상민의 삶 속에 형성되고 이어져 온 민간의 질서를 이해하는 쪽으로 되돌아가서 거기서부터 출발해야 한다. 야나기타의 발상은 아마 이런 지점에서 나왔을 것이다.

 민속학에 눈을 뜬 야나기타의 첫 작업이라 얘기되는《후대의 사냥 언어 기록》(後狩詞記)은 1909년 자비로 출판되었다. 휴가(日向, 미야자키 현—옮긴이)의 시바(椎葉) 촌에서 채록한 '멧돼지 사냥 관습'인데, 거기에는 중앙 정부가 추진하던 '근대 일본'과는 전혀 이질적인 세계가 있었다. 야나기타는 역사를 일직선인 계단을 오르는 식으로 '진보'하는 과정으로 파악하는 것을 반대하고, 대도시 생활에서부터 시바 촌의 생활까지가 동시적으로 존재하는 것으로서 역사를 파악해야 한다고 생각했다. 그런 의미에서 야나기타의 학문에서는 '상민'과 더불어 '향토'(지역)가 또 하나의 열쇠 말이었다.

이리하여 야나기타의 민속학은 점차 학문적 내실이 갖춰지게 되지만, 그 전모가 집약되어 체계화되는 것은 《민간전승론》(1934년), 《향토생활의 연구법》(鄕土生活の硏究法, 1935년), 〈국사와 민속학〉(国史と民俗学, 《岩波講座 日本歷史》, 1935년)에서였다. 이런 저작에 따르면 야나기타는 자신의 학문을, 언뜻 보아 유사한 민족학과 구별했다. 민족학이 선진 문명 국가 쪽에서 지구상의 후진적 민족의 생활을 고찰하는 데 비해, 민속학은 자국의 상민이 형성하는 역사적 전통적 세계에 대한 자성(자기인식)의 학문이라 보았다. 확실히 민족학은 제국주의의 확대 속에서 제국주의 본국 쪽에서 만들어 냈다. 물론 민족학 전부가 제국주의의 요구에 의해 규정될 수 없으며 학문으로서 독자적으로 전개되기도 했다. 그러나 야나기타가 자신의 민속학과 구별하여 '자성'의 학문이라 한 것은 민속학의 초심을 나타낸 것이기에 중요하다.

민속학이 넓은 의미에서 자국의 역사학 속에 자리매김되는 것은 이 점과 연관이 있다. 야나기타는 주류 역사학에 대한 비판의 심정을 담아 영웅이나 위인의 고유명사를 일체 사용하지 않는 "나라 안에 두루 있는 상민"의 역사를 쓰겠다고 단언했다.

야나기타의 그런 철저한 비판정신과 민중을 주시하는 자세에 대해서는 비판하는 사람이 많지 않을 터이다. 뒤에 다시 보겠지만 그가 지향한 이런 학문 방향은 전후의 일본사 연구에 커다란 영향력을 미치게 된다.

물론 야나기타의 학문 전체와 연관된 본질적인 비판도 있다. 그가 말하는 '상민'의 원형에는 '벼농사를 겸비한 남방의 도래인'이라는 이미지가 너무 지배적이다. 지역 간의 문화 비교는 유의미하지만 시계열적 관찰이 결여된 탓에 변화와 진보를 향한 시각이 빠져 있고 역사인식으로서는 상민 사회상이 고정화되어 결국 '찬란한 과거'에 대한 동경으로 그치고 말

위험이 있다는 비판 등이 그러하다.

확실히 야나기타의 초심은 중앙 국가로부터의 권력적이고 획일적인 근대화에 대한 항의에 있으며, 그런 의미에서 그의 주장은 날카롭고 진보적이었다. 그렇지만 오랜 연구 활동과 연구 조직을 통한 성과는 당시 직접 청취 조사가 가능한 범위에서 나타나는 전통사회의 한 모습에 지나지 않으며, 그것으로 유구한 역사 속에서 민중생활의 추이가 동태적으로 규명되는 것은 아니라고 평가할 수밖에 없다. 야나기타 민속학이 추구한 것은 사건사적인 시간과는 달리 장기 지속성이 강한 전통 사회 속의 심정적인 것을 포함하는 실체이므로 '민속학은 시대를 모른다'는 비판이 그저 옳다고만 할 수도 없다. 그러나 그런 장기 지속형인 상민 사회의 역사가 어떤 의미에서 정치사와 관련을 가지며 서로 교섭하면서 움직여 갔는가의 문제와 맞서지 않는 한, 위의 지적은 역시 야나기타의 아킬레스건이라 봐야 하지 않을까 싶다. 그런 상민의 상에 '정치'가 없다는 점은 부정할 수 없는 사실이다.


### 쓰다 소우키치의 '신대사'와 '국민사상사'

이 장에서 야나기타에 이어 쓰다 소우키치(津田左右吉, 1873~1961년)를 다루는 것이 적절한지 다소 불안감이 있다. 쓰다에게는 기기(記紀)의 문헌 비판, 고증학자로서의 인상 쪽이 강렬하기 때문이다. 그러나 쓰다의 발상을 좇아가 보면 1913년의 《신대사의 새로운 연구》(神代史の新しい研究) 이래 '국민사상'의 역사적 전개를 주제로 삼았다는 생각이 든다.

'국민사상'이라는 개념의 내실은 분명하지 않지만, '국민'의 경우 아마 메이지 이후 근대국가 형성에 뒤따르는 '네이션'을 의미하는 것이 아니라 "이 나라에 사는 각 시대의 사람들"이라는 정도이며, '사상'이라고 해도 외국에서 수입된 체계화된 개념이 아니라 이른바 독자적인 생활에 밀착한 "사물에 대한 사고방식에 근거한 심정" 정도의 의미일 것이다. 그런 파악 방식과 강조는 쓰다의 저작 여러 군데에서 거듭 지적되고 있다. '국민사상'은 분명 종래 정치사 중심의 연대기적 고증사학의 틀에서는 없었던 민중적이고 생활적인 것으로 역시 이 장에서 다룰 새로운 역사학의 양태 가운데 하나로 보는 편이 좋지 않을까 싶다.

쓰다는 미노(美濃, 기후 현 남부—옮긴이)에서 태어나 나고야의 사립 중학교를 거쳐 도쿄전문학교에서 공부했다. 집안은 오와리(尾張, 아이치 현 서부—옮긴이) 번의 하급 사족으로 막부를 지지하는 가정 분위기 속에서 자랐다고 한다. 따라서 삿초(薩長, 신정부를 좌지우지하던 사쓰마와 조슈長州를 지칭—옮긴이) 번벌과 인연이 있을 리도 없고 또 제국대학에서 배운 적도 없어 졸업한 뒤에도 교직을 전전하며 이른바 엘리트 코스를 밟지는 못했다.

그런 쓰다에게 찾아온 계기는 과거에 배운 적이 있던 시라토리 구라키치가 주재하는 만철(남만주철도주식회사) 도쿄 지사의 만선지리역사조사실에 근무하게 된 일이었다. 거기서 처음으로 역사 연구자로서 시라토리의 훈도를 받았다는 것은 쓰다 스스로 몇 차례나 밝힌 바 있다. 쓰다의 첫 저작 《신대사의 새로운 연구》도 중국 고대의 성제(聖帝)라 일컫는 요·순·우의 실재는 부정하지만, 그 전설을 만들어 낸 중국인의 사상은 실재한다는 시라토리의 사고방식을 일본의 기기 신화에 적용해 보려는 데서 출발했다. 쓰다의 신대사 이해는, 신화가 사실(史實)을 얘기하지는 않지만 고대인의 사상을 얘기한다고 보는 점에서 확실히 시라토리와 통한다.

따라서 쓰다의 학문적 과제는 일본 고대사회를 전체로서 구조적으로 파악하려는 것이 아니라 고대인의 생활 속에 있는 심정과 사상을 연구한다는 데 중점이 두어졌다. 그는 곧이어 1916년부터 1921년까지 《문학에 나타난 우리 국민사상 연구》(文学に現はれたる我が国民思想の研究) 네 권

(귀족문학 시대, 무사문학 시대, 평민문학 시대(상·중))을 잇달아 공간했다. '신대사' 연구가 고대인의 사상 연구를 지향했다고 해석하면 둘 사이의 연결성이 명료해진다.

쓰다는, 일본은 모든 역사 단계에서 외국에서 선진적인 학문을 배웠다는 점을 바탕으로 국민의 생활문화와 수입 문화 사이에 커다란 괴리가 생겼다는 데 중점을 뒀다. 특히 근대 이전의 지나(중국―옮긴이) 문화는 일본 국민 문화의 밑바탕에까지 영향을 미치지는 못했고 둘은 서로 이질적이라는 점을 계속 강조했다. 뒷날 《지나 사상과 일본》(支那思想と日本)(1938년, 제1부는 1933년, 제2부는 1936년 발표 논문의 집성, 岩波新書)에서도 이 점의 강조가 가장 핵심적이다.

그런가 하면, 쓰다는 근대 일본의 '국민사상'은 뿌리에서부터 구미의 근대 문화의 영향을 받았기에 구미 사상은 일본 근대 사상과 결코 이질적이지 않다고 강조했다. 어떤 논자는 쓰다의 '지나 혐오'가 학문적 차원을 넘어선다고 지적하는데, 실제 그의 주장은 흥미롭고도 완고하다. 일본의 중세에 중국 취미(문화)가 선방(禪房)의 한구석에만 존재했다는 식으로 접근하는 것은 너무나 비역사적인 발상이다.

헤이안을 귀족, 가마쿠라-센고쿠를 무사, 에도를 평민 문학의 시대로 보는 입론 틀도 일면적이며 고정적인 경향이 짙다. 어느 시대나 귀족·무사·평민의 사상이 상호 관련을 맺으며 존재했을 터이고, 그들은 사회경제 관계의 추이 속에서 변화해 갔을 것이다. 그러나 쓰다의 시대사 인식은 '문학'과 '사상'의 성립 기반인 사회경제적 측면을 거의 고려하지 않았고, 가마쿠라에서 센고쿠에 이르는 400년이 뜻밖에 고정적인 모습으로 다뤄진다.

그런 점에서 보면 이 《문학에 나타난 우리 국민사상 연구》는 전인미답의 장대한 문학·사상사이지만, 역사인식의 방법과 이론 틀로서는 약점도 적지 않다고 생각된다. 쓰다는 역사학이 변화·발전을 밝히는 것을 임무로 하는 학문이라고 적극적으로 주장하는 점에서는 '문명사'의 계보에 속한다고 할 수 있다. 그는 분명히 정치사 중심의 아카데미즘 역사학에 공감하지 않고 있다. 그러나 한편으로 역사의 변혁·발전의 동인은 무엇인가 하는 '문명사' 특유의 발상과 통하는 어떤 것을 찾아볼 수 없다.

말하자면 쓰다는, 역사인식에는 이론이 필요 없고 그렇기에 연구상의 '개념'도 필요 없으며 역사는 사실을 그대로 서술하면 된다고 보았다. 동시대를 살던 같은 세대의 역사가들은 유럽의 학문에 접하고 학문상의 여러 '개념'을 자신의 연구에도 적용하고 일본과 유럽을 비교하는 시점을 개척해 나갔지만, 쓰다는 그와는 다른 입장을 취했다.

쓰다는《신대사의 새로운 연구》에서 시작하여, 기기의 문헌 비판 작업을 통해 학계뿐 아니라 사회로부터도 고대사의 거장이라는 평가가 정착되었으나, 그 문헌 비판을 통해 율령 국가·율령제 사회의 구조와 추이를 총체적으로 파헤치려는 시도는 거의 하지 않았다. 그런 의미에서 쓰다의 작업은 전후의 일본 고대사 연구, 특히 고대 천황제 국가의 성격을 둘러싼 연구와 직접 연결되는 바가 뜻밖에 희박하다.

하지만 쓰다가 설정한 '국민사상'이라는 시각 그 자체는 역시 다이쇼기에 현저하게 진전된 일본 역사학의 시야 확대, 민중적 세계에 눈을 뜨는 과정과 상통한다. 이 점에서 볼 때 쓰다의 연구가 사학사에서 중요한 의의를 지닌다는 점에는 의심의 여지가 없다(전시 쓰다의 수난 사건에 대해서는 뒤에서 다시 살펴보도록 하자).

## 이하 후유의 오키나와학

'오키나와학(沖繩學)의 아버지'라 일컬어지는 이하 후유(伊波普猷, 1876~1947년)도 이 장에서 다루기에 적합한 인물이다.

이하 후유는 일본 정부가 '류큐(琉球) 처분'(오키나와 현 설치, 1879년)을 강행하고 있던 시대, 나하(那覇) 시의 사족 집안에서 태어나서 1896년까지 오키나와에서 살았다. 그 뒤 상경했다가 교토로 가서 제3고등학교를 거쳐 도쿄제국대학에서 언어학을 전공하고, 1906년 졸업한 뒤에 고향으로 돌아가서 오키나와 도서관의 촉탁이 되었다(뒤에 관장이 됨). 이하의 전공은 언어학이기에, 사학과를 졸업한 전문 역사가라는 경력으로 사람들의 인정을 받을 정도는 아니었다.

그러나 청년기에 고향에서 목도한 오키나와의 고통이 이하의 사고와 연구를 드넓은 오키나와의 역사와 미래로 나아가게 한 것은 필연적이라 하겠다.

사쓰마 번의 속국, 일본과 중국의 종속국이라는 특수한 역사의 길을 걸어온 류큐왕국이 일본의 강제적인 통합 정책으로 한순간에 해체되어 전통적인 생활과 문화를 유린당하고 획일적인 '일본'으로 흡수되려던 때, '오키나와 사람'은 이것을 어떻게 받아들여야 할까? 게다가 오키나와와 '야마토'(오키나와에서 일본 본토를 지칭하는 말—옮긴이)의 관계는 제국주의 본국과 식민지의 관계와 같은 것도 아니다. 언어와 문화의 뿌리에는 '야마토'와 공통성도 있다. 그러나 사쓰마 번의 강압 속에서 오키나와 주민은 청나라에 대한 친근감이 깊어졌다. 어느 쪽을 따라야 하는지를 놓고 '오키나와 사람'이 하나의 답을 곧바로 내기는 어려운 상황이었다.

그러나 현실 역사에서 류큐는 '오키나와 사람'의 주체성을 무시하는 형태로 '일본'에 흡수되었다. 그 점이 쉽사리 환영받을 리는 없었다. 하지만 일본이라는 근대국가 속에 통합되는 데는 적극적인 측면도 있었다. 그저 '류큐 처분'을 반대하기만 해서 끝날 그런 일은 아니었다.

이리하여 이하의 오키나와 연구의 출발점에는 현실이 안고 있는 거대한 모순이 자리했다. 이런 모순에 어떻게 맞설 것이며 '오키나와 사람'이 어떤 자세를 취하는 것이 오키나와의 미래에 행복을 가져다주는가? 이런 물음 때문에 그의 학문은 실천성과 계몽성을 강하게 띨 수밖에 없었다.

이하 후유가 쓴 첫 책은 《옛 류큐》(古琉球, 1911년)인데, 그 뒤로 연구와 발언의 범위는 역사에 머무르지 않고 언어·민속·종교·사회 각 방면으로 파고들어 갔다. 그중에서도 오키나와의 제사(祭祀) 가요를 집성한 '오모로'(オモロ) 연구는 오키나와의 역사와 정신의 핵심에 도달하기 위해 이하가 주 전공인 언어학적 방법을 구사하여 해독해 나간 필생의 작업이다.

이하는 대개 '야마토'와 오키나와 언어의 계통이 같다는 점을 들어 '일류동조론'(日琉同祖論)에 서서 '일본 속의 오키나와'를 적극적으로 수용한 연구자라고 이해되기도 한다. 그렇지만 이하가 가장 마음을 쏟은 것은 오키나와가 고유의 역사·주체성·특수성을 잃지 않고 어떻게 '일본 속'에서 자신의 존재를 확립할 수 있는가 하는 문제였다.

그러기에 오키나와 고유의 생활문화 탐구가 이하에게는 유달리 절실한 과제로 여겨졌다. 그는 1925년 쉰 나이에 또다시 고향을 떠나 도쿄로 나갔다. 도쿄에서 안정적인 직장을 갖지 않고 연구를 이어 간다는 게 무모한 일이었지만 굳이 그 길을 선택했다. 야나기타 구니오, 오리구치 시노부(折口信夫, 1887~1953년), 히가온나 간준(東恩納寬惇, 1882~1963년) 같은 민속학자와 깊이 교류한 것도 그런 가운데 겪게 된 일이다.

하지만 이하는 본디 야나기타 같은 이의 민속학과는 관점과 입장을 달리했다. 야나기타 등이 오키나와에 관심을 가진 데는 한 마디로 오키나와 속에서 '옛 일본'의 모습을 찾아내고자 하는 경향이 강했다. 그에 반해 이하는 어디까지나 오키나와 역사의 개성 그 자체를 발굴하고 그것을 새로운 오키나와의 주체성에 기초로 삼고자 했다.

'오키나와학'은 이하 후유가 확립했다고 해도 과언이 아니다. 오키나와 연구 자체는 이하 후유 이전부터 여러 형태로 진행되었다. 일본 정부도 '류큐 처분'을 계기로 과거부터 내려오는 관습을 조사했는데, 오키나와의 전통적인 법 관습 등을 밝혔다는 점에서 나름대로 학문적 의의도 있다(근대화 정책의 초창기에 각 부처는 근대 법전 도입에 즈음한 배려와 조정의 필요에 따라 갖가지 관습 조사를 벌였다). 하지만 그것은 어디까지나 '통치'와 '동화'의 필요에 따른 일이었다. '오키나와학'은 그와 달리 오키나와의 주체와 개성을 확립하기 위한 자기인식의 학문으로서 형성되었다. 이하는 그런 '오키나와학'의 창시자로서 영예를 짊어졌던 것이다.

이하가 활약한 메이지 말년부터 다이쇼와 쇼와에 걸쳐 자본주의 발전이 각지의 전통사회를 해체시키고 신구 질서의 교착과 대항이 사람들의 생활과 정신을 뒤흔드는 가운데, 전반적으로 전통사회와 고향을 되돌아보는 분위기가 강해졌다. 야나기타 민속학의 등장이 그 대표적인 예이다. 전국 각지에서 왕성하던 향토사 연구, 군제(郡制) 폐지에 따른 '군사'(郡史, 또는 郡誌) 편찬도 이 시대의 일본사 연구에 크게 공헌했다.

이하 후유의 '오키나와학'은 한편에서 그들과 뒤섞이면서도 기본적으로는 완전히 구별될 수밖에 없는 오키나와 특유의 조건을 받아들여 현실과 미래를 직시하는 데서 발전해 나간 학문이었다. 이하는 재야의 입장을 견지함으로써 그것을 실현했다고 할 것이다.

| 참고문헌 |

吉田東吾,《大日本地名辞書》全7巻, 冨山房, 1913년.

《喜田貞吉著作集》全14巻, 平凡社, 1979~1982년.

《津田左右吉全集》全33巻·別巻5, 岩波書店, 1963~1966년.

《柳田国男集》全31巻·別巻5, 筑摩書房, 1962~1964년.

《伊波普猷全集》全11巻, 平凡社, 1974~1976년.

橋川文三,《柳田国男―その人間と思想―》, 講談社, 1977년.

鹿野政直,《近代日本の民間学》(岩波新書), 岩波書店, 1983년.

《沖縄の淵―伊波普猷とその時代―》, 岩波書店, 1993년.

# 6
# 다이쇼·쇼와 시기의 도시사와 문화사

## 도시사와 문화사에 대한 관심

이미 앞에서 살펴보았듯이 1890년을 전후하여 성립된 정치사 중심의 실증주의역사학은 국가의 수사 사업을 기반으로 성립했다는 점과, 중국의 '정사' 편찬·고증학계 학문 및 루트비히 리스의 훈육을 받은 랑케식 유럽 근대 역사학의 영향이 강렬했다는 점에 의해 전개되어 갔다. 거기에는 특히 구메 구니타케 사건 이후 현실 정치와 거리를 두고 사료의 수집과 고증을 역사 연구의 주된 과제로 여기는 기풍이 강했다.

메이지 후기의 하라 가쓰로나 우치다 긴조 같은 이는 그런 경향에 의문을 품고 유럽 유학을 계기로 대담하고 새로운 일본사 상을 만들어 가려고 했다. 메이지 말년부터 다이쇼기에 걸쳐 종래 중앙 정치와 외교사 중심의 역사학이 시야에서 배제해 온 민중 사회와 거기서 전통적으로 뿌리내려 온 습속·의식·생활 형태 등에 대한 연구 관심도 급속히 높아졌다.

나아가 다이쇼에서 쇼와 초기에 걸쳐 도시가 발전하고 노동자·봉급생활자 등 새로운 시민이 사회적 존재로 자리 잡는 동시에 도시사에 대한 관심도 높아졌다. 거칠게 표현하면, 고유문화와 민중에 대한 관심도 도시에 대한 관심도 현실에서 자본주의 사회 발전에 뒤따르는 이른바 표리의 문제(사라져 가는 전통사회와 새롭게 떠오르는 도시사회에 대한 주목)이고, 그것이 이른바 다이쇼 데모크라시의 사회 분위기와 연결되는 문제이기도 했다. 바야흐로 일본 역사학에서 시민적 역사학이 싹트고 있었다고 해도 좋겠다.

이 장에서는 그런 상황을 배경으로 하여 아카데미즘 역사학계 속에 등장한 새로운 경향을 살펴보기로 하자. 다만 그것은 과거의 문명사나 국학-신토계 국체 사관처럼 이데올로기적 성격을 뚜렷하게 드러내지는 않는다. 제각기 아카데미즘의 틀 안이지만 시대와 호흡하면서 자유롭게 주제를 설정해 갔기에, 앞으로 다룰 역사가나 연구도 하나의 학파를 형성하지 않았다는 점을 미리 확인해 두고자 한다.

또 도시사와 더불어 나타난 '문화사'라는 것도 결코 한 몸이 아니다. 19세기부터 20세기 초에 걸쳐 유럽에서는 역사철학과 더불어 '문화사학'이 널리 유행했고 일본에서도 니시다 나오지로(西田直二郞)가 의욕적으로 받아들였다. 하지만 이렇게 한정된 의미의 '문화사'뿐 아니라 불교사·미술사·정신사 등을 비롯한 넓은 의미에서 문화의 제반 문제에 대한 관심 고조도 이 시대에 특징적으로 보인다.

### 고다 시게토모의 근세 도시사와 일본-유럽 교류사

《에도와 오사카》(江戶と大阪, 冨山房, 1934년)의 지은이로 알려진 고다 시게토모(幸田成友, 1873~1954년)는 도쿄 간다(神田) 출생으로 고다 로한(露伴) 등 5형제 가운데 한 사람이다. 도쿄 시타마치(下町, 서민 주거지—옮긴이)의 정서가 그대로 남아 있던 시대와 장소에 태어난 것이 장차 감성 면에서 도시 연구로 나아가는 길라잡이가 되었으리라고 쉬 짐작해 볼 수 있다.

1896년 제국대학 사학과를 졸업한 고다 시게토모는 대학에서 역사학 방법론의 쓰보이 구메조(坪井九馬三, 1858~1936년)나 루트비히 리스의 혹독한 훈도 아래에서 실증주의역사학의 방법과 기술을 몸에 익혔다.

그런 경력으로 보자면 고다는 다이쇼·쇼와기의 사람이라기보다 메이지 사람 쪽에 가까울지 모른다. 분명 고다는 1901년부터 1909년까지《오사카 시사》(大阪市史) 편찬 주임으로서 거의 혼자서 방대하고 난해한 사료와 씨름하며《오사카 시사》를 훌륭하게 완성했다. 이 업적이 고다 학문에 부동의 기초가 되었다는 점은 널리 인정되지만,《오사카 시사》자체는 시의 공적 사업인 탓에 고다의 이름이 직접 나오지는 않는다.

자신의 이름을 새긴 대표 저서는《오사카 시사》를 마무리한 뒤 게이오의숙대학과 도쿄상과대학(히토쓰바시대학의 전신) 등에서 교편을 잡게 된 다이쇼기 이후에 나왔다. 그중에서도 주목할 만한 것은 에도와 오사카의 시제(市制)·후다사시(札差, 연공미의 수납과 처분을 담당하던 상인 — 옮긴이)·고메킷테(米切手, 쌀 보관증 — 옮긴이) 등을 비롯한 도시경제사의 제반 문제이다.

도시사는 유럽 중세사와 근세사에서 중요한 연구 분야이며 실증적으로도 이론적으로도 많은 축적이 있지만, 고다는 나카타 가오루가 법제사 분야에서 계통적인 비교법제사 연구를 진행한 것과는 달리 비교사적 연구에는 그다지 흥미가 없었다고 한다. 후다사시든 고메킷테든 언제나 구체적인 사료에 바탕을 두고 개별 사실을 밝혀 나가는 데 집중했다. 리스의 역사관과 방법을 이어받았다고도 할 수 있을 것이다.

이 도시사 연구가 고다 시게토모의 작업에서 전반기에 해당하는데, 네덜란드를 중심으로 했던 유학을 마치고 1928년 귀국하자 스스로 연구 주제를 일본-유럽 교류사로 옮아갔다. 일본과 유럽 여러 나라의 교섭·교류에 관한 사료를 수집하고 연구하는 일은 일본사에서 간과할 수 없는 중요한 측면이지만, 그런 일본 관련 해외 사료를 수집하는 일은 이미 일시 귀국한 리스가 추진하고 있었다. 고다의 네덜란드 유학도 리스의 지도에 힘입은 바가 적지 않았던 듯하다.

귀국한 뒤로는 '일본-유럽 교류사'와 '무역사'를 강의하거나 '켐펠 일본사'를 교재로 하는 세미나를 했다. 이 방면의 대표작《일본-유럽 교류사》(日歐通交史, 岩波書店, 1924년) 말고도《화란야화》(和蘭夜話, 同文館, 1931년) 같은 저작과 프랑수아 카론의《일본대왕국지》(日本大王国志, 東洋堂, 1948년) 번역도 있다.

일본과 네덜란드의 관계를 중심으로 하는 일본-유럽 교류사는 에도 시대의 정치사와 국가사, 나아가 대외 관계와 연결됨으로써 분명해지는 일본의 대외 인식 등을 연구하는 데에 꼭 필요하지만, 고다 이전에 이 연구를 사료에 바탕을 두고 진행하려는 시도가 거의 없었다. 그 점에서 고다는 새 분야의 개척자라는 영예를 누리는 것이며, 고다의 유학 목표가 무엇보다 네덜란드 등의 일차 사료를 조사하고 수집하는 데 있었다는 사실이 이를 뒷받침한다.

### 미우라 히로유키의 사회적 관심

미우라 히로유키(三浦周行, 1871~1931년)도 메이지 사람이라는 인상이 강하다. 미우라는 미토학자 구리타 히로시(栗田寬)의 서생 비슷한 처지에서 역사 연구의 길로 나아갔다. 1895년에 사료편찬계 조원(助員), 1900년에는 편찬원이 되어《대일본사료》제4편과 제6편의 편찬에 정력을 기울인 미우라는 드디어, 학풍은 다르지만 나카타 가오루에 버금가는 일본 법제사가가 되었다.

그러나 1907년 신설된 교토제국대학 사학과로 옮긴 이후에는 연구와 교육의 기초 자료로서 고문서 수집에 힘쓰는 한편, 《사카이 시사》(堺市史)의 편찬을 맡아 연구 대상도 사회사·경제사 방면으로 확대해 갔다.

저명한 논문 〈센고쿠 시대의 국민의회〉(戰國時代の國民議會, 《日本史の硏究》 1집 수록, 岩波書店, 1922년)를 집필한 것은 1912년의 일이다. 1485년 야마시로(山城, 교토 부 남부 ― 옮긴이) 남부의 구니슈(國衆, 지역의 소영주이자 무사 ― 옮긴이)·토민들이 그 지방을 무대로 권력투쟁을 벌이던 하타케야마 마사나가(畠山政長)와 하타케야마 요시나리(畠山義就) 양군의 퇴거를 요구하여 일대 집회를 열어 싸웠고, 이후 구니잇키(國一揆, 영주 집단이 영주권의 확보를 위해 벌인 집단행동의 총칭 ― 옮긴이)의 자치를 실현했던 '야마시로 구니잇키'에 관해 본격적으로 다룬 최초의 논문이다. 구니슈·토민의 집회에 '국민의회'라는 다이쇼 데모크라시기의 발상 같은 해석을 부친 점이 큰 특징이다.

나아가 1915년 무렵부터 쌀소동(쌀값 앙등으로 1918년에 발생한 전국 규모의 소요 사태 ― 옮긴이)이 일어나는 1918년 무렵에 걸쳐 매진했던 가마쿠라·무로마치 시대의 도쿠세이(德政, 조정·막부가 채권과 채무의 파기를 명하는 일 ― 옮긴이) 연구도 사회적 평등이 다이쇼 데모크라시의 주제 가운데 하나로서 세간의 관심을 모으던 시대적 분위기에서 촉발된 테마였다고 생각된다. 도쿠세이잇키·야마시로 구니잇키 등은 민중운동, 민중의 정치적 권리, 민중의 정치적 결집과 조직 등, 여러 면에서 미우라의 뇌리에 잠재하던 '역사와 미래의 대화'와 연관되는 문제였다. 그런 사회적 관심을 바탕으로 한 여러 연구는 《국사상의 사회 문제》(國史上の社會問題, 大鎧閣, 1920년)로 결집되어 간다.

미우라의 학문은 나카타 가오루의 법제사와 같이 보편주의적인 발상에서 비교사적으로 접근하는 시각이 누락되어 있다. 누락되었다기보다 미우라 자신이 그런 방법을 취하려고 하지 않았던 것 같다. 이 점은 메이지 이래의 실증주의역사학과 공통되는 점이다. 랑케식 실증주의역사학에서 역사는 언제나 일회적이며 거기서 인류사적인 '보편성'과 '법칙'을 추구하지 않는다. 따라서 여러 민족의 역사인식과 공통되는 역사학 상의 개념을 설정할 필요도 없었을 것이다.

미우라도 봉건제와 관련하여 중국의 전통적 개념을 따를 것인가, 유럽의 지교제(知行制, 영주의 영지 지배권—옮긴이)·주종제에 바탕을 둔 개념을 따를 것인가에 대해 관심이 많았다. 또 중세 유럽사의 길드와 대비를 염두에 둔 '좌'(座, 동업 조합—옮긴이)의 성격 논쟁에 도 참여했다. 하지만 어디까지나 관심 가운데 하나였을 뿐이고, 미우라의 모든 연구는 나카타와 같이 방법으로서 '비교'를 일관적이고 의식적으로 시도했다고 할 수는 없다. 그런 의미에서 미우라의 방법은 기본적으로 '실증주의역사학'이다. 이런 정통적인 역사가 미우라 히로유키가 다른 한편에서 현대의 사회 문제에 강한 관심을 갖고 과거와 현대의 유사한 상황이나 착상에서부터 새로운 주제로 차례차례 매진해 간 것은 흥미로운 일이다(유저《明治維新と現代支那》, 刀江書院, 1931년 등). 미우라는 마음속에 요시노 사쿠조(吉野作造, 다이쇼 데모크라시의 대표적 사상가—옮긴이)의 '현대에 대한 발언'에서 무엇인가 자극을 받은 것은 아니었을까?

### 쓰지 젠노스케의 불교학

실증주의적 역사 연구는 종교사와 문화사 분야에서도 눈부신 진전을 이루었다.

쓰지 젠노스케(辻善之助, 1877~1955년)는 대표작《일본 불교사》(전10권, 岩波書店, 1944~1955년),《일본 문화사》(7권·별록4권, 春秋社, 1948~1953년)를 전후에 간행했기 때문에 한 세대 늦다고도 느껴지지만 그렇지는 않다. 이 두 대작만 하더라도 이미 근간은 쇼와 전전기에 완성되어 있었다.

쓰지가 도쿄제국대학 문과대학 국사과를 졸업한 건 1899년으로 우치다 긴조, 기다 사다키치, 구로이타 가쓰미가 1896년에 졸업한 데 비하면 기껏해야 3년 늦을 따름이다. 장수를 누리고 긴 호흡으로 일본 역사학계의 정점에서 그 지위를 유지했기 때문에 자칫 우치다 같은 이보다 젊은 세대에 속한다고 여겨지기 쉽다.

쓰지 젠노스케는 대학을 졸업한 뒤 사료편찬계에 들어가 1911년에는 국사과 조교수를 겸했고, 1920년에는 사료편찬계 사무주임(요즘으로 치면 소장)이 되었다. 그 전해에 《일본 불교사 연구》(日本佛敎史之硏究)(속편 1931년, 金港堂)를 발간하여 높은 평가를 받았으나, 이후에는 특히 사료편찬계의 확충과 제도 개혁에 몰두하여 1929년 문학부 부속 조직에서 도쿄제국대학의 독립 기관으로서 지위를 지닌 사료편찬소로 바꾸는 데 성공하고 스스로 소장이 되었다. 오늘날까지 이어지는 사료편찬소의 위상은 이때 정비되었다고 봐도 좋다.

그 뒤 전전의 사료편찬소는 쓰지의 지도에 따라 육성된 오노 히토시(小野均), 모리스에 요시아키(森末義彰), 가와사키 쓰네유키(川崎庸之), 다케우치 리조(竹內理三), 호게쓰 게이고(宝月圭吾), 다마무로 다이조(圭室諦成), 이토 다사부로(伊東多三郎) 등 풍부한 인재들이 일종의 황금시대를 열어 갔다. 쓰지가 그들 일선의 신진 연구자들에게 권마다 독자적으로 테마를 선정하여 집필하게 한 '우네비사학총서'(畝傍史学叢書, 우네비는 나라 현 가시하라橿原 시의 중심 지구—옮긴이)는 전전 아카데미즘 역사학의 성과를 보여 주는 기념비가 되었다.

쓰지의 첫 출판으로 보이는 것은 《다누마 시대》(田沼時代, 일본학술보급회, 1915년; 岩波文庫, 1980년)이다. 이미 38세나 되었는데도 주장은 생동감이 넘친다. 다누마 시대라고 하면 다누마 오키쓰구(田沼意次)의 권세 아래 중상주의 정책이 펼쳐짐과 동시에 정치·사회의 부패가 심해졌다는 이미지가 강하지만, 쓰지는 이를 재검토하여 이 시대 민중의 힘 신장, 인습화한 막번제 질서의 동요, 개국 의식의 맹아 등 역사의 새로운 동향을 끌어내고 있다.

대표작《일본 불교사》도 구상에서부터 대담하고 신선했다. 기존의 불교사 연구는 대개 교의사(敎義史) 내지 교단사였다. 자연스레 교단의 방침에 구속되기 십상이며 대부분 시야도 좁다.

쓰지는 그런 학문 상황에 대해 분명한 비판을 품으면서 불교사를 국가·정치·사회와 연관시키면서 동적인 역사 속에서 객관적으로 파악하고자 했다. 따라서 교의보다도 사원과 승려의 활동, 그것을 둘러싼 사회 동향을 고대·중세·근세에 걸쳐 일관된 형태로 추구했다.

집필된 부분 하나하나를 보면 방대한 문서와 기록을 망라하여 기술한 불교사 백과전서라는 느낌이 있지만, 실은 곳곳에 뜻밖이다 싶을 정도로 대담한 비판 정신이 넘쳐 나는 서술이 확인된다. 에도 시대의 상황을 단가 제도(檀家制度, 장례공양의 독점을 매개로 맺어지는 사원과 단가, 즉 신자 사이의 관계—옮긴이)에 의지하여 종교로서 생명을 잃었다고 비판하는 대목 등은 정곡을 찌르고 있다. 《다누마 시대》에 나타난 쓰지의 비판 정신은 《일본 불교사》에서 더욱 선명해져서 《일본 문화사》로도 이어졌다.

《일본 문화사》도 이미 그 내용은 1935년 이후 형태를 갖췄다고 보이는데, 서술은 메이지 시대 전체에까지 이르고 있다. 특히 흥미로운 것은 메이지 시대가 청일전쟁과 러일전쟁 승리를 바탕으로 강대국의 길을 걸어간 발전 시대로 파악하지 않고, 그 '발전'이 군사 쪽에 치우쳐 문화와 학술 방면의 지체를 낳았다는 점을 지적하고 있다. 쓰지의 강한 비판 정신이 배어나고 있다.

쓰지는 관학 아카데미즘 역사학계의 정점에 서 있던 학자이며 시게노 야스쓰구 이래의 전통 위에 자리했다. 하지만 그의 눈은 사회의 여러 측면으로 향했고 역사인식의 넓이와 철저함은 놀랄 정도이다. 쓰지는 다이쇼·쇼와를 관통하는 일본 역사학의 정점이라고도 볼 수 있다.

### 니시다 나오지로의 '문화사학'

문화사는 일반적으로 이 시기에 널리 관심을 모았던 분야이다. 그러나 논자에 따라 문화사가 의미하는 내용은 제각각이다. 상식적인 견해로서는 종교사·사상사·문학사·예능사·학문사 등 인간의 다양한 정신 활동이나 표현 활동 등 모든 것을 포함하는 개념으로서 문화의 역사적 전개로 볼 것이다. 하지만 '문화사학'을 표방한 니시다 나오지로의 경우, 역사 속 문화 부문의 역사가 아니라 역사는 궁극적으로 '문화가치'(진, 선, 미, 행복 등과 같이 문화재의 보편타당성을 판정하는 표준이나 규범 — 옮긴이)를 중심으로 파악되는 전체사라는 이해에 서서 전통적인 실증주의 역사관에 비판적 자세를 명확히 했다.

니시다 나오지로(西田直二郎, 1886~1964년)는 교토제국대학 문과대학 사학과 국사 전공 1회 졸업생이다. 우치다 긴조, 하라 가쓰로, 나이토 고난, 미우라 히로유키 등 초창기 교토대학의 화려한 시대를 연출했던 교수들에게 배웠다. 하라 가쓰로는 앞서 살펴보았듯이 유럽에서 유학하고 유럽사를 염두에 두고 '비교'와 '보편'이라는 시각에서 일본사를 풀어내고자 했다. 이런 경향은 역사의 일회성·개별성을 그대로 기술하려고 하던 도쿄제국대학의 정치사 중심 역사학에 대한 비판을 담은 것이기도 했다.

개별 역사 속에서 '보편성'과 '법칙'을 읽어 내려는 사고방식, 역사를 '문명'의 진보 발전사로서 파악하려는 사고방식은 문명사에 속한다. 그런 의미에서 니시다의 '문화사학'은 '문명사'의 계보와 연결되며, 19세기 이후 유럽의 역사철학에 의해 체계화가 시도된 새로운 형태의 역사학을 지향했다.

교토제국대학의 학풍은 자체에 이른바 근대적인 이론성을 품고 있었다. 실증주의역사학의 정통에 섰다고 보이는 미우라 히로유키조차 그런 교토 사학의 학문 풍토와 관련되어서인지 이미 언급했듯이 의외로 현대적인 관심을 연구에서 강하게 드러냈다. 동양사학 교수 나이토 고난은 본디 저널리스트 출신의 아시아주의자로서 활달한 사론을 펼쳤다.

니시다는 그런 교수들한테서 연대기적 고증사학에 대한 비판을 민감하게 받아들이면서 1920년부터 3년 동안 유럽에 유학했다. 주요 저작인 《일본 문화사 서설》(改造社, 1932년)의 서문에 스스로 밝힌 바에 따르면, 유학 중에 프랑스 혁명기의 역사가 콩도르세(Marquis de Condorcet, 1743~1794년)의 〈정신발전사의 강령〉(精神發展史の綱領,《人間精神進步史》2책, 岩波文庫, 1951년)을 읽고 포괄적인 종합성과 투철한 고찰력에 충격과 감명을 받아 일본 문화의 발달을 "서술하겠다"는 의지를 다졌다고 한다. 여기서 짐작되듯이 니시다가 지향하는 '문화사'란 역사의 한 측면으로서 문화에 주목하는 부문사가 아니라 콩도르세가 말하는 인간의 정신 발달사라는 각도에서 바라보는 전체사이다. 그것은 역사의 개별 실증적 연구의 달성에서 도출된다기보다 철학 사상의 산물이며, 헤르더(Johann Herder, 1744~1803년) 등을 거쳐 헤겔(Wilhelm Friedrich Hegel, 1770~1831년)에 이르는 역사철학 계열에 놓인다. 인간 정신의 발달사로서 인류사의 진보, 보편 법칙을 중심축으로 하는 역사철학적 세계사론은 독일 관념철학의 주맥을 형성했다. 니시다 나오지로도 그런 사상 흐름 속에서 유학 생활을 보냈다.

그러나 니시다의 관심은 그런 역사철학적인 이성의 발전사로서 세계사관에 머무르지 않고 그것이 체계적인 현실의 역사 과정 속에서 어떻게 나타나는가를 확인해 가는 데 있었다.

경제사에서 출발하여 전체사로서의 문화사로 나아갔던 카를 람프레히

트(Karl Lamprecht)의 《독일사》(1891~1895년), 《문화사란 무엇인가》(文化史とは何ぞや, 1896년) 같은 저작에 대한 흥미도 그렇게 깊어져 갔다. 랑케식 전통 역사학의 대상이 일회적인 사실의 인식에 머무르고 있던 데 비해 새로운 역사학은 '상태'(Zustände)의 역사이다. '상태'는 반복해서 발생하기 때문에 사실들을 유형화해서 파악하는 게 가능하다며 개인사적인 정치사나 연대기적인 역사를 강하게 비판한 람프레히트의 역사론이 역사 인식의 새 지평을 열어 줄 것이라고 기대를 걸었다.

니시다는 새로운 사상가들로부터 왕성하게 배워 나갔다. 개별 사실을 그대로 기술하지 않고 그 배후에 존재하는 '의미'를 물으려고 한다면, '사실 선택'은 역사가의 작업으로서 결정적으로 중요하다. 그렇다면 그 선택은 어떻게 이루어지는가? 니시다는 그것을 하인리히 리케르트(Heinrich Rickert, 1863~1936년)가 말하는 '문화가치'에서 찾은 듯하다. 개별 사실이 보편성을 얻게 되는 것도 그것을 '문화가치'의 척도에서 파악할 때 가능하다. 개별 사실이 시대·국가·민족 등 전체 속에서 위치를 차지하고 보편적 의미를 갖게 되는 것도 그 때문이라고 생각한다. 그런 까닭에 니시다에게 역사는 '의미적 세계'로서 보편성을 지닌다는 점에서 고찰의 대상으로서 의의를 지닌다.

니시다가 헤겔식의 역사철학이나 독일 서남학파(신칸트학파의 하나로 빈델반트, 리케르트 등을 중심으로 문화과학과 역사과학의 가치론을 연구했다—옮긴이)의 철학에 관심을 기울이고, 이어 빌헬름 딜타이(Wilhelm Dilthey, 1833~1911년)의 '생의 철학'까지 '역사는 무엇인가'라는 물음을 끌어안고 편력한 심정은 충분히 알 것 같다. 역사는 인간 사회의 발전을 묻는 학문이며 정신의 존재를 빼고는 성립할 수 없다는 것은 사실이다.

그러나 역사에 대한 니시다의 물음은 관념론으로 일관하기에 일면적이다. 이 시대에는 헤겔을 승계하면서 사적 유물론을 발전시킨 마르크스의 학문 체계가 완성되었을 뿐 아니라 레닌의 혁명 이론과 실천도 역사적 현실로서 존재했다. 과연 니시다는 1920년부터 1922년까지 독일에서 유학하면서 그런 또 하나의 역사이론을 전혀 배우지 않았을까?

사실 니시다의 '문화사학'은 역사의 현실로서 정치·경제나 민중운동에는 발을 담그지 않았다. 가령 근대의 '문화가치'로서 '기업 정신' '개인주의 정신'을 지표로 내세우지만, 자본주의가 어떤 사회적 모순, 민중의 고난을 수반하면서 등장했는가 하는 관점은 빠져 있다. 결과적으로 니시다의 역사인식은 명백히 관념론적인 일면성에서 벗어날 수 없었으며, 그것이 니시다를 재빨리 국체사관으로 나아가게 했던 요인이었다고 생각된다.

그런 전시기 니시다의 굴절은 뒤에 다시 살펴볼 것이다. 그와는 별도로 니시다의 '새로운 역사학'에 대한 의욕과 사고가 교토제국대학 국사학과에 도쿄제국대학과는 다른 학풍을 낳는 자극제가 된 것은 의심의 여지가 없다. 니시다의 문하에는 신화 연구의 히고 가즈오(肥後和男, 1899~1981년), 중세 문화사의 후지 나오모토(藤直幹, 1903~1965년), 근세의 심학(心學, 신토·유교·불교를 통합한 윤리학 체계 ― 옮긴이)에 몰두한 시바타 미노루(柴田実, 1906~1997년)가 있었는데, 하야시야 다쓰사부로(林屋辰三郞)도 역시 니시다가 배태한 연구실의 분위기를 한껏 섭렵한 것이 아닐까 한다. 물론 하야시야의 문화사와 예능사 연구의 모양새는 니시다의 관념론과는 구별된다. 그러나 개별 사실 속에서 '보편'의 의미를 갖는 '문화가치'를 발견해 낸다는 발상은 누구보다 하야시야에게 잘 승계되었다고 생각된다(후술).

어쨌든 니시다는 다이쇼기의 '문화주의'를 일본사 연구 속에 살리려고 했다는 점에서 사학사에서 고유한 위치를 차지한다. 그것은 뒷날 니시다가 황국사관으로 전화한 사실과 관계가 있지만 별개이기도 하다. 왜 그런 전화가 생겼는가는 역사학이 스스로 성찰해야 할 과제로서 중요하지만, 앞 시대부터 이어 온 사학사의 흐름 속에서 보자면 니시다의 역사학도 전통적 실증주의역사학을 극복하기 위한 사상적 격투였다고 할 수 있겠다.

한편 니시다보다 네 살 젊은 나카무라 나오카쓰(中村直勝, 1890~1976년)도 교토제국대학 출신의 중세사가로 전전에 제3고등학교와 교토제국대학에 오래 겸무하며 《남조 연구》(南朝の硏究, 星野書店, 1927년), 《장원의 역사》(莊園の歷史, 星野書店, 1939년) 등 중세사에 관한 저작을 남겼다. 그런가 하면 교토를 중심으로 중세 고문서를 탐색하여 오미(近江, 오늘날의 시가 현―옮긴이)의 '스가우라(菅浦) 문서' '이마보리히요시(今堀日吉) 신사 문서'와 같은 중세 '소손'(惣村, 백성의 자치적·지연적 공동 조직―옮긴이)에 관한 희귀한 중요 문서를 스스로 발견하여 중세의 문화와 사회 연구에 공헌했다. 시미즈 미쓰오(淸水三男), 하야시야 다쓰사부로도 이런 나카무라의 영향을 강하게 받으며 성장했다.

## 무라오카 쓰네쓰구의 사상사와 와쓰지 데쓰로의 정신사

다이쇼기를 중심으로 하는 '문화주의' 성향을 강하게 띠었던 일본사학 주변의 학자로 무라오카 쓰네쓰구와 와쓰지 데쓰로가 있다.

무라오카 쓰네쓰구(村岡典嗣, 1884~1946년)는 와세다대학에서 철학자 하타노 세이이치(波多野精一) 문하에서 성장했고, 빌헬름 빈델반트(Wilhelm Windelband, 1848~1915년)를 공부한 철학 연구자로서 출발했다. 그리고 아우구스크 베크(August Boeckh, 1785~1867년)의 언어학·문헌학에 경도되었다고 한다.

문헌학(philology)이란 인식으로서 성립된 언어를 재인식하는 학문이라 하겠다. 무라오카의 대표작이 《모토오리 노리나가》(本居宣長, 警醒社. 1911년; 증보판은 岩波書店, 1928년)라는 점은 그것을 나타낸다. 모토오리 노리나가(本居宣長, 1730~1801년)는 고전의 독해에 객관적인 엄밀함을 추구한 국학자였기 때문에 학문적 방법은 고전어의 언어학적 연구라고 부를 만하다. 무라오카가 모토오리에게 끌린 이유도 거기에 있었다고 판단된다. 그 점에서 무라오카는 다이쇼기의 학자에게 어울리는 유럽, 특히 독일계 학문 교양을 쌓은(1922년 영국·독일·프랑스에 유학한 뒤 귀국하여 도호쿠제국대학 교수를 지냄) 유력한 일본사 연구자 가운데 한 사람이라 할 수 있다.

무라오카는 《모토오리 노리나가》를 펴낸 뒤에도 국학과 신토를 중심으로 연구 범위를 넓혀 많은 저술을 했다. 그 방법은 법칙 정립을 목적으로 하는 자연과학과 개체 기술적인 역사학을 엄격히 구분한 빈델반트를 따라 사상가의 사상(=자료)에 대해 문헌학적 고증을 바탕으로 한 면밀한 개별 연구였다. 무라오카의 사상사와 니시다의 '문화사'는 독일 관념론 철학과 유사하다는 점에서 어느 정도 공통점도 있지만, '보편'으로서의 '문화가치'라는 잣대를 사용하는 니시다와는 뚜렷하게 구별된다.

또 한 사람의 철학 계열 사상사·정신사가로서 알려진 와쓰지 데쓰로(和辻哲郎, 1889~1960년)는 교토제국대학과 도쿄제국대학 등에서 윤리학 교수를 지냈다. 그의 저작은 전공인 윤리학 말고도 원시 불교·원시 기독교에서 '풍토'론, 그리고 일본 고대문화·일본 정신사 또는 '존황사상'과 '쇄국' 등 실로 다채로워 '다이쇼 교양주의'의 상징과도 같다.

하지만 와쓰지의 그런 화려한 연구 활동에 주춧돌이 된 학문적 바탕이 무엇이었는지를 지적하기는 쉽지 않다. 일본 역사학과 관련해서 보면 1919년에 카를 람프레히트의 《근대 역사학》(岩波書店)을 번역한 사실을 주목할 만하다. 람프레히트는 니시다 나오지로도 주목한 문화사학의 창도자였던 탓에 와쓰지도 틀림없이 그에게 끌리는 점이 있었으나, 그 길로 매진한 것도 아니었다.

와쓰지의 본령인 윤리학에 관한 전문가적 비평에 따르면, 와쓰지는 폭넓은 서구적 교양에도 불구하고 '개체와 집단의 조화'를 중시하는 일본적

공동체적 심정에 긍정적이었고, 그것이 태평양전쟁 중에는《존황사상과 그 전통》(尊皇思想とその傳統, 岩波書店, 1943년)이나《일본의 신도와 미국의 국민성》(日本の臣道·アメリカの国民性, 筑摩書房, 1944년)으로 전화해 갔던 근거가 아닐까라고 여겨진다.

니시다 나오지로, 무라오카 쓰네쓰구, 와쓰지 데쓰로는 '다이쇼 데모크라시'와 '문화주의' 시대에 어울리는 자유로운 공기 속에서 일본사의 관점에 제각기 새로운 바람을 불러일으켰다. 하지만 세 사람 모두 근대국가 일본의 모습에 대한 현실적인 비판을 결여했을 뿐 아니라, 쇼와 전시체제기에는 누구 할 것 없이 국체사관으로 기울어 갔다. 그 점에서 보자면 쓰지 젠노스케의 불교사·문화사 쪽이 훨씬 중심 잡힌 비판정신을 지녔다고 여겨진다. 단순한 비교는 삼가야겠지만, 실증주의역사학의 체질적인 보수성에 비판을 담았던 문화사·사상사에 오히려 황국사관 분위기에 빨려 들어가는 약점이 내재되었다고 보이는 문제는 일본 사학사에서 더욱 깊이 음미해야 할 지점이다.

| 참고문헌 |

《幸田成友著作集》全7卷·別卷, 中央公論社, 1972~1974년.

三浦周行,《法制史の研究》正·續, 岩波書店, 정 1919년, 속 1925년.

《日本史の研究》正·續, 岩波書店, 정 1922년, 속 1930년.

村岡典嗣,《日本思想史研究》, 岡書院, 1930년. 나중에 岩波書店에서 全4卷, 속 1939년, 1940년 증보판, 제3권 1948년, 제4권~1949년.

《和辻哲郎全集》증보개정판, 全27卷, 岩波書店, 1989~1992년.

# 7
## 사회구조와 변혁의 관점

### 사회주의 사상과 마르크스역사학의 성립

다이쇼기를 사이에 두고 메이지 말년부터 쇼와 초년에 걸쳐 사회주의 사상과 마르크스주의 사상이 조금씩 일본 사회에 수용되어 갔다. 동시에 사회주의를 표방한다든지 관심을 둔다든지 하는 식으로 각종 사회운동도 전개되기 시작했다.

먼저 가타야마 센(片山潛, 1858~1933년), 아베 이소오(安部磯雄, 1865~1949년), 사카이 도시히코(堺利彦, 1870~1933년), 고토쿠 슈스이(幸德秋水, 1871~1911년) 같은 선각자들이 다양하게 사회주의 사상을 소개하면서 시작되는 태동기를 거쳐, 〈공산당 선언〉 번역, 《자본론》의 소개, 다카하타 모토유키(高畠素之, 1886~1928년) 의 《자본론》 완역(1920~1924년)과 같이, 마르크스(엥겔스를 포함하여 편의상 마르크스주의로 표시) 이론을 수용하고 운동을 전개할 수 있는 조건이 점차 만들어져 갔다. 가와카미 하지메(河上肇, 1879~1946년), 야마카와 히토시(山川均, 1880~1958년), 구시다 다미조(櫛田民藏, 1885~1934년) 등 마르크스의 경제 이론과 사회 이론을 배운 논객들이 등장하는 것이 바로 이 시기이다.

하지만 이 단계에서 논자들의 이해는 제각각이며, 유물사관에 입각한 역사학 이론이 일본사 인식에 본격적으로 적용되지는 않고 있다. 사노 마나부(佐野学, 1892~1953년)의 논문과 저작에 그런 맹아가 보이지만, 이론을 이해하거나 구체적인 역사인식에 적용하는 측면에서 일정 수준에 도달하는 것은 노로 에이타로(野呂栄太郎)에 이르러서부터이다.

유물사관 역사학은 대개 마르크스주의 역사학이라고도 한다. 관학 아카데미즘 역사학에는 이것을 '주의'(이데올로기)로 보고 객관적인 사실(史實) 인식을 정치적 가치에 종속시키는 것이라고 하는 생각이 뿌리 깊게 존재했다. 그러나 유물사관 역사학은 경제적·사회적·정치적 제반 관계의 구조적인 양상과 변화, 새로운 역사 단계로 이행하는 경로 같은 문제를 역사적 사회의 진보라는 시각에서 법칙적으로 밝히려고 하는 이론이다. 유물사관 역사학은 역사인식의 보편성과 보편적 의미의 측면에 시선을 던지며 역사적 사실의 의미를 추구한다는 특징이 있고, 사학사적으로 보면 계몽사상이나 문명사와 연결되는 지점이 있다. 이것이 일회적인 사실을 '있는 그대로' 보는 실증주의역사학과 다른 점이다. 이 차이가 곧 유물사관 역사학이 주관적이며 이른바 이데올로기적이라는 것을 의미하지는 않는다. 이미 말했지만, 그런 점으로부터 생기기 쉬운 혼란을 피하고 표기를 간결하게 하기 위해 이 장에서도 '유물사관 역사학'이나 '마르크스주의 역사학'이라는 용어를 쓰지 않고 '마르크스역사학'이라고 표기한다.

분명 마르크스의 사상과 학문은 자본주의 비판과 사회의 변혁을 위한 사회과학 이론이다. 그런 의미에서 정치적이라 할 수 있어도, 그의 사회 인식 이론이 특정한 가치의식을 주관적으로 중시하여 사실을 왜곡하는 성질을 지닌다는 의미는 아니다. 주관성이나 이데올로기에 따라 좌우된 비과학적 인식은 본디 변혁에 기여할 수 없는 법이다. 그런 의미에서 마르크스역사학이 역사를 통해 미래로 나아가는 사회적 전진의 경로를 밝히려고 하면 할수록 인식의 객관성과 엄밀한 과학성이 요구되기 마련이다. 마르크스역사학은 역사적 사회의 구조와 변혁의 경로를 밝히기 위한 과학적 인식이어야 하는 것이다.

그럼에도 마르크스역사학의 일본사 인식이 이따금 '공식적'이며 경직되어 있다고 얘기되는 결함을 지니지 않았다고 간단히 말할 수는 없다. 어떤 역사관이나 역사이론이라 할지라도 장점과 더불어 약점도 있다. 마르크스역사학은 일본 사학사의 커다란 두 흐름, 즉 역사의 일회성·기술성을 기본으로 할 것인가, 일회적 사실의 근저에 관철되는 '보편'을 발견함으로써 사회 진보와 법칙을 찾아낼 것인가 하는 역사 이론의 양대 경향 속에서 후자의 흐름에 속한다는 점은 명백하다. 하지만 그것을 바로 '이데올로기적'이라고 치부해 버린다면 그 자체가 결과적으로 이데올로기적 관점에 빠지는 것이라고 할 수밖에 없다.

이 점을 염두에 두고 이 장과 2부 1장에서 전전과 전후의 마르크스역사학을 구체적인 일본사 연구와 연관해서 살펴보기로 한다.

## 노로 에이타로의 《일본 자본주의 발달사》

일본에서 마르크스역사학의 본격적인 개화는 노로 에이타로에서 찾아볼 수 있다.

노로 에이타로(野呂榮太郎, 1900~1934년)의 활동 기간은 짧다. 게이오의숙대학에 적을 두고 있던 1925~6년 무렵부터 1933년 11월 체포(이듬해 2월 시나가와 경찰서에서 고문으로 사망)되기까지 기껏해야 10년이 채 안 된다. 그러나 1926년 3월 간행되기 시작한 《사회문제 강좌》(新潮社) 제

13권에 〈일본 자본주의 발달사〉를 썼다. 이어 다카하시 가메키치(高橋龜吉), 이노마타 쓰나오(猪俣津南雄) 같은 이의 비판을 통해 분명하게 드러난 일본 자본주의 발달의 역사적 조건, '천황제적 절대주의' 국가권력의 계급적 기초인 지주적 토지소유 관계, 또 제1차 세계대전 후의 국제적·국내적 모순(조건)에 규정된 일본 자본주의의 현상 등에 관한 일련의 노작을, 의족에다 폐결핵이라는 육체적 부담 속에서 혹독한 활동의 와중에 잇달아 발표했다. 1930년에는 그것들을 모아《일본 자본주의 발달사》를 간행했다(鐵塔書院, 1935년 岩波書店에서 재간행).

 노로 에이타로는 원래 마르크스경제학을 공부했고, 그것을 일본노동학교 등에서 강의하며 운동의 무기이자 학문적 기초로 삼고자 했다. 그런데 강의를 듣는 사람들한테서는 언제나 일본의 역사 현실에 대한 질의가 나왔기 때문에 일본의 사회사와 경제사에 대한 나름의 이해와 전망이 절실해졌다고 한다.

 그런 실천적인 동기에 따라 역사를 살피는 긴장이 있었기 때문에, 노로의 일본 자본주의 발달사는 교과서적인 자본주의 발달사의 공식을 일본에 끼워 맞춰 해설하려는 식이 아니었다. 메이지 이후의 일본 사회가 '절대주의 천황제' 권력의 계급적 기반으로서 지주제를 존속시키는 동시에 한편에서는 고도의 자본주의 생산양식을 급속히 발전시켰다는 점, 또 산업 부문 간 발전 수준의 현격한 불균등이 존재한다는 점, 나아가 그런 일본 자본주의는 20세기 초 세계 자본주의의 제국주의 연결된 사슬 속에 편입되어 있다는 점 등, 세계사적 제 조건에 규정된 일본 자본주의 발달의 특수성을 파악하려고 했다.

 이처럼 이른바 자본주의 발달사에서 보편과 특수의 결합으로서 존재하는 일본 자본주의를, 역사적으로 인식하기 위한 이론적 경로를 명시한 것이 노로의 업적이다. 그 토대가 되는 경제사적 상황, 국가권력의 구조에 대한 구체적 역사 연구는 응당 그 후의 일본 근현대사 연구가 짊어져야 했으며, 노로는 그것을 향한 적확한 지침을 남겼다. 당시 메이지 이후의 근현대사 연구는 미숙하다기 보다 거의 시작도 하지 않은 상태에 있었다. 따라서 그런 실증적 사실의 측면을 노로한테 요구하는 것은 무리일 것이다. 하지만 노로는 변혁가로서 현실을 직시했던 만큼, 일본 자본주의의 역사적 양태의 구조 파악에 기존에 없었던 시각과 이론적 틀을 제시할 수 있었던 것이다. 이런 작업은 독선적인 이데올로기의 산물이 아니라, 현실의 변혁에 부합되는 기초 인식으로서 엄격한 객관성을 지향했다고 봐야 할 것이다.

## 《일본 자본주의 발달사 강좌》와 일본 자본주의 논쟁

마르크스역사학과 마르크스경제학의 힘을 결집하여 일본 자본주의의 역사와 현 단계를 계통적으로 규명하려 한 것이 1932년 5월부터 이듬해 8월에 걸쳐 간행된 《일본 자본주의 발달사 강좌》(전7권, 岩波書店)이다. 노로 에이타로는 이 사업의 중심에 서서 전체적으로 지도적 역할을 수행했다(단, 건강상 집필은 할 수 없었다). 편집위원으로는 노로 외에 오쓰카 긴노스케(大塚金之助), 히라노 요시타로(平野義太郎), 야마다 모리타로(山田盛太郎), 그리고 표면에 이름은 나오지 않으나 하니 고로(羽仁五郎)가 가세했다. 노로는 이 저작을 간행할 때 아직 서른두 살로 젊었다(앞에 언급했듯이 이듬해에 체포됨). 수많은 저작을 집필한 하니 고로는 노로보다 한 살 아래였으며, 야마다 모리타로(1897~1980년), 히라노 요시타로(1897~1980년)만 해도 약간 선배인 정도였다.

세계 대공황과 쇼와 공황이 장기화하며 전 세계와 일본 자본주의의 위기 상황이 심각함을 더해 가던 때, 노로를 비롯한 학자들은 국내에서 나타나는 계급 대립의 격화와 국제적 모순의 고조에 어떻게 대처할 것인가

하는 절실한 문제를 강좌의 기초 원리로 삼았다. 여기서 요구되는 것은 일본 자본주의 발달을 세계 자본주의의 일환으로 파악하고, 위기의 구조적·단계적 성격을 명확히 하며, '해결'의 방향을 어떻게 설정할 것인가 하는 문제였다. '해결'이라는 것은 치안유지법 아래에서 사용된 용어로서 말하자면 '변혁'이라는 의미일 것이다.

당초 계획은 메이지유신사·자본주의 발달사·제국주의 일본의 현상, 이 3단계에 자료 해설을 더한 4부로 구성하는 것이었다. 하지만 혹심한 탄압 속에서 집필할 여건이 되지 않는 사람이 속출한 데다 발매정지 네 차례(개정하여 간행), 삭제, 복자(伏字)의 강제 같은 압박에 따라 계획과 간행은 난행을 거듭했다. 이 기획은 이른바 '32년 테제'(1932년 코민테른의 지도 아래 작성된 일본공산당의 강령 문서―옮긴이)가 당면한 주요 과제로서 천황제 타도와 기생지주적 토지소유제 폐지 등을 들었던 점과 기본적으로 일치한다는 점에서, 테제에 근거를 부여하려는 계획이었다고 얘기되기도 한다. 그렇지만 시간 관계로 봐서 명백하듯이 '강좌'는 32년 테제보다 앞서 독자적으로 기획되었다고 봐야 할 것이다. 이런 점은 '강좌'의 집필에 참가한 30명 정도의 집필자들이 지니고 있던 역사와 현상에 대한 인식이 꼭 일치하지 않는다는 데서도 짐작할 수 있다.

그런데도 '강좌파'라고 할 때 그들에게는 공통 인식이 있다. 먼저 이 강좌가 발간된 시점의 현상 인식으로서 메이지유신의 기본적 성격을 부르주아혁명으로 보지 않고 천황제 국가권력의 본질을 절대주의로 본다는 점이다. 일본 자본주의와 반농노제적 기생지주제라는 이질적인 경제 제도가 구조적으로 결합되어 있다는 점, 그리고 일본 자본주의는 1890년대 후반에 확립기에 들어서는 동시에 제국주의로 전화하여 군사적 성격을 강화하고 전체적으로 군사적·반농노제적 자본주의라는 특수한 형태를 형성하고 있다는 점 등이다.

이 견해의 원형은 노로한테서 나왔지만, '강좌'에서는 야마다 모리타로와 히라노 요시타로에 의해 더욱 상세하게 전개되었다. '강좌'에 수록된 야마다의 논문들은 1934년 《일본 자본주의 분석》으로, 또 히라노의 경우도 같은 해 《일본 자본주의 사회의 기구》(日本資本主義社会の機構)로 묶여 널리 읽히게 되었다(둘 다 岩波書店). 이들 '강좌파'의 이론에는 역사적 사회의 구조와 단계, 이질적인 복수의 경제 제도의 구조적 결합과 상호 보완, 내발 발전과 국제적 조건의 상호 규정, 역사 전개에서의 보편과 특수 등과 같은 역사인식의 근본과 연관되는 문제가 제시되어 있으며, '전후역사학'으로 직결되어 가는 바이기도 하다.

《일본 자본주의 발달사 강좌》를 비롯한 서적의 발간은 이미 그 이전인 1927년에 발간된 잡지 《노농》(労農)에 포진하고 있던 야마카와 히토시, 구시다 다미조, 오우치 효에(大内兵衛, 1888~1980년), 사키사카 이쓰로(向坂逸郎, 1897~1985년), 쓰치야 다카오(土屋喬雄, 1896~1988년) 같은 논객들과 '강좌파' 집필자들 사이의 논쟁에 불을 지핀 격이었다. 논쟁의 초점은 당면한 변혁(혁명)의 기본적 성격으로, 강좌파가 "프롤레타리아혁명의 서곡으로서 부르주아 민주주의 혁명"이라고 한 데 비해, '노농파'는 "민주주의 혁명의 임무를 수반한 프롤레타리아혁명"이라 보았다.

'혁명'의 성격 규정은 분명 정치 운동과 직결되는 문제이지만, 그런 판단은 양자 모두 엄격한 경제학적·역사학적 인식에 근거한(다고 확신하며 한) 주장이었다. 메이지유신은 '절대주의 천황제'의 성립인가 부르주아혁명인가, 기생지주제 아래에서 생산량의 50퍼센트에 달하는 고액 현물 소작료는 반봉건적 지대인가, 과도적인 성질을 지니기는 해도 자본제 지대로 봐야 하는가, 또는 그와 관련하여 막말 경제 단계를 어떻게 규정할 것인가 등등 갖가지 쟁점은 서로 연관되는 것으로 이해해야 하는 사안이다. 그만큼 논쟁은 일본의 사회과학 역사에서 전례 없이 대규모로 격렬하게 번져갔다. 그것이 일본사 인식 전반에도 광범위한 영향을 끼쳤다는 것은 두 말할 나위도 없다.

그중에서도 역사인식의 방법, 이론상의 문제로서 메이지 이후 근대사회의 단계와 특질을 어떻게 파악할 것인가를 살펴보자. 가령 극동 일본의 자본주의 생산양식 발전이 어떤 국제적 규정 속에서 어떤 특질을 띠었는가, 일본과 같은 후진 자본주의 국가가 세계 자본주의의 일환으로 편입되는 과정에서 전통적인 옛 생산양식은 자본주의와의 결부를 통해 어떻게 재편되어 갔는가? 즉 국내 발전과 국제적 조건, 역사적 사회의 단계와 구조, 생산양식의 복합 구조 문제 등, 역사인식에서 보편과 특수의 연관, 발전 법칙의 역사적 다양성 등을 둘러싼 온갖 수많은 중요한 이론 문제가 논쟁을 통해 유기적으로 정립되어 갔다. 그것은 현실과 직결된 전략적 문제이기도 했던 만큼 하나같이 소홀히 할 수 없는 것들이다. 그래서 치열한 논쟁이 역사인식의 심화에 얼마나 큰 의미를 지니는가를 훌륭하게 보여 주는 사례로서 오늘날에도 곱씹어 봐야 할 학문사의 대사건이었다. 다만 그럼에도 가장 중요한 천황제 국가 그 자체의 권력 구조에 대해서는 치안유지법의 감시와 탄압 속에서 정면으로 직접 논의하지 못했다는 점을 놓쳐서는 안 된다.

## 하니 고로의 메이지유신사

《일본 자본주의 발달사 강좌》의 중요한 일부인 메이지유신사에는 하니 고로(羽仁五郞, 1901~1983년)가 중심적인 집필자 가운데 한 사람으로 참가했다.

하니는 편집자 가운데 유일한 도쿄제국대학 문학부 국사학과 출신의 역사가였다. 애초에는 법학부에 들어갔지만 중도 퇴학하여 1922년 독일 하이델베르크대학에서 유학했고, 역사철학을 연구하여 유학 중에 크로체(Benedetto Croce, 1866~1952)의《역사서술의 이론과 역사》(歷史敍述の

理論及歷史, 岩波書店, 1926년)를 번역 출간했다. 1924년에 귀국한 뒤 문학부에 다시 들어가 일본사를 전공했다. 당시 국사학과의 중심 교수는 구로이타 가쓰미였고, 하니의 졸업논문(1927년)은 〈사토 노부히로에 관한 기초적 연구〉(佐藤信淵に関する基礎的研究, 岩波書店에서 1929년 출간)였다. 실증주의역사학의 방법을 따른 뛰어난 논문이며, 졸업 후 교수들에게 인정받아 아카데미즘 역사학의 거점인 사료편찬계에 들어갔다. 하지만 하니는 자유로운 연구 조건과 입장을 원하여 1년 만에 사직했다.

그 뒤 1928년부터 이듬해까지는 잡지 《신흥과학의 깃발 아래》(新興科学の旗のもとに)를 간행하여 이른바 '부르주아 역사학' 유파를 비판하는 역사 이론 논문을 잇달아 발표했고, 이를 《전형기의 역사학》(轉形期の歷史学, 鐵塔書院, 1929년)과 《역사학 비판 서설》(鐵塔書院, 1932년)로 묶어 냈다. 구체적으로 말하자면 정치사의 후지이 진타로(藤井甚太郎, 1883~1958년), 이노베 시게오(伊野辺茂雄, 1877~1954년), 경제사의 쓰치야 다카오, 다카하시 가메키치 등의 입론에 대한 비판이다. 그것은 하니가 자신의 역사관을 '부르주아 역사학'의 비판으로부터 확립해 가는 과정이며, 마르크스역사학에 대한 확신을 강화해 가는 과정이었다. 또 그런 가운데에서 〈메이지유신사 해석의 변천〉(明治維新史解釋の變遷, 메이지유신 60주년을 기념하여 편집된 史学会 편, 《明治維新史硏究》, 冨山房, 1929년) 등 학설사적 검토도 진행했다. 이미 유신사를 조준하고 있었던 것이다.

그런 의미에서 1932년부터 1933년까지 《일본 자본주의 발달사 강좌》에서 하니는 역사 이론의 면에서도, 연구사 검토를 바탕으로 직접 유신사를 쓰기 위한 준비라는 면에서도 만반의 준비를 갖추고 과제와 씨름할 수 있었다.

하니는 《강좌》에 〈막말의 사회경제 상태, 계급관계 및 계급투쟁〉(幕末に於ける社会經濟狀態階級関係および階級鬪爭) 〈막말의 정치적 지배 형태〉(幕末に於ける政治的支配形態),〈막말의 사상적 동향〉(幕末に於ける思想的動向),〈막말의 정치투쟁〉(幕末に於ける政治鬪爭)의 네 논문을 담당했고, 막말의 사회구조를 총체적으로 파악하는 야심찬 시도를 추진했다.

이런 작업을 토대로 하니가 제시한 메이지유신의 성격은 '불철저한 부르주아혁명'이었다. 하니는 '강좌파' 멤버이지만 유신을 절대주의의 성립으로 보고 봉건적 제반 관계의 잔존을 강조하는 데는 찬성하지 않았던 듯하다. 노로 에이타로, 야마다 모리타로, 핫토리 시소(服部之総)의 견해와는 이 점에서 미묘하고도 중요한 차이가 있다. 하니는 구로이타 가쓰미가 중심이 되어 편집한 《이와나미강좌 일본역사》(岩波講座 日本歷史)에도 〈메이지유신〉(1935년)을 썼는데, 거기에서도 유신 변혁의 부르주아혁명적 측면의 평가에는 적극적이다.

《강좌》에 수록된 하니의 논문들은 어떤 의미에서는 인간의 주체적 측면에 대한 추구가 취약한 막말 경제 단계론이나, 밖으로부터의 계기를 강조하는 외압론 등과 달리, 광범위한 백성잇키, 도시민의 잇키인 우치코와시(打ちこわし, 도시 서민의 폭동 — 옮긴이) 같은 인민투쟁을 특히 중시했다. 그것을 기초로 삼아 형성되어 간 막말 사회의 '혁명' 정세를 주체 쪽에서 규명해 들어갔다는 점에서 탁월했다. 유신에 '불철저한'이라는 제한을 달면서도 부르주아혁명이라는 견해도 거기서 이끌어 냈다.

하니는 이처럼 인민투쟁에서 다양한 민중의 역할에 주목하여 유신의 국내 과정을 밝히는 동시에, 개항에 따른 세계사적 계기에 대해서도 종래 연구에서 찾아볼 수 없던 시야와 구체성을 겸비한 작업을 진행했다.〈동양에서 자본주의의 형성(東洋に於ける資本主義の形成)〉(《史学雜誌》 43편 2·3·6·8호, 1932년; 뒤에《明治維新史硏究》, 岩波書店, 1956년)이 그런 작업이다. 인도·중국·일본이 어떤 역사 단계와 특수성 속에 있든, 한편에서는 공통되게 세계 자본주의의 일환으로 편입되어 가는 과정을 폭넓고 통일적인 시각에서 파악하려고 한 웅대한 구상이다. 그것은 '외압'이

라는 수동적인 말로는 잘 표현하기 어려우며, 그 자체가 유신사의 양태를 기본적으로 규정한다고 보는 점에서 획기적이었다.

하니는 1933년 체포되었다. 은사인 구로이타 가쓰미는 사상적 입장의 차이를 넘어 하니를 돕기 위해 동분서주했다. 하니가 '수기'(手記, 자술서로 판단됨 ─ 옮긴이)를 쓰고 방면된 일에 대해서는 해석이 분분하지만, 나중에도 이른바 '전향'자와 같은 길을 걷지는 않고 일관하여 사상의 기본을 결정적으로 바꾸지는 않았다. 그런 하니의 자세는 당시 국사학과의 청년들을 강하게 끌어당겼다. 아카데미즘 실증주의역사학에 만족하지 못한 데다 히라이즈미 기요시(平泉澄)가 점차 영향력을 강화해 가는 상황에 내심 저항을 품었던 기타야마 시게오(北山茂夫, 1909~1984년), 스즈키 료이치(鈴木良一, 1909~2001년), 이노우에 기요시(井上清, 1913~2001년), 이마이 린타로(今井林太郎, 1910~2003년), 고니시 시로(小西四郎, 1912~1996년) 같은 젊은 연구자들이 하니의 문하에 모였다. 고대·중세사를 전공하는 기타야마와 스즈키 같은 이들도 때때로 하니에게 기대고 있음을 토로했고 하니도 후학들과 진지하게 얘기를 나눴다. 언젠가 스즈키가 나한테 편지지 열 장이 넘도록 작은 글씨로 자신의 역사관을 빼곡히 써내려 간 하니의 편지를 보여 준 적이 있는데, 거기에는 변혁에 대한 열정과 후학들에 대한 기대가 배어나 있었다.

### 핫토리 시소의 역사론

하니 고로에 버금가는 또 한 사람의 탁월한 '강좌파' 역사가는 핫토리 시소(服部之總, 1901~1956년)이다.

핫토리 시소는 도쿄제국대학 문학부에서 사회학을 전공했고, 졸업 직후에는 사회학 논문을 쓰고 있었다. 그러나 도쿄 본조(本所)를 중심으로

하는 세틀먼트운동(빈곤자의 자각을 촉구하기 위한 교육적 성격을 지닌 사회활동)이나 노사카 산조(野坂參三)의 산업노동조사소, 프롤레타리아과학연구소, 유물론연구회 등에서 활동하면서 1928년에는 가와카미 하지메와 오야마 이쿠오(大山郁夫)가 감수한 《마르크스주의 강좌》에 〈메이지유신사〉, 〈절대주의론〉 등을 집필했다. 이것이 핫토리가 역사가로서 출발하는 기점이었다.

그 뒤 《일본 자본주의 발달사 강좌》에는 〈메이지유신의 혁명과 반혁명〉 (明治維新の革命及び〻反革命)을 비롯한 논문 세 편을 썼고, 1934년에는 저명한 〈'엄마니 시대'의 역사적 조건〉('嚴マ=時代'の歷史的条件)《歷史科学》 3·4월)를 발표했다.

하니 고로가 메이지유신의 전제로서 막말 백성과 조닌의 계급투쟁, 변혁 주체의 검증에 온 힘을 쏟았던 데 비해, 핫토리 시소는 막말 단계의 '지주=부르주아 범주'의 검출에 가장 큰 관심을 기울였다. 핫토리로서는 하니의 방법으로 인민투쟁은 확인할 수 있어도 내발적인 부르주아적 발전은 검출하지 못하며, 그래서는 일본 자본주의의 발전은 오로지 세계 자본주의의 일환으로 편입된다는 외적 계기에서 주된 요인을 구하게 될지 모른다고 생각했던 것이다. 내발 발전이라는 점에서는, 한편으로 봉건적 성격이 강한 지주이지만 다른 한편에서는 제사업 등을 중심으로 한 매뉴팩처 부르주아지로서의 성격을 겸하는 존재로서 지주=부르주아 층이 일정 수준으로 성장했다는 점을 빠트릴 수 없다. 그것이 '엄밀한 의미의 매뉴팩처 단계'(엄마니—옮긴이)설의 초점이다.

핫토리가 유신 정권의 성격을 절대주의로 보는 점에서는 '강좌파'였다. 그러나 핫토리는 유신 변혁에는 위로부터의 부르주아혁명과 아래로부터의 부르주아혁명이라는 이중의 상극이 있었고, 폐번치현 후 그 상극 속에서 역사가 전개된다고 보았다. 위로부터의 부르주아혁명을 지향하는 지배계급은 절대주의 권력이 부르주아적 발전을 위로부터 추진함으로써만 자신을 유지할 수 있다. 이에 대해 지주=부르주아적 계급은 자유민권운동을 통해 국가권력을 더욱 민주주의적으로 전환시키고자 했다. 1890년 단계의 외형적 입헌주의 아래에서 근대 천황제 국가는 그런 이중 과정의 상극 속에 성립되었다. 그 때 절대주의를 봉건제의 최종 단계로 삼을 뿐 아니라 그 속에 나타난 부르주아적 발전을 중시하는 것이 핫토리 주장의 특색이다. 그리고 1900년대를 통해 절대주의 국가에서 근대 자본주의 국가로 점진적인 전화='암전'(暗轉)이 진행된다는 것이 핫토리 주장의 근간이다.

따라서 핫토리는 메이지유신을 단순히 부르주아혁명이라고 보는 견해를 비판했을 뿐 아니라 단순히 '절대주의의 성립'이라 보는 데도 찬성하지 않았던 것이다. 핫토리의 '지주=부르주아 범주'는 유신 변혁의 내발 발전적(주체) 측면과 동시에 위로부터의 부르주아혁명에 대한 대항적 주체를 의미하기도 했다. 그런 차원에서 핫토리의 유신론·국가론은 다른 어떤 논자보다도 각 주체를 둘러싼 관점의 폭이 넓고 심오하며 장기적인 역사의 경로를 이론적으로 정교하게 전망하고 있다.

거기서는 경제사, 정치과정, 권력론·국가론이 정연하게 통합되어 있다. '혁명과 반혁명' '위로부터의 부르주아혁명과 아래로부터의 부르주아혁명의 상극' '지도와 동맹' '절대주의 국가로부터 부르주아 국가로의 암전' 등과 같은 핫토리 특유의 대항적이고도 복합적 시점이 그의 역사론을 역동적이고도 이론적인 것으로 만들었다.

마르크스역사학은 이렇게 하니 고로와 핫토리 시소 등에 의해 전전의 최고 수준을 기록하게 되었다. 일본 자본주의 논쟁은 막말 경제 단계, 메이지유신의 성격, 일본 자본주의의 단계, 지주제의 성격, 메이지 국가의 성격 등을 놓고 이론적 수준이 높은 논쟁을 전개했는데, 논자 대부분은 경제학 전문가였고 정치과정과 국가권력론에 대한 논의는 주제가 아니었다. 그런 의미에서 핫토리의 작업이 역사론으로서는 완성도가 가장 높았다고 볼 수 있다. 핫토리가 통사적인 서술을 남기지 않아 파악하기 어려운 면도 있지만, 메이지유신을 대상으로 전전 근대 역사인식의 체계화에 필요한 이론적 틀을 가장 체계적으로 제시한 역사가로서 사학사에서 빛을 발하고 있다.

### 와타나베 요시미치의 고대사 연구

마르크스역사학은 당면한 일본 사회의 변혁을 위한 역사인식이라는 절박한 과제를 짊어지고 출발했다. 과제에 대한 그런 시점은 메이지유신 변혁과 그 후의 일본 자본주의, 근대 천황제 국가의 구조와 단계 같은 큰 주제에 집중되었고, 그것을 둘러싼 논쟁 과정에서 이론적으로도 실증적으로도 수준을 높여 갔다.

그러나 일본 역사의 과학적 인식으로서 또 하나 특히 회피할 수 없는 것이 국가의 기원에 관한 문제였다. 국학-신토계의 국체사관은 구메 구니타케 사건으로 밝혀졌듯이 천황제 옹호를 위해서는 학문적 객관성마저 포기하며 정치적 공격력을 발휘했다. 역사교육은 교과서를 통해 국가권력의 직접적 지배 아래 놓였고, 기기(記紀) 신화를 그대로 사실로 삼으며 천황의 신성성을 아이들에게 강요했다.

마르크스역사학은 그런 비합리적인 국체사관과 싸우지 않고서는 스스로의 역사인식을 확립할 수 없다. 그 점을 명확히 의식하고 일본의 원시고대사 연구에 전념한 이가 와타나베 요시미치(渡部義通, 1901~1982년)이다.

와타나베는 후쿠시마사범학교에서 공부했으나, 지방신문의 투고에서 드러난 사상 성향이 문제가 되어 제적되었다. 1921년 메이지대학에 들어가서도 여러 좌익 활동을 거듭했고, 1928년 3·15사건(2월에 시행된 보통

선거에서 무산 정당의 약진을 탄압한 사건으로서 공산당 조직이 괴멸됨 — 옮긴이)으로 체포되어 이치가야(市ヶ谷) 구치소에 수감되었다.

와타나베의 일본사 연구는 옥중에서 시작되었다. 신화적 세계를 농업 사회로 보고 거기에서 일본국의 시원적인 모습을 찾고자 하는 국체사관을 극복하기 위해서는 그보다 앞선 무계급 사회='원시 공산제 사회'의 존재를 논증해야 한다는 것이 발상의 원점이다. 옥중에서 한 구상은 종이도 펜도 주어지지 않는 상태라서 아무런 진전이 없었으나, 병에 걸려 1929년 12월 '집행정지' 형태로 출옥이 허가되자 곧바로 맹렬하게 학습에 집중하여 《일본 모계 시대의 연구》(日本母系時代の研究, 白揚社, 1932년), 《일본 원시사회사》(白揚社, 1934년), 《일본 고대사회》(三笠書房, 1936년) 같은 저작을 잇달아 공간했다. 본디 당시 고고학과 고대 문헌사학의 수준에 제약을 받은 데다 와타나베가 사료의 독법에 대해서도 전문적 훈련을 받지 않은 탓에 학문적 수준은 어쩔 수 없다.

그러나 부민제(部民制, 고대의 직업별 신분제 — 옮긴이)의 계급적 성격, 율령제 사회는 노예제 사회인가 농노제 사회인가, 부민제와 노비제의 관련을 바탕으로 한 계급사회가 노예제라고 한다면 어떤 특수성을 지닌다고 규정할 수 있는가 같은 고대사 연구의 주요 이론 문제를 적확하게 지적하고 있다는 점에는 놀라지 않을 수 없다.

그 무렵의 공동 연구자이자 논쟁 상대이기도 했던 하야카와 지로(早川二郎, 1906~1947년)는 반전(班田) 농민을 국가적인 농노로 보고 율령제 사회의 사회 구성을 국가적 봉건주의로 규정했지만(《日本古代史の研究》, 白揚社, 1947년), 와타나베는 이를 노예제 사회라 생각했다. 와타나베는 그런 생각을 바탕으로 하여 마르크스역사학의 시각과 방법에 따른 일본 통사의 서술이 필요함을 통감했다. 프롤레타리아의 투쟁에 확신을 부여하기 위해서는 자국의 역사와 현상에 대한 과학적 이해를 보여 주는 것이 무슨 일이 있어도 필요하다고 생각했던 것이다.

그 실현을 위해 하야카와 지로, 아키자와 슈지(秋沢修二), 이즈 기미오(伊豆公夫), 미사와 아키라(三沢章. 와지마 세이이치和島誠一의 필명) 같은 이와 공동 연구를 거듭했고, 1936년 12월 《일본역사교정》(白揚社) 제1책과 이듬해 6월 제2책을 간행했다. 제1책은 원시사회의 해체까지 제2책은 3세기부터 7세기 계급·국가의 성립기까지를 다룬 통사이다.

와타나베는 쓰다 소우키치의 기기 문헌 비판에서도 착안하여 자신들만의 사료 독파가 필요하다는 점을 통감했고, 《일본역사교정》 제3책(나라시대~장원제 성립)을 준비하기 위해 도마 세이타(藤間生大), 마쓰모토 신파치로(松本新八郎), 이시모다 쇼(石母田正) 세 사람과 공동 그룹을 만들어 연구의 심화를 꾀했다.

와타나베가 구성을 짠 제3책은 내용적으로는 일본적 노예제 사회로부터 봉건제 사회로의 이행기에 해당하기 때문에 마르크스역사학에 근거한 일본 통사 인식의 체계화에 빼놓을 수 없는 부분이다. 그러나 그 시점에서 현실은 이미 중일전쟁에 돌입하고 있었기에 결국 제3책의 실현은 불가능해졌다.

1940년 11월 와타나베는 치안유지법 위반으로 체포되었고 출옥이 허가된 것은 1944년 11월이었다. 천황제 국가는 자기 정당성의 역사적 근거로서 신화를 옹호하기 위해 고고학과 고대사 연구에 대해 특히 가혹했다는 점은 뒤에 살펴볼 쓰다 소우키치의 수난에서 단적으로 드러나지만, 와타나베에 대한 공격도 성격이 비슷했다.

그런 혹독한 감시 속에서도 도마, 마쓰모토, 이시모다가 고대국가와 장원제에 관한 훌륭한 논문을 잇달아 발표했던 사실은 잊을 수 없다. 그 작업들은 마르크스역사학 연구의 전전과 전후를 잇는다는 의미에서 중요한 역할을 수행했다. 일본 사학사의 명저라는 정평을 갖는 이시모다 쇼의 《중세적 세계의 형성》(뒤에 다시 서술)도 이런 와타나베 등과의 공동 연구가 없었다면 탄생하지 못했을 것이다.

## '가부장제'와 싸운 다카무레 이쓰에

여기서 이색적인 여성사가 다카무레 이쓰에(高群逸枝, 1894~1964년)에게도 눈을 돌려 보자. 다카무레는 노로 에이타로, 하니 고로, 핫토리 시소, 와타나베 요시미치와 같은 마르크스역사학 계열과는 사뭇 다른 존재이다.

다카무레 이쓰에는 구마모토사범학교 퇴학, 구마모토여학교 중퇴(4년 수료) 후에 상경하여 처음에는 시인에 뜻을 두었다. 그 뒤 '무산부인예술동맹'을 조직하여 아나키스트운동에 발을 들이고 그 각도에서 집필 활동을 했고, 1931년부터는 "세상과 교류를 끊고" 가족사와 여성사 연구에 몰입했다. 그런 탓에 여성사 연구로 나섰을 때 이미 서른일곱의 나이였다.

그때부터 다카무레는 남편의 지원 속에 고독한 연구를 계속하여 《대일본 여성사 제1권 모계제의 연구》(第日本女性史第1卷 母系制の研究, 厚生閣, 1938년)를 완성했다. 이른바 초심자의 고독하고 기나긴 연구를 지탱한 것은 '가부장제'에 대한 격렬한 분노와 문자를 통한 싸움에 걸었던 집념이었다.

다카무레의 활동에서 출발점은 "이 세상 남성의 권력과 지배"에 대한 항의였다. 메이지라는 시대는 가부장제가 가장 철저하게 제도화되어 여성은 재산권을 비롯한 온갖 법적 권리를 빼앗긴 채 가부장권의 지배 아래 '이에'(家)의 내부에 갇혀야 했다. 다카무레는 그런 '이에'야말로 천황제 국가 지배의 기반이라고 본 것이다.

더구나 가부장제가 제도화되고 견고한 사회질서가 확립되는 동시에 가부장제를 일본 사회에서 부동의 고유한 제도로 보는 견해가 강화되어 갔다. 다카무레는 그 점을 참을 수 없었다. 그런 견해와 싸우기 위해 '가부장제'를 장기간에 걸친 가족사 속에 상대화하고자 했다. 즉 '가부장제'는 역사를 관통하는 부동의 존재가 아니라 과거에는 여성이 더 높은 지위를 지니던 시대가 있었다고 생각한 것이다. 모계·모권제이다.

물론 모계제 사회의 가능성 또는 존재를 연구한 게 다카무레가 처음은 아니다. 앞에서 언급했듯이 다카무레에 앞서 1932년 와타나베 요시미치가 1932년 '모계제 시대'에 관한 저작을 간행했다. 와타나베의 작업은 프리드리히 엥겔스의 《가족·사유재산·국가의 기원》(1884년)의 이론에 따른 것이다. 더 거슬러 올라가면 루이스 모건(Lewis Morgan)의 《고대사회》(1877년), 요한 바흐오펜(Johann Bachofen)의 《모권론》(1861년)도 있다. 그런 논자들의 인류사적 연구를 바탕으로 계급사회의 성립과 함께 가부장제가 성립되었다고 보는 견해가 일반적이었다. 와타나베도 야요이(弥生, 기원전 4세기~서기 3세기 중반 ─ 옮긴이) 시대부터 가부장제로 들어간다고 보았다. 그러나 구체적인 자료에 의해 일본 모계제 사회의 존재가 확인된 것은 아니다.

다카무레는 여기에서 출발하여 어떻게 해서든 문헌을 통해 '모계제의 유제(遺制)'를 발견하여 그 존재를 주장하려고 했다. 그 때문에 다카무레는 귀족사회의 계보와 일기 종류를 정력적으로 독파하여 나름대로 논증하고자 했다. 또 그와 동시에 모계제의 유제는 단순히 소멸되지 않으며, 남북조 시대(1336~1392년 ─ 옮긴이) 이후 가부장제 질서가 결정적인 무게를 지니게 되기까지는 모계제에서 가부장제로의 이행기라고 생각했다. 그 논증을 혼인의 경우 여성이 곧 남편 집으로 들어가는 취가혼(娶嫁婚)이 아니라 남자가 여자 집으로 옮겨 여자 집 또는 그 부근에 가옥을 짓고 생활하는 형태, 즉 '처방거주(妻方居住)'에서 구했다. 다카무레는 이를 '초서혼'(招婿婚)이라 명명했다.

이 연구는 뒤에 《초서혼 연구》(招婿婚の研究, 講談社, 1953년)로 결실을 맺게 된다. 다카무레의 작업 가운데 가장 뛰어난 부분이다. 그러나 이 초서혼이 모계제에서 직선적으로 초서혼으로 또 취가혼이라는 형태로 자리매김할 수 있는가 하는 점에는 문제가 많다. 최근의 연구에서는 모계제

유제의 논증 절차가 자의적이며 다카무레 자신에게 유리한 것만을 선택하고 반증 재료가 되는 것은 무시했다는 비판도 있다. 또 남계 부자 상속의 '이에' '가옥'이 성립해도 여자가 균등하거나 일정한 재산을 나누어 받는 형태가 널리 확인되었기에, 부계 이에의 성립이 곧 여성의 재산권 상실을 의미하지 않는다는 점도 밝혀졌다. 그런 점을 곁들여 생각하면 다카무레의 연구에는 이론 구성의 면에서도 실증의 면에서도 여전히 신중하게 접근해야 할 부분이 많다. 지금의 실증주의역사학에서 모계제는 확인되지 않았으며, 고대 가족의 양태에 대해서는 요시다 다카시(吉田孝), 세키구치 히로코(関口裕子, 1935~2002년), 요시에 아키코(義江明子) 같은 이가 제기한 양계제 설이 유력한 상황이다.

다카무레는 이처럼 시인→아나키스트→반체제(반가부장제) 여성해방론자→여성사가라는 길을 걸었으나, 전시체제 아래에서는 '대일본부인회'(총력전에 부응하여 1942년 조직)의 《일본 부인》에 전쟁에 협력하고 미화하는 여성사를 연재하는 '애국자'로 변신한다. 그리고 패전 후 재차 변신하여 또다시 이전의 '초서혼' 연구자로 되돌아간다. 초기 아나키스트 시절은 마르크스주의 이론도 공격하는 공상적 무정부주의였기 때문에 그이의 삶이 사상적으로도 너무나 불안정하여 신뢰하기 어렵다고 말할 지도 모른다.

그러나 모계제·초서혼 연구가 다카무레의 필생의 작업이었다는 점은 의심의 여지가 없으며, 사상의 불안정 정도로 그이가 이룩한 연구사적 의의를 부정하는 것은 잘못이다. 오늘날 활발한 여성사 연구(뒤에 다시 서술)도 다카무레의 여성해방에 대한 집념을 이어 가는 데서 출발했다고 해도 과언은 아닐 터이다. 여성사의 착안은 메이지 이래 전혀 없었던 것은 아니지만, 본격적인 여성사를 시도한 것은 다카무레한테서 비롯된다고 할 수 있을 것이다.

마르크스역사학이 본격적으로 발전하던 1920년대 후반 이후, 다카무레는 왜 더 적극적으로 그것을 배우려고 하지 않았는가 하는 의문이 들지도 모른다. 그러나 전술했듯이 원시·고대사회의 성격에 대한 비판적 연구는 아직 와타나베를 제외하면 전혀 없었다고 할 수밖에 없는 상황을 고려한다면, 다카무레의 연구가 이런저런 흔들림을 보였던 점도 나름대로 이해할 수 있다고 여겨진다.

| 참고문헌 |

平野義太郎, 《日本資本主義社会の機構》, 岩波書店, 1933년.

《山田盛太郎著作集》전5권·별권 1, 岩波書店, 1983~1985년.

《羽仁五郎歷史論著作集》전4권, 青木書店, 1967년.

《服部之總全集》전24권, 福村出版, 1973~1976년.

渡部義通, 《古代社会の構造》, 伊藤書店, 1948년.

《高群逸枝全集》전10권, 理論社, 1965~1967년.

鹿野正直·堀場清子, 《高群逸枝語錄》岩波現代文庫, 岩波書店, 2001년.

# 8
# 군국주의 광풍 하에서의 실증 연구

## 사회경제사학회와 역사학연구회

쇼와 전기는 한편으로 공황·우익 테러·전쟁·초국가주의·황국사관과 같은 어두운 이미지가 강하다. 그러나 다른 한편에서는 메이지 이래 유럽 학문과 문화의 섭취를 바탕으로 진전되어 온 일본의 학술이 다이쇼 데모크라시기를 거쳐 나름의 높은 수준에 도달했다. 그로부터 전시기(1937년 이후)에 학술 분야도 급속히 군부 지배와 익찬(翼贊) 정치에 굴복하게 되지만, 자국의 역사와 사회를 객관적으로 고찰하려는 자세가 완전히 상실된 것은 아니다.

쇼와 전기에 마르크스역사학은 방법을 연마하고 메이지유신사와 자본주의 발달사에 이론과 실증의 양면에서, 연대기적 실증 연구에서는 볼 수 없던 측면의 규명에 커다란 성과를 올리며 일본 근대의 사회·국가의 역사상을 제시했다. 그리고 마르크스역사학의 작업에 자극을 받으면서 다양한 관심에서 출발한 실증적 역사연구도 주변 분야에서 추진·축적되어 갔다.

그런 움직임은 이 시기 차례차례 새로운 역사학 관련 학회가 탄생한 데서도 나타난다. 역사 관련 학회로서는 앞서 본 대로 사학회(1889년 창립)가 최초이지만, 1908년 교토제국대학 사학과의 설립과 더불어 '사학연구회'가 만들어졌고 1916년부터 《사림》(史林)을 간행하게 되었다.

하지만 사학회와 사학연구회는 저마다 대학에 소속된 교수들만 임원이 되어 운영권을 장악하였기 때문에 대학 사학과의 기관이라는 성격을 지우기 어려웠다. 그래서 전국 각 대학이나 재야의 모든 연구자에게 평등하게 공개되지는 않았다.

그런 가운데 1899년 설립된 '일본역사지리연구회'(1899년에 기관지 《역사지리》 창간)는 기다 사다키치, 요시다 도고, 오모리 긴고로(大森金五郎, 1867~1937년), 아시다 고레토(蘆田伊人, 1877~1960년) 같은 이가 중심이 된 전국적인 민간 학회였다. 향토사 연구자의 참가도 불가능하지 않은 틀이어서 태평양전쟁이 치열해지기까지 82권(6개월 동안의 6호를 묶어 1권)의 월간 체제를 유지하여 지대한 역할을 했다. 그러다가 쇼와기가 되면서 눈에 두드러진 변화가 빚어지게 된다. '사회경제사학회'와 '역사학연구회'의 창설이다.

'사회경제사학회'는 1930년 12월에 창립총회를 열었다. 발기인에는 도쿄제국대학 서양사의 이마이 도시키(今井登志喜), 동양사의 가토 시게시(加藤繁), 같은 대학 경제학부 일본 경제사의 쓰치야 다카오와 혼이덴 요시오(本位田祥男), 교토제국대학 경제학부의 혼조 에이지로와 고쿠쇼 이와오(黒正巖), 같은 대학 법학부의 마키 겐지(牧建二), 도호쿠제국대학의 호리 쓰네오(堀経夫), 도쿄상과대학의 고다 시게토모(幸田成友)와 이가야 젠이치(猪谷善一), 오사카상과대학의 고토 시게루(五島茂), 와세다대학의 히라누마 요시오(平沼淑郎), 게이오의숙대학의 노무라 가네타로(野村兼太郎), 호세이대학(法政大学)의 오노 다케오(小野武夫), 주오대학의 다키카와 마사지로(瀧川政次郎), 메이지대학의 오사타케 다케키(尾

佐竹猛), 히코네고등상업학교의 간노 와타로(菅野和太郎), 요코하마고등상업학교의 도쿠마스 에이타로(德增栄太郎), 미쓰이문고(三井文庫)의 시바 겐타로(柴謙太郎), 그리고 다카하시 가메키치, 마키노 신노스케(牧野信之助) 등 50명에 이르는 학자들이 이름을 올렸다. 경제사·법제사·정치사 같은 분야의 전문 학자들을 망라했다고 할 만하다. 이른바 문학부 사학과에 몸담고 있던 이가 도쿄대학의 이마이와 가토 말고는 보이지 않는다는 것이 특징이다. 말하자면 사학과 출신 '역사학자' 이외의 사회 각 부문사의 대동단결 조직이다. 상임이사에는 히라누마, 오노, 혼이덴, 쓰치야, 이가야가 취임했다.

　설립 당초의 발언 가운데에는 "사회경제사는 황금시대를 맞이하고 있다" "신흥 사회경제사"와 같은 표현이 넘쳐나며, 각 대학의 횡적인 연계에 대한 기쁨, 쇼와 공황의 와중에서 사회가 학회에 큰 기대를 하고 있다(고 발기인들이 느끼고 있었다)는 것을 짐작케 한다. 그러나 주요 인물의 면면에서 알 수 있듯이 이 학회는 다소 잡다한 모임으로서 당시 등장했던 마르크스경제학·마르크스역사학 계열의 학자는 한 사람도 얼굴을 내밀지 않았다는 특징이 있다. 그것은 그런 입장에 선 사람들이 아카데미즘 안에 아직 존재하지 않았다는 것, 그런 사람들의 참가에 따른 관헌의 개입이 꺼려져서 배제했다는 것 등이 직접적인 이유일 것이다. 나아가 학회 스스로도 일찍이 국가사회주의적 경향이 강했던 사회정책학회(1896년 설립)와 친근성을 지니는 사람들도 끌어안아 '비마르크스주의 또는 반마르크스주의'적 성격을 내포했다는 점도 있을 것이다. 그래도 학회지《사회경제사학》은 게재 논문에 대해서 자유로운 입장과 연구 자세를 중시하며 폭 넓은 연구 발표의 장으로서 역할을 수행했다.

　사회경제사학회보다 두 해 늦은 1932년 12월에는 '역사학연구회'가 설립되어 이듬해부터 회지《역사학연구》(대표 미시마 하지메)가 나오기 시작했다. 이 모임도 특정 대학에 뿌리는 두지 않고, 도쿄의 젊은 역사 연구자의 수평적인 연구회인 '경오회'(庚午会)라는 소그룹에서 출발한 역사를 갖고 있다. 중심이 된 것은 도쿄제국대학의 일본사·동양사·서양사의 3분과제에 비판적이던 사람들이며, 대학의 틀을 넘어 좀 더 자유롭게 3과가 교류하면서 '과학적인 연구'를 통해 역사의 실체를 파헤친다는 느슨하지만 공통의 목표를 지녔다. 경오회 때부터 회원으로서 역사학연구회로 발전·창립하는 데 주력이 된 이는 미시마 하지메(三島一), 시다 후도마로(志田不動麿), 아키야마 겐조(秋山謙蔵), 엔도 모토오(遠藤元男), 노하라 시로(野原四郎), 가와사키 쓰네유키, 하타다 다카시(旗田巍), 마쓰다 히사오(松田寿男), 네즈 마사시(禰津正志), 스즈키 슌(鈴木俊) 등이다. 분위기로 보아서는 당시 기세를 올리고 있던 마르크스역사학에 공감하거나 관심을 가지면서도 '주의'로서 표방하지 않고 완전히 자유로우며, 힘을 얻고 있던 황국사관을 비롯한 국가주의적 경향에는 명확히 반대하는 성격을 띠었다.

그런 까닭에 역사학연구회는, 명칭대로 아카데미즘의 연합학회라는 성질을 강하게 띠는 사회경제사학회와는 달리 자유로운 연구회라는 기본적 성격을 띠었고, 그 안에는 아키야마 겐조(1903~1978년)처럼 전시 중에는 크게 우선회하는 사람도 합류했다.

그러나 패색이 짙어지던 무렵 관헌의 사상 탄압은 혹독함을 더하여 역사학연구회의 활동조차 곤란해짐에 따라 1944년 8월 활동을 중지할 수밖에 없었다. 회지도 121호로 정간되었다. 조직에 관헌이 직접 손을 댄 것은 아니었으나, 자유로운 조직이라고는 해도 회원 가운데에는 마르크스역사학의 입장을 분명히 했던 사람도 있었고 체포자도 나왔기 때문에 이런 조치도 불가피했다고 볼 수 있다.

이리하여 새로운 두 학회는 제각각 길을 걸어갔지만, 둘 다 새로운 회지를 정기적으로 간행하고 자유로운 발표를 중시했던 점은 역사학 분야의 학술 체제로서 쇼와 초기가 중요한 도약기였다는 사실을 보여 준다.

## 혼조 에이지로와 일본 경제사 연구

사회경제사가 활성화되는 데 일익을 담당한 학자로는 혼조 에이지로(本庄栄治郎, 1882~1973년)도 있다. 혼조는 우치다 긴조에게 사숙하여 교토제국대학 법과를 졸업하고 교토대학 교수를 지냈고, 《니시진연구》(西陣研究, 京都法学会, 1914년), 《도쿠가와 막부의 쌀값 조절》(德川幕府の米價調節, 弘文堂, 1924년)을 비롯하여 에도 시대 경제사에 관한 수많은 논저를 발표했다.

혼조의 학문은 독일 역사학파와 사회정책학파의 영향 아래 있어 마르크스경제학과 대치하는 성격을 띠었다. 일본 자본주의 발전에 뒤따른 사회 모순의 확대는 당시 사회정책에 대한 관심을 널리 환기했는데, 혼조도 그런 분위기 속에서 일본 경제사학에 대한 눈을 떠갔다. 혼조는 자본주의의 모순을 정책적으로 어떻게 회피해야 하는가에 대한 문제의식을 갖고 있었지만 자본주의를 어떻게 뛰어넘을 것인가는 관심이 없었다. 그런 의미에서 혼조의 경제사는 마르크스경제학이나 역사학에 대한 절호의 대항마로서 보수적 경제계와 학계로부터 환영받았고, 혼조의 사상을 따르는 수많은 연구자가 배출되었다. 에도 시대의 전매 제도를 연구한 호리에 야스조(堀江保蔵), 교통사 연구의 구로하 효지로(黒羽兵治郎), 오야마 시키타로(大山敷太郎), 백성잇키 연구의 고쿠쇼 이와오, 가부나카마(株仲間, 막부가 공인한 독점 상인조합 — 옮긴이) 연구의 미야모토 마타지(宮本又次) 같은 이가 대표적인 학자이다.

혼조 에이지로는 그 많은 연구자들을 결집하여 1929년 '경제사연구회'를 만들고 《경제사연구》를 발행했다. 또 1933년에는 고쿠쇼 이와오의 사재를 제공받아 교토에 일본경제사연구소를 설립하고 문하생들의 연구를 '일본경제사연구소 총서'로 차례로 세상에 내보냈고, 《일본 경제사 사전》(日本評論社, 1940년), 《일본 경제사 문헌》(문헌목록 계속 간행)을 발행하는 등 일본 경제사의 기초를 다지는 데도 공헌했다. 잡지《경제사연구》도 같은 그룹의 기관지였으나, 문호는 외부에도 개방되어 전전 일본 경제사 연구 발전의 일환으로서 역할을 다했다. 한편 미야모토 마타지는 전후 이 학파의 중심이 되어 오사카를 주된 연구 대상으로 경제사 연구를 정력적으로 추진하는 한편, 사쿠도 요타로(作道洋太郎), 히데무라 센조(秀村選三)를 비롯한 수많은 후계자를 길러 냈다.

### 주변 분야로부터 심화되는 역사 연구

이 시대에는 주변 여러 학문 분야에서 접근한 역사 연구도 높은 수준을 보이게 되었다. 사학과 출신의 역사학 연구자부터 보자면 법제사의 나카타 가오루나 경제사의 혼조 에이지로도 주변 분야로부터의 역사 연구이지만, 나카타는 법제사를, 혼조는 경제사를 본업으로 하는 넓은 의미에서 역사 전문가이다. 여기서 말하는 것은 그런 전문 연구자가 아니라, 저마다 자기 분야의 현상을 전공하는 연구자가 필요에 따라 역사를 연구한 경우이다. 여기서는 대표적인 두 학자를 살펴보기로 하자.

먼저 오노 다케오(小野武夫, 1883~1949년)이다. 오노는 오이타 현의 농촌에서 태어나 오이타현립농학교에서 공부했다. 여러 직업을 거쳐 1906년 도쿄제국대학 농학부 농장 견습생이 되어 1908년 농상무성 의 임시직인 고원(雇員)이 된다. 1913년부터 1918년까지 제국농회 촉탁, 사이판 섬에서의 창업 상태 조사, 면직물공업조합연합회의 촉탁 같은 불안정한 직업을 이어 갔다. 그 뒤 1924년 지방소작관 강습회의 강사로 활동하다 이듬해 마흔둘의 나이로 도쿄상과대학의 강사가 되었고, 1931년 호세이대학 교수가 되었다. 경력을 봐도 무엇이 전문인지 알기 어렵지만 학문적 관심은 점차 농촌·소작·토지제도 문제로 좁혀져 갔다.

오노의 초기 작업에는 《본방영구소작관행》(本邦永小作慣行, 1913년 발표, 1915년 간행), 《옛 사가 번의 농민 토지제도》(旧佐賀藩の農民土地制度, 農務局, 1922년; 뒤에 《旧佐賀藩の均田制度》에 수록), 《옛 가고시마 번의 가도와리 제도》(旧鹿児島藩の門割制度, 農商務省, 1922년, 가도와리는 몇 호(門, 가도) 별로 토지를 소유하게 함―옮긴이), 《영구소작론》(永小作論, 巖松堂書店, 1924년)이 있다. 차츰 시야를 넓혀 《고시 제도 연구》(鄕土制度の硏究, 大岡山書店, 1925년), 《일본 촌락사고》(日本村落史考, 刀江書院, 1926년), 《유신 농촌사회사론》(刀江書院, 1932년)을 냈고, 그 뒤로는 대표적인 것만 하더라도 《일본 병농사론》(日本兵農史論, 有斐閣, 1938년), 《일본 장원제사론》(有斐閣, 1943년) 등이 있으며, 토지제도사 연구에 큰 발자취를 남기게 된다. 또 지방서와 농서 수집에 힘을 써서 《근세지방경제사료》 10권(吉川弘文館, 1931~1932년, 복각판)도 간행했다.

이어지는 여러 작업이 궤도에 오른 기점은 당시 격심한 사회문제로 대두되던 지주소작제도에 대한 천착이다. 소작제도는 전국 곳곳마다 오랜 관습에 따라 복잡하고 다양한 모습을 띤다. 그런 구관습의 조사는 현실의 소작 문제와 관련해서도 빠트릴 수 없는 전제이다. 오노가 매달린 것은 일반적인 소작 관계와는 달리 '영구소작'이라 불리는 소작인 측의 권리가 강한 소작 관행이었다. 말하자면, 현실 문제를 해결하기 위해 필요에 따라 역사 문제로 거슬러 올라가는 식이다.

그런 연구는 실용주의적인 면이 있지만, 다른 한편에서는 현실에 직면하게 되기 때문에 아카데미즘의 학문적 흥미와는 다른 긴장감이 생긴다. 와리치(割地, 백성 간 수확량을 적정하게 유지하기 위한 토지 재분배―옮긴이) 제도 등도 같은 성질의 문제였다.

오노는 거기에서 출발하여 농민 특유의 강인한 끈기를 발휘하며 차츰 토지제도 전반으로 시선을 확대해 나갔다. 자신의 내면에서 솟아난 물음을 자신의 손발로 확인하면서 개척해 가는 모습은 그야말로 바람직한 연구자 본연의 모습일 것이다.

또 한 사람은 어업사를 연구한 하바라 유키치(羽原又吉, 1880~1969년)이다. 하바라도 오이타 현 출신으로 도쿄제국대학 이학부 동물학과 선과(選科)를 나왔다. 선과란 정규 코스를 거쳐 들어간 학생이 아니라 일종의 방계 코스이다. 수산생물학을 전공하고 수산강습소 촉탁을 거쳐 1912년 홋카이도청(北海道廳) 기사가 되었고, 그 뒤 수산시험장 조사부에서 일했다. 1918년 도쿄로 돌아와 수산강습소에 복귀했고, 1932년 수산강습소의 교수가 되었다. 전후 하바라는 이미 만년이었으나 사회경제사학회·역사학연구회 같은 학술 단체의 연구 활동에도 참가하면서 전인미답의 어업경제사 분야를 개척했다. 《일본 고대 어업경제사》(改造社, 1949년), 《일본 어업경제사》(전4권, 岩波書店, 1952~1955년), 《일본 근대 어업경제사》(전2권, 岩波書店, 1957년)는 그런 연구의 집대성이다.

현실 문제에서 출발해 필요에 의해 역사로 거슬러 올라가는 방식, 점차 관심을 넓혀 연구의 계통성을 높이고 전 시대에 걸친 역사 과정으로 시야를 확대해 가는 점도 오노와 겹친다.

오노 다케오와 하바라 유키치는 그런 의미에서 역사 연구를 향한 접근법의 한 형태를 제시하고 있다. 이러한 '주변 분야로부터의 역사 연구'의 역할도 눈여겨봐야 하겠다.

## 아루가 기자에몬의 농촌사회사와 후루시마 도시오의 농업사

'현상에서 역사로' 다가간 오노나 하바라의 경우와는 다르지만, 전문적 학문 분야의 이해와 시점을 역사 연구에 살려서 새로운 경지를 열어 나간 학자로서 빠뜨릴 수 없는 사람이 아루가 기자에몬(有賀喜左衛門, 1897~1979년)과 후루시마 도시오(古島敏雄, 1912~1995년)이다. 두 사람다 신슈(信州, 나가노 현 — 옮긴이) 출신으로 아루가는 도쿄제국대학 미학미술사학과, 후루시마는 농업경제학과를 나와 처음부터 연구자의 길을 걸었다.

아루가는 사회학의 대표적인 학자 가운데 한 사람으로 알려졌지만, 미학미술사학과 졸업은 다소 뜻밖이다. 아루가는 장년이 될 때까지 전임교수에 연연하지 않고 유유자적 놀이 삼아 연구를 했다고 할 정도로 유복한 환경에서 자랐고, 민속학에 대한 관심을 가져 야나기타 구니오를 접하면서 드디어 사회학을 자신의 거점으로 확립하게 된다. 처음 전임으로 도쿄교육대학의 교수가 된 것은 쉰을 넘긴 전후 1949년의 일이다.

그의 저작은 많기는 하지만 역사학과 가장 관계가 깊은 역작으로 《일본 가족제도와 소작제도》(日本家族制度と小作制度, 河合書房, 1943년)가 있다. 아루가의 관심도 지주제 하 소작인의 현실 상황에 쏠려 있었다. 다이쇼에서 쇼와 초년에 이르는 시기는 소작쟁의가 특히 격렬하여 지주의 토지 회수가 강행되고 농업 공황이 소작인 층의 생활을 무너뜨리는 가운데, 민속학이나 사회학에 뜻을 둔 젊은 연구자가 거기에 관심을 기울인 것은 당시로서는 당연한 일이라 하겠다. 아루가는 소작제도 아래에서 소작인의 양태가 다양하며 그것이 에도 시대 이후의 역사를 배경으로 한다는 데 주목하여, 지주에 대한 부역 부담과 신분적 예속이 가혹한 나고(名子) 소작(통상의 소작 — 옮긴이)부터 묘덴(名田) 소작(여분의 토지의 소작 — 옮긴이) · 싯치(質地) 소작(저당으로 잡힌 토지의 소작 — 옮긴이) 등을 사회학적 조사 기법과 문헌 사료의 양면에서 자세하게 파고들었다.

나아가 아루가의 관심은 일본 농촌의 가장 기본적인 모습을 밝히기 위해 마을의 모든 호(戶)에 대해 호별로 동족 관계나 지연 관계를 확인해 가면서 몇몇 사례를 바탕으로 '마을'(村)이라는 것이 계층적 · 신분적인 관계를 포함하는 이에(家)의 연합으로서 공동체를 이룬다는 실체를 그려 냈다.

아루가의 조사 연구는 철저했던 만큼 '마을'을 구성하는 '이에'의 양태에 대한 인식이 구체적인 동시에 논리적이며, 그의 입론은 개별 사례의 제시에 머무르지 않는 보편성을 지니고 있었다. 그것은 근세의 마을을 생각할 때뿐 아니라 중세 후기의 소손(総村, 백성의 자치적·지연적 공동 조직 — 옮긴이)의 성립, 또는 가마쿠라 시기의 촌락과 같은 문제를 사회조직의 기초에까지 파고들어 가서 생각하려 할 때 참으로 커다란 시사점을 안겨 준다. 그런 의미에서 아루가의 가족사와 촌락사는 학문적으로 오늘날에도 여전히 살아 있다.

주변 분야의 거인으로 또 한 사람 후루시마 도시오가 있다. 대학 졸업 후 정년까지 같은 대학의 연구실에서 작업을 할 수 있었다는 것은, 중간에 전시기의 고난이 있었다고는 해도 행복한 일이다. 후루시마는 그에 값할 만큼의 성과를 냈다.

첫 저작인 《요역노동제의 붕괴 과정》(徭役労働制の崩壊過程, 関島久雄와 공저, 育生社, 1938년)이 향리 이나(伊那)에 남아 있던 부역 부담형 소작제 문제였다는 것도 아루가와 연결되어 흥미롭지만, 전전 후루시마의 작업은 《근세 일본농업의 구조》(日本評論社, 1943년), 《일본 농학사 제1권》(日本評論社, 1946년), 《일본 농업기술사》(상·하권 각각 1947년과 1949년에 時潮社에서 출간) 등으로 패전 직후의 시기에 차례로 공간되어 갔다.

후루시마의 연구 기법은 구체적인 사료를 직접 세심하게 살피고 그 속에서 대상을 될 수 있으면 구체적으로 파악해 가는 실증주의역사학의 방법이었다. 《요역노동제의 붕괴 과정》과 《근세 일본농업의 구조》는 모두 이나의 향토 사료를 바탕으로 탄생했다. 뒤이은 유통사 연구 《신슈 주마의 연구》(信州中馬の研究, 伊藤書店, 1944년; 뒤에 제목을 고쳐 《江戸時代の商品流通と交通》로 1951년 お茶の水書房에서 출간)도 마찬가지다. 《일본 농학사》와 《일본 농업기술사》도 하나같이 자료를 자신의 눈으로 확인함으로써 통사적으로 구성되어 갔다. 당연한 일인지도 모르지만, 그것을 폭

넓고 정확하게 실행함으로써 인식의 안정성과 보편성을 성취했다.

전후 후루시마는 농지개혁에 가장 큰 관심을 쏟는 한편 지주소작 관계, 전통적인 소농 경영의 변화에 규정적인 영향을 지녔던 농촌의 상품 생산과 농가 경제를 주제로 많은 작업을 했다. 그리고 이어진 작업으로 메이지 이후 농업·농촌의 변화라는 문제와 씨름하며 언제나 분석을 게을리하지 않았다. 그런가 하면 모리타 시로(守田志郎), 니와 구니오(丹羽邦男)를 비롯한 뛰어난 전문가를 키워 내기도 했다.

이렇게 장기간에 걸쳐 주제를 설정하고 진행하는 후루시마의 연구는 정연한 계획성까지 갖춘 듯하다. 어떻게 보면 사료가 있는 대상에 대해 실증 분석적 연구를 실시했다고도 할 수 있지만, 실은 농업경제학의 학문적 틀을 바탕으로 자신의 과제를 설정하고 그에 따라 구체적인 사료를 추구했다고 봐야 한다. 이런 방식이 사료에 휘둘리는 연구와는 달리 후루시마의 계획적인 작업을 뒷받침했다고 여겨진다.

아루가 기자에몬과 후루시마 도시오의 작업은 성격은 다르지만 자신이 디디고 있는 학문(사회학과 농업경제학)의 틀과 이론의 바탕이 없으면 불가능했다. 일본의 역사학에는 '사료로부터 시작한다'는 '무사상의 실증주의'의 전통이 뿌리 깊지만, 두 사람의 훌륭한 작업 방식은 그에 대한 무언의 이의 제기인 듯하다.


### 전전·전시기 실증주의적 연구의 고도화

전전 쇼와기에 실증 연구는 모양새가 크게 바뀌어 전통적인 정치사 중심의 경향에 비해 주제가 다면화되고 내용도 비약적으로 고도화했다.

전전의 어느 시기보다 연구자도 많아지고 수준도 높아졌다. 전전·전시의 일본 사학계라면 황국사관이 풍미했다고 생각하기 쉽지만, 실제로는 또 다른 양상이 펼쳐지고 있었다.

그런 모습을 보여 주는 것이 태평양전쟁이 일어나기 바로 전인 1941년부터 잇달아 출판된 '우네비사학총서'(畝傍史学叢書)이다. 이 작업에 관해서는 쓰지 젠노스케를 살펴보면서 이미 언급했지만, 다루어진 테마를 하나하나 소개하면 이렇다. 모리스에 요시아키의 《중세의 사원과 예술》(中世の社寺と芸術), 다케우치 리조의 《사원장원 연구》(寺領莊園の硏究), 오쿠노 다카히로(奧野高広)의 《황실경제사 연구》(皇室御經濟史の硏究), 이에나가 사부로(家永三郎)의 《상대 불교사상사 연구》(上代佛教思想史硏究), 가사하라 가즈오(笠原一男)의 《진종교단 전개사》(真宗敎團開展史), 에비사와 아리미치(海老澤有道)의 《기독교사 연구》(切支丹史の硏究), 신조 쓰네조(新城常三)의 《센고쿠 시대의 교통》(戰國時代の交通), 아이다 니로(相田二郞)의 《중세의 세키쇼》(中世の關所), 호게쓰 게이고의 《중세 관개사 연구》(中世灌漑史の硏究), 모모 히로유키(桃裕行)의 《상대 학제의 연구》(上代学制の硏究), 사토 신이치(佐藤進一)의 《가마쿠라 막부의 소송제도 연구》(鎌倉幕府訴訟制度の硏究), 스즈키 다이잔(鈴木泰山)의 《선종의 지방적 발전》(禪宗の地方的發展) 등이다.

이 총서의 각 권에 공통적으로 실린 '서문'을 쓰지 젠노스케가 썼는데, "모두 각계의 첨단을 걷는 사람인 데다가 진지하고 실질적인 고찰이 넘쳐나니, 국사학 연구의 기초를 구축함이 마땅하다"고 말하고 있다. "진지하고 실질적"이라는 말은 권세를 떨치는 국체사관을 따르지 않는다는 뜻을 담고 있다.

이들 대부분은 쇼와 전기, 즉 아직 다이쇼로부터 이어지는 비교적 자유로운 공기 속에서 연구를 진행해 온 사람들이다. 어떤 주제를 보더라도 이것이 '1941년 11월'(태평양전쟁 개전 한 달 전)의 서문이 달린 일본사 연구총서라고는 믿기지 않을 정도이다. 여기에는 히라이즈미 기요시의 황국사관과 알맹이를 놓고 대항하려던 쓰지 젠노스케의 학문 정신이 배어

8장 | 군국주의 광풍 하에서의 실증 연구  133

나는 듯하다.

이 총서 말고도《일본역사 총서》(三笠書房),《일본역사학 대계》(日本評論社) 같은 시리즈가 기획되었다. 가와사키 쓰네유키의《일본 상대사》(三笠書房, 1940년), 나카무라 기치지(中村吉治)의《근세초기 농정사 연구》(岩波書店, 1938년), 이시이 다카시(石井孝)의《막말 무역사 연구》(幕末貿易史の硏究, 日本評論社, 1944년), 오노 고지(小野晃嗣, 小野均)의《일본 산업발달사 연구》(日本産業發達史の硏究, 至文堂, 1941년), 도요타 다케시(豊田武)의《중세 일본 상업사 연구》(中世日本商業史の硏究, 岩波書店, 1944년), 이마이 린타로의《일본 장원제론》(三笠書房, 1939년), 하라다 도모히코(原田伴彦)의《중세 도시 연구》(中世に於ける都市の硏究, 講談社, 1942년) 등은 연구사에서 지금도 광채를 발하고 있다.

교토 쪽 학자 가운데에서도 마키 겐지의《일본 봉건제도 성립사》(弘文堂, 1935년), 오바타 아쓰시(小葉田淳)의《일본 화폐유통사》(刀江書院, 1930년), 시미즈 미쓰오의《일본 중세의 촌락》(日本評論社, 1942년) 등을 비롯하여 그 분야에서 반드시 언급되는 성과들이 잇달아 세상에 나왔다.

그와 더불어 사료집 간행도 활발했다. 쓰지 젠노스케가 지도한《다이조인사사 잡사기》(大乘院寺社雜事記 전12권, 三敎書院, 1931~1936년),《다몬인 일기》(多聞院日記 전5권, 三敎書院, 1935~1939년)가 대표적인 작업이다. 쓰지는 젊은 연구자들의 성과를 세상에 내놓는 데 애썼을 뿐 아니라 사료 공개에도 마음을 썼다. 그 밖에 지역에 관한 것으로서 세키 야스시(関靖)는 전전 연구를 바탕으로 전후에《가나자와문고 고문서》전12권(1951~1958년)을 간행했다. 오이타의 다키타 마나부(田北学)도 전전부터《편년 오토모 사료》(編年大友史料)에 매달려 전후에 증보정정판 33권(사각본, 1962~1973년)을 완성했다. 헤키 겐(日置謙)은《가가 번(加賀藩) 사료》전18권(侯爵前田家 編輯部, 1929~1958년)을, 이하 후유 · 히가온나 간준(東恩納寬惇) 등은《류큐 사료 총서》5책(名取書店, 1940~1942

년)을 냈다. 또 특정 분야의 사료집으로는 《이국총서》(異國叢書 13책, 聚芳閣·駿南社, 1927~1931년)와 사이구사 히로토(三枝博音)의 《일본 과학 고전 전서》(전15권 예정으로 10권까지 간행, 朝日新聞社, 1942~1949년) 등이 먼저 떠오른다.

사료집 간행은 그뿐 아니다. 거슬러 올라가면 다이쇼기에는 요시노 사쿠조가 주재한 메이지문화연구회 그룹의 노력에 따른 《메이지문화 전집》 24권(日本評論社, 1927~1930년), 쇼와에 들어와서는 오우치 효에와 쓰치야 다카오의 노력에 의한 《메이지 전기 재정경제 사료집성》 21권(大藏省, 1931~1936년) 같은 메이지기 연구의 기초 사료집이 발간되었다. 이런 성과는 근대에 대한 연구도 드디어 본격화했다는 것을 의미한다.

이런 점에서 전시체제에 굴하지 않았던 실증주의역사학의 연구 역량이 훌륭하게 나타난다는 점은 그냥 지나칠 수 없을 것이다.


## 아이다 니로의 고문서학

전전 사료편찬소를 중심으로 다채로운 실증 연구가 진전되는 데 중요한 전제 하나가 고문서학의 심화이다.

고문서는 일본사 연구에서 가장 사료 가치가 높은 문자 자료이다. 발신인(발급자)과 수취인(수령자)이 상호 관계로서 성립되는 만큼 개인의 일기(기록) 같은 일방적인 기술 자료보다 객관성이 높다고 생각된다.

고문서 수집과 연구는 미토 번의 《대일본사》 편찬이나 메이지의 수사 사업 속에서 활발하게 추진되었지만, 그를 바탕으로 '고문서학'이라는 하나의 학문 체계를 만들고자 한 사람이 구로이타 가쓰미(黒板勝美, 1874~1946년)였다. 구로이타는 대학의 국사과와 사료편찬계 강의에서 해마다 고문서학을 다루는 동시에 《쇼소인 문서》(正倉院文書), 《고야산

문서》(高野山文書)와 같은《대일본고문서》 편찬에도 관여했다. 당시 고대와 중세의 각종 고문서 실물을 널리 다룰 수 있는 조건을 갖춘 곳은 사료편찬계 말고는 달리 없었다. 소장자와 취급자(연구자) 사이의 신뢰 관계는 국가의 수사 사업이라는 권위에 의해 가장 손쉽게 성립되었다. 형상·용지·필적·수결·인장·서찰예법·양식 같은 고문서 연구의 첫걸음부터 모든 게 문서를 실물로 손에 놓고 보는 데서 시작된다.

그런 사정으로 고문서학 연구는 거의 필연적으로 사료편찬계나 교토제국대학 국사연구실 같은 중추 연구기관의 독점 상태가 유지될 수밖에 없다. 따라서 그런 지위에 있는 연구자는 연구 성과를 학계와 사회를 향해 널리 알릴 책임이 요구된다.

구로이타는 고문서학 연구를 자신의 본령으로 삼았고 의욕적으로 그 일에 몰두했다. 그러나 문부성의 사적, 명승, 천연기념물 보호 작업을 비롯하여 여러 방면으로 너무 바빴던 탓에 직접 그것을 정리된 형태로 공간하는 게 쉽지 않았다. 구로이타의 저작 논집인《교신문집》(虛心文集 전8권, 吉川弘文館, 1939~1941년)의 제5권에는 〈고문서학 개론〉이 수록되어 있는데, 이것도 구로이타의 연구를 이은 아이다 니로가 손수 수강자들의 노트를 종합하여 만든 것이라고 한다.

아이다 니로(相田二郎, 1897~1945년)는 1923년 도쿄제국대학을 졸업한 뒤 사료편찬계에 들어가《대일본고문서》편찬에 종사함과 동시에 구로이타와 가장 가까운 위치에서 고문서학의 체계화에 힘썼다. 전전의《이와나미강좌 일본역사》에 실린 〈고문서〉는 그 도달점 가운데 하나를 제시한 것이다. 나아가 양식론을 중심으로 하는 고문서의 수집 조사 연구, 인장 연구 등을 폭넓게 섭렵하여《일본의 고문서》(日本の古文書, 상·하권 각각 1949년과 1954년, 岩波書店)를 간행했다. 고문서 연구의 학문적 체계화가 바로 아이다 니로의 노력에 의해 하나의 완성을 이룬 셈이다.

그 밖에도 아이다는 오다와라(小田原) 출신인 인연도 있어 가나가와 현내의 중세 문서를 샅샅이 탐방하고 조사하여《신편 소슈고문서》(제1집, 神奈川県 郷土研究会, 1944년; 角川書店, 1980년. 소슈相州는 가나가와의 옛 명칭 ― 옮긴이)을 편집·간행했고, 호조(北条)·이마가와(今川) 등의 사료를 다수 포함하는《시즈오카 현 사료》(전5집, 1931~1941년)의 편찬을 지도하는 등, 학계에 길이 남을 갖가지 업적을 남겼다.

아이다는 전쟁 말기에 쉰을 앞두고 세상을 떴지만 그 학통은 사토 신이치(佐藤進一)에게 이어졌다. 사토는 아이다의 업적을 바탕으로 양식론에서는 다루지 못했던 고문서의 기능론적 연구를 심화함으로써 고문서 연구를 제도사나 정치사 연구에 결합시키는 독창적인 경지를 열어 갔다. 이 방면 사토의 주요 저작인《고문서학 입문》(法政大学出版会, 1971년)은 학계의 공유재산과 같은 지위를 갖고 지금도 널리 읽히고 활용되고 있다.

| 참고문헌 |

社会經濟史学会 편,《社会經濟史学会五十年の歩み―五十年史と回顧·総目録》, 有斐閣, 1984년.

歴史学研究会 편,《歴研半世紀のあゆみ――九三二～一九八二―》, 青木書店, 1982년.

《本庄栄治郎著作集》전10권, 清文堂出版, 1971~1973년.

《有賀喜左衛門著作集》전11권, 未来社, 1966~1971년.

《古島敏雄著作集》전10권, 東京大学出版会, 1974~1983년.

《川島庸之歴史著作選集》전3권, 東京大学出版会, 1982년.

《相田二郎著作集》전3권, 名著出版, 1976~1978년.

# 9
# 전쟁과 초국가주의 역사관

### '근대 천황제 국가'와 역사학

'근대 천황제 국가'는 1885년의 내각제도를 기점으로 1889년의 대일본제국헌법 발포, 1890년의 제국의회 개설로써 형식상 입헌제를 갖추며 스스로를 확립했다. 그러나 정관계의 인사 임면권과 군 통수권을 비롯한 국가주권은 천황에게 집중·귀속되는 모양새였다. '천황의 신성함'과 만세일계의 천황을 받드는 '국체의 우위성'은 누구도 넘볼 수 없는 국가 원리이자 가치로 강조되었다. 그 틀 위에 치안경찰법(1900년 옛 법 개정 형태로 성립)·치안유지법(1925년)·군기보호법(1899년 제정되어 1937년에 대폭 개정) 등 국민의 인권·사상·신앙의 자유가 엄격하게 제한되는 체제가 특고(特高, 사상범 전담 경찰 ― 옮긴이)와 헌병으로 대표되는 국가적 '폭력'에 의해 유지되기에 이른다. 그것은 국내 체제에만 머무르지 않았고 청일전쟁과 러일전쟁 이후 제국주의 식민 지배에서도 불가결한 조건이었다.

일본이라는 '근대국가'가 그런 특수한 성격을 띠었던 것은 역사학, 특히 일본사 연구의 양태에 결정적인 영향을 끼쳤다. 앞서 봤듯이 구메 구니타케 사건 때 국학-신토파는 "군사와 황실의 일은 국가의 가장 중요한 비사(秘事)이다"라거나 "학자라는 자, 그런 비사를 건드려서는 안 된다"고 노골적으로 주장했는데, 그것이야말로 천황제 아래 일본사 연구의 방향 중 하나를 상징적으로 보여 준다.

두말할 필요도 없이 역사적 사실을 객관적으로 규명하는 일을 과제로 삼는 학문으로서는 자살행위에 진배없지만, 패전에 이르기까지 사실상 국가의 자세가 되었다. 단적으로 말해 전전의 일본 근현대사 연구가 마르크스역사학 분야 말고는 대개 연구자도 적고 쇠락해지는 것도 그런 형편과 연관된다. 앞서 '우네비사학총서'에 근대사에 관한 연구가 하나도 들어 있지 않은 것도 그런 증거이다. 특히 천황·황실·천황제에 관한 사안과 군사사, 경찰사, 식민 지배에 관한 역사 연구는 거의 봉인된 '비사'(성역)로 여겨졌다. 거칠게 표현하면 국가권력과 국정의 양상에 대해 객관적으로 연구할 자유는 없었던 것이다.

학문은 어느 분야도 그렇지만, 문제를 객관적으로 파악하기 위해서는 대상을 상대화하고 특정의 가치 평가로부터 자유롭게 사물을 보는 것이 보장되어야 한다. 특히 역사학은 지배와 피지배, 국권과 인권, 자국과 타국 등 필연적으로 갖가지 대항과 모순 관계를 지니는 현실과 추이를 대상으로 삼을 수밖에 없으므로 더욱 그러하다.

이 말은 역사의 관점이 '중립적'이라든가 '공평'해야 한다든가 등의 사안과는 다르다. 역사를 보는 사람은 일정한 가치판단을 할 수밖에 없다. 역사를 연구하고 서술하자면 불가피하게 가치판단에 바탕을 두고 사료와 사실을 선택하므로, 그런 판단과 인식을 다양하게 하고 제기할 수 있는 자유가 보장됨으로써 역사인식의 객관성이 확보되는 것이다.

그런데 전전의 국가는 자신의 모습을 긍정해 주는 사람에게만 존재를 허용하려고 했다. 마음에 들지 않는 연구를 미리 억제하고 그런 연구가 나타나면 곧 탄압했다.

　그런 조건 아래에서 국가의 억압을 받지 않는 연구란 권력과 국가로부터 가능한 한 거리를 두는 것일 테다. 전전 실증주의역사학의 연구에는 그런 배려에서 주제 설정이 이루어진 사례도 적지 않다.

　물론 역사 연구는 소재가 되는 어떤 사실도 일정한 의미를 지니기 때문에 나름대로 존중되어야 한다. 그런 역사의 언저리에 있는 미미한 사실의 규명과 그 축적 위에 처음으로 기본적인 역사인식과 역사상의 구축도 가능해진다. 그런가 하면 실증주의역사학은 권력·국가·정치로부터 거리를 두고 언저리의 무풍지대에 몸을 둠으로써 자기 학문의 책임을 상실할 위험도 있다.

　무엇을 위한 개별 연구인가, 무엇을 위한 고증인가 하는 역사학의 자성적 회의는 1890년대를 전후하여 실증주의역사학이 성립된 이래 끊임없이 던져졌다.

　사학사에서 그런 자성과 회의는 여러 입장에서 제기되었다. 하라 가쓰로나 우치다 긴조, 니시다 나오지로도 각자의 입장에서 자신의 학문 양상을 되물었다. 하니 고로를 비롯한 마르크스역사학은 특히 실증주의역사학에 대한 준엄한 비판을 자신의 학문을 단련하기 위해서도 거듭 시도해 왔다.

　그 점서 보면 쇼와에 들어와서 황국사관도 마찬가지이다. 방향은 다르지만 역사 연구를 '지금'으로 잇기보다 '지금'의 시점에서 역사에 무엇을 찾아낼 것인가 하는 나름의 책임 의식과 실천 의식을 지니고 있었다.

　그런 학문적 책임 의식이 어떤 방향으로 나아가는가 하는 것은 사상과 이론의 문제이다. 마르크스역사학과 황국사관은 그 대극에 있다. 논자 중에는 양자의 유사성을 지적하는 관점도 있다. 즉 실증주의역사학의 탈현대성에 불만을 품고 역사와 현대의 연결을 강하게 의식한다는 양자의 공통점을 형식적으로만 파악하여, 둘 다 주관이나 특정의 가치에 기우는 독선성을 갖는다는 것이다. 하지만 그것은 옳지 않다. 전자가 역사인식의 객관성과 이론성을 높임으로써 현대·미래로의 진로의 전망을 과제로서 의식했던 데 비해 후자는 현실에 대한 작용을 역사의 '이야기'화를 통해 국민의 마음을 직접 유도하여 효과를 얻으려고 한다. 물론 이 차이는 절대적이고 확정적이라고 장담하기 어렵지만, 둘 사이의 본질적인 차이를 무시하는 것은 오류이며 그 자체가 사실 인식을 왜곡시킬 것이다.

### 히라이즈미 기요시의 황국사관

'무사상'과 '탈정치'의 실증주의역사학에 대한 비판과 불만은 애초 하니 고로와 히라이즈미 기요시(平泉澄, 1895~1984년) 모두 공유하고 있었다. 히라이즈미가 도쿄제국대학 국사학과를 졸업한 것은 1918년이고 하니는 1927년에 졸업했다. 나이 차가 여섯 살인데, 앞서 보았듯이 하니가 독일 유학 중에 번역한 크로체의 《역사서술의 이론과 역사》가 발간되었을 때(1926년) 이미 조교수였던 히라이즈미는 펜을 들어 《사학잡지》(제37편 12호)에 이를 소개했고, "이제 학우 하니 군에 의해 번역 출판되는 것을 보고 기쁨을 금치 못하겠다"고 절찬했다. 랑케식 개별 사실의 고증과 연대기적 정치·외교사로 일관하는 실증주의역사학을 비판하여 크로체가 그것이 '옳기는 해도 참일 수는 없다'고 하며 역사인식과 서술의 '사상성'과 '현대성'을 중시한 점에 공감했던 것이다. 그 점에서만 보자면 하니와 히라이즈미는 서로 통하는 바가 있었다.

하지만 그러던 히라이즈미가 그 후 크로체의 합리주의와는 다른 세계의 비합리주의·정신주의자로 나아간 데 대한 해석은 둘로 나뉜다. 하나는 히라이즈미가 어떤 시점에서 선회 또는 전향했다고 볼 것인가, 본디 그런 사상의 소유자였다고 볼 것인가 하는 점이다.

선회나 전향이 있었다고 보는 설에서는 히라이즈미가 1922년에 쓴《중세의 사원과 사회의 관계》(至文堂, 1926년)에 주목한다. 일본 중세 사회의 구성을 공가(公家)·무가(武家) 외에 사원의 입장에서 파악하고 사원이 사회적·경제적으로도 세속 권력에서 독립한 자율적 공간을 형성했다는 점을 밝히는 등, 신선하고 중세의 보편적인 특징을 파고든 관점이라고 평가한다. 히라이즈미는 그 작업 이후 변질, 선회되었다는 것이다.

반면에 그런 그의 작업은 어디까지나 표면적이며 히라이즈미는 젊었을 때부터 우익적·천황주의적 사상을 지녔음에 틀림없다고 보는 견해도 있다. 즉 이미 1920년 도쿄제국대학에서 모리토 다쓰오(森戶辰男)의 〈크로포트킨의 사회사상 연구〉에 맞서던 '흥국동지회'(興國同志會, 법학부 교수 우에스기 신키치上杉愼吉가 신인회에 대항하기 위해 조직했고 모리토 배격의 중심이 되었다)에 미노다 무네키(蓑田胸喜) 등과 함께 동조했다는 것이다.

종래 히라이즈미는 1930년부터 1931년까지 유럽에서 유학한 뒤 귀국과 동시에 급선회했다는 게 일반적 설명이었다. 사실 그의 선회 선언서라 할 수 있는《국사학의 정수》(至文堂)가 1932년이고《건국 중흥의 본뜻》(至文堂)가 1934년이므로, 그 무렵부터 천황주의자로서 깃발을 선명히 한 것은 확실하다. 바로 그 무렵이 노로 에이타로, 하니 고로, 핫토리 시소 등을 중심으로 마르크스역사학이 급성장하던 때였고, 아카데미즘 실증주의역사학파의 '무기력'과 '무사상'에 대한 분개와 마르크스역사학에 대한 대항의식이 히라이즈미의 위기감을 높였기에, 본디 지니고 있던 우익적 사상을 과격하게 끌어올린 것은 아니었을까?

이 선회로 히라이즈미의 우익적 행동은 선명해졌다. 대학 안에 주광회(朱光會, 1932년)를 만드는 동시에 학문 바깥 조직으로 청청숙(靑々塾)을 열어 '동지' 육성에 힘을 쏟았다. 육해군과 궁정 인맥에 접근하거나 '겐무(建武) 중흥 600년'이라는 전국 캠페인 강연 행보에도 나섰다. 이 무렵이 되면 더 이상 연구 작업은 나오지 않았으며, 국사학과뿐 아니라 학내 어디에도 히라이즈미를 학자로 보는 사람은 거의 없었다고 한다. 쓰고 말하는 데 신토와 유학은 같다는 스이카신토(垂加神道), 존왕론에 강한 영향을 준 야마자키 안자이(山崎闇齋), 미토학 국체론자인 아이자와 야스시(会沢安, 正志齋), 히타치(常陸, 이바라키 현 — 옮긴이) 출신의 양이파(攘夷派) 지사 사쿠라 아즈마오(佐久良東雄) 등을 미화했다. 그런 인물의 사상과 행동을 주관적이고 찬미적인 문체로 얘기함으로써 그들과 일체화되는 자기도취에 빠졌고, 일부 젊은이들의 마음을 뒤흔들었다.

주광회의 강령은 "우리는 천황 중심주의를 신봉한다" "우리는 건국 정신을 바탕으로 일본의 건설을 기약한다" "우리는 대일본 정신을 천하에 선포할 것을 다짐한다" 등이다. 문자 그대로 천황제와 제국주의 이데올로기 집단 외에 아무 것도 아니다.

전쟁 중의 히라이즈미와 군부의 결탁은 전시기 역사의 중요한 일면이지만 여기에서는 이쯤에서 그치고자 한다. 히라이즈미를 직접 알지 못하는 전후 세대의 중세사 연구자 가운데에는 《중세의 사원과 사회의 관계》만을 거론하며 아질(Asyl, 범죄자의 피난처 — 옮긴이)이나 좌(座, 상공업자의 조합 — 옮긴이)를 둘러싼 발언을 칭송하는 시각도 있지만, 한 연구자가 어떻게 이런 급변을 이루는가를 히라이즈미 자신의 학문에 비춰 생각해 볼 필요가 있다. 히라이즈미의 심중에 잠재해 있던 그런 불안정함과 억지스러움을 사학사적으로 또는 역사가의 사회적 책임 문제로서 어떻게 받아들여야 좋은지 우리 자신의 문제로서도 생각해 볼 필요가 있을 것이다.

## 쓰다 소우키치의 수난

1940년 2월 '기원(紀元) 2600년'의 '축전'(11월)을 맞이하는 전야의

칼부림처럼, 당국은 쓰다 소우키치의 《신대사 연구》(神代史の研究, 1924년), 《고사기와 일본서기 연구》(古事記及日本書紀の研究, 1924년), 《일본 상대사 연구》(1930년), 《상대 일본의 사회와 사상》(上代日本の社會及び思想, 1933년)의 네 권에 대해 출판법 위반으로 발매금지 처분을 내렸다.

이유는 출판법 제26조 "황실의 존엄을 모독한" 혐의였다. 쓰다는 책을 출판한 이와나미서점 사장 이와나미 시게오(岩波茂雄, 1881~1946년)와 함께 기소되어 1942년 5월 1심 판결에서 금고 3개월에 집행유예 2년, 이와나미서점은 금고 2개월에 집행유예 2년의 형을 선고받았다(항소심에서 1944년 11월 시효·면소).

사태는 전해 말부터 미노다 무네키 등이 쓰다를 불경죄로 고발하고 탄핵 운동을 일으킨 것을 당국이 교묘하게 활용한 데서 벌어졌다. 미노다는 1925년 미쓰이 고시(三井甲之), 사토 쓰지(佐藤通次) 등과 함께 '원리일본사'(原理日本社)를 조직했던 초국가주의자이며, 교토제국대학의 다키카와 유키토키(瀧川幸辰) 사건(1933년)이나 천황기관설의 미노베 다쓰키치(美濃部達吉) 사건(1935년)에 기폭제 역할을 한 인물이다. 여기서도 미노다는 자신의 기관지 《원리일본》의 임시 증간호에 "황기 2600년 봉축 직전에 학계 공전의 불상사! 쓰다 소우키치 씨의 대역사상(大逆思想)"이라는 표지 머리기사를 달아 "신대사·상대사 말살론 비판"을 전개했다.

쓰다의 저서 네 권은 간행된 지 이미 긴 세월이 흘렀음에도, 시대 상황이 순식간에 미노다 등의 움직임에 가세하자 1940년 1월 쓰다는 1920년 이래 근무하던 와세다대학 교수직을 사임하지 않을 수 없게 되었다.

쓰다의 일련의 연구는 일관되게 기기 신화가 황실의 기원 신화이지 민족의 기원을 말하는 것은 아니며, 황실의 기원 신화라고 해도 사실(史實)이 아니라 어디까지나 관념상의 존재이며, 그런 관념이 형성된 시대 사람들의 사상이라는 것 등을 주장했다. 따라서 미노다 등이 공격한 것처럼 쓰다는 '신대사'나 고대사를 말살하려는 것이 당연히 아니었으며, 신화로 한정해도 말살 같은 것은 생각도 한 바 없다. 고대 귀족의 관념이 만들어 낸 사상을 탐구하는 사료로서 활용하려던 것이 연구의 지향점이었다.

그러나 천황주의·국체사학 부류 사람들의 논리는 신화를 사실로 봄으로써 '국체'의 신성성이나 정통성 또는 영원성의 징표로 삼으려는 것이었기에 도저히 쓰다를 용서할 수 없었던 것이다.

쓰다 소우키치는 전후에 학문상의 비극적인 영웅으로 신격화되어 그의 학문 전체가 무조건 존경을 받게 되었다. 분명히 쓰다는 기기의 문헌 비판에서 멈추지 않고 일본과 중국이라는 국가와 민족의 사상사를 정력적으로 파고들어 차례로 중요한 작업을 이루었다.

《지나 사상과 일본》(1938년)에서는 일본의 생활·문화·사상이 중국과 역사적으로 얼마나 다른가를 역설했다. 일본은 중국에서 율령을 비롯하여 발달된 문화를 수용했지만, 그것은 극히 표면적이거나 상층 계급만의 일이지 민중의 생활문화에서는 중국과 거의 섞이지 않아 별개라고 말한 바 있다.

이 책은 당시 일본 제국주의의 논리로서 '동양'의 일체성='대동아' 일체론이 이데올로기적으로 고취되기 시작하던 와중이기에 그에 대한 비판으로서 중요한 의미를 지니고 있었다. 그러나 쓰다의 주장에도 불구하고 일본과 중국 사이의 문화적 교섭이나 일본이 중국 문명으로부터 받은 영향은 훨씬 뿌리가 깊지 않은가. 쓰다가 기기 신화를 황실·귀족의 사상이며 민족의 기원이나 사상과 관계가 없다고 했던 것과 마찬가지로 여기서도 이 둘을 아예 따로 떼는 논법이다.

그러나 만약 쓰다가 중세와 근세 역사의 실체에 대해 구체적으로 생각했다면, 중국의 법과 제도를 이어받은 율령제 이래의 정치적 제도와 질서가 갖는 중요성, 불교나 화폐 문제 등 어떤 대상을 놓고 보더라도 중국 문명의 영향이 일본 사회의 표층에서 그칠 정도는 아니었다는 점은 명확하다.

쓰다가 심정적으로 집정(執政)하지 않는 천황의 상을 적극적으로 긍정했다는 것은 전후에 쓴 논설 종류를 보면 명백히 드러난다. 그것은 전후의 변심이 아니라 젊은 시절부터 일관된 것이다. 쓰다는 역사는 변화와 발전을 추구하는 학문이라고 했으나, 학문적 실천으로서는 "민족 생활의 발전을 있는 그대로 구체적으로 다룬다"는 방법을 취했고, '개념'이나 '법칙'을 정립하려 한다는 이유에서 마르크스역사학을 거부했다. 그뿐 아니라 민속학에도 부정적이었다. 쓰다는 스스로의 사고에서 기기를 낳은 고대사회와 고대국가, 그 이후 각 시기의 사회와 국가를 구조적으로 파악하는 길을 막음으로써 그의 학문은 천황주의자의 공격에 맞서 싸울 내재적인 역사 이론을 결여한 것이 아닌가 하는 생각이 든다.

### 문부성의 《국사개설》

히라이즈미 기요시의 황국사관이 분명하게 제시된 저작은 1932년에 출간된 《국사학의 정수》였다. 이 무렵부터 히라이즈미의 저작 활동은 더 이상 연구가 아니라 천황주의를 심정적으로 격렬하게 호소하는 것이었고, 그에 근거한 '포교' 활동이었다. 나아가 국가권력 중추에 끼어드는 모습으로서 정치 활동이라는 성격이 짙다.

1935년 정부에 '교학쇄신평의회'가 설치되자 히라이즈미 기요시는 야마다 요시오(山田孝雄), 니시 신이치로(西晋一郎), 기히라 다다요시(紀平正美) 그리고 군부의 대표 격인 스기야마 하지메(杉山元) 등과 함께 멤버가 되었다. 하나같이 대표적인 일본정신주의자이며, "국체 관념, 일본정신을 근본으로 삼아 학문과 교육의 방도를 강구한다"고 표방했던 데서 교육은 물론 학문마저 영향력과 통제 아래 두고자 했던 것을 알 수 있다.

그 연장선에서 1937년 문부성 사상국은 《국체의 본의》(国体の本義)를

만들어 교육 현장 구석구석까지 대량으로 배포했다. 나아가 1943년 문부성은 《국사개설》(상·하)을 직접 만들어 '정사'(正史)를 국민에게 널리 강요했다.

'국체'라는 말은 메이지 때부터 쓰였으나 완전히 통일된 내용은 아니었다. 《국체의 본의》 제1장은 '대일본국체'로서 '조국'(肇國) '성덕' '신덕' '화와 참'(和とまこと)이라는 네 가지를 들고 있다. 그리고 이어 '국사에서 국체를 명백하게 드러냄'이라는 제2장이 나온다. 신성함을 지닌 천황의 만세일계 통치, 천황의 절대적인 군덕, 신민의 '승조필근'(承詔必謹, 절대적 복종)과 같은 것이 핵심이며, 일본사를 그런 국체 정신이 체현되는 궤적으로 파악하고자 했다.

《국사개설》의 편집·간행 경위에 대해 문부성 교학관 오누마 나미오(小沼洋夫)가 기술한 바에 따르면, 1941년 5월에 결정된 '국사개설 편찬요항'에는 이렇게 정리되어 있다.

첫째, 조국의 유래를 밝히며 국체의 본의를 선명히 하고 국사를 관통하는 국민정신의 진수를 파악하게 할 것,
둘째, 우리 나라 문화의 발전 상태를 상세히 함으로써 세계 속에서 우리 나라의 역사적 사명을 명확히 할 것,
셋째, 여러 역사적 사건과 현상을 종합하면서 각 시대의 특색을 밝힘으로써 국운이 나아가는 양상을 선명히 하여 현대와의 관련을 명확하게 할 것,

첫째는 국체를 체현하는 일본의 우월성, 둘째는 그것을 전제로 한 '역사적 사명'(제국주의적 아시아 지배)의 긍정이 되며, 셋째는 '무사상' 실증주의역사학의 거부가 된다. 《국사개설》은 "50명에 이르는 학계, 교육계, 관계 방면의 여러 권위자의 의견을 받아" 작성되었다고 내세움으로써, 이것이야말로 유일하게 올바른 일본사라는 독선적 발상에 위에 서 있다.

과거 구메 구니타케 사건, 남북조 정윤론 사건, 쓰다 소우키치 사건 등은 국가적 입장에서 학자의 학설을 비판하고 탄압한 것이었지만, 여기까지 오면 학문상 학설의 존재 그 자체가 완전히 말살될 지경에 이른다. 이런 독선은 《국사개설》의 형태 문제인 동시에 자국 중심으로 자국 역사와 문화의 우월함, 아시아 이웃 나라·지역·민족 지배의 긍정 같은 역사인식의 독선과도 통한다. 여기서 황국사관은 국내적 천황주의에 그치지 않고 제국주의와 파시즘의 이데올로기로서 성격을 드러내는 것이다. 여기서 말하는 '파시즘'이란 황국사관이 "민주주의·무정부주의·공산주의 등 (……) 궁극적으로는 모든 서양 근대사상의 밑바탕을 이루는 개인주의에 기초한 것"을 깡그리 부정하려는 의도를 지니고 역사에서 민중의 주체성과 역할을 무시해 버리는 것이다.

그러는 사이 교토제국대학에서 유럽 '문화사학'의 승계를 외쳤던 니시다 나오지로도 급변하여 황국사관에 동화된다. 전쟁 체제 속에서 니시다의 '문화사학'은 아무런 고민도 보이지 않았으며 국수적 '일본정신사'로 선회했고, 니시다 자신도 "국체와 국민정신의 원리를 선명히 하고" "마르크스주의에 대항하기에 충분한 이론 체계"의 건설을 지향하여, 1932년 문부성이 직할기관으로 창설한 '국민정신문화연구소 소원(所員)'을 겸임했으며, '2600년' 봉축 사업의 중심이 되어 초국가주의 이데올로그로서 역할을 수행했다.

국가총동원체제가 강화되는 와중에서도 '무사상'의 실증주의역사학은 황국사관과 명확히 구분 지으려는 자세를 거의 바꾸지 않았던 데 비해, 그것에 비판적인 생각을 갖고 '현대'로부터 역사를 되짚으려고 했던 역사가가 히라이즈미와 니시다였다는 사실은, 사학사 속에서 역사학의 존재를 생각하려 할 때 특히 눈여겨봐야 할 중요한 문제일 것이다.

## 일본 낭만파와 니시다 역사철학 그룹

황국사관과는 다르지만 전시체제 아래에서 특히 학생층에 영향력을 미친 일본 낭만파 그룹과 니시다(西田) 철학 그룹에 대해서도 사학사와 관련되는 부분을 언급할 필요가 있다. 이 둘은 계보상으로는 별개이지만 전자는 '반근대'라는 형태로, 후자는 서구적 근대를 넘어서는 새로운 세계사적 입장이라는 논법으로서 공히 전쟁을 긍정하는 행보로 내달았고 역사학의 과학적 사고를 왜곡하는 역할을 수행했다.

일본 낭만파는 원래 1930년대에 성립된 일본문학 그룹이다. 그 중심이나 주변에 있던 작가나 평론가로서 야스다 요주로(保田与重郎), 가메이 가쓰이치로(龜井勝一郎), 아사노 아키라(浅野晃), 나카가와 요이치(中河与一) 같은 이름을 들으면 기억이 날지도 모르겠다. 전시기의 학생들이 좋든 싫든 직면할 수밖에 없었던 전쟁과 죽음이라는 현실에서 속수무책인 폐색감이 깊어 가던 시기였다. 이 무렵 시적·탐미적 또는 낭만적인 정감을 자극하는 문장은 젊은이의 마음을 뒤흔들었고, 그들을 비합리적인 낭만주의적 환상 세계로 끌어들였다.

물론 이 그룹 사람들이 걸어간 길도 사상도 일률적이지는 않다. 그러나 자주 지적되듯이 가메이나 아사노의 마음에 깊숙이 자리 잡고 있던 것은 마르크스주의로부터의 '전향'이라는 응어리였던 듯하다. 그 마음의 상처를 어떻게 치유할 것인가, 어찌할 도리가 없는 패배감을 어떻게 뛰어넘을 것인가 하는 고통 속에서 그들은 '반근대'로부터 중세적 낭만 세계, 일본적인 것이라는 방향으로 나아갔다. 마르크스주의의 사상을 통해 '근대'라는 현실을 향해 비판자로서 맞섰다가 관헌의 폭력에 의해 사상적 양심을 짓밟혔을 때 그들이 얼마나 정신적 고통을 겪어야 했는지는 충분히 짐작할 수 있다. 하지만 인간은 그런 패배에 대해서도 나름의 설명을 부여하고 그것을 미화하지 않으면 살아갈 수 없다. 이 그룹 사람들은 그런 아픔을 많든 적든 공유하고 있었으며 그것이 전통미·고전 부흥·비제도적 중세 세계의 낭만 등으로 나아가게 한 심층 의식이 되었던 것 같다. 독일에서 18세기 말부터 19세기 초엽 무렵 성행했던 낭만파의 반합리와 중세 찬미가 그 원형이다.

하지만 시대는 그런 몽환적 세계로 도피하는 것을 허용하지 않았다. 이런 일본 낭만파의 사람들에게 공통되는 격렬한 민족주의적 심성은 바로 거기에서 생겨난다. 그리고 그 민족주의는 한편으로 황국사관과 친근성을 드러내면서도 다른 한편에서는 황국사관파처럼 체제와 일체화를 지향하지 않고 체제 외적인 성격을 띤다. 여기서 한편에서는 반합리주의(반마르크스주의), 다른 한편에서는 반체제 민족주의라는 특징이 생겨나는 것이며, 이들은 절망감에 휩싸여 가던 학생층에게 하나의 심정적 활로를 열었다.

이런 일본 낭만파 사상의 모든 것이 사학사와 곧바로 연결되는 것은 아니지만, 반진보·반근대라는 비합리주의는 황국사관과 공명하면서 마르크스역사학이나 실증주의역사학에 대한 사상적 공격력을 높여 주었다.

또 하나 입장은 다르지만 니시다 기타로(西田幾多郞) 문하의 철학자 고사카 마사아키(高坂正顯), 고야마 이와오(高山岩男), 니시타니 게이지(西谷啓治), 그리고 서양사 전공 역사가 스즈키 시게타카(鈴木成高) 등 교토제국대학 그룹이 표현은 철학적이나 실제는 아시아 침략 합리화의 논지를 전개했던 점도 그냥 지나칠 수 없다. 1942년부터 1943년까지 세 차례에 걸쳐 《주오고론》(中央公論)에 연재한 좌담회 '세계사적 입장과 일본'이 그런 특징을 가장 잘 보여 준다. 논자들은 얼핏 보면 황국사관과 같은 독선적인 자국중심 사관을 갖고 있지 않았다. '세계사' 속에서 일본을 보려는 모습이다. 언뜻 보아 넓은 시야를 지니고 있는 듯하지만, 결국에는 전쟁을 도의적 에너지의 발로라고 하는 식의 설명으로 일본의 대외침략 행동을 합리화한다. 본디 최고 지성의 체현자여야 할 철학자 그룹이 어떻게 전쟁영합론으로 전향한 것일까? 원래 그들이 표방하던 역사철학이란 무엇이었나를 새삼 되묻지 않을 수 없다.

교토 철학의 니시다 기타로에 버금가는 거장 다나베 하지메(田辺元)도 《역사적 현실》(岩波新書, 1940년)에서 "역사에서 개인이 국가를 통해 인류적인 차원에서 영원한 것을 건설하게끔 몸을 바치는 일이 생사를 초월하는 것이다"라고 하며 결국 '일사보국'(一死報國)과 같은 사생관을 제시했다. 젊은이들의 죽음을 그대로 긍정하는 논리이다.

돌이켜보면 와쓰지 데쓰로의 정신사도 무라오카 쓰네쓰구의 일본 사상사도 니시다 나오지로의 문화사도 니시다 그룹의 역사철학도, 그리고 '근대의 초극'을 휘둘렀던 논객들(《文学界》 1942년 9·10월호)도 모두 전쟁에 휘말려 지성의 명예를 상실했다. 적지 않은 전향파도 민족주의·국가주의로 변신했다. 《일본 자본주의 사회의 기구》(岩波新書, 1934년)로 광채를 내뿜었던 마르크스주의의 히라노 요시타로마저도 전시에 '대동아주의'자로 돌아섰다. 그런 가운데 전부라고 할 수는 없어도 실증주의역사학자만큼은 시류에 부응하지 않으면서 전쟁 영합이라는 굴욕을 모면한 듯 보인다.

그렇더라도 역사학은 본디 '비판의 학문'임에도 어째서 이런 지성의 붕괴 현상에 항의하는 효과적인 발상과 발언을 시도하지 못한 것일까? 전후사의 전개를 보면 이론적으로는 강좌파의 역사인식만이 본질을 꿰고 있었고, 큰 흐름에서 전후역사학으로 이어졌다고 말할 수 있을 따름이다. 다른 학문 분야도 마찬가지겠지만, 이 점은 국민의식과 국정의 방향에 직접적으로 가장 관련이 깊은 전전 역사학의 약점이라 하지 않을 수 없다. 국가와 역사학, 전쟁과 역사학의 관계는 내셔널리즘 일반으로 해소될 수 없다. 일본 근대의 국가와 학문·교육의 관계 속에서 역사학의 양태는 특히 그 핵심적 위치에 있었기에 끊임없이 검토하고 반성해야 하는 것이다.

| 참고문헌 |

家永三郎,《津田左右吉の思想史的研究》,岩波書店, 1972년.

上田正昭 편,《人と思想・津田左右吉》,三一書房, 1974년.

橋川文三,《日本浪漫派批判序說》, 未來社, 1960년. 뒤에 講談社学術文庫, 1998년.

阿部猛,《太平洋戰爭と歷史学》歷史文化ライブラリー, 吉川弘文館, 1999년.

永原慶二,《皇国史観》岩波ブックレット, 岩波書店, 1983년.

2부
# 현대 역사학의 전개

## 1
## '전후역사학'의 발상

### 패전, 역사학과 역사교육

1945년 8월 14일의 포츠담선언 수락, 8월 15일의 천황의 '종전' 방송으로 일본의 패전이 확정되었다. 8월 28일 연합국 최고사령관 더글라스 맥아더가 아쓰기(厚木) 비행장 도착. 9월 2일 항복문서 조인. 9월 27일 천황이 맥아더 방문. 10월 11일 연합국총사령부(GHQ)의 민주화에 관한 5대개혁 지령. 10월 15일 치안유지법·특별고등경찰(특고) 폐지…….

만사가 점령군의 주도 아래 급진전되었다. 그때까지 일본 정부는 치안유지법에 의한 체포자·수감자의 석방조차 독자적으로 실시하지 않았다. 제정 이래 치안유지법으로 검거된 사람은 국내에만 7만 명, 민족독립운동에 따라 조선에서 검거한 사람이 2만3천여 명이라고 한다. 역사학연구회(역연)의 멤버 가운데에서도 하니 고로, 스즈키 마사시(鈴木正西), 노하라 시로, 구라하시 후미오(倉橋文雄)를 비롯한 피검거자가 있었다.

앞서 말했듯이 역사학연구회는 원래 자유로운 역사 연구자들의 임의적인 모임으로 특정한 사상·정치 조직은 아니었다. 그런 가운데서도 1937

년부터 1938년까지는 '현대사 부회'의 활동이 시작되어 오카쿠라 고시로(岡倉古志郎), 우사미 세이지로(宇佐美誠次郎) 등이 연구보고를 했다. 또 1943년 12월의 역연 총회에서는 이시모다 쇼, 도야마 시게키(遠山茂樹), 구라하시 후미오 같은 이도 간사에 이름을 올리고 있다. 이렇게 볼 때 전전·전시의 역연이 자연스레 전쟁에 비판적인 젊은 연구자가 모이는 장소라는 성격을 띠었던 점은 분명하다.

그 때문에 전쟁 말기 특고는 역연의 연구회에도 눈을 희번덕거렸기에 앞서 살펴본 대로 1944년 8월 간사회는 학회의 활동 정지를 결정했고, 회지 《역사학연구》도 5·6월 합병호(121호)를 12월에 간행한 뒤로 정지되고 말았다.

그러나 패전 후인 1945년 11월 11일, 역사학연구회의 정식 재건은 아직 정해지지 않았으나, 도야마 시게키, 다카하시 신이치(高橋磌一, 1913~1985년), 마쓰시마 에이이치(松島栄一, 1917~2002) 등이 뛰어다닌 끝에 관계자들이 모여 '국사교육 재검토 좌담회'를 열었고, 12월 1일 다시 회합하여 역사교육 개혁에 대해 논의했다. 이것이 전후 역사학계 최초의 움직임이었다.

이어 1946년 1월 역사학연구회는 하니 고로, 이노우에 기요시 등이 중심이 되어 '각국 군주의 역사'라는 주제의 강연회를 열었고(역사학연구회 편, 《歷史家は天皇制をどう見るか》이라는 제목으로 1946년 新生社에서 간행), 6월에는 회지 복간(당초 격월간)과 회의 강령을 정했다. 10월에는 이시모다 쇼, 하야시 모토이(林基), 마루야마 마사오(丸山真男), 하니 고로, 후루시마 도시오, 네즈 마사시, 시노부 세이자부로(信夫清三郎) 등이 강사가 되어 '일본 사회 특질의 사적 규명'이라는 공통 주제의 연속 강좌를 도쿄대학(도쿄제국대학이 '도쿄대학'으로 개칭된 것은 1947년 10월)에서 열었다. 이 면면들은 전후 역연의 기조가 출신 대학이나 전공을 묻지 않으며 마르크스역사학·근대주의 역사학·실증주의역사학 등을 중심으로

한 폭넓은 연구자들의 자유로운 연구 조직임을 잘 보여 준다. 이 연속 강연 기록도 《일본 사회의 사적 규명》(日本社会の史的究明, 岩波書店)으로 1949년에 간행되었다.

이리하여 역사학연구회가 '전후'를 향해 발 빠르게 활동을 다시 발족시킨 데 비해 전통적인 실증주의역사학의 본가인 사학회의 재발족에는 시간이 걸렸다. 전쟁에 따른 대학의 황폐화가 초래한 것이었음은 불문가지이지만, 히라이즈미 그룹에게 주도권을 넘겨줬던 사학회에 젊은 연구자의 마음을 끌어당길 만한 것이 없었다는 것도 한 가지 원인일 것이다. 1946년 7월부터 간신히 복간된 《사학잡지》의 간행도 순조롭지는 않았고, 논문도 전전에 집필되었으나 발표의 장을 놓쳤던 것이 많았다. 연구에 앞장설 젊은 연구자가 전쟁에서 돌아오지 못했거나 '전후'에 대한 학회의 목표가 명확하지 못했던 탓이라 생각된다. 결국 사학회와 《사학잡지》가 본격적으로 다시 살아나고 충실해지기까지는 새로운 대학·대학원 제도 속에서 공부한 젊은 연구자 세대가 자라나기까지 상당한 시간이 걸렸다고 봐야 한다.

그런 만큼 역사학연구회에 모인 사람들 가운데에는 '탈정치 무사상'의 '실증주의역사학'이 처한 '무력함'에 대한 실망과 초조함이 짙었으며, 또한 전후역사학의 중심이 된 마르크스역사학 그룹에서는 천황제를 둘러싼 역사인식을 놓고 성급한 정치주의적 사고도 강했다.

1946년 6월, 전시에 집필된 이시모다 쇼의 《중세적 세계의 형성》이 발간되자 그 충격은 대단했다. 도쿄대학 '산조(山上)회의소'에서 열린 서평회에는 가와시마 다케요시(川島武宜), 마루야마 마사오(丸山真男) 같은 역사학자 이외의 사회과학·인문과학자도 운집했다. 전쟁 중에 쓰인 이 고대·중세사 저작이 고대 천황제 지배와 그에 저항하는 재지영주·민중의 싸움을 그려 냄으로써, 전시기의 암울한 천황제 지배와 그에 대한 싸움, 즉 '전후'의 과제를 암시하고 있었기 때문이다. 전시기의 혹독한 언론 탄압과 사상경찰의 눈을 피하면서 현실 비판의 파문을 일으키려고 했던 이시모다의 뜨거운 열정이 같은 세대 연구자의 마음에 널리 전해진 것이다.

이렇게 역사학연구회의 활동이 재개되는 것과 발을 맞춰 1946년 1월 '민주주의과학자협회'가 창립되고 '역사 부회'가 설치되었다. 와타나베 요시미치, 이시모다 쇼, 도마 세이타, 하야시 모토이 등이 중심이 되었다(1946년 10월 《역사평론》을 창간. 1967년 역사과학자협의회의 창설에 따라 발행 주체가 바뀜). 교토에서는 역연과 마찬가지로 교토대학의 사학연구회와 별로도 하야시야 다쓰사부로(林屋辰三郞), 나라모토 다쓰야(奈良本辰也) 등이 중심이 되어 대학의 틀에 구애받지 않는 자유로운 연구 조직을 추구하여 '일본사연구회'가 조직되었고, 1946년 5월 《일본사연구》가 창간되었다(당초는 외국사도 포함할 방침이었으나 실현되지 못했다).

또 1947년 4월에 다카야나기 미쓰토시(高柳光壽, 1892~1969년)를 중심으로 '일본역사학회'가 설립되고 《일본역사》가 간행되었다. 1948년 6월에는 야마다 모리타로, 다카하시 고하치로(高橋幸八郞) 등이 중심이 되어 토지제도사학회가 창립되었다(1958년부터 회지 《토지제도사학》 간행. 2002년부터 학회는 '정치경제학·경제사학회'로, 회지는 《歷史と經濟》로 각각 변경됨—옮긴이). 일본고고학협회의 발족도 이해 4월의 일이다.

전전·전시의 국체사관을 어떻게 청산하고 어떤 연구 체제를 만들며 어떤 일본사 상을 창출해 나갈 것인가는 역사학이 국민에 대해 져야 할 책임이지만, 당면 과제로서는 재개된 일본사 교육을 두고 어떤 역사교과서(초·중학교)를 만들 것인가가 가장 절박했다. 특히 먹칠한 교과서(패전 직후 기존 교과서의 군국주의적 기술을 삭제해서 사용—옮긴이)는 역사학·역사교육에게는 한없이 비참하고 굴욕적인 사태였다. 학문과 교육이 군국주의와 제국주의의 시녀가 되었던 사실을 다른 나라로부터 지적받은 셈이었다. 문부성도 역사 교과서 편찬을 서둘러서 1946년 9월 《나라의 발

자취》(くにのあゆみ)를 발행하였는데, 신화 대신에 처음으로 고고학적 사실로부터 서술했다. 그러나 내용적으로는 많은 점에서 전전·전시 '국사' 교과서의 잔재를 짙게 남기고 있어 역사 연구자나 교육자 일반으로부터 엄한 비판을 받았다.

그런 정황을 바탕으로 역사교육 문제에 본격적으로 파고들어 연구하는 조직이 요구되어 1948년 말 역사학연구회에는 역사교육 부회가 설치되었다. 나아가 와카모리 다로(和歌森太郎), 다카하시 신이치, 마쓰시마 에이이치 등을 중심으로 새로운 '사회과'의 일환으로 역사교육의 모습을 생각하기 위해, 1949년 2월 '사회과에서 역사교육은 어떠해야 할 것인가'라는 주제로 공개 토론회가 개최되었다. 곧이어 이 토론회를 계기로 7월 '역사교육자협의회'가 창설되었다(초대 위원장으로 미시마 하지메가 선출되었고, 그 후 다카하시 신이치가 중심이 되었다. 회지 《역사지리교육》 간행).

그 밖에도 여러 가지 문제가 쏟아져 나왔다. 전시·전후의 혼란 속에서 옛 공가·다이묘(大名, 주로 번의 영주―옮긴이)는 물론이고 지방 유력가의 몰락이 폭넓게 진행되었다. 특히 옛 나누시(名主, 관동 지역의 촌장―옮긴이)·쇼야(庄屋, 주로 관서 지역의 촌장―옮긴이) 등의 개인이 보존해 오던 고문서 사료의 유실을 어떻게 막을 것인가의 문제가 심각해져서 역사 연구자의 관심을 끌었고, 국가에 대해 보존 대책을 촉구하기도 했다(나중에 문부성 사료관이 설립됨).

그런 분위기 속에서 1950년 11월에는 '지방사연구협의회'(초대 회장으로 노무라 가네타로가 선출되었고, 그 후에 고다마 고타(兒玉幸多가 장기간에 걸쳐 회장을 맡아 발전에 힘썼다)가 발족되었다. 전전·전시에는 자기 자랑식 향토사 연구가 성행하여 '애국심' 진흥과 군국주의의 일익을 담당했다. 그런 향토사를 어떻게 하면 열린 눈으로 지역의 역사를 일본사 전체 속에 위치시켜 되짚을 것인가가 절실한 과제로 대두되기에 이르렀다. 역사교육자협의회와 지방사연구협의회는 역사학연구회가 1948년에 전후의 회지 편집으로 인해 수여받은 마이니치(每日) 출판문화상의 상금을 활동비로 삼아 역연의 방침 하에 창설되었던 것이다.

또 급증하는 여러 학회들 간의 연락과 조정 역할을 할 기관의 필요성도 높아졌다. 마루야마 지로(丸山二郎, 1899~1972년) 등이 담당자가 되어 역사학 관련 학회가 힘을 합쳐 검토한 결과 1950년 7월 '일본역사학협회'가 창설되었다. 신설된 '일본학술회의'의 제1부에는 '역사학연구연락위원회'가 설치되어 역사학 분야의 국제교류를 포함한 학술 체제도 정비되기 시작했다. 일본역사학협회는 문부성과 그 밖의 과학연구비 배분 문제, 일본학술회의는 국제역사학대회의 일본위원회로서 사무가 있으며, 현실 정치 속에서 역사가가 그 일부 책임을 져야 할 제 문제(건국기념일=기원절 문제, 야스쿠니 신사 문제, 교과서 검정 문제 등)도 다방면에 걸쳐 있다. 시기적으로는 약간 뒤의 일이지만 와지마 세이이치(和島誠一, 1907~1971년), 아마카스 겐(甘粕健) 등이 주도하여 문화재·유적 보존 운동이 추진되기 시작했다. 그런 가운데 1962년이 되어 문화재보호대책협의회가 생겨났다가 나중에 '문화재보존전국협의회'로 옮아갔으며, 보존 문제에 대한 국가의 노력에 앞서 큰 역할을 수행하게 된다(뒤에 다시 서술).

한편 히라이즈미 기요시는 패전 직후 연구실을 비우고 자진 사임한 뒤 도쿄대학을 떠났다. GHQ가 교육 관계의 군국주의자·초국가주의자 추방을 지령한 것은 그 뒤인 1945년 10월 30일이다. 또한 오우치 효에, 야나이하라 다다오(矢內原忠雄), 야마다 모리타로(이상 도쿄대), 다키카와 유키토키(교토대)와 같이 전전·전시에는 대학을 쫓겨났던 많은 학자들이 복직했고, 교토대학 교수를 지낸 스에카와 히로시(末川博, 다키카와 사건으로 사직─옮긴이)는 리쓰메이칸대학(立命館大学) 총장이 되었다.

## 이시모다 쇼의《중세적 세계의 형성》과 도야마 시게키의《메이지유신》

전후역사학의 첫 봉화는 앞서 밝혔듯이 1946년 6월 이시모다 쇼의《중세 세계의 형성》과 도마 세이타의《일본 고대국가》(1946년 6월 伊藤書店에서 함께 발행) 발간이다.

이시모다는 제목 그대로 일본에서 '고대로부터 중세로'라는 사회구성체의 전환·이행 과정을 주제로 삼았다. 그러나 그것을 정면에서 사회구성체론으로 논하지 않고 도다이지(東大寺, 나라의 대사찰 — 옮긴이)가 보유한 이가국(伊賀國, 오늘날 미에三重 현 서 — 옮긴이)의 구로다노쇼(黑田莊)라는 한 장원을 무대로 삼아 펼쳐 나갔다. 장원영주 도다이지, 사영전(私營田, 사유화된 토지 — 옮긴이) 영주 후지와라 사네토(藤原実遠), 군지(郡司, 군을 통치하던 지방관 — 옮긴이)로부터 무사단을 형성하여 영주제를 지향한 미나모토노 도시카타(源俊方), 지역의 반장원영주 세력으로서의 구로다 악당(黑田惡黨, 악당은 중세에 기존 질서에 저항하던 여러 집단을 칭함 — 옮긴이) 등을 이 이행기의 대표적 계급·계층·집단으로 등장시켜, 이런 세력들이 서로 싸우는 과정에서 확대되는 전환기의 역사를 역동적으로 그려 냈다. 장원영주 도다이지는 지역에 중세적인 영주제를 형성하려던 마나모토노 도시카타와 같은 신진 세력과 철저하게 싸워 나갔고, 장원 안에 사는 주민 세력들을 일원적으로 '사노'(寺奴)로서 예속적인 신분제적 지배 아래 얽어매고자 했다. 그런 고대적인 암흑 지배를 배경으로 이시모다는 전시하의 천황제 지배를 오버랩시킨 것 같다. 사실 이시모다가 가장 정성을 들여 그려 낸 것은 고통스런 개미지옥과 같은 싸움이 반복되는 가혹한 역사 현실의 모습이었다. 요컨대 이미 사회의 밑바탕에는 중세적인 영주-농민 관계가 생성되고 있는데도 불구하고, '고대'를 체현하는 도다이지의 지배가 억지로 유지되고 있었고, 새롭게 성장하는 세력 측에서도 전제적 권력 지배 하의 분열과 배신을 벗어날 수 없었다는 것이다.

그런 만큼《중세적 세계의 형성》의 목표는, 추상화하면 사회구성체의 이행 문제이긴 하지만, 객관적인 구조 분석의 방법과 더불어 역사적 주체로서 인간의 생생한 행동을 역사서술로서 역동적으로 그려 내는 방법을 병용하고 있다. 바로 그 점이 독자의 깊은 공감을 불러일으켰던 것이다.

또 패전의 폐허 속에서 출판되었음에도 불구하고 역사학계를 넘어 널리 주변 학문 분야와 독서계에 커다란 반향을 불러일으켜 곧바로 증쇄를 거듭했으며, 1950년에는 증보판이 간행되었다(발행처가 東京大学出版会로 바뀐 다음 1982년까지 15쇄를 거듭했고, 1985년에는 岩波文庫에 수록되었다).

지금 읽어 봐도 이시모다가 묘사한 구로다노쇼의 역사 현실은 너무나 엄혹하다. '고대'에 대한 '중세'의 도전은 몇 번이나 좌절하고 만다. 그 좌절은 '고대'의 강권에 의해서만은 아니고 싸우는 '중세' 쪽의 내면적 유약함에도 원인이 있다고 한다. 이시모다는 독자가 대부분 절망감에 짓눌릴 만큼 집요하게 그 패배의 역사를 추적하고 그려 낸다. 천황제의 가혹한 중압에 대한 고발을 거기에 의탁한 듯 보인다.

그런 수난에 찬 역사의 서술이 앞날에 밝은 전망을 가질 수 있게 된 1946년 이후 왜 그렇게 널리 환영받고 읽혀진 것일까? 사람들은 이시모다가 그린 구로다노쇼의 역사와 통하는 어두운 권력 지배의 시대를 불과 1년 전까지 피부로 절감해야 했다. 바로 그 때문에 그런 어두움과의 싸움에 대한 역사를 온몸으로 받아들이며 공감할 수 있었을 것이다.

물론 이시모다도 그런 어두움만 본 것은 아니다. 중세의 긴 역사 속에서 지역에서 영주층의 계급적 성장은 뚜렷이 진행되었고, 그들이 고대 전제국가 지배를 극복하는 주체로서 힘을 키워 갔다는 점을 명확히 인지하고 있었다. 그리하여 그런 중세를 향한 전진의 반복된 좌절과 곤란을 극복하는 발자취야말로 역사적 진보의 징표라고 생각했다. 중국에서 전제 지배 체제가 끊임없이 재건되었던 데 비해 일본은 중국과 다른 '진보'의 길을 열어 갔다는 것이 이시모다의 전망이었다.

그러나 이런 '일본 대 중국' 비교론은 역시 1944년 시점에서 집필했기에 생기는 제약이라는 점 이상으로 중요한 오해라고 봐야 한다. 이런 논의는 중국=전제=정체, 일본=봉건적 영주제=진보와 같은 도식에 서 있다. 그것은 아시아 식민 지배를 위한 이데올로기로서 유럽인들의 아시아적 정체성론과 맞닿아 있으며, 일본의 입장에서 보자면 탈아=서구형의 길='발전'이라는 2유형 대비론을 긍정하는 논리가 되고 만다. 그것은 그 뒤 '전후역사학'이 천착하고 해결해 나가야 했던 이론상의 큰 논점이지만, 이시모다도 그 시점에서는 그런 아시아적 정체성론에 현혹되었던 것이다. 이 점에 대해서는 오래지 않아 이시모다 자신도 준엄하게 자기비판을 하게 된다.

그런 의미에서 이 《중세적 세계의 형성》에서 제시된 역사인식을 오늘날 그대로 이어받을 수는 없다. 그렇지만 그때까지 연대기적인 정치사·외교사를 정통의 역사로서 받아들였던 사람들도 역사를 구성하는 전 사회계층이 대항하고 약동하는 역사의 긴장과 역동성이 갖는 흥미로움, 정치사·사회경제사로부터 사상사까지를 어떻게 통일적으로 파악하여 역사의 전체 인식을 가능하게 할 것인가, 또 그때 역사인식의 이론이 얼마나 유효하며 중요한가와 같은 문제들에 처음으로 눈을 떴고 굉장한 충격을 받았던 것이다.

따라서 이 저작은 단지 일반적인 의미에서 일컫는 명저 정도에 머무르지 않고 일본의 역사학의 양상을 근본적으로 혁신할 만큼 사학사적으로 큰 의미를 지닌다.

이시모다의 저작과 나란히 전후역사학의 개화를 나타내는 또 하나의 작업은 도야마 시게키(遠山茂樹, 1914~ )의 《메이지유신》(岩波全書)일 것이다.

1950년 12월의 '서문'을 달고 이듬해 2월에 간행된 이 서적도 지은이 스스로 예상을 훨씬 뛰어넘어 널리 읽혔다고 얘기했듯이 증쇄를 거듭하여 1972년에는 개정판까지 나오게 된다.

전후 변혁에 직면하여 근대 일본의 기점으로서 메이지유신을 어떻게 볼 것인가는 누구에게도 피할 수 없는 문제이다. 막말유신사에 대해서는 기술한 바대로 전전 마르크스역사학의 전개, '일본 자본주의 논쟁'을 통해 논점이 심화되었고, 하니 고로, 핫토리 시소로 대표되는 유신사 연구에 의해 깊이가 더해졌다. 또한 이를 받아 전후 발 빠르게 막말 경제단계 논쟁 등이 활발히 전개되기 시작했다.

도야마 시게키가 지향한 것은 그런 이론상의 모든 성과를 바탕으로 메이지유신 정치사를 정면에서 통일적으로 서술하려는 작업이었다. 당시 각 방면의 연구 성과를 토대로 삼아 일단 메이지유신 정치사를 그려 낼 필요를 느꼈고, "그것이 불가능할지라도 하다못해 조리가 선 연대기라도 쓰고 싶다"고 희망했다(〈서문〉). 도야마가 본 바로는 자본주의 논쟁과 전후의 논쟁을 통해 여러 쟁점이 뚜렷해졌음에도, 논쟁이 개별 문제에 관해 이루어졌기 때문에 양쪽 모두 자파 안에서도 논점을 통일적으로 재음미하고 일관된 유신사 파악을 제시하는 데까지 도달하지 못한 상태였다. 그것을 극복하기 위해서는 사회·경제를 비롯한 여러 문제를 끌어안고 그것에 규정되면서 진행되는 정치사를 일관적으로 파악하는 것이 필요하다고 보았다.

그런 까닭에 아래로부터 이루어진 농민 투쟁과, 그것을 압살하고 절대주의를 지향하던 유신 정권의 위로부터의 부르주아적 개혁이라는 대항 축을 중심으로 유신 변혁을 파악해 나간다는 점에서 도야마의《메이지유신》은 강좌파의 인식을 따르고 있으나, 서술로서는 지극히 정통적이며 세밀한 정치사적 구성을 취했다. '존왕양이 운동의 전개→막부의 붕괴→천황제 통일 정권의 성립→메이지유신의 종결'이라는 차례가 그것을 나타낸다. 이시모다의 고대-중세 이행사가 한 지역에서 전개된 작은 무대로부터 사론 형식의 역동적인 역사서술에 의해 거대 역사로, 나아가 더 보편적인 사회 구성의 문제까지를 활기차게 논한 것과는 전혀 유형이 다르다.

그러나 지나치게 모범적이다 싶기까지 한 정치사 서술은 도야마가 "하다못해 조리가 선 연대기"라며 겸손해 하지 않아도 될 정도이다. 전전의 정치사 중심의 실증주의역사학은 개별 사실에 대해 착실한 논증을 구축해 왔지만, 천황제 하의 권력·질서에 대한 비판이나 금기시된 분야는 건드리지 않았다는 점에서 역사학의 기초가 되는 비판적 시각을 결여한 적이 많았다. 도야마의 《메이지유신》은 그 점에서 그동안의 유신 정치사와 기본적으로 차원을 달리 한다. 그것은 역사가로서의 도야마의 탁월한 능력에서 비롯된 바도 있지만, 무엇보다 패전에 따른 천황제의 해체로 비로소 가능해졌다고 봐야 한다. 많든 적든 왕정복고형 유신사의 틀을 벗어날 수 없었던 일본 근대사 인식은 여기에서 처음으로 자유로워질 수 있었던 것이다.

그렇다고 이 저서에도 문제가 없는 것은 아니다. 이노우에 기요시(1913~2001년)는 도야마보다 9개월 늦게 《일본 현대사 I 메이지유신》(東京大学出版会)을 간행했다. 이 책도 도야마와 나란히 전후의 역사학과 유신사 연구에 대단히 큰 역할을 한 역작이다. 이노우에는 도야마의 유신사 인식의 틀에 국제적 시각이 불충분하다는 비판을 바탕으로 구미 자본주의에 의한 반식민지화의 위기, 그에 맞선 인민의 반봉건·반식민지화 민중 투쟁의 혁명적 에너지야말로 유신의 원동력이라고 주장했다. 도야마가 농민의 투쟁을 높이 평가하면서 유신을 위로부터의 절대주의 성립이라고 함으로써 시야를 국내 과정에 좁혔던 데 비해, 막말의 식민지화 위기와 민족 문제를 주축으로 세운 중요한 비판이며, 그 후의 연구는 이노우에가 제시한 문제 시각을 적극적으로 수용하는 형태로 전개되었다.

한편 도야마와 이노우에의 선구적인 연구를 받아 메이지유신사·자유민권운동사·자본주의 발달사 연구는 그 후 나가이 히데오(永井秀夫), 시모야마 사부로(下山三郎), 오이시 가이치로(大石嘉一郎), 다나카 아키라

(田中彰), 시바하라 다쿠지(芝原拓自), 이시이 간지(石井寬治) 등에 의해 계승되고 심화되어 간다.

### 점령 정책과 전후 개혁, 강좌파 이론

점령이 개시되자마자 맥아더는 1945년 10월 11일 수상 시데하라 기주로(幣原喜重郎)에게 민주화에 관한 5대 개혁을 지령했다. 점령 정책은 1948년 이후 미소 냉전과 1950년 한국전쟁의 와중에서 급속히 변질되지만, 초기에 관한 한 개혁 방침은 명확했다. 부인 해방, 노동조합의 결성 장려, 학교 교육의 자유주의화, 비밀심문 사법제도의 철폐, 경제기구의 민주화이다. 그에 따라 연말에 걸쳐 치안유지법 폐지, 군국주의·초국가주의자 추방, 재벌 해체, 농지개혁, 노동3법, 그리고 새 헌법을 향한 움직임이 일제히 진전되었고, 1945년의 섣달 그믐날 GHQ는 수신(修身)·일본사·지리 수업 정지와 교과서 회수를 명했다.

점령 하의 일본 민주화는 권력·경제·사회·국민의식·사상·교육 등 모든 분야에 걸쳐 기본적으로 다음과 같은 내용으로 진행되었다.

첫째, 천황 주권의 부정과 군부와 사상경찰의 해체(천황제 국가권력의 해체).

둘째, 농지개혁·재벌 해체·노자관계 개혁을 비롯한 경제적·사회적 관계의 민주화.

셋째, 가족제도를 지배하는 가부장제 등 대개 사회구조에 널리 내재하며 천황제 국가의 권력 기반에 조직적으로 기생하는 '반봉건제'의 극복.

넷째, 그것들을 국민의식이나 사상의 측면에서 뒷받침했던 국가신토의 부정, 교육의 민주화.

여기에 나타난 일본 사회의 역사적 자리매김과 구조적 특질에 대한 인식은 전전 마르크스역사학·경제학에서 '강좌파'가 제시했던 점과 흡사하다. GHQ가 점령한 직후부터 바로 이런 굵직하고 계통적인 개혁 정책을 내세울 수 있었던 것은 그 이전부터 일본 사회의 역사인식에 대해 깊이 있는 검토가 이루어졌기 때문일 것이다. 누가 어떻게 그것을 주도했는가는 흥미로운 점령사·전후사의 문제이다. 아마도 허버트 노먼(Herbert Norman, 1909~1957년)과 같이 일본 역사에 깊은 조예를 지닌 뛰어난 역사가가 개혁 정책을 입안하는 데 관여했던 게 큰 의미를 갖는다고 여겨진다.

5대 개혁 지령이 지향하는 바는 기본적으로 미국에게 가장 유리하도록 일본을 탈바꿈시키는 것이었는데, 일본 국민 대다수도 이를 환영하고 전향적으로 받아들였다. '봉건제'가 부정적인 어구라는 판단은 점령 하 민중의 삶 속에서도 무리 없이 수용되어 항간에 번져 갔다. 원래 소작쟁의·노동쟁의·부락해방 운동 등은 1920년대 중반 이후 민중의 생활 현실에 바탕을 둔 싸움으로 커다란 힘을 발휘했기 때문에, 정치적 이데올로기의 차원을 넘어 생활 감각에서 민중들이 개혁 방향을 환영한 데는 충분한 까닭이 있었다.

역사학의 세계에 비춰 보면 그런 정황은 '일본 자본주의 논쟁'을 통해 명확해진 강좌파의 인식·이론에 대한 평가와 신뢰를 높이는 쪽으로 작용했다. 야마다 모리타로는 특히 '반봉건적 반농노제적 토지소유'인 '지주제'의 역사적 해체, 즉 '농지개혁' 문제에 학문적 정열을 쏟았다. 그의 지도 아래 지주제와 그 해체로서 '농지개혁'의 실태를 파헤친 조사 연구가 역사학·경제학·법학·사회학 등 전공을 뛰어넘는 협동 작업으로 이루어졌고, 막말·메이지 이후의 지주제 연구는 전후역사학 속에서도 높은 관심을 모은 주제가 되었으며, 관련된 성과도 수없이 간행되었다. 이런 작업을 통해 전국적으로도 소작지율 50퍼센트에 이르렀던 지주소작제도의 실태가 전전의 농민운동사 연구와는 다른 각도에서 천착되었고, '반봉건적'이라 간주되던 지주제 하의 소경영과, '농지개혁'에 의해 성립된 상품 생산자적 소경영이 질적·단계적으로 얼마나 다른가도 전망할 수 있게 되었다. 데루오카 슈조(暉峻衆三)의 《일본 농업 문제의 전개》 상·하(東京大学出版会, 1970년·1984년)나 나카무라 마사노리(中村政則)의 《근대일본 지주제사 연구》(東京大学出版会, 1979년) 등은 그런 지주제 연구의 집대성이라 해도 좋을 작업이다.

그뿐 아니라 일본 자본주의 논쟁이 제기했던 여러 논점을 바탕으로 일본 근대사의 전면적 검증도 추진되어 갔다. 우선 메이지유신 변혁의 역사적 성격을 어떻게 볼 것인가 하는 문제, 자유민권운동과 1890년 전후 근대 천황제 성립의 역사적 의미, 일본에서 자본주의 확립의 계기, 자본주의 진전과 지주제의 구조적 결합 양상, 천황제 국가권력의 절대주의적 본질을 인정한다면 언제 어떤 과정에서 부르주아 국가권력으로 이행해 갔는가, 청일·러일전쟁을 통한 제국주의 국가로의 재빠른 전화를 세계사 속에서 어떻게 자리매김할 것인가 등등, 오늘날까지 이어지는 많은 논점들은 강좌파 이론의 검증과 비판적 계승·발전을 향해 나아갔고, 전전에는 누리지 못했던 자유로운 연구가 한꺼번에 꽃을 피웠다.

그러나 그런 상황은 생각보다 짧은 기간에 그쳤다. 그런 논점들을 놓고 본격적인 실증 연구가 간신히 시작되려던 찰나, 1948년 이후부터는 냉전의 격화에 따라 세찬 압박을 받게 된다(뒤에 다시 살펴보자).

### '근대주의' 역사학의 일본 사회 인식

패전 후 마르크스주의 이론가나 역사가와 나란히 또는 그보다 앞서 일본 근대사회의 양태에 날카로운 비판을 제기하고 전후 사회의 역사적 위치와 나아가야 할 방향을 제시한 것은 오쓰카 히사오, 마쓰다 도모오(松田智雄), 다카하시 고하치로, 가와시마 다케요시, 마루야마 마사오 등으로 대표되는 이른바 '근대주의' 그룹이다.

영국을 중심으로 한 서양 경제사 전문가인 오쓰카 히사오(大塚久雄, 1907~1996년)는 전시 중의 《근대유럽경제사 서설》(近代歐州經濟史序說, 時潮社, 1944년)로 학설의 골격을 만들었으며, 전후 이를 바탕으로 일본의 근대사회가 영국에서 전형적으로 전개된 근대사회와 어떻게 다른가, 그 이유는 무엇인가 같은 문제를 사회구성체의 이행에 관한 마르크스역사학·경제학의 이론과, 막스 베버의 유형비교론(비교경제사) 방법에 따라 규명하고자 했다.

오쓰카는 그 기준을 영국 근대사회의 성립으로부터 이념형으로 이론화했다. 전근대사회(봉건사회) 내부 지배 질서를 무너뜨리며 자유로운 소상품 생산 농민층(중산적 생산자층)이 탄생하고, 그들이 자본가와 임노동자로 양극 분해→사회적 분업이 진전되고 국지적 시장권의 성립으로 '이행'하며, 그 과정을 통해 근대적 산업자본이 궤도에 오른다는 경로를 정식화했다. 그런 다음 일본의 경우 봉건적 소농민이 자유로운 소상품 생산자로 전화하지 못하고 양극 분해가 기생지주–소작 관계로 귀결되어 가는 데 주목하여, 본격적인 '전형'적 '근대'를 어떻게 실현할 것인가를 과제로 삼아야 한다고 생각했다.

개략적으로 이런 이론 구성은 이른바 일본의 '의사적(擬似的) 근대'를 어떻게 하면 '전형적 근대'로 변혁시킬 것인가가 된다. 그 경우 오쓰카는 특히 마르크스역사학의 논리 구조에서 취약한 에토스라는 변혁 주체의 인간적·의식적 측면까지 자신의 이론으로 끌어들였다. 이 점이 오쓰카의 논리가 마르크스와 베버의 결합이라고 얘기되는 연유를 가장 강하게 보여 준다.

오쓰카와 같은 세대의 민법·법사회학자인 가와시마 다케요시(川島武

宜, 1909~1992년)는 1948년 5월 《일본 사회의 가족적 구성》(学生書房)을 냈다. 이 책에서 가와시마는 전전 일본 사회의 밑바닥에 흐르는 질서로 이어져 온 가족제도와 가족 의식의 전근대성을 날카롭게 지적했다. 그리고 그렇게 구성되는 일본 사회 전체 질서로서의 가족적 구성은 전후 변혁, 즉 '본격적 근대'로 나아가는 변혁이라는 과제를 드러내 줄 뿐 아니라, 변혁의 문제를 민중의 일상적 생활 질서를 규정하는 사회적 기저로부터 되물으려 했다는 점에서 획기적 의미를 지닌다. 가족 질서·가족 의식의 양상이 '이에' 내부의 문제에 그치지 않고 중층적으로 전체 사회질서를 규정한다는 문제는 전후의 변혁을 기대하는 국민들한테 다가서려는 계몽사상의 하나로서 역사적 역할을 했다. 가와시마는 나아가 《소유권법의 이론》(岩波書店, 1949년)에서 근대적 소유권의 법리를 파고들어 일본 토지 소유권의 성격에 대한 역사적 비판의 기준을 제시했다.

또 마루야마 마사오(丸山真男, 1914~1996년)는 정치학에 입각한 일본 정치사상사 연구자로서 전전에는 오규 소라이(荻生徂徠, 에도 중기의 유학자·사상가—옮긴이)를 중심으로 근대적 사유의 맹아가 에도 시대 사회의 내부에서 어떤 이론적 경로를 거쳐 성립되어 갔는가를 밝히는 중요한 연구를 했다(《日本政治思想史硏究》, 東京大学出版会, 1953년). 패전 직후에는 〈초국가주의의 이론과 심리〉(《世界》, 1946년 5월)를 발표하여 일본의 군국주의와 초국가주의의 정신 구조를 깔끔하게 분석했다. 전전 일본의 군국주의와 초국가주의 사상이 어떻게 형성되고 어떤 이론 구조를 지녔는가를 규명하는 일은 국민들이 전쟁의 문제를 내면적으로 이해하고 극복함으로써 민주주의 사회 형성을 추진해 나갈 경우 무엇보다 중요한 문제가 된다. 마루야마는 그것을 메이지 이래 일본의 정치사상에서는 서구와 달리 권력과 윤리의 분리가 애매하여 권력체계·국가조직에서 개인의 책임이 명확하지 않다(〈無責任の体系〉)는 특질을 지닌다는 점으로부터 날카롭게 규명했다. 마루야마의 저술도 가와시마와 마찬가지로 이른바 일본 국민·사회의 체질적 약점과 특질을 서구 근대사회와 대비하면서 백일하에 여지없이 드러냈다는 의미에서 충격적인 영향을 주었다.

오쓰카, 가와시마, 마루야마의 작업과 발언은 전후 개혁을 일본 사회의 자기 변혁 문제로서 나름의 날카로운 혜안으로 주체적으로 생각해 나간 것이다. 이들에게 공통된 바는 전전의 일본 사회가 '근대'로서는 서구 시민사회의 근대와 비교하여 얼마나 '후진적'이고 '미숙'하고 또는 '왜곡된' 것이었는가, 따라서 전후 개혁은 그것을 어떻게 '서구적 근대'를 바탕으로 이념화된 '더욱 순화·성숙된 근대'로 진화시킬 것인가 하는 문제들이었다.

이와 같이 오쓰카, 가와시마, 마루야마 등은 일본의 전전 근대의 '왜곡' '미숙' '전근대성' '아시아적' 같은 말로 표현되는 측면을 극복하는 일이 일본의 민주주의혁명에서 간과될 수 없다고 본다는 점에서, 강좌파의 일본 자본주의 논쟁의 밑바탕에 흐르던 사회 인식과 공통되는 바가 지대하다. 더 과거로 올라가면 일본의 후진성에 대한 후쿠자와 유키치의 자각을 승계한다고 봐도 상관없을 것이다.

다만 세 사람의 입론은 전후 사회의 방향에 대해 논리적으로도 현실적으로도 '근대'의 '순화와 발전'을 사실상의 도달점으로 간주하여 강좌파가 강하게 지향했던 자본주의의 모순과 그 극복 방향(사회주의를 향한 2단계적 변혁)에 대해서는 명시적으로는 언급하지 않았고, 논리 속에 집어넣지도 않았던 것 같다. 이런 성격이 일반적으로 세 사람을 '근대주의'로 한데 묶고 하나의 사상 그룹으로 다루게 되는 근거가 되었다.

## 마르크스역사학의 사회구성체론과 '이행'론

'근대주의' 이론 및 일본 사회 인식과 더불어 전후의 일본사 연구에 중요한 역할을 담당한 것은 마르크스역사학의 사회구성체론이었다.

사회구성체라는 이론 범주를 내용으로서 어떻게 볼 것인가에 대해서는 반드시 하나의 이해가 확립되어 있다고 하긴 어렵다. 그러나 대체로는 한 역사적 사회의 기초를 생산력의 단계에 규정되어 성립되는 경제적 관계들의 구조적 결합체로 판단하고, 그 토대 위에 성립되는 법적·정치적 형태, 또 그에 대응하는 의식 형태까지를 포함하여 구축되는 사회적 총체의 구조와 그 발전 이론이라는 정도의 정리는 가능하다. 마르크스는 그런 사회구성체를 규정하는 생산양식의 기본 형태를 아시아적·고대적·봉건적·근대 부르주아적 생산양식으로 봤으며, 사회구성체는 사회의 발전에 따라 단계적으로 이행한다고 보았다.

그런 이론적 시각에 섰을 때 일본이 직면했던 전후 개혁의 역사적 위치와 성격은 어떻게 이해할 수 있을까? 그것은 곧바로 일본 자본주의 논쟁이 문제 삼았던 메이지유신의 성격, 그 후 일본 자본주의의 단계적 발전을 어떻게 볼 것인가 등의 문제로 이어지며, 다른 한편으로 '근대주의'의 사회 인식이 지적했던 바와도 불가분한 문제이다. 그 점에서 근대주의와 마르크스 역사론은 문제를 공유하고 있었다고 해도 좋을 것이다.

전후에 와타나베 요시미치 등은 재빨리 일본사·아시아사·서양사를 망라하는 다수의 연구자를 결집하여 1949년부터 1951년에 걸쳐《사회구성사 체계》(日本評論社)를 기획·간행했다. 제1부 '일본 사회구성의 발전,' 제2부 '동양 사회구성의 발전,' 제3부 '세계사적 발전의 법칙' 이렇게 3부로 기획된 이 저작은 모두 25권으로 각 권마다 몇 편의 대형 논문을 나눠 실었다. 결국 전부는 간행하지 못하고 제9권으로 중단되고 말았다. 이 기획이 의도한 바는 계급과 국가의 성립에서부터 근대 자본주의의 확립에 이르는 세계 여러 지역의 발전을 역사적이고 이론적으로 전망하는 것이었는데, 대체로 마르크스역사학의 사회구성사적 방법을 기초로 삼았다. 일본사의 핵심 집필자가 된 이는 도마 세이타, 이시모다 쇼, 스즈키 료이치, 하야시 모토이, 호리에 에이이치(堀江英一), 후지타 고로(藤田五郎), 핫토리 시소, 시노부 세이자부로 등이었다.

장대한 기획이었지만 사회구성체의 이론도 사실(史實)에 바탕을 둔 연구도 여전히 불충분했다. 마르크스가 말하는 생산양식의 측면에서 '아시아적'이란 무엇인가, 일본의 율령제 아래 '백성'(공민)의 계급적 성격은 무엇인가, 일본의 고대에 노예제 범주는 어떤 형태로 적용할 수 있는가, 봉건제 성립을 어떻게 파악할 것인가, 중국 황제-관료제 전제 국가의 생산양식은 어떤 것인가 등과 같이 어떤 문제를 보더라도 쉽사리 해결할 수 없는 난제투성이였다.

이에 비해 유럽역사 전문가인 다카하시 고하치로(高橋幸八郎, 1912~1982년)는 오쓰카 히사오와 함께 '근대주의' 역사가로 간주되는 경우가 많지만, 《근대사회 성립사론》(日本評論社, 1947년), 《시민혁명의 구조》(お茶の水書房, 1950년) 같은 저작에서 나타나듯이 야마다 모리타로의 일본자본주의론과, 오쓰카 히사오의 유형비교론을 가장 잘 승계하면서 '봉건제로부터 근대로의 이행·시민혁명론'을 전개했다. 그의 논지는 단계론·유형론·여러 생산양식의 중층적 복합론 등을 특징으로 하며, 모리스 돕(Maurice Dobb, 1900~1976년)·폴 스위지(Paul M. Sweezy, 1910~2004년)와 함께 국제적인 '이행' 논쟁을 펼쳤다.

그러나 사회구성체론은 다카하시를 포함하여 기본적으로는 일국 발전사라는 틀에 서서, 그것을 전제로 한 유형 비교라는 이론 틀을 취했다. 확실히 어떤 역사적 사회도 내재적 발전이 기본이 되기 마련이지만, 국제적 계기를 단순히 외적인 것 또는 우연적인 것으로 이론 틀 밖에 내칠 수는 없다. 외적인 영향이라 보이는 것도 구체적인 역사적 사회에서는 내적 발전의 조건이 된다.

사회구성체의 역사적 발전 이론을 구체적인 사회의 역사인식에 적용하려 했을 때 먼저 문제가 되는 것은 시대구분이다. 정권의 소재와 이동 등을 기준으로 삼는 전통적인 정치사 시대구분과 사회구성사의 시대구분은 다를 수밖에 없다. 근대 일본의 경우 대규모의 자본주의적 생산양식 주변에는 그 이전 시대의 특성을 지닌 영세한 소경영·돈야(問屋, 도매상―옮긴이) 제도에 조직·지배되던 종속적 소경영·매뉴팩처 경영 등이 널리 존재했고, 농업 부문에서는 소상품 생산자인 자영농의 형성이 일반적 진행되지 못하고 상당 부분은 봉건적인 고액 소작료 부담에 신음하는 기생 지주제 하의 소작농민에 머물렀다.

그런 복합 구조 위에 서 있는 메이지 이후 사회의 성격은 강좌파가 가장 날카롭게 파고들었던 바이다. 하지만 한편에서는 후진 자본주의 국가에서 내적 발전의 특수성에 규정된 사회 양태, 그리고 그것을 어떻게 볼 것인가 하는 시대구분의 문제이기도 하다.

## 아라키 모리아키의 가부장제적 노예사회론

고대에서 중세로의 '이행' 문제만 하더라도 '봉건적 생산양식'의 기본적 양태를 기초로 추상화된 사회구성사의 일반 이론을 적용하는 것만으로는 해결될 수 없다. 봉건적 생산양식의 기초 형태로서 '영주적 토지 소유-농노적 소경영'이라 보이는 것의 구체적 양상은 세계사적으로 다양하며 중국과 일본을 대비시켜도 그 차이는 도저히 발전 수준의 직선상 단계차나 편차로서 설명될 수 없다.

아라키 모리아키(安良城盛昭, 1927~1993년)는 논문 〈다이코켄치의 역사적 전제〉(太閤檢地の歷史の前提, 《歷史学研究》 163·164호, 1953년)에서 종래 '소농'이라 간주되던 다이코켄치(도요토미 히데요시가 전국적으로 실시한 겐치, 즉 토지 측량과 수확량 조사―옮긴이) 이전의 '백성' 신분층 가운데 경제적 존립을 위해서는 노예적 게닌(下人, 근세 이전의 가내 예속민

―옮긴이)의 존재가 필수적이었던 가부장적 노예주 격의 상층이 널리 존재했고, 그것이 종래 '중세'라 얘기되던 가마쿠라 시대부터 센고쿠 시대 사회의 기본적 생산양식과 계급관계를 규정했다고 보았다. 그래서 그 시대의 사회구성사적 성격을 '가부장적 노예제 사회'로 판단하고 봉건적 소농민이 일반적으로 형성된 것은 다이코켄치 이후라고 주장했다.

이는 종래의 통념을 깨부수는 대단히 충격적인 발언이었기 때문에 일본 전근대사의 시대구분을 둘러싸고 '봉건 논쟁' '다이코켄치 논쟁'이라 일컫는 논의가 수많은 논자들이 참가한 가운데 벌어졌다. 그리고 이 '봉건제 성립'을 둘러싼 논쟁은 당연히 율령제 사회와 그 해체 과정의 사회구성사적 성격으로 비화되었고, 나아가 율령제라는 고대 천황=관료제 지배의 정치적 틀이 전제될 경우 그 아래에서 형성되는 봉건제는 어떤 규정성과 특징을 지니게 되는가 하는 문제도 커다란 쟁점으로 다루어지게 되었다.

역사적 사회 발전의 기초 이론으로서 사회구성체론은 이렇게 일본 사회의 구체적인 역사적 발전에 직면하여 이론적인 차원에서도 그 전개 형태의 특수성을 해명하지 않을 수 없다. 동일하게 '봉건제'라 부를 수 있는 것도 그 성립 과정과 구조적 특질에 입각하여 사실과 이론의 양면에서 재검토가 요구되는 것이다.

아라키 모리아키가 구상한 일본의 전근대사회는 '총체적 노예제(율령체제 사회)→가부장적 노예제(장원체제 사회)→농노제(막번체제 사회)'와 같은 순서로 역사적 발전을 이어 간다. 첫 단계인 '총체적 노예제'란 당시 발표된 마르크스의 유고 〈자본주의 생산에 선행하는 형태들〉(資本主義生産に先行する諸形態,《歷史学研究》129호, 1947년, 이다 겐이치飯田賢一의 번역으로 처음 소개됨)에 제시된 '알게마이네 스클라페라이'(allgemeine Sklaverei)를 수용한 것이다. 율령체제 아래에서 각각 노예 소유자인 귀족·대사원·지방 지배층(군지郡司 층 등)이 모여서 구성하는 율령국가

권력 아래 설치된 반전(班田) 농민은, 한편에서는 아시아적 공동체의 성원으로서 성격을 유지하면서 '일반적으로'(allgemeine) 노예적 성격 규정을 받고 있다고 보는 것이다.

둘째로 아라키는 가마쿠라 시대부터 센고쿠 시대까지를 장원제 사회로 규정하고, 그 기본적 계급관계는 일반적으로 지역의 말단 지배층인 나누시 층(가부장적 노예주)과 게닌(가부장적 노예) 사이의 관계로서 존재한다고 본다. 거기서 말하는 '가부장적 노예제'란 로마에서 일반적으로 확인되는 상품생산을 주목적으로 고도로 발전한 라티푼디움(노예제 대농장)의 노동노예제와는 달리, 자가 소비 물자의 안정적 생산을 기본으로 하는 생산양식이라고 본다. 노동 집약도가 높은 소농민 생산이 안정적으로 성립하기 이전의 생산력 수준에서는 가부장적 노예제에 바탕을 둔 유력한 경영(나누시) 층이 일정 규모의 게닌, 즉 가부장적 노예를 보유함으로써 안정된 경영을 실현하고 주변에 불안정한 비자립적 소경영을 종속시키는 형태를 취한다. 그 본질은 농노적 소경영이 아니라 가부장적 노예 내지 콜로누스(토착 노예)라고 보는 것이다. 이에 따라 중세의 영주-농민 관계를 봉건적 계급관계로 간주하는 전통적·상식적 이해는 부정되고 만다.

세 번째로 다이코켄치는 센고쿠 시대 이해 중세 사회의 태내에서 성장한 소경영을 체제상으로 영주 지배의 직접적 대상(기반)으로 파악하는 형태를 취하며, 여기에서 처음으로 '막번 영주 대 봉건적 소농민'이라는 봉건적 계급관계가 기본이 되며, 일본 봉건사회가 본격적으로 성립되었다고 본다.

아라키의 입론은 이렇게 논리적 일관성을 띠고 있을 뿐 아니라 명쾌했다. 그러나 센고쿠·근세 초기의 현실에서 봉건적 소농민의 전국적인 전개를 확인하기는 어렵다. 비판은 남북조부터 근세 초기의 개별 사례를 바탕으로 광범위하게 거론되었고, '소농민 자립'의 획기적이고 혁명적인 정책으로서 다이코켄치를 평가하는 데 대해 의문이 제기되었다. 원래 이런 농민의 존재 형태를 정량적(定量的) 방법으로 확인하는 것은 전근대 사회의 경우 자료적 제약 탓에 무리이다. 그래서 아라키도 정량적 방법보다 다이코켄치의 '정책 기조'인 '일지일작인·작합부정'(一地一作人·作合否定) 등을 중시하는 정성적(定性的) 분석으로 주장을 보강하게 된다.

그것은 또한 전근대사에서의 '실증' 방법이라는 분석 기법에 관한 중요한 문제를 제기한 셈이 되지만, 전체적으로 아라키 이론은 근세 막번제 사회의 연구자 쪽에는 긍정적으로 받아들여졌다. 그에 비해 중세사 연구 쪽에서는 찬동자가 적었다. 장원제 사회를 나누시-게닌이라는 사회 밑바닥의 생산·계급으로만 환원하여 장원영주-농민이라는 가장 포괄적인 관계를 지배-피지배의 문제로 파악하지 않았기 때문이다. 율령체제 사회에 대해 제시했던 두 개의 생산·계급관계와 그 전체 구조와 조응하는 이론화가 장원제 단계에서도 필요했으나, 아라키는 이를 성사시키지 못했다. 동시에 나누시 층을 일률적으로 지배계급 쪽으로만 자리매김하는 이론적 약점도 극복하지 못했던 것이다.

하지만 아라키 모리아키는 일본 전근대사에 관한 사회구성사적 인식을 처음 체계적으로 제기했다. 이후 장원제의 역사적 성격과 장원제 성립의 계기, 봉건적 소농의 성립 시기, 중세사의 시대구분 등을 둘러싸고 전후 역사학의 전근대사회 연구는 수준을 비약시켜 갔는데, 그 기점이 아라키의 논문이었다고 해도 과언은 아니다.

### 인민투쟁사와 잇키 연구

'사회구성사'와 '이행'론은 소련이나 중국을 비롯한 여러 사회주의 나라에서 널리 토론되었을 뿐 아니라, 모리스 돕이나 폴 스위지 같은 선진 자본주의 국가의 마르크스역사학자 사이에서도 논쟁이 벌어졌고, 일본

역사학계에서도 국제적인 시야에서 논의할 필요성이 인식되었다. 그러나 앞서 살펴보았듯이 현실에서는 대체적으로 일국 사회의 내발 발전사로서 이론 구성이 이루어진 탓에 유기적 구조를 지닌 세계사의 이론으로서는 나름의 한계를 가졌다고 해도 틀리지 않다.

또한 동시에 사회구성사는 본디 경제사회 이론이 지닌 추상성과 과학주의적 성격을 기본으로 삼는다. 그래서 역사의 주체로서 인간이나 인간 집단의 문제, 또는 역사의 일회적·우연적 계기를 다루기 어렵다는 경향 또한 부정하기 어렵다. 사회구성사 이론이 내포하는 추상성과 역사인식으로서 가진 약점이라고 해도 좋겠다. 오쓰카 히사오가 근대로 이행하는 과정에서 인간 유형이나 에토스 문제를 강조한 것도 그런 점에 대한 암묵적 비판을 담고 있다고 여겨진다. 마루야마 마사오가 사회구성사적 역사학 이론을 기저환원론(基底還元論)이나 본질현현론(本質顯現論)이라 평한 것도 이와 관련이 있다.

이 문제는 마르크스역사학 안에서도 자각되었다. 와타나베 요시미치를 중심으로 한 전근대 사회 연구 그룹은 사실 '사회구성사파'였다. 하지만 하니 고로를 중심으로 한 근대사 연구사 대부분은 사회구성사 이론을 기초 이론으로 인정하면서도 그것만으로는 사회발전의 역사 과정을 파악하지 못한다고 생각하여 '인민투쟁사'를 이론적으로도 구체적으로도 중시했다. 하니의 영향을 크게 받은 이노우에 기요시는 그 대표적 역사가이며, 전근대사 연구의 스즈키 료이치도 그런 사람으로 분류될 것이다. 하니가 《일본 자본주의 발달사 강좌》에 발표한 〈막말의 사회경제 상태, 계급관계 및 계급투쟁〉이 앞서 서술한 대로 그 선구적이고 대표적인 논문이며, 그에 촉발된 백성잇키와 그 성격·평가를 둘러싼 연구는 적지 않다. 그에 관한 전후역사학의 중요한 작업으로는 하야시 모토이의 《백성잇키의 전통》정·속(百姓一揆の傳統, 정 1955년, 속 1971년, 新評論社)이 있다.

'인민투쟁'이라는 말은 조금 어렵다. 자본-임노동 관계에서 나오는 노동자계급의 투쟁이 자본주의 사회의 기본적 계급투쟁이지만, 근대 민중의 투쟁에서도 단순히 그것만 나타나지는 않고 농민의 투쟁, 도시 시민이나 지역 주민의 투쟁을 비롯하여 여러 집단과 계층이 뒤섞인 민중의 운동과 투쟁이 때로는 연합하며 때로는 분열·대립하면서도 전체로서 커다란 힘을 발휘해 나간다. 그것은 극대화하면 총 지배계급 또는 국가 대 인민의 항쟁으로 묶을 수 있다. '인민투쟁사'란 그런 다양하고 유동적인 성격을 지니는 피지배계급의 투쟁의 총체로 파악하는 개념이라고 해도 좋겠다. 그럴 때 제국주의 단계에서는 종주국의 인민투쟁과 식민지·종속국의 인민투쟁과 민족투쟁이 서로 연관되며 전개되기 때문에 인민투쟁사의 관점은 자연스레 국제적으로 열린 모습을 띠게 된다.

그러나 전근대의 경우에는 무엇보다 신분제에 따라 사람들의 사회적 존재 조건이 규정되고 지역이나 시장도 통합되어 있지 않았다. 따라서 전근대 민중의 행동에 대해서는 당연히 근대와는 다른 이론이 필요하게 된다. 스즈키 료이치의 쓰치잇키(土一揆, 무로마치 시대의 농민 봉기―옮긴이) 연구인 〈순수 봉건제도 성립에서 나타난 농민투쟁〉(純粹封建制度成立に於ける農民鬪爭,《社會構成史体系》, 1949년)은 전전 나카무라 기치지(中村吉治)의 실증 연구(《土一揆硏究》, 校倉書房, 1974년)를 바탕으로 무로마치·센고쿠 시대의 농민투쟁을 각 계층의 조건이나 동향과 연관시켜 넓은 시야에서 파고들어 그 후의 연구에 커다란 영향을 미쳤다. 이노우에 도시오(井上銳夫)(《一向一揆の硏究》, 吉川弘文館, 1968년)나 후지키 히사시(藤木久志) 등은, 일본에서 달리 예를 찾기 어려운 민중의 종교 잇키인 잇코잇키(一向一揆)를 추적했다. 앞의 하야시 모토이의 백성잇키 연구도 개별 잇키 연구와는 달리 '농민투쟁' '평민적 반대파' '시민적 반대파,' 나아가 지배계급 내부의 분열을 다루면서 그들을 종합한 다음 사회 모순의 총체를 파악하는 엥겔스의 '독일 농민전쟁' 이론을 원용하여, 각각의 정치적 조건과 행동의 특징을 파헤침으로써 잇키의 연대기적 사건사를 뛰어넘는 시각·방법을 개척했고, 특히 18세기 중후반 이후 사회적 위기가 심화되는 구조를 분석했다.

백성잇키 연구는 그 후 막말의 요나오시(世直し, 세상 뒤엎기 ─ 옮긴이) 잇키의 혁명적 성격에 주목한 쇼지 기치노스케(庄司吉之助)의 《요나오시 잇키의 연구》(世直し一揆の研究, 1956년, 사각본. 1970년에 校倉書房에서 증보판 출간)를 거쳐 사사키 준노스케(佐々木潤之介)의 《막말 사회론》(塙書房, 1969년)으로 이어진다. 사사키는 요나오시 잇키에 관해 빈농=반프롤레타리아 계급론을 결합시킴으로써 방법적으로도 새로운 연구 단계를 개척했다.

나아가 근대사 분야에서는 자유민권운동사가 많은 관심을 모았다. 개별 사례에 대한 실증 연구와 함께 도야마 시게키, 이로카와 다이키치(色川大吉), 나가이 히데오, 고토 야스시, 에무라 에이이치, 오이시 가이치로 등을 중심으로 그 역사적 성격을 정리하는 시도가 메이지유신 평가와 연관 속에 추진되었다.

자본주의 발전에 수반되는 노동쟁의, 지주제 하의 농민운동, 도시 하층민의 싸움인 쌀소동, 피차별민의 해방투쟁, 부인해방 운동, 그리고 보통선거 운동 등등 각종 민중투쟁 연구가 자료 수집부터 시작하여 구체적 개별 연구, 정리와 이론화에 이르기까지 활발함을 보였다. 그런 작업들은 전전의 일본사 통사나 역사교육에서는 대부분 봉인되었기 때문에 신선한 인상으로 널리 일반 사람들에게도 환영을 받았으며, 전후역사학의 커다란 성과가 되었다.

한편 조선·타이완 민중의 반식민지·민족해방투쟁이나 일본의 제국주의적·군사적 침입에 대한 중국 인민의 저항과 투쟁사를 전후 초기에는 거의 손을 대지 못했다. 그런 주제들도 본래 위에서 말한 일본 국내의 인민투쟁사와 관련시켜 생각해야 하지만, 점령 하의 학문 상황에는 역시 쇄국적인 성격이 짙었다. 또한 패전 후 민중의 정치의식이 전쟁 피해자라는 측면에 기울어 가해자 쪽에 대한 자각이 지체되었다는 사실도 이와 연관되는 지점이다. 전후역사학의 일본 제국주의, 특히 식민 지배·식민지 민족해방투쟁에 눈을 돌리는 일이 늦어진 것은 점령이나 냉전과 불가분한 일이지만, 그것이 전후역사학의 중요한 약점이 되었다는 사실도 잊어서는 안 된다.

### 실증주의역사학과의 교류

이상에서 살펴봤듯이 '전후역사학'은 마르크스역사학과 근대주의역사학의 관심과 방법을 중심축으로 눈부시게 발전했는데, 아카데미즘실증주의역사학도 강한 자극을 받고 각 시대 사회의 기본 구조에 대해 마르크스역사학·근대주의역사학과 협동하고 교류를 심화시켜 나갔다. 아라키 모리아키의 문제 제기에 답하며 전개된 다이코켄치(太閤檢地) 논쟁이나, 봉건제에서 근대로의 이행론 차원에서 많은 관심을 불렀던 막말 유신기의 경제단계론·기생지주제 연구에는 다수의 아카데미즘실증주의역사가도 참가했다. 학계 상황으로서는 이제 마르크스역사학이나 아케데미즘실증주의역사학과 같은 구분 자체가 의미를 상실하게 되었다.

그 결과 어떤 시대의 사회구조와 그 이행의 형태에 대해서도 전후의 연구 성과를 토대로 한 공통된 인식이 진전되었고, 1960년대에 걸쳐 고대 율령제 사회·중세 장원제 사회·근세 막번제 사회·메이지유신 등의 내용에 관해 통설이라고 부를 만한 이해가 모습을 갖추게 되었다.

원래 고대에 대해서도 국가의 기원과 연관되는 야마타이(邪馬臺) 국의 위치 문제를 비롯하여, 계급사회 성립의 계기, 야마토(ヤマト) 왕권으로부터 통일 국가 성립 과정에서 지방 수장층, 중앙 씨족(귀족), 오키미(大王,

천황가)의 대항과 연계를 어떻게 볼 것인가, 일반 '공민'의 근간인 농민 가족을 가부장적 대가족으로 볼 것인가 소가족으로 볼 것인가, 노예제의 성격과 평가, 율령제 사회의 변질과 왕조 국가 단계로의 이행 등등, 중요한 주제 어느 것을 보더라도 견해는 갈라진다. 그러나 전후 이른 시기의 고대사 연구자, 예를 들어 이노우에 미쓰사다(井上光貞), 나오키 고지로(直木孝次郎), 세키 아키라(関晃), 기시 도시오(岸俊男), 아오키 가즈오(青木和夫), 우에다 마사아키(上田正昭) 등 아카데미즘 역사학 쪽 사람들과, 이시모다 쇼, 도마 세이타, 요시다 아키라(吉田晶), 가도와키 데이지(門脇禎二) 등 마르크스역사학 계열의 사람들 간에도 적극적인 교류와 협력이 있었고, 그런 분위기는 다음 세대를 대표하는 요시다 다카시(吉田孝), 하야카와 쇼하치(早川庄八), 이시가미 에이이치(石上英一) 같은 이들의 연구에도 계승되어 갔다.

《이와나미강좌 일본역사》(전23권, 편집위원 이에나가 사부로 외, 岩波書店, 1962~1964년)뿐 아니라 부문사로 구성된 《체계·일본사 총서》(편집 坂本太郞 등, 전24권, 山川出版社, 1964~2001년), 국가·사회의 제 단계를 각각 한 권으로 구성한 《체계·일본역사》(전6권, 日本評論社, 1967~1971년), 중국과 조선의 역사가도 참가하여 토론 형식을 취한 《심포지엄 일본역사》(전23권 중 제1권 미간, 学生社, 1969~1976년), 전후 2회째인 《이와나미강좌 일본역사》(전26권, 1975~1977년) 등은 모두가 활기 넘치는 전후역사학의 역사관이나 정치적 입장을 초월한 교류와 도달점을 드러내 준다. 또 역사적 인물의 전기 시리즈인 '인물 총서'(吉川弘文館, 1958년부터 지금까지 233권에 이르며 계속 간행 중)도 간행되기 시작했다.

마르크스역사학과 근대주의역사학이 '전후역사학'을 특히 사상과 이론 면에서 주도한 것은 사실이지만, 아카데미즘실증주의역사학도 전후 단계에서는 이미 전전의 고증사학과는 내용이나 성격이 완전히 달라졌다. 고증과 정치사적 연대기도 함부로 부정할 이유는 없지만, 그것을 본령으로

하는 반면에 '이론은 불필요'라는 발상으로는 현실이 역사학에 요구하는 바에 대답을 할 수 없다는 점이 분명해졌다. 역사학은 어떤 이론, 어떤 사상에 서든 과학으로서 실증을 바탕으로 하면서 현대가 던지는 문제로부터 과거를 돌이켜본다는 방향으로 전진해 온 것이다.

| 참고문헌 |

《大塚久雄著作集》전13권, 岩波書店, 1969~1986년.

《丸山眞男集》전16권·별권, 岩波書店, 1995~1997년.

《川島武宜著作集》, 岩波書店, 1981~1986년.

《歷史科學大系》전34권, 石母田正, 江口朴郎, 遠山茂樹, 野原四郎 감수, 林基, 校倉書房, 1972부터 계속 간행 중.

歷史学研究会 편, 《戰後歷史学再考》, 青木書店, 2000년.

# 2
# 마르크스역사학에 대한 비판 속에서

## 《쇼와사》 논쟁

1955년 11월 도야마 시게키는 이마이 세이이치, 후지와라 아키라(藤原彰)와 함께 《쇼와사》(昭和史, 岩波新書)를 펴냈다. 차례는 'I 쇼와의 신정(新政), II 공황에서 침략으로, III 비상시라는 이름 아래, IV 끝이 없는 전쟁, V 파국으로, VI 전후의 일본'으로 구성되어 있다. 책 제목 그대로 쇼와 초기부터 전후까지를 조감하는 역사 서술이다. 이 책에서 지은이는 "왜 우리 국민은 전쟁에 말려들고 휩쓸려 간 것인가, 왜 국민의 힘으로 이를 막을 수 없었던 것인가" 하는 문제를 주제로 삼았다.

차례를 보면 알 수 있듯이, 이 책은 정치사 서술이나 정권의 추이를 중심에 두는 실증주의역사학의 전통적인 정치사와는 크게 다르다. 전전 이래 심화되어 온 마르크스역사학의 근대사 인식의 성과를 바탕으로 하면서 《일본 자본주의 발달사 강좌》나 '일본 자본주의 논쟁'에서는 손을 대지 못했던 이 시대 정치·군사·경제 과정을 지배-피지배의 계급적 대항관계를 기반으로 피지배계급의 눈으로 파악한다는 자세를 선명히 드러내고 있다.

발간과 동시에 독자층의 대단한 환영을 받아 예상을 뛰어넘는 베스트셀러가 되었고, 그 뒤로도 오랫동안 꾸준히 읽혔다. 전후 10년이 지나 일본의 사회경제가 겨우 전전 수준을 넘어 '이제 전후가 아니다'는 정부 측의 구호를 국민들도 실감하던 시점과 맞닿아 있었으며, 자신들이 걸어온 전전·전후의 고난의 역사를 되돌아보며 나름대로의 이해를 갖고 싶다는 심정이 널리 국민들에게 퍼져 있었기 때문일 것이다. 특히 전쟁 중에도 그렇지만 전전에도 국가가 국민에게 감춘다든지 속인다든지 한 것이 얼마나 많은가를 극동 군사재판(도쿄재판)을 계기로 국민들이 널리 느끼게 되면서 진짜 사실을 더 알고 싶다는 요구가 넘쳐 난 상황도 있었다. 그것을 《쇼와사》는 전철에서도 읽을 수 있는 문고판으로 제공했던 것이다.

그런데 이 《쇼와사》에 대해 전전에 마르크스주의에서 일본 낭만파로 옮아간 가메이 가쓰이치로는 〈현대 역사가에 대한 의문〉(《文藝春秋》 1956년 3월)을 썼는데, "《쇼와사》에는 인간이 그려져 있지 않다, 황국사관도 유물사관도 흔들림 없는 역사만 범람시킨다, 군부·정치가와 공산주의자·자유주의자의 중간에서 동요한 국민 층의 모습을 찾아볼 수 없다" 등의 비판을 했다. 이와 관련하여 마쓰다 미치오(松田道雄)는 "쇼와사를 관통하는 우리들의 아픔이 보이지 않는다"고 비평했다. 야마무로 시즈카(山室靜)도 "쇼와사를 살아온 사람들의 굴절된 체험을 보는 눈이 결여되어 있다"며 가메이에 동조했다. 논쟁은 역사학자와 문학가 사이에서 그치지 않았다. 정치학자 시노하라 하지메(篠原一)는, 지은이들이 경제적 지배 관계와 정치적 지배 관계를 너무 직접적이고 연동적인 것으로 파악했다고 비판하면서, '정치 과정'의 상대적 독립성을 더 생각해야 한다고 기술했다(〈現代史の深さと重さ〉, 《世界》 1956년 3월).

평자들의 지적은 크게 보면 《쇼와사》에는 사람이 없다, 지배-피지배의 양극에 있는 지배계급(권력)과 피지배계급(혁명 세력)의 대항 축을 경제

관계에 대응시켜 파악하고 그것만으로 역사가 움직인다는 식이며, 그런 파악 방식은 추상적이고 공식적이라는 것이다. 지배계급은 악이고, 피지배계급은 선이라는 구분 방식은 구체적인 역사를 과도하게 계급투쟁이라는 원리로 나눈다는 것일 터이다.

비판에는 다케야마 미치오(竹山道雄)도 가세했다. 역사가로서 에구치 보쿠로(江口朴郎), 이노우에 기요시, 와카모리 다로도 발언했고, 논쟁은 논단과 역사학계를 크게 움직이며 가열되었다. 도야마 시게키도 정면으로 비판에 맞대응했다. 도야마는 역사가가 역사인식으로서 인물을 파악하는 것은 본디 문학의 인간 묘사와는 다르며, 개별 체험에 따라 표상되는 개인으로서의 인간과, 역사의 방향성·법칙성과 결부되는 존재로서의 인간은 원래부터 다르며, 후자의 핵심은 "계급으로서의 존재이다"고 주장했다(〈現代史硏究の問題点〉, 《中央公論》 1956년 6월). 개별 인간은 본디 개성을 갖고 있고 어떤 의미에서는 우연적인 존재이지만, 역사적 사회에서의 인간은 무엇보다 계급으로서 존재한다는 것, 그런 면에서는 우연을 통해 필연이 실현되어 간다는 내용일 것이다.

도야마를 비평한 가메이 가쓰이치로가 중간에서 동요하는 수많은 국민의 양상에 대한 "공감 능력의 결여는 역사가의 자격 부족이다"고 한 부분은 호되지만, 도야마의 생각을 빌리자면 그것은 회의주의·불가지론적 사고로서 역사의 진실을 향한 인식의 가능성을 포기하는 일이 된다. 바꿔 말하면 가메이 등은 '공식주의 비판'이라는 이름을 빌려 역사의 법칙적·과학적 인식의 가능성을 부정하려 한 셈이다.

도야마 시게키 등은 마르크스역사학이라고 해도 애초에 그 하나의 유형인 계급사회론이나 사회구성체론 같은 구조론에는 어느 정도 비판적이었다. 오히려 계급 모순을 축으로 한 동적인 정치사라는 방법을 의식적으로 추구하고 있었다. 《쇼와사》를 읽으면 곧 알게 될 테지만 그런 인식·서술은 구조론과 다르며, 정치과정에 초점을 맞춘 서술이다. 그런 만큼 정치사 서술은 과거의 마르크스역사학의 근대사 파악과는 비교할 수 없을 정도로 사실에 밀착해 있고, 개념적 틀로만 끝나지도 않는다. 그렇기 때문에 오랜 기간에 걸쳐 수많은 독자를 얻을 수 있었다고 여겨진다.

반면에 피지배계급인 민중의 복잡하고 구체적인 모습이 충분히 가시적으로 묘사되었다고 하기 어려운 것도 사실인데, 평자들 대부분은 그 점을 파고들었다. 도야마 등이 역사 발전은 기본적으로 지배-피지배의 대항 속에서 전개된다고 생각했기 때문에, 피지배의 입장에 섰을 때에 비로소 비판으로서의 역사인식이 심화될 수 있다고 생각했으며, 그러기에 기본 논점을 '흔들리는 국민'으로 설정하지 않았다는 것이다. 그렇더라도 어째서 국민들이 그 전쟁을 저지하지 못했는가라는 지은이들의 질문을 풀기 위해서는 그런 '흔들리는 국민'의 양상이 어떤 식으로 전쟁 체제와 결부되었는가가 중요한 논점이다. 비판하는 이의 지적이 그 점에서는 분명히 정곡을 찌르고 있다. '흔들리고 발언하지 않는' 국민이 결국에는 전쟁 체제에 합의하는 상황이 어떻게 창출되어 갔는가는 전쟁 책임에서 말하는 '가해자'론과 결부되어 이후의 연구사 속에서 끝없이 되물어졌다.

이 밖에도 《쇼와사》에는 '아시아'의 관점이 누락되어 있다든가, '국제관계·세계사적 과정 속 쇼와'라는 시점이 희박하다는 등의 비평도 그냥 지나칠 수 없다.

《쇼와사》는 당시 대다수 국민에게 문자 그대로 동시대사였기 때문에 오히려 누구에게도 설득력을 지닌 서술이 어렵다는 점도 있다. 개인이 저마다 체험과 기억을 갖는 만큼 객관화가 어려운 것이다. 따라서 논쟁을 통해 바로 공통의 결론적 인식을 얻을 수는 없다. 그러나 1959년 8월(초판 발간 3년 9개월 뒤) 지은이들은 《쇼와사》(신판)를 냈다. 비교해 보면 초판에는 없었던 '제1차 세계대전 후의 일본'이라는 장이 새로 생긴 동시에 장 이름도 모두 바뀌고 문장도 거의 전면적으로 고쳐 좀 더 구체적이고 포괄적인 배려를 강화했다. 가령 '교도인쇄(共同印刷)와 기사키(木崎)'

라든가 '아쿠타가와(芥川)의 자살'과 같은 개별 사건으로부터 상징적·추상적으로 논지를 전개하는 방식을 억제하고, 정면에서 정치사로서의 구체적 사실을 종합 서술하는 노력을 한층 강화했다. 이것은 지은이들 나름대로 여러 비판을 준엄하지만 기본 자세를 바꾸지는 않으면서 받아들인 결과일 것이다.

이처럼 《쇼와사》 논쟁이 역사학에 불러온 것은 결코 쇼와라는 시대의 구체적인 역사 문제에 한정되지 않았다. 전후 일본의 역사학에 가장 큰 영향력을 끼친 마르크스역사학의 이론과 서술의 기본적 양태에 관한 문제인 것이다. 그만큼 널리 사학사에서 큰 의미를 갖는 것이며, 당사자뿐 아니라 해외의 많은 역사가들도 이를 진지하게 수용했다. 참고로 《쇼와사》 초판이 발간된 1955년 7월에는 일본공산당의 이른바 '6전협'(제6회 전국협의회)에 따라 혁신 진영에 자유로운 분위기가 고조되었고, 이듬해 2월에는 소련에서 후루시초프 제1서기의 스탈린 비판이 이루어졌다. 이를 계기로 안팎에서 마르크스주의 비판 또는 자기비판이 진행되었고, 그동안 성전처럼 여겨지던 스탈린의 《사적 유물론》이라는 '공식'의 속박에서 해방도 개시되었다. 그런 안팎의 시대 동향이 《쇼와사》 논쟁에 특별한 활기를 불어넣었다는 점도 놓칠 수 없는 대목이다.


### '단선적 발전단계론' 비판

'전후역사학'은 마르크스역사학에서도 근대역사학에서도 일본이 당면한 사회변혁의 성격을 대체로 '봉건제에서 근대로'라는 사회구성체 이행 문제의 틀을 토대로 궁구하고 있었다. 물론 전전 사회가 '봉건제' 그 자체라는 것은 아니지만, 일본 자본주의와 구조적으로 결합된 반봉건적 관계의 극복이 강좌파 이래 당면한 역사적 과제로서 강하게 의식되었던 것이다.

그런 인식은 일본사 전 과정을 사회구성체의 전개 속에서 이해한다는 것이 되므로, 마르크스가《경제학 비판》(1859년)의 서문에서 "개략적으로 봐서 아시아적·고대적·봉건적·근대 부르주아적 생산양식을 경제적 사회구성 진보의 제 단계로 삼을 수가 있다"고 했던 것을 어떻게 이해할 것인가와 관련된다. 전후역사학은 일본의 역사적 사회의 제 단계를 이 지적에 따라 시대구분하고 이해하려는 지향을 강하게 띠었다.

역사학연구회가 1949년의 대회 주제를 '각 사회구성에서의 기본적 모순에 관하여'로 설정하고 원시 고대(마쓰모토 신파치로), 봉건(다카하시 고하치로), 근대(시오타 쇼베에 塩田庄兵衛)에 대해 발표했고, 그 성과를《세계사의 기본 법칙》이라는 이름으로 출간한 데서 가장 선명하게 드러난다.

그러나《경제학 비판》의〈서문〉은 원래 인류사적 '보편'으로서 추상화된 이론적 인식으로 일국의 구체적 사실(史實)에 대한 발언은 아니며, 어느 민족이나 사회도 획일적으로 그런 사회구성에 따라 단계적인 길을 걸어간다는 것도 아니다. 더구나 마르크스가 말한 '아시아적'이라는 것이 원시사회를 가리키는지 계급사회의 제1단계를 가리키는지, 또 왜 그것을 '아시아적'이라 했는지도 확실하다고 할 수 없다. 나아가 '제 형태'에서 말하는 '공동체의 세 가지 형태'가〈서문〉의 '아시아적'이라는 것과 어떤 관계가 있는지도 분명치 않다.

그런 '제 형태'의 독법을 포함한 일반 이론의 이해를 놓고서도 그 후 장기간에 걸쳐 시오자와 기미오(塩沢君夫), 하라 히데사부로(原秀三郎), 시바하라 다쿠지, 나카무라 아키라(中村哲) 같은 논객들 사이에 활발한 논의가 벌어졌다. 특히 일반 이론을 기준으로 일본사를 보는 경우 일본 사회의 구성사적 전개를 어떻게 볼 것인가는 한층 곤란한 문제였다. 그런데 역사학연구회의《세계사의 기본 법칙》은 그 일반 이론이 그대로 일본사라는 일국사적 과정에 적용할 수 있다는 이해에 섰을 뿐만 아니라, 마치 그것이 모든 민족의 역사 발전에 공통되는 부동의 법칙이라는 인상을 주었다. 엄밀히 말하면 발표자 모두가 같은 생각을 가졌다고 할 수 없을 지도 모르는데도, 그런 점들에 대한 이론 문제는 애매하게 내버려둔 채《세계사의 기본 법칙》이 영향을 주는 그런 상황이 나타났다.

그러나 그리스·로마 형 노예 소유자 대 노예를 일본 고대사회의 기본적 계급관계로 볼 수 없다는 사실은 와타나베 요시미치 이래 명백히 인정되던 바였다. '노예제'는 반전(班田) 농민의 성격을 어떻게 규정할 것인가 하는 문제처럼 가장 기본적인 지점에서 벌써 난관에 봉착했다. 그런 의미에서 전후역사학은 일본 고대사회에 '노예제' 범주를 단순히 적용할 수 있다고 생각하지 않았다. 그렇기 때문에 '다양한' '공동체의 아시아적 형태'를 기점으로 삼는 '총체적 노예제'라는 범주 개념을 원용함으로써 고대사회를 수장제(首長制)라는 지역에 형성된 정 많고 두터운 공동체 관계를 토대로 삼는 계급관계와 국가-공민이라는 두 생산·계급관계의 복합 구조로서 이해하는 경향이 짙어진 것이다.

노예제의 적용이 일본 고대사회에서 일률적이지 않았던 것과 마찬가지로 봉건사회도 현실에서는 곤란한 문제를 내포하고 있었다. 율령제 사회의 변질·해체라고 규정하더라도 전술했듯이 봉건제 사회의 기초가 되는 농노적 소농민의 일반적 형성은 그렇게 단순 명쾌한 모습으로 나타날 리가 없다. 영주-농노 관계에서 말하는 '영주'는 '재지 영주'인가 '장원 영주'인가, 또는 양자의 총체를 가리키는 것인가? 율령제 사회의 뒤를 잇는 장원제 사회는 봉건사회인가, 고대사회인가? 이와 같은 문제를 이해하는 방식은 제각각이었다.

앞서 살펴보았지만 아라키 모리아키는 중세를 가부장적 노예제 사회라고 보았고, 도다 요시미(戶田芳実, 1929~1991년), 가와네 요시야스(河音能平), 구로다 도시오(黒田俊雄)는 봉건사회라고 생각했다. 나가하라 게이지는 남북조 동란 이후 경제적 선진 지역에서부터 점차 소경영 농민의 일반적 형성이 진행됨에 따라 봉건적 사회관계가 본격적으로 전개되어 가지만, 그 이전의 장원제 사회는 아직 소농민 경영의 일반적 전개가 수준에 이르지 못했을 뿐 아니라 봉건적 주종제도 미숙한 봉건제의 앞 단계에 해당한다고 생각했다. 또 일본과 게르만 사회에서 고전적으로 나타나는 봉건사회와의 유형적 공통성을 중국 사회와 대비하면서 주의 깊게 살펴보는 관점도 있다. 일본과 같은 봉건제적 주종제가 전면적으로 전개되지 않는 중국 사회의 경우는 봉건사회라는 이론 범주의 적용이 성립되지 않는 것인가와 같은 '봉건 논쟁' 또는 '봉건제 성립 논쟁'이라 불리던 논의가 거듭되었다.

이런 논의는 대개 마르크스역사학 내부의 일이었다. 말하면 아라키처럼 '중세'를 가부장적 노예제에 중점을 두고 본다든지 나가하라와 같이 소농민 경영의 미숙함을 구조적인 문제로 보는 사고방식은 자본주의 논쟁에서의 강좌파적 착안과 상통하는 바가 있으며, 도다나 구로다와 같이 장원 영주-백성 관계를 영주-농노 관계로 보고 중세 봉건사회와 구분하는 사고방식에는 노농파적 이론과 통하는 논리 틀이 있다고 판단된다.

전후 이른 시기에는 농노제·봉건제의 문제는 마르크스역사학 말고도 많은 역사가들이 관심을 가졌다. 일본사뿐 아니라 중국사에서는 당송(唐宋) 이행기의 '주복(主僕)의 분(分)'이라는 예속 신분제 규정을 갖는 전호(佃戶)를 농노라 보고 그 전개 과정에서 중국 봉건사회 성립의 기초를 찾아내고자 했던 니이다 노보루(仁井田陞, 1904~1966년)의 주장도 제기되어 논쟁의 장은 대폭 확대되는 듯 보였다. 그러나 변혁기로서 '전후기'가 일단락되자 역사학계 전체의 관심은 사회구성체론·시대구분론에서 급속히 멀어져 갔다. 그 결과, 다음과 같은 견해가 학계 전반에 거의 공통적으로 수용되었고, 그런 가운데 논쟁도 서서히 막을 내렸다.

첫째, 일국사에 대해 사회구성체의 제 단계를 기계적으로 찾아내려는 관점은 부적합하다.

둘째, '사회구성체'와 같은 이론 범주는 현실 역사에서는 복잡 다양한 존재 형태를 나타낸다.

 셋째, 특정 역사 단계에서는 기본적 생산양식·계급관계와, 그것과 구조적 결합성을 지니는 부차적 생산양식·계급관계가 동시에 존재한다.

 넷째, 일국 사회의 사회구성체의 양상과 이행 양상은 국제적인 조건('동아시아 지역 세계' 등)에 따라 크게 규정을 받는다.

 그런가 하면, 마르크스역사학의 이론에 의심을 품고 '봉건제'라는 사회구성체 개념을 역사인식의 도구로 사용하는 것 자체를 거부하는 의견도 등장했다. 그와 더불어 이 무렵 일본 근현대사 분야에서는 '파시즘' 개념의 사용을 거부하는 시각도 눈에 띄기 시작했다. 그런 것들에서 보이는 전후역사학의 보편주의·과학주의에 대한 거부는, 한편에서는 지구적 규모에서 나타난 인류사의 다양한 발전과 공존을 과학적으로 인식하기 어렵게 하며, 갖가지 방법으로 역사인식의 교류를 확대하는 길을 좁히는 역할을 하기도 한다. 그런 미묘한 움직임을 포착한 문부성은 검정을 통해 교과서에서 '봉건사회' 개념을 사용하지 못하도록 안간힘을 썼다.

### '서구 모델의 근대' 인식에 대한 비판

 마르크스역사학의 '단선적 발전단계론 비판'과 '서구 모델'에 따른 근대주의역사학의 유형론적 방법에 대한 비판은 표리의 관계로서 중요하다. 이미 언급한 바도 있지만 다시 한 번 살펴보기로 하자.

 근대주의역사학을 대표하는 오쓰카 히사오는 원래 서양경제사 학자이지만 근세·근대를 중심으로 일본사 연구에도 절대적인 영향을 끼쳤다. 오쓰카는 자본주의가 가장 선진적이고 '전형적'인 발달을 드러낸 영국에 대해 그 조건은 무엇인가라는 문제를 전시 중부터 추구했다. 중세 말기에 독립 자영농(요먼리, yeomanry)이 널리 출현하여 '민부'(民富)의 형성이 이루어졌다. 한편 도시의 특권적 상업자본과 봉건영주의 제휴에 의한 엄격한 길드 규제에서 벗어난 수공업자들이 자유를 찾아서 농촌에 유입되어 농촌 공업을 발전시켰으며, '요먼리'와 더불어 초기 자본주의의 담지자가 되는 '중산적 생산자층'이 광범위하게 출현했다. 그에 따라 농촌의 직접 생산자들 사이에 상품생산과 교환관계가 진전되고 '국지 시장권'이 형성되었으며, 그것이 기점이 되어 자본주의적 국내 시장의 형성이 이루어진다는 것을 밝혔다. 그것이 봉건사회의 태내에서 내발 발전적으로 자본주의가 등장하는 이론적 경로인 동시에 현실에서는 영국에서 확인되는 구체적인 역사 과정이었다.

오쓰카 히사오는 이 기초 과정의 진행을 뒷받침한 인간의 문제로서 막스 베버(Max Weber, 1864~1920년)의 《프로테스탄티즘의 윤리와 자본주의 정신》(1904년, 현재는 이와나미문고岩波文庫에 들어 있다)에서 많은 시사점을 얻어 '자발 사상'이나 '금욕·근면' 같은 에토스가 불가결했다는 점을 중시하여 인간유형론을 조합한 '근대 자본주의'의 '이념형'을 설정했다.

그와 대비시켜 일본에서의 봉건에서 근대로의 이행은 어떻게 봐야 할까? 오쓰카의 학문적 영향 속에 있던 일본 경제사가들에 따르면, 일본의 경우 '민부' 형성의 담지자인 '중산적 생산자층' 형성이 순조롭게 진행되지 못하고 막번 체제 아래의 봉건적 소농민은 반봉건적인 기생지주-소작 관계라는 양극 분해의 길을 걸었고, 따라서 자유로운 농촌 공업과 그로부터 자본주의 형성의 길을 개척하지 못했다고 한다. 메이지 이후 자본주의의 주류는 에도 시대 이래의 대상인자본이 국가권력의 보호를 받으면서 위로부터 산업자본으로 이행하는 형태를 취했고, 게다가 군수공업·제철·철도(국유화)는 국가자본 그 자체였다.

그런 재벌과 국가자본 우위의 자본주의 형성은 국가권력에서는 절대주의 천황제를, 민중 사회에서는 전근대적 관계들을 강하게 존속시키게 되었다. 자본주의와 민주주의가 함께 진행되는 못하는 이질적인 근대를 만들어 낸 것이다. 그것은 강좌파의 인식과 통하고, 거슬러 올라가면 후쿠자와 유키치의 문명사관에 이어진다고도 할 수 있다.

오쓰카가 인식한 일본의 '뒤틀린 근대'는 한편에서는 구미 유학을 통해 유럽의 근대와 일본 현실이 가진 격차를 통감했던 메이지 지식인들이 피부로 느꼈던 일본 근대관과도 상통한다. 앞에서도 언급했지만 일본이 어떻게 하면 '진정한 근대'가 될 수 있는가 하는 과제는 메이지 지식인한테서 전후의 근대주의 지식인으로 이어진 역사인식, 후진성의 자각 그 자체였다.

그것은 전후 일본 사회의 많은 사람들에게 실감 있게 느껴질 만한 논의였다. 그러나 이 '서구적 근대'와 '일본의 근대'의 유형 비교라는 방법은 19세기 이래 유럽인의 아시아관, 즉 아시아적 정체성론과 상통하는 성격을 지닌다. 일본이 '순수한 근대'에 도달할 수 없다는 자기 인식은 한편에서는 '진보'로 나아가는 사상적 에너지이지만 다른 한편에서는 아시아와 일본의 후진성·정체성을 승인하는 것과 통한다는 점도 부정할 수 없다. 오쓰카 역사학의 구상에 대해서는 '장밋빛 일색인 유럽 근대'라는 비판과 더불어, '근대'라는 것도 구체적으로는 본디 역사적 다양성을 지니는 법이다, 특정한 '근대'를 이상화하고 그것과 일치하지 않는 것은 '뒤쳐졌다'거나 '뒤틀렸다'고 보는 역사인식은 방법으로 적절하지 않다는 식의 비판이 일었다.

마르크스역사학에서는 전후 유럽의 제국주의 이데올로기로서 '아시아적 정체성'론을 어떻게 극복할 것인가가 가장 중요한 과제 가운데 하나였고, 그 극복을 위한 입론이 다각적으로 개진되었다. 분명 중국의 이른바 황제-관료 전제국가 체제는 유럽의 봉건사회와 구조적으로 다르며, 그런 탓에 근대화의 움직임도 늦어졌다. 그렇다고 해서 중국에는 봉건사회가 없었다고 단정할 수 있는 것도 아니다. 유럽과는 다른 국가적 봉건제였다고도 할 수 있지 않은가? 그것을 '전제'와 '정체성'으로 덧칠하는 오류를 극복할 필요가 있다는 판단이었다. 그런데 근대주의역사학에서는 이 점에서 아시아적 정체성론의 그림자가 강하게 남아 떨쳐 내지 못한 듯 보인다.

나아가 근대주의역사학의 이론 체계의 근간에 대한 비판도 제기되었다. '전형'이라고 보는 '서구적 근대'에서 자본주의와 민주주의를 한 몸으로 파악하는 근대주의는 양자가 어긋나거나 상반되는 측면을 망각하고 있으며, 근대주의역사학이 자본주의의 제국주의 단계를 이론 틀에서 자리매김하지 않은 채 제국주의가 민주주의와 얼마나 날카로운 모순 관계를 낳았는가 하는 문제를 언급하지 않았던 것도 이와 관련된다는 것이다.

이런 쟁점들은 마르크스역사학의 입장에서 제국주의 연구에 지도적인 관점을 제기한 에구치 보쿠로(江口朴郞, 1911~1989년)가 전후 일찍이 근대주의 비판으로서 지적했던 문제이다(《帝國主義と民族》, 東京大學出版會, 1954년). 하지만 근대주의 쪽에서는 이론적 대응이 특별히 나오지 않은 채 막을 내렸다.

## 동아시아사와 세계사 속의 일본사

이상과 같이 마르크스역사학의 사회구성체론도 근대주의역사학의 일본근대사회론도 이론상으로는 국제적 계기를 배제하지 않았지만, 기본적으로 일국 사회의 내발 발전 이론이었다. 앞서 존재한 사회 속에서 성장하는 모순으로서 다음 역사 단계를 규정하는 생산관계와 계급관계가 성립되고, 그것이 어떻게 선행 사회의 구조를 지양(止揚)해 가는가, 그 지양의 양상과 철저함 등에 의해 새로운 역사 단계의 모양새가 규정된다는 논리이다.

그러나 현실 역사에서는 '세계 자본주의' 단계뿐 아니라 전근대 어느 역사 단계에서도 결코 일국 완결적인 역사 전개란 있을 수 없다. 그럼에도 일본사 인식에서는 대체로 일국 완결형이나 그것을 바탕으로 한 유형 비교론적 경향이 강했다. 유형 비교론은 세계사적 시야를 지닌다고도 할 수 있으나, 그 유형은 일국 완결적인 이해에 빠지기 쉽다.

그런 관점에 대한 비판은 전전 하니 고로의 〈동양에서 자본주의의 형성〉에서 이미 나타나며, 전후역사학에서도 이노우에 기요시, 에구치 보쿠로 등의 견해에서 더욱 명확하게 제시되었다. 이노우에와 에구치는 아시아적 사회의 정체된 역사 상황 그 자체를 부정하지 않지만, 그것을 아시아 사회의 내재적 요인들로서만 풀어내려는 생각에는 명백하게 반대했다. 아시아적 사회의 내재적 요인들과 자본주의적 근대의 국제관계적 측면의 복합으로서 세계사적으로 파악할 필요를 이론적으로도 명시했던 것이다.

이시모다 쇼는 전후 일찍이 어떤 민족이나 사회의 역사는 저마다 개성을 갖고 있지만 그 내면에 '세계사의 법칙'이 관통한다고 생각했다. 《중세적 세계의 형성》에서도 그러했다. 이런 생각은 사회구성사적 내발 발전론에 바탕을 두고 있다. 그러나 이시모다는 중국혁명의 진행을 보면서 저작 속에서는 극복하지 못했던 아시아적 정체성론과 일국 완결적인 인식의 극복에 혼신의 힘을 다해 매달렸다. 그래서 그 뒤에 나온 《일본의 고대국가》(岩波書店, 1971년)에서는 일본의 고대사를 중국과 조선을 포함한 동아시아 세계사의 일환으로 재해석하는 데 성공했다.

하지만 이시모다는 1970년대에 들어와서야 《일본의 고대국가》를 일궈냈다. 그 이전까지는 이런 한계를 향해 마르크스역사학 바깥에서 다양한 비판이 제기되었다.

다케우치 요시미(竹內好, 1910~1977년)는 중국 문학과 근대주의 비판이라는 입장에서, 마르크스역사학은 역사를 생산력으로 환원하고 하나의 척도로 구분하는 결정론이라고 하면서, 왜 일본만 무저항·무비판으로 서구적 근대를 수용했는지를 되물으며 중국과의 차이를 문제로 거론했다. 그러면서 중국의 역사에서는 '연속'의 계기가 강하게 기능하여 마르크스역사학과 같이 '단절'과 '단계'라는 계기를 관점으로 설정하는 것은 타당하지 않다고 지적했다.

분명 다케우치가 말한 대로 일본과 중국의 차는 단순한 생산력 단계의 차이가 아니다. 오랜 기간에 걸친 사회·문화의 양상, 민족 통합의 양상을 비롯한 여러 계기를 제쳐 두고 역사를 논할 수 없을 것이다. 여기서 다케우치는 마르크스경제학자 야마다 모리타로가 전후 "인도는 식민지화되고 중국은 반식민지화되고 일본은 독립을 지킨" 요인을 "쌀 생산력 1 대 2 대 3"이라는 수치로 설명하려 했던 것을 염두에 둔 듯하다. 그것은 너무 기계적이고 거기에서 곧바로 역사 전체를 풀어낼 수 없다는 것은 당연하다. 일본처럼 재빨리 서구적 근대를 수용한 것을 일방적으로 '진보'라고 보고 역사를 재단하려 하는 일은 너무나 일면적이라는 사실도, 중국혁명으로부터 50여 년이 지난 오늘날의 시점에 서면 더욱 더 분명해졌다. 다케우치는 마르크스역사학도 광의의 근대주의역사학과 다르지 않으며 그런 과학주의로는 중국혁명에서 발휘된 민족적 에너지를 도저히 이해할 수 없다고 생각했던 것이다.

우에하라 센로쿠(上原專祿, 1899~1975년)도 다케우치와는 전혀 다른 시각이지만, 일국 단위의 발전 단계론적 역사인식에 대해 신랄한 비판을 제기했다.

우에하라는 세계사를 구성하는 네 문명권(지역적 세계)의 병행적 전개에 주목했다. 전근대의 오랜 역사 속에서 네 문명권은 독자적으로 스스로를 형성해 왔으며, 개별 민족이나 국가가 자기 완결적으로 존재하고 발전한 것은 아니다. 그들은 자본주의의 발전과 더불어 상호 교섭하고 관련을 강화하면서 세계사를 형성한다. 18~19세기를 통해 형성된 세계사 상은 유럽 중심의 낡은 역사상이며, 네 문명권을 기초로 하는 제2차 세계대전과 전후의 세계사가 그런 낡은 역사상에 근본적인 재검토를 촉구했다고 생각했던 것이다.

이런 우에하라의 구상은 마르크스역사학이 인류사적 발전 법칙으로 생각했던 사회구성사적 발전 단계론과 달리 구체적인 역사적 교섭과 연관 속에서 전개되는 '지역'과 '세계사' 인식의 필요를 설파한 것이다. 바꿔 말하면 역사는 어디까지나 개성을 갖고 구체적인 것으로 존재하므로 '법칙'화나 '유형'화 혹은 '단계 차'로 환원할 수 없다는 말이 된다.

우에하라가 이런 세계사의 구상을 제기하고 직접 파고든 것은 '아시아의 시대'라 일컫던 1950년대였다. 아시아·아프리카 식민지·반식민지의 해방과 독립이 급속히 진행되고 유럽적 가치의 일원적 지배가 해체되어 가던 때이다. 그런 가운데 우에하라는 지구상 모든 민족과 지역의 문명이 저마다 독자적으로 역사적 형성의 걸음을 내디디고 다원적인 문명을 발전시켜 왔다는 점을 세계사 인식의 근간으로 삼았다. 그리하여 메이지 이래 서구적 근대만을 가치로 보고 그저 자본주의·제국주의의 길로 매진했던 근대 일본의 모습에 근원적인 사상 전환을 재촉했다고 할 수 있다. 후쿠자와 유키치 이래 '문명'은 곧 유럽적 가치로만 여겨 왔던 일본에 대해 중국·인도·이슬람 세계를 비롯한 지구상의 여러 지역과 문명이 지니는 의미를 다시 짚으려 했던 것이 우에하라의 세계사관이라 할 수 있겠다.

1950년대 초에는 냉전과 대미 종속의 강화 속에서 일본에서도 민족적 위기의식이 고조되고 있었다. 역사가의 눈이 민족 문제로 쏠린 것도 이 무렵이다.

돌이켜보면, 앞서 서술했듯이 일본에서는 1890년을 전후로 역사 연구에서도 역사교육에서도 일본사·동양사·서양사라는 3과 체제가 연구와 교육의 엄격한 틀을 창출했다. 그럴 즈음 동양사라는 것은 사실상 중국사였고 조선사를 체계적으로 연구하고 교육한 적은 거의 없었다. 특히 조선 병합 이후 식민 지배(동화정책)의 입장에서 조선의 일관된 역사를 국민이 알게 하는 것은 바람직하지 않다는 사고가 내내 강했다. 인도를 비롯하여 동남아시아도 중동 여러 지역의 역사도 '동양사'의 시야 바깥에 방치되었다. '서양사'란 영국·프랑스·독일 등 유럽 선진 대국의 역사이며 러시아나 이탈리아사조차 거의 무시되었다. 요컨대 고대 이래 문명의 은혜를 입은 중국과, 근대 문명의 가치를 체현한다고 보았던 영국·프랑스·독일의 역사만이 배울 만하다고 여겨졌던 것이다.

그런 생각 속에서는 이슬람 문명권 따위는 아예 시야에 들어오지도 않기 때문에 현실의 유기적인 관련 속에 존재하는 지구상의 여러 지역을 통일적인 시점에서 살아 있는 세계사로서 파악하고 자국도 세계사 속에 자리매김하고 상대화하여 고찰한다는 발상이 도저히 나올 수 없었다. 일본사 인식과 연구에서 나타난 '민족' 문제의 약화는 그런 부분에 뿌리를 두고 있었다.

3과 체제는 그런 의미에서 자국의 역사를 세계사로부터 분리한다는 것, 세계의 역사를 유기적 통일체로 파악하지 않고 자국에게 '배울 가치가 있다'고 생각되는 것만을 추출하여 배운다는 것, 이 둘을 합쳐 지극히 자국중심적인 발상에 따른 연구와 교육 체제가 이루어졌다는 말이 된다. 자국중심, 대국 지향형 역사관은 약자 무시하고 정치적으로는 제국주의를 용인하게 된다. 우에하라 센로쿠의 세계사 구상은 3과 체제에 뒷받침된 그런 제국주의적 역사 연구와 역사교육의 사상에 대한 철저한 비판으로서 새로운 세계사의 구상을 제시했던 것이다.


### '지방'·민속·여성·소수자의 시각

전후 교토에서 창설(1945년 11월)된 '일본사연구회'의 중심인물 가운데 하나였던 하야시야 다쓰사부로(林屋辰三郎, 1914~1998년)도 공언한 바는 없지만 사회구성체론 방법에 대한 비판자 중 한 사람이었다고 판단된다.

하야시야는 중세 예능사, 교토 도시사, 피차별신분사 등에 커다란 업적을 남겼는데, 일본사연구회의 활동이 시작되던 무렵 새로운 연구로서 특히 중요한 것을 다음 세 가지라고 말한 바 있다.

첫째 지방사 연구

둘째 여성사 연구

셋째 부락사 연구

그것은 일본사 학계를 향한 자극적인 발언으로 오늘날까지 여러 연구자들의 입에 오르내리고 있다. 이 셋은 오로지 기본적 계급관계에 시선을 집중하기 쉬운 사회구성체론의 보편사적 시야에서는 누락되기 쉬운 존재이자 문제이지만, 실은 한 사회의 역사적 체질을 규정하는 중요한 요소로 봐야 한다.

'지방사'란 '중앙사'(전국 지배)의 중추인 국가·지배층·정치사적 세계에 대치되는 의미의 '지방·민중·생활 세계의 역사이다. 중앙 지배층에서는 고대 이래 전통적으로 '미야코'(都)-'히나'(鄙)라는 말로 표현되어 온 '히나'의 역사이다. '히나'는 '무라'(村)라고 해도 좋다. 전전에는 향토사가 말고는 눈을 돌린 사람이 없었다. '히나'가 국가의 역사 속에서 독자적인 의미와 역할을 지닌 적이 없다고 여겨졌던 것이다.

그러나 패전과 더불어 '대일본제국 국민'이라는 균질적 '국민' 환상이 해체되고, 민중이 생생하게 살아온 고유의 장과 그 속에서 살아온 민중의 생활과 문화를 제쳐둔 채 일본국의 사회적 실체를 논할 수는 없다는 점이 또렷하게 인식되어 갔다. 전후의 '지방사연구협의회' 창설도 그런 문제의식을 바탕으로 추진되었으며, 하야시야는 이 점을 전후 신속히 자각하여 강조했던 것이다.

이러는 동안 지방사연구협의회는 고다마 고타, 스기야마 히로시(杉山博), 기무라 모토이(木村礎), 하야시 히데오(林英夫) 등이 중심이 되어 전국 각지의 지역연구 단체나 개인과 연락을 추진하여 '향토사'의 고립 분산 상황을 극복하는 데 노력했다. 지방에서도 나가노 현의 이쓰시 시게키(一志茂樹, 1893~1985년)는 '시나노사학회'의 중심에 서서 잡지 《시나노》(信濃)를 키워 냈다.

한편, 전전의 일본 역사학에서 '여성사'를 염두에 두는 일은 극히 적었다. 기다 사다키치는 여성사에 관심을 기울인 드문 존재였다. 그가 교토제국대학 교수 시절 후진에게 남긴 것 가운데 하나가 여성사이며, 하야시야도 그의 지적을 깊이 받아들이지 않았을까 싶다(기다가 교토제국대학에 근무하던 무렵 하야시야는 아직 대학에 입학하지 않았기 때문에 직접 가르침을 받은 것은 아니다).

일본의 역사를 중앙사·정치사적 입장에서 본다면, 여성은 겨우 여제(女帝)나 여성의 입궁 또는 뇨인(女院, 태황태후·황태후·황후나 그에 준하는 지위를 가진 여성—옮긴이)과 같은 한정된 문제로서만 시야에 들어왔을 것이다. 그러나 하야시야가 전공한 중세 예능사나 중세 도시민사에서 여성은 언제나 역사의 주 무대에 존재했다. 여성들의 다채로운 활동을 제쳐두고 중세 사회의 구체적 모습을 논할 수 없다. 이따금 교겐(狂言, 해학적인 요소를 지닌 일본의 전통 예능—옮긴이)의 소재가 된, 기지와 용기가 뛰어나고 장사에도 재능을 보인 여성들은 가부장제 지배 일색으로 도배된 가족사에서는 보이지 않는 부분이다. 하야시야의 착안은 그 뒤 와키타 하루코(脇田晴子), 다바타 야스코(田端泰子) 같은 이들에 의해 본격적인 중세 여성사 연구로 추진되어 간다.

세 번째는 피차별부락사 연구이다. 이것이야말로 기다 사다키치가 개척자로서 영예를 누릴 분야이며, 예능사 연구를 주된 테마로 삼은 하야시야 같은 역사가에게 피차별부락사는 특히 밀접한 관계가 있다. 중세 예능인의 대부분은 때때로 '비천(卑賤)한 예능'이라는 말에서 알 수 있듯이 천시당한 신분 사람들이 많이 담당했고, 예능사와 피차별신분사의 사료는 거의 겹친다.

그러나 교토는 천황·조정의 반대편에 불가결한 존재로서 피차별 신분을 필요로 하는 특유한 사회구조를 지니고 있었다. 죽은 사람과 우마의 처리, 취조나 형벌 집행 등의 하급 직무는 모두 '게가레'(ケガラ, 不淨 — 옮긴이)와 관련되기에, '청정'(淸淨)이 절대적으로 요구되는 천황의 거처 교토에는 필연적으로 가장 농밀하게 피차별민이 존재했다. 이들은 한쪽에서 갖가지 '기요메'(淸目, 오물과 부정한 물건의 청소를 담당 — 옮긴이)와 '고토호기'(コトホギ, 축수 — 옮긴이)에 관한 예능을 도맡았던 것이다. 이런 피차별 신분은 교토와 그 주변에서는 근세·근대에 이르기까지 특히 많았고, 전후에도 부락해방운동이나 그에 관한 연구는 모두 교토를 중심으로 이루어졌다. 전후의 탁월한 연구는 그런 사회적 풍토 속에서 산출되는데, 하야시야가 내놓은 생각과 연구 실천이 선구적인 역할을 수행했다. 이런 문제에 대해서는 뒤에 다시 살펴볼 것이다.

하야시야가 제안한 지방사·여성사·부락사가 50년이 지난 지금 시점에서 되돌아보면 얼마나 선견지명이 있고 중요한 일이었는지 드러난다. 세 분야는 한편에서 보면 그야말로 민중의 현실적 존재 형태 그 자체이다. 하야시야는 일본 사회의 역사적 현실을 마르크스역사학처럼 기본적인 계급관계를 중심으로 보편화·이론화하는 방향에 대해 명시적으로 부정하지 않았지만, 민중 그 자체의 구체화라는 면에서 새로운 경지를 크게 열어나갔던 것이다. 서쪽(관서의 의미 — 옮긴이)의 하야시야는 전쟁에서 스러진 동료 학자이자 벗인 시미즈 미쓰오와 더불어, 동쪽(관동의 의미 — 옮긴이)의 벗이자 라이벌인 이시모다 쇼의 마르크스역사학을 늘 의식하고 있었음에 틀림없다. 그것은 역사인식의 방법과 이론의 근본과 깊숙이 결부되는 문제였다.

하야시야 다쓰사부로와 같은 세대로서 역시 '민중'에 눈을 돌린 역사가에 와카모리 다로(和歌森太郎, 1915~1977년)도 있다. 와카모리는 《슈겐

도사 연구》(修驗道史研究, 河出書房, 1943년, '슈겐도'는 심산유곡에서 혹독한 수련을 행하는 토속 신앙 — 옮긴이)에 드러나듯이 전시기부터 역사에서 토착적·민속적인 것에 눈을 돌려 문헌사학에서 출발했으면서도 야나기타 구니오로한테서도 직접 배웠다. 전후에는 《국사에서의 협동체 연구 상》(国史における共同体の研究 上, 帝国書院, 1947년), 《중세 협동체의 연구》(中世共同体の研究, 弘文堂, 1950년)로 대표되듯이 사회조직으로서 '협동체'의 양상을 추적했다. 와카모리의 그런 작업도 마르크스역사학이 민중을 계급 범주로 환원하는 방법에 대해 어느 정도 비판을 바탕에 깔고 있다고 생각된다. '계급'은 이론적 추상화를 이룩하는 차원에서는 부정하기 어려운 기초적 이론 범주이나, 민중의 생활과 구체적 차원에서는 온갖 '협동체' 관계 속에서 비로소 존재할 수 있다. 와카모리도 역사적 사회 인식에서 추상화·보편화를 통해 민중의 모습의 본질에 다다르는 길을 택하지 않고, 좀 더 생활적·일상적 차원으로 파고듦으로써 이해하려고 했다고 할 수 있다.

역사인식에서 이론적 추상화와 '보편'을 지향하는 사고방식은 생활과 일상의 구체성으로 나아가는 구체화와는 상반된 방향이지만, 전후의 계몽사상 고양기에는 전자가, 침체와 반성의 시기에는 후자가 특히 주목을 받고 전면에 나선 것이 아닐까 싶다. 둘을 양자택일함으로써 서로 다른 쪽을 배제하는 것으로 보지 말고 학문의 방법으로서 상호보완적으로 승인하며, 그를 통해 역사인식을 풍부하게 할 필요가 있다.


### 역사의 단절과 연속

역사에서 '보편'(법칙 인식)의 측면에 역점을 둘 것인가, 아니면 역사는 어디까지나 구체적이고 개성적이라는 역사주의로 일관할 것인가는 세계사적으로도 18세기 이래의 물음이었으며, 일본의 근대역사학에서도 메이지 이래의 물음이었다. 이미 서술했듯이 메이지의 문명사와 계몽사학에서 전후의 근대주의역사학, 마르크스역사학에 이르기까지는 경향으로서는 법칙 인식을 받아들였다. 법칙 인식은 일종의 과학주의이며 역사주의는 일종의 낭만주의로 기울기 쉬운 성질을 띤다.

'보편'인가 '개별'인가와 같이 역사관을 둘러싼 기초적 문제와 깊숙이 연결된 또 하나의 쟁점은 역사에서의 '단절'과 '연속'이라는 문제이다. 역사인식은 시대나 단계의 문제를 회피할 수 없는 경우가 많다. 역사를 개별 사실의 일회적 사상(事象)으로 보는 역사주의적 역사관에서조차 장기적인 역사 과정에 어떤 단계나 시대와 같은 구분을 전혀 설정하지 않을 수는 없을 것이다.

그러나 그런 경우에도 두 역사 단계 또는 시대 사이 '단절'의 측면에서 더 큰 역사의 의미를 찾아낼 것인가, 아니면 양자 사이의 '연속'을 중시할 것인가는 역사관의 문제로서 중요하다. 법칙 인식을 중시하는 경우에는 대개 '단절'의 측면에 주목한다. '개별'을 강조하고 역사는 다른 과학과는 달리 궁극적으로 일회적 사실(史實)의 기술이라 보는 경우에는 대개 '연속'의 측면을 중시한다.

'보편'과 '법칙' 인식은 '있는 그대로'의 일회적 사실 존중이라는 랑케 이래의 사고방식과는 달리 역사의 '진보'나 '발전'을 주축으로 삼기 때문에 두 단계나 시대 전후의 차이를 먼저 묻게 된다. 그 차이를 밝히는 것이 역사의 '진보'를 확인하는 것이 된다. 역사의 '진보'에 회의적인 비판자는 이따금 마르크스역사학은 '생산력의 발달'을 '진보'의 유일한 내용으로 설명한다고 비난하지만 그것은 오해이다. 역사적 사회의 '진보'는 경제뿐 아니라 인권·자유·민주주의·'문명'을 비롯한 더욱 복잡 다양한 인류적 가치의 총체로 이해할 필요가 있다.

근대주의나 마르크스역사학은 '단절'에 의해 확인되는 각각의 단계나 시대의 양상을 이념화하고 거기에 관통하는 '보편'과 '진보'를 발견하며, 그것을 척도로 구체적인 역사적 사회를 인식하고 '의미'를 생각하고 평가하고자 했다. '단절'의 측면에서 원리와 기본적인 것을 파악하고 '연속'의 측면에서는 구체적인 것의 변혁이나 진보의 불철저함, 옛 것에서 남은 제도나 전통, 그 역사에서 전제된 규정 요소, 또는 옛 것과 새로운 것의 구조적 결합 양상을 인식하려고 했다. 오쓰카 히사오의 '전형'과 '뒤틀림'이나 야마다 모리타로의 일본 자본주의의 구조적 특질로서 '형'(型)론이 그러하며, 마르크스역사학의 메이지유신사론도 그 두 관점에서 전개되어 갔던 것이다.

따라서 근대주의나 마르크스역사학에서 '단절'만을 주시하여 '연속'을 가벼이 여기거나 무시한 것은 아니다. 마루야마 마사오는 일본 사상사에서 '고층'(古層)이라는 중요한 문제를 제기했다. '근대'로서의 기본적 성격은 명확해도 그 밑바닥에서 지속되는 전근대 이래의 습속, 의식, 행동 양식, 사회통합 양식 등 체질적인 것은 '고층'과 불가분하며, 그런 의미에서 역사학은 '단절과 연속' '혁신과 전통'을 통일적으로 이론화할 필요가 있다고 생각했던 것이다. 또 다카하시 고하치로도 전후 일찍이 출간한 《근대사회 성립사론》(日本評論社, 1947년)의 서론에서 일본 사회에 나타난 사회구성의 중층 구조를 지적했는데, 이것도 같은 문제에 주목했다고 할 수 있다.

역사인식에서 '연속'을 중시하는 입장에서는 '일본'과 '일본인'의 '전통'이나 '일본적인 것'이 강조되며, 일본 역사의 '연속'을 국가나 민족의 '자랑'으로 삼아야 한다는 생각과 통하는 점도 놓칠 수 없다. 그런 역사 환상적인 역사론은 별도로 하더라도, 역사의 학문적인 인식 작업으로서 그런 '단절'과 '연속'의 양면을 따로 분리하지 않고 구조적·통일적으로 추구하는 일은 역사학에서 대단히 중요하다. '전후역사학'에 대한 비판은 대부분의 경우 근대주의·마르크스역사학의 '법칙 인식'과 그 '공식성'

또는 '단절' 중시에 쏟아졌다. 그런 경향을 완전히 부정할 수는 없지만, 역사인식이 이론화를 부정하고 개별 실증주의적 연구에만 귀착된 경우의 역사학에 불러일으킬 혼란은 일종의 구심력 상실에 따른 연구의 세분화가 될 것이다. 이와 관련된 문제는 1970년대 이후 점차 현저해진다.

| 참고문헌 |

幼方直吉・遠山茂樹・田中正俊 편, 《歷史像再構成の課題—歷史学の方法とアジア—》, お茶の水書房, 1967년.

《遠山茂樹著作集》 전9권, 岩波書店, 1991~1992년.

《江口朴郎著作集》 전5권, 青木書店, 1974~1975년.

《上原專祿著作集》 전28권, 評論社, 1987년.

竹內好, 《日本イデオロギイ》, 筑摩書房, 1952년.

林屋辰三郎, 《日本史論聚》 전8권, 岩波書店, 1988년.

《一歷史家の軌跡》, 悠思社, 1993년.

信濃史学会, 《地方史に生きる—聞き書—志茂樹の回想—》, 平凡社, 1984년.

《和歌森太郎著作集》 전16권, 弘文堂, 1980~1983년.

《東アジア世界における日本古代史講座》 전10권, 学生社, 1980~1986년.

石田雄, 《近代日本政治構造の研究》, 未來社, 1956년.

藤田省三, 《天皇制国家の支配原理》, 未來社, 1966년.

《近代日本思想史講座》 전8권・별권 1, 편집 家永三郎, 加藤周一, 竹內好, 丸山眞男 외, 筑摩書房, 1959~1961년, 단 제2권과 별권은 간행되지 않음.

# 3
# 고도 경제성장과 일본사학의 전환

### 실증주의역사학의 발전과 변모

전후 10년이 지난 1955년 무렵 이후 일본 경제는 새로운 성장 궤도에 올랐고, '60년 안보'(1960년 6월 15일 '안보 반대' 시위에 참가한 도쿄대학 국사학과 학생 간바 미치코樺美智子는 국회 안으로 진입하는 과정에서 경찰과 충돌 속에 사망했다)를 거쳐 1960년대에는 고도 경제성장의 시대로 들어갔다.

일본 역사학계에서는 1962년부터 1964년에 걸쳐 전후 일본사 연구의 성과를 총괄하는 뜻에서 《이와나미강좌 일본역사》(전23권)가 간행되었다. 이시모다 쇼·이노우에 미쓰사다를 비롯한 11명이 편집위원이 되었는데, 그 면면은 아카데미즘실증주의 학자에서부터 마르크스역사학을 포함한 전후역사학까지 넓은 범위에서 중심적인 일꾼들이었다.

그것은 단순한 혼성부대라는 의미가 아니다. 전전 마르크스역사학은 치안유지법 아래 억눌린 채 아카데미즘실증주의역사학과 교류는 거의 닫혀 있었다. 역사학연구회가 미약하나마 교류 창구로서 가능성을 갖고 있었는데, 앞서 살펴보았듯이 그마저도 전쟁 말기에는 연구 활동조차 불가능해졌다. 전후가 되면 이런 상황이 결정적으로 달라지게 된다. 전후 마르크스역사학과 아카데미즘실증주의역사학은 객관적으로도 심정적으로도 서로를 '다른 세계'로 느끼지 않게 되었고, 시대를 막론하고 상호 교류가 연구의 전진을 위해 절실하다는 점을 인정하게 되었다. 마르크스역사학에는 이미 언급한 이론적·방법적 틀이 존재했고 그것이 실증주의역사학의 역사주의적 사고에서는 비판의 대상이 되었지만, 마르크스역사학도 전후 연구에서는 전전처럼 오로지 그런 사람들에 의해 정치적 운동의 사상적 무기로서 연구되던, 이른바 초보자의 역사학은 아니었다. 앞서 살펴보았듯이 중국 법제사의 권위자로서 국제적으로도 신뢰를 받았던 니이다 노보루가 있었다. 중국사의 전호제(佃戶制)에 마르크스역사학의 농노제 범주를 적용하여 중국에서의 봉건제 문제를 생각하고자 한 것은 니이다로서도 마르크스역사학 이론의 유효성을 실감했기 때문일 것이다. 뒤집어 보면 이런 사실은 마르크스역사학도 아카데미즘화했다는 것이기도 하다.

전후 마르크스역사학이 아카데미즘 역사학의 한 방법으로 자리하는 가운데 실증주의역사학도 전통적인 관심의 틀을 확대하여 급속히 스타일을 바꿔 나갔다.

그런 의미에서는 아카데미즘 역사학과 마르크스역사학이 서로 연구 과제를 공유해 갔고 방법이 서로 다르다는 점을 인정하면서도 연구 교류와 협력을 심화시킬 수 있게 되었다. 《이와나미강좌 일본역사》가 발간되던 무렵에는 전후 새 교육·연구 제도 아래에서 전전과는 달리 엄격한 연구 훈련을 받은 전후 1세대가 이미 제일선에 서게 되었다. '이와나미강좌'의 집필자를 보더라도 고대사의 무라이 야스히코(村井康彦), 중세사의 이시이 스스무(石井進), 구로다 도시오, 가사마쓰 히로시(笠松宏至), 근세사의 사사키 준노스케, 와키타 오사무(脇田修), 근현대사의 시바하라 다쿠지, 가노 마사나오(鹿野政直), 오에 시노부(大江志乃夫), 마쓰오 다카요시(松尾尊兌) 같은 30대 젊은 연구자들이 다채로운 방법적 입장에서 연구사·사학사에 남을 중요한 논문을 집필했다.

여기서 전후에 연구의 길로 나아간 젊은 연구자와 그들의 작업을 모두 훑어볼 필요는 없겠다. 예시적으로 이름을 든 분들만 우수하다는 애기가 아니라는 점은 오해를 피하기 위해 특별히 강조해 둔다. 중국혁명의 진행과 건설 속에서 '백화제방 백가쟁명'이라는 말이 인상적이었는데, 이 무렵의 일본 역사학계에서도 그 말이 꼭 들어맞을 정도로 활기가 넘쳐났다.

요즘 전후 사학사가 화제가 될 때면 '전후역사학'이라는 말이 때때로 부정적인 뉘앙스로 사용되며, 그 내용은 단순화된 '단선적 발전단계론'으로 뒤바뀐다. 그러나 그런 이해는 지금까지 서술해 온 전후역사학의 다채롭고 활발한 성과를 굳이 단순화하고 스스로 그 안의 풍부한 결실마저 버리겠다는 것은 아닐까? 마르크스역사학의 사회구성체론을 비롯한 이론 틀을 역사의 추이 속에서 재검토해 나가는 것은 당연한 일이다. 그런 반면에 그것이 한 시대와 사회를 전체적으로 인식하는 거대 이론으로서 적극적인 역할을 지녔기 때문에 실증주의역사학의 개별 연구 성과들도 자리매김이 명확해지고 되살아난다는 측면을 무시할 수 없다. 마루야마 마사오가 마르크스역사학을 평하면서 "이론(또는 법칙)과 현실의 안이한 예정조화의 신앙"(《日本の思想》, 岩波新書, 1961년)이라고 한 것은 일면 정곡을 찌르고 있지만, 1960년대 무렵까지 축적된 마르크스역사학의 이론과 전체적 인식이 전후 다면적인 실증 연구에서 필요한 논점이나 과제를 명확히 했다는 점도 놓쳐서는 안 된다.

캐나다 출신의 저명한 일본 근대사가 허버트 노먼은 "역사에서 소중한 것은 전체의 윤곽과 긴요한 세부이다"(《クリオの顔》, 岩波新書, 1956년)라고 했다. 나는 전후 마르크스역사학은 '긴요한 세부'의 발견으로 나아가는 첨병 같은 역할을 담당했다고 생각하고 있다.

## 아사오 나오히로의 제언, '일본 근세사의 자립'

전후의 새로운 시각과 개별 연구의 집적에 힘입어 각 시대 사회의 기본 구조를 어떻게 파악할 것인가 하는 시도는 앞서 서술한 대로 1960년대를 통해 크게 진전되었다. 그런 상황의 일환으로 1965년 아사오 나오히로(朝尾直弘, 1931~ )는 〈일본 근세사의 자립〉이라는 논문을 발표했다(《日本史硏究》 81호, 1965년 11월. 같은 제목의 논집으로 1988년 校倉書房에서 간행). '자립'이라는 용어는 당시 아라키 모리아키의 '다이코켄치'(太閤檢地)론과 관련하여 근세 사회 성립 기초 과정의 지표를 '소농민의 자립'에서 찾는 학설이 중세·근세에 선풍을 일으켰던 데서 따 부쳤을 것이다.

아사오의 주된 논지는 전후의 근세사 연구는 특히 1945년부터 1953년 무렵까지는 '막말 경제단계론'이 중심이 되었고, 1960년대 초에 걸쳐서는 '막번제 구조론'이 중심이 되었는데, 그 어느 것도 근세사를 근대사 인식의 전제라는 시각에서만 추구하고 있다는 점이다. 근세 사회를 독자적인 사회구성체로서 전 구조적으로 인식하려는 자세를 취하지 않고 근세사 연구는 근대사 연구에 종속된 상태였다는 것이다. 그 점을 극복하고 근대사에 종속된 근세사 연구를 해방시켜 독자적인 사회구성체로서 다시 살펴볼 필요가 있다는 게 '근세사의 자립'이라는 것이다.

분명히 초기의 '막말 경제단계론'은 전후 개혁기여서 후지타 고로(藤田五郎, 1915~1952년)를 비롯한 핵심 연구자들은 전전의 《일본 자본주의 발달사 강좌》를 출발점으로 삼아 일본 자본주의 논쟁의 쟁점이었던 '혁명의 성격' 규정에서 빼놓을 수 없는 전제 인식으로서 이 문제를 다루었다. 또 막번제 구조론 제2기에서도 중심 논자인 아라키 모리아키의 주제는 농지개혁이 맞서야 했던 기생지주제 연구에 있었고, 그런 문제의 기점으로서 막번제 하 농민적 토지 소유의 성격을 문제로 삼았던 것이다. 하지만 둘 다 에도 시대의 사회를 그 자체로서 전 구조적으로 파악하는 것을 주목적으로 하지는 않았다.

이렇듯 현실적 과제를 주제로 하여 그것을 이해하는 데 필요한 만큼 과거를 본다는 일종의 실용주의적 방법은, 앞에서도 언급했던 오노 다케오를 비롯하여 여러 전문 분야에서 일찍부터 있어 왔다. 그러나 후지타 고로나 아라키 모리아키의 경우는 그와 달리 자신의 전문 문야인 경제사 연구에서 근세나 중세의 인식을 근대의 인식에 필요한 전제로서만 다루려고 했기 때문에 아사오 나오히로가 지적한 바는 당연하다고 하지 않을 수 없다.

전후의 마르크스역사학에는 그런 성급한 일종의 정치적 실용주의가 있었고, 당면한 개혁에 필요한 것만 뽑아내 논의하는 경향이 있었던 점도 부정할 수 없다. 변혁에서 민중적 주체와 그 투쟁을 너무 중시한 나머지 백성잇키나 쓰치잇키 같은 농민 투쟁이 그 시대 사회의 전 구조 속에서 이해되지 않고, 손쉽게 '혁명의 전통'이라는 식으로 다루어지게 된 데 대해서는 차츰 반성이 깊어졌다. 백성잇키에 대해서도 가령 쓰다 히데오(津田秀夫, 1918~1992년)가 규명했듯이, 잇키 형태는 갖추지 않았으나 투쟁 기초 면에서는 훨씬 지역적으로 넓고 일상적적인 생업의 양상과 결부된 '고쿠소'(国訴) 등의 중요성이 주목을 받게 되었다(《封建經濟政策の展開と市場構造》, お茶の水書房, 1961년; 《封建社会解体過程研究序說》, 塙書房, 1970년).

전후 이른 시기의 마르크스역사학에 실용주의적 결함이 있었다는 사실은 이시모다 쇼가 제창한 '마을의 역사와 공장의 역사를 조사하자'는 계몽운동('국민적 역사학 운동')에도 짙게 나타났다(《歷史と民族の發見》정·속, 東京大学出版会, 1952·1953년). 역사학 연구의 성과를 국민 대중의 것으로 하기 위한 보급 노력은 필요하고도 당연하지만, 본디 역사인식에 필요한 사료 비판이나 다각적인 시각·이론 등을 경시하고 하나의 도식과 결론만을 국민에게 밀어붙이는 잘못을 저질렀다고 하지 않을 수 없다.

그런 점을 염두에 두면 아사오의 제언 '근세사의 자립'은 정곡을 찌르는 일이었다. 실제 아사오는 자신의 제언을 실현하기 위해 도요토미(豊臣) 정권·막번 체제의 전 사회적 규모에서의 성립 과정을 이론과 실증 양면에서 엄밀하게 추구했고, '소농민 자립' 문제부터 '국가'의 문제까지를 처음으로 통일적으로 파악하는 길을 개척했다(《將軍權力の成立》, 岩波書店, 1994년).

이런 아사오 나오히로의 발언과 작업이 가능해지기 위해서는 아라키 모리아키뿐 아니라 기타지마 마사모토(北島正元), 고다마 고타, 후루시마 도시오, 야마구치 게이지(山口啓二), 후지노 다모쓰(藤野保), 사사키 준노스케, 미키 세이이치로(三鬼淸一郎), 와키타 오사무를 비롯한 근세사 연구자나, 고바타 아쓰시(小葉田淳)의 광산사(鑛山史) 연구도 중요한 의미를 지닌다. 광산 문제는 막부의 삼화(三貨, 동전과 금·은화—옮긴이) 체제나 무역 독점의 열쇠라고 할 만한 것인데, 아사오는 그런 제 연구를 널리 수용함으로써 에도 시대의 정치·사회구조의 연구 수준을 끌어올렸다 하겠다.

이런 작업들은 어느 것 할 것 없이 다양한 역사관과 방법을 지닌 연구자의 협력 위에 성립되는 법이다. 그것을 통해 1960년대에는 여러 시대에 걸쳐 각 사회의 기본적 구조와 그 추이라고도 할 수 있을 시대 인식의 큰 틀에 관해 어느 정도 공통된 인식이 형성되었고, 전후의 일본사 연구가 통설이라 부를 만한 내용을 계통적으로 형성하기에 이르렀다.

오늘날(2002년)의 시점에서 보자면 그것은 이제 '고전적 학설'이라 불리며 연구의 최전선에서 보자면 넘어서야 할 대상으로서만 비칠지도 모른다. 하지만 일본사에 관한 기본적 이해의 '국민적 기준'이라고 할 수 있으며, 오늘에 이르는 고등학교 일본사 교과서의 기초도 이 시기에 형성되었다고 봐도 좋다.

## '근대화론'의 등장과 '일본문화론' '일본사회론'

1960년대에 들어서면 '근대화론'이 등장한다. '근대화'라는 단어만을 보면 지금까지 언급해 온 '근대주의'와 혼동될 수도 있지만, 관점도 성질도 전혀 별개이다.

'근대화론'은 원래 냉전 하에서 미국이 소련 사회를 보는 관점을 둘러싼 논의 속에서 생겨났다. 1950년대에는 소련 사회를 나치와 같은 부류로 취급하여 '전체주의'로 단정하는 논의가 성행했는데, 월트 로스토 (Walt Rostow, 1916~2003년)는《경제성장의 제 단계: 한 비공산주의 선언》(經濟成長の諸段階――一つの非共產主義宣言―, 木村健康 외 옮김, ダイヤモンド社, 1961년)에서 미국·소련을 포함하여 '근대'의 전 과정을 '전통사회―도약 준비―도약―성숙―대중소비'라는 단계론의 형태로 파악하고 양자가 어디서 분기('민주주의'와 '공산주의'의 분기)하는가의 문제에 대한 설계도를 내놓았다. 이 책에 따르면 소련은 '도약기'에서 제1차 세계대전의 타격으로 좌절했고, 일본은 서구와 닮은 형태로 '도약'에 성공한 아시아의 유일한 사례가 된다. 그것은 흐루시초프의 '평화공존' 정책기에 미국의 세계 전략이 요구하는 경제·정치 지도로서 구상되었다고 할 수 있다.

같은 무렵 일본에서는 J. W. 홀, R. P. 도어, 가와시마 다케요시, 오우치 쓰토무(大內力), 도야마 시게키 등을 중심으로 한 '근대일본연구회의'의 '일본 근대에 관한 국제심포지엄'이 하코네(箱根)에서 개최되었다 (1960년). 이 심포지엄을 계기로 일본의 근대, 나아가 그 전제인 근세도 포함하여 전후역사학과는 다른 시각에서 시대 인식이 활발하게 제시되었다. 크게 보자면 다음과 같이 정리할 수 있다. ① 메이지 이래 일본은 '근대화'에 성공했다. ② 그 역사적 전제로서 근세(에도 시대)는 봉건제라는 서구와 공통의 사회 유형을 지녔고, 권력의 집중과 분산이 공존했으며,

일정 수준의 관료제와 같이 근대로 이어지는 사회조직 형태를 형성하고 있었으며, 일반적인 교육 수준도 높았던 것이 메이지 이후의 성공을 가능하게 했다. ③ 현재 진행 중인 경제의 놀랄 만한 고도성장은 그런 역사적 전제 위에 가능해졌다. 이런 인식은 경제학의 성장 이론을 메이지 또는 에도 시대까지 소급 적용하여 계량적 방법을 구사함으로써 그 발전을 논증하려는 것이기도 해서, 사람들의 눈에 계량경제사가 새로운 연구 방법의 총아로 비치게 되었다.

마르크스역사학과 근대주의역사학이 일본 '근대'의 내부에 뿌리 깊게 존재하는 전근대적 요소를 여러 각도에서 추출하고 그것을 극복하는 일이야말로 당면 과제라고 생각했던 데 비해, '근대화론'은 이른바 일본의 근대는 메이지 이래 대성공이라고 하므로 전후역사학 쪽에서는 당연히 신랄한 반론도 제기되었다. 에도 시대와 메이지를 경제성장이라는 측면에서 직선으로 연결시켜 메이지유신이라는 변혁을 무시하고 있다, 막말의 유신 변혁과 '단절'에 의해 메이지 이후의 발전이 가능해진 것이 아닌가와 같은 지적이다. 여기서는 역사에서의 '단절'과 '연속' 문제가 쟁점이다. '전전'과 '전후'에 대해서도 마찬가지다. 전후의 대개혁(농지개혁·재벌 해체·사회 민주화)과 같은 '단절'이 고도성장을 불러일으켰다고 보는 것이 전후역사학의 기본 인식이었다.

그러나 1960년대 후반이 되어 고도성장이 점점 속도를 높여 가자 아시아 여러 지역에서도 일본의 '성공'을 모델로 삼으려는 기운이 높아졌고, '근대화론'의 관점을 받아들이려는 움직임이 일본 학계에서도 커져 갔다. 전후역사학이 에도 시대에 대해서도 메이지 이후의 사회에 대해서도 당면한 변혁의 방향을 밝힌다는 문제의식 속에서 이른바 '부'(負)의 측면을 중시하고 강조한 것은 당연하다고 하겠으나, 반면에 거기서 달성된 측면을 드러내는 점이 약했다는 것도 사실이다. 예를 들어 에도 시대의 경우 후기의 근대적 제반 관계의 맹아나 체제의 모순을 규명하는 쪽으로 주제가 설정되어 3도(에도, 교토, 오사카―옮긴이)를 비롯한 도시의 사회구조·생활·문화나 유통의 실태와 의미를 둘러싼 연구가 대체로 지체되고 만 점도 부정하기 어렵다. 이렇게 '근대화론' 같이 이른바 '낙천적' 근세·근대관을 그대로 역사인식으로 긍정할 수는 없으나, 현실 시대 상황의 흐름 속에서 '보이는 것, 보이지 않는 것, 보려고 하는 것, 보려고 하지 않는 것'에 추이가 있다는 것은 자연스러우며, '근대화론'이 미국의 세계 전략에 대응하는 이데올로기적 경향이 있다고 해도 기존과는 다른 관점을 제시했다는 의의는 나름대로 인정할 수밖에 없겠다.

한편 이 '근대화론'에 앞서 우메사오 다다오(梅棹忠夫)는 1950년대 후반 이래 발표해 온 논문을 집대성하여 《문명의 생태사관》(文明の生態史觀, 中央公論社, 1967년)을 출간했다. 지구의 생태계 구분에 따른 문명의 다원적 발전을 더듬어 보려고 한 글로벌한 시도이며, 마르크스역사학의 사회구성체 발전 이론이 유럽의 기준에 따른 단선적·일원적 발전 단계 이론이었던 데 대한 비판의 의미를 담은 것이기도 했다.

이리하여 1960년대는 일본의 고도 경제성장이 세계의 주목을 받거나 칭송받는 가운데 '일본문화론' '일본사회론'도 성행했다. 문화인류학자 나카네 지에(中根千枝)는 비교사회유형론의 견지에서 일본 사회를 '수직적 사회'라는 형태로 특징짓고자 했다(《タテ社会の人間関係》, 講談社, 1967년). 일본 '성공'의 유래와 비밀을 파헤치려 한다는 의미에서는 역시 1960년대다운 의견이었다. 근대 일본의 역사를 돌아보면 '일본문화론'은 이따금 내셔널리즘과 결부되어 서구 모델의 근대화에 대한 반성 또는 반동으로서 등장하지만, 이 고도성장기의 일본문화론도 실제로는 같은 종류였다. 그 즈음 구미적인 것, 중국적인 것에 대해 순수하게 일본 독자적인 것이 있었고 그것이야말로 고도성장의 근원적 요인이라 보는 사고방식은 당연하지만 독선적이고 자국 중심적인 관점에 빠지기 쉽다.

가토 슈이치(加藤周一, 1919~2008년)는 '잡종문화론'(《雜種文化》, 講

談社, 1956년)을 제기하여 일본 문화의 발달을 외부에서 온 다원적 요소의 수용과 일본화라는 측면에서 살펴봐야 한다고 주장했다. '일본 문화'를 이른바 국민성론과 같이 고정적이고 배타적인 발상에서 논의하는 것의 위험성을 지적한 것으로, 아시아 · 유럽 · 아메리카의 문명과 접촉하는 과정(미국, 독일, 캐나다 등지의 대학에서 강의 — 옮긴이)에서 자기 형성을 해 온 가토다운 주장이며, 일본 문화 · 사회사를 보는 눈으로서 중요한 의미를 지닌다.

### 이에나가 사부로의 교과서검정 소송과 역사 재인식론

고대에서 근대에 이르는 사상사 · 문화사에 폭넓은 업적을 쌓은 이에나가 사부로(家永三郞, 1913~2002년)는 1965년 6월, 자신의 저작인 고등학교 일본사 교과서에 대한 문부성의 검정(1862년 불합격, 이듬해 조건부 합격)이 헌법에 보장된 표현의 자유, 검열 금지, 학문의 자유 등을 위반했고, 나아가 교육기본법이 정한 교육행정에도 반한다며 국가배상 청구소송을 냈다. 이어 1967년에는 전년의 개정검정신청 불합격에 대해 처분 취소를 요구하는 행정소송을 제기했다.

패전 뒤 교과서는 전체적으로 국정제에서 검정제로 전환되었다. 국가가 직접 교육의 내용을 전면 관리하고 획일적인 내용을 강요했던 잘못을 반성한 결과이다. 그런데 냉전 아래 1953년 이케다(池田)-로버트슨 회담에 따라 '방위력 점증' 방침이 확정되고 "그에 방해되는 흐름을 제거한다"는 방침이 채택되었다. 문부성은 그런 방향으로 정책을 추진하고자 교과서 검정을 엄격하게 하여 사회비판이나 평화주의 경향이라고 보이는 교과서 서술을 강권으로 배제하는 쪽으로 움직였고, 우에하라 센로쿠 등이 집필한 세계사 교과서가 불합격되는 사태까지 발생했다.

다수의 역사 연구자와 역사 교육자는 교육을 향한 국가권력의 부당한 검정의 실체를 알게 되자, 소송을 지원하는 '교과서검정 소송을 지원하는 역사학 관련자 모임'(教科書檢定訴訟を支援する歷史学関係者の会)을 결성하여 법정 증언 준비와 증인 출정을 도왔다. 그런가 하면 한쪽에서는 역사교육을 통해 사회비판의 눈을 키우는 것을 탐탁찮게 여기고 전쟁 책임이나 식민 지배 등 어두운 과거는 외면하고 일본 역사를 좀 더 '밝게' 그려 내어 젊은이들의 '애국심'을 일깨우자는 의견도 재계나 일부 지식인들 사이에서 나왔다.

게다가 고도성장에 자신감을 얻어, 일본은 이미 선진국에 진입한 경제대국이 되었다는 이른바 '근대'에 대한 성취감이 강해져서 패전 이래의 우울함을 털어 버리려는 분위기도 감돌기 시작했다. 그런 가운데 후진성의 자각에 입각하여 전후역사학이 창출해 낸 일본의 역사상을 재검토하자는 목소리도 점차 뚜렷해지기 시작했다. 하야시 후사오(林房雄)는 1964년 《대동아전쟁 긍정론》(番町書房)을 발표했는데, 1960년대 후반에는 극동국제군사재판(도쿄재판)의 '태평양전쟁'관을 승자의 일방적 강요라고 보는 의견도 나오게 되었다. 철학자로서 일본 역사에 큰 관심을 가졌던 우에야마 슌페이(上山春平)도 〈대동아전쟁의 사상사적 의의〉(《中央公論》, 1961년 9월)를 써서 '국가 이익'의 측면에서 전쟁을 용인하는 발언을 했다.

도쿄재판이 그려낸 일본 근현대사 상에 승자의 자기 정당화의 측면이 있다는 점을 부정하지는 않지만, 국민은 난징대학살을 비롯하여 전쟁 중에는 몰랐던 수많은 역사적 사실을 이 재판에 의해 처음으로 알게 되었다. 나아가 일본 제국주의와 군국주의의 실체나 '대동아공영권'의 기만성에 눈뜨게 되었다는 것은 중요하며, 이를 계기로 태평양전쟁사뿐 아니라 근현대사 전체에 걸친 전후의 연구가 진전되었다는 점은 자명하다. 교과서 검정은 특히 그런 근현대사의 기본 문제, 예를 들어 대일본제국헌법의 성격, 조선 병합의 성격, 식민 지배의 실체, 태평양전쟁의 원인이나 전쟁 범죄 등을 극력 은폐하려는 의도를 강화했고, 그런 노력을 후원하는 움직임도 적지 않게 눈에 띄게 되었다.

그런 가운데 '근대화론'을 받아들여 에도 시대의 경제 사회가 지닌 양태의 '합리성'이나 높은 문화 수준을 강조하는 관점도 강해져서 전체적으로 자국사에 대한 비판의 눈보다도 그것을 긍정하는 기류가 강해져 갔다. 하지만 전후역사학이 본디 자국사를 비판적 또는 부정적으로만 보는 것은 아니다. 전후역사학이 가장 힘을 쏟아 체계적으로 추구했던 것은 일본사가 원시 이래 어떤 단계적 발전을 걸어왔는가 하는 경로를 규명하는 일이었다. 그것은 개별 사실을 사실로서 나타내는 데 집중하는 역사주의적 방법으로는 불가능한 일이며, 하물며 전전·전시의 자국중심 사관에서는 생각도 하지 못할 일이었다. 일본사의 발전을 사회구성체의 단계적 전개로 추구함으로써 인류사적 보편의 관점을 토대로 자국사를 상대화·객관화하려고 했던 것이며, 그것은 일관된 역사적 진보에 대한 확신 위에 서 있었다. 그런 과정을 사실과 이론 양면에서 밝히는 것이야말로 역사를 기본에서부터 긍정하는 일이다. 동시에 그런 역사적 사회의 발전·진보가 어떤 역사적 조건들에 의해 저해된다든지 또는 다른 나라와 민족에게 어떤 영향을 끼쳤는가 하는 문제를 추구하는 작업도 필수 불가결한 일이었다. 그런 의미에서 전후역사학이 역사를 어둡게 그린다는 말은 주관적이고 감상적인 비평이라 하지 않을 수 없다.

자국의 역사를 어떻게 볼 것인가 하는 문제는 곧 자국의 현재와 미래의 모양새를 규정하는 일이기 때문에 비판정신이 빠진 '밝은 역사' 따위는 존재할 수가 없다. 원래 역사인식은 역사에 대한 비판정신에 의해 성립된다. 각각의 시대 상황이나 당시의 사고 형태에 대한 이해는 꼭 필요한 작업이지만, 그것을 이해하는 일과 긍정하는 일은 별개다. '자국사를 밝게 써라' 할 경우, 본디 역사에서 '밝다'는 것은 어떤 것이고 '어둡다'는 것은 무엇을 가리키는지조차 모호한 채 막연히 '자신감'(그 무렵 "Japan as No.1"이라든가 "Look East" 같은 말이 유행했다)이나 애매한 내셔널한 감정으로 역사인식이나 역사교육을 거론하거나 좌우하는 경우만큼 위험한 일은 없다. 그것은 역사학에 대한 경멸로 이어진다.

## 민속, 다른 문화를 향한 눈

고도성장기는 이렇듯 역사관의 면에서도 일본 역사상의 면에서도 커다란 전환을 가져왔고 '전후역사학' 시기와는 다른 생각이 활발하게 제기되었다. 그와 동시에 국민의 마음속에서 일본의 역사를 새롭게 돌아보고 싶다는 분위기도 높아져 갔다. 전후의 고난 속에서 이룬 성취를 긴 역사 속에 자리매김하여 자신들의 시대를 확인하려는 것은 자연스런 생각일 것이다.

바로 그런 시기에 주오고론샤(中央公論社) 판 《일본의 역사》(본권 26권, 1965~1967년, 기획위원 이노우에 미쓰사다, 다케우치 리조, 나가하라 게이지, 고다마 고타, 고니시 시로, 하야시 시게루)가 간행되었는데, 짧은 기간에 각권 모두 30~40만 부를 찍어 역사 분야에서 유래가 없는 발행부수를 기록했고, 그 후에도 계속 읽혔다. 전후 처음으로 본격적인 통사를 읽고 싶다는 요구가 이만큼 뿌리 깊었으리라는 누구도 생각하지 못했다. 또 한편으로는 이 통사를 통해 전후의 새로운 연구 성과들이 처음으로 알기 쉬운 문장으로 제공된 장점도 있다. 그 무렵 독자들 대부분은 여전히 전전에 교육을 받은 세대였기 때문에 전전의 일본 역사상에 대한 불신과 전후 역사학의 성취에 대한 강한 기대감이 있었던 것이다.

《일본의 역사》에 나타난 전후역사학의 성취는 어떤 것인가? 아마 크게 봐서 두 측면이 있을 것이다. 하나는 전 시대를 관통하는 일본의 사회발전 경로를 명확히 섭렵한 서술이 지닌 설득력이다. 그리고 또 하나는 이 시리즈가 사회구성사와 같은 이론화가 아니라 그때까지 일반적으로는 충분히 알려지지 않은 많은 사실(史實), 특히 민중 생활과의 관련을 통해 역사의 전개가 구체적인 이미지로서 자연스럽게 그려져 있다는 통사적 서술의 재미이다. 아마 많은 독자들은 이 시리즈를 통해 비로소 역사를 친근하게 체감할 수 있었으며 역사적 사회의 거대하고 복잡한 구조 속에 자신이 있는 장소를 발견할 수 있다는 생각도 가지게 되었을 것이다.

역사인식에서 가장 중요한 것은 그 시대의 골격인 사회구성체의 문제라는 전후역사학의 과학주의적 발상은, 이 무렵부터 연구자들 사이에서도 이런저런 한계를 감지하게 되었다. 더 구체적인 살아 있는 사람, 특히 민중의 삶과 행동 양식, 습속 등 역사적 사회의 밑바탕에 있는 것을 알고 싶다는 요구는 연구자에게도 일반에게도 강해졌다. 경제성장 지상주의 시대에서 '문화의 시대로' 같은 사회적 구호도 여기저기서 터져 나오는 시대가 되었다.

그런 분위기 속에서 자연스레 민속학에 대한 관심이 높아졌다. 야나기타 구니오의 업적을 집성한 《정본 야나기타 구니오집》(전31권·별권5, 筑摩書房, 1962~1971년)이 완결된 것도, 미야모토 쓰네이치(宮本常一)의 《일본 민중사》(전7권, 未來社, 1962~1993년)가 세상에 나온 것도 이 무렵이다.

민중적 세계와 민속적 세계에 대한 관심은 고도성장에 의해 전통적인 생활양식이나 습속이 순식간에 짓밟히고 버려지는 상황에 대한 연민·불안·분노 등과도 밀접하다. 일찍이 야나기타는 메이지 정부가 추진한 위로부터의 서구적 근대화가 민중적·민속적 세계를 급속히 해체시켜 가는데 지속적으로 항의하는 심정을 서술했는데, 그것이야말로 민속 연구로 발을 내디디는 근본적인 동기였다. 고도성장은 그런 야나기타의 심정을 적잖은 사람들에게 재생시켰고, 미야타 노보루(宮田登, 1936~2000), 후

쿠다 아지오(福田アジオ) 같은 이가 새로운 민속 연구의 주체가 된다.

역사에서 살아 있는 민중을 어떻게 파악할 것인가 하는 문제는 《쇼와사》 논쟁의 과제와도 연결된다. 일본사 연구에서도 촌락사와 농민사는 전후 연구에서 가장 중요하게 여겨진 분야이긴 했으나, 농민의 계급 구성, 농민적 토지소유의 성격과 부담(연공 등) 형태, 농민 투쟁 등 이론적으로 요청되는 기본 문제가 주된 관심사였고, 농민 생활 속에 흘러 전해오던 습속이나 행동양식·의식·사고 형태를 구체적으로 규명하는 일은 드물었다. 그런 눈에서 보면 야나기타 구니오와 미야모토 쓰네이치가 민속을 파고드는 깊이와 박력은 그야말로 매력적이다.

미야모토가 마을의 개발사를 파악하기 위해 경지(耕地)의 양태·용수 사용법·주거 양태·집과 대지의 양태, 이웃 간의 교류를 비롯한 농민의 생산과 삶의 모습을 다리와 귀로 세밀하게 발굴한 작업을 읽다 보면, 어떤 시대를 전공하는 연구자도 민중의 생활을 이해하는 데 유효한 시사점을 얻을 수 있을 것이다. 미야모토는 집적된 사실을 추상화하여 이론화하는 인식 방법을 인정하려고 하지 않지만, 생활에 밀착하여 사실을 가능한 한 구체적이고 내면적으로 추구한다는 점에 철저했기 때문에, 생활 그 자체가 역사 속에서 만들어 낸 합리성을 규명하는 작업은 풍부한 설득력을 지닌다.

전전부터 독자적으로 중세의 민중사와 씨름하여 《민중생활사 연구》(福村書店, 1948년)와 《장원사 연구》(莊園史の研究, 전3권, 岩波書店, 1953~1956년)을 비롯하여 수많은 업적을 내놓은 니시오카 도라노스케(西岡虎之助, 1895~1970년)는 1954년에 사료편찬소에서 와세다대학으로 옮겨 학생들에게 큰 자극을 주었다. 그런 가운데 와세다대학의 젊은 연구자들은 잡지 《민중사 연구》를 창간하여 뛰어난 민중사가를 많이 세상에 배출했다. 가노 마사나오와 사토 가즈히코(佐藤和彦)도 그런 공기 속에서 성장했다.

또 하나, 1960년대에는 문화인류학의 발전을 바탕으로 이문화(異文化)에 대한 관심도 높아졌다. 자국의 민속에 주목하는 것과 지구상의 여러 다른 문화에 주목하는 일은 상반되는 듯 보이지만, 자본주의가 고도화되고 국제화되는 가운데 여러 민족의 원초적 문화를 풀어내고 자국의 민속을 그것과 대비·비교를 통해 이해하고 상대화하려는 점에서 표리 관계에 있다.

탄생기의 문화인류학은 제국주의 선진국 측에서 식민지화·종속화하려는 지역에 관해 필요한 지식이라는 성격을 띠었다. 일본에서도 전쟁 중 미크로네시아나 동남아시아 지역에 관해 그런 연구가 추진되었다.

그러나 제2차 세계대전 후 제국주의가 지구적 규모로 해체되는 가운데 민족학과 문화인류학의 학문적 성격도 바뀌었다. 이시다 에이이치로(石田英一郎, 1903~1968년), 이즈미 세이이치(泉靖一, 1915~1970년)나 앞에서 다룬 나카네 지에, 우메사오 다다오, 그리고 오바야시 다료(大林太良, 1929~2001년), 야마구치 마사오(山口昌男)를 비롯한 수많은 새로운 전문가들의 창조적인 연구 노력을 통해 벼농사 의례·축제·신화·전통 등 여러 분야에서 비교연구가 이루어져, 일본열도 사회가 가진 원초적 문화의 성격도 넓은 시야에서 이해되었다.

## 이로카와 다이키치와 가노 마사나오의 민중사상사

1964년 이로카와 다이키치(色川大吉)는 《메이지 정신사》(黃河書房 ; 中央公論社, 신편 1973년)를 간행했다. 초판은 다음과 같이 구성되어 있다.

제1부 '국민적 계몽의 시대'
1. 메이지 르네상스의 기념비: 어느 지방의 인간 발굴로부터(기타무라 도코쿠

北村透谷, 이시자카 마사쓰구石坂公歷, 히라노 도모스케平野友輔 등 메이지 전기 다마多摩 민권운동에 관여한 사람들, 부소곤민당武相困民黨에 관여한 스나가 렌조須長蓮造)

2. 초망(草莽, 민중―옮긴이)의 자각: 구마모토실학당(熊本体学黨)을 뒷받침한 일족들(요코이 쇼난横井小楠, 도쿠토미 이이치로德富猪一郎〔蘇峰〕, 야지마矢島 등의 일족)

3. 호농 민권으로의 전개: 도쿠토미 이이치로의 인간 형성

4. 자유민권운동의 지하수를 푸는 일: 기타무라 도코쿠를 둘러싼 청춘 군상

(이하 생략, 전9장)

제2부 '국가진로 모색의 시대'(민권운동 좌절로부터 러일전쟁까지)

제3부 '방법론 서설'

목차를 봐도 짐작이 가지만, 이로카와는 '서론'에서 이렇게 쓰고 있다.

　내 역사학의 흥미는 이른바 진리라든가 법칙 따위를 탐구하는 데 있지 않고 주로 역사 속에 산 인간의 운명, 그 한정된 세계 속에서 상처를 입으면서도 온 힘을 다해 살아 나간 인간의 건강함, 그리고 그들 개개인의 관계의 방대한 집적에 의해 형성되는 비정한 역사의 드라마를 서술하는 데 있다. ……

이로카와 다이키치는 전후역사학이 역사인식의 골격으로 중시하던 사회구성체론이나 계급관계론적인 이론화와는 달리, 그 시대의 민중적 세계 속에서 생각하고 필사적으로 행동하던 사람들의 '정신'과 삶 내면을 파고들어 어떤 경우에는 문학이라고 해도 좋을 정도의 심정으로 그려 내고 있다.

근대 일본의 여명기에, 그동안 토착 세계에서 조용히 살던 사람들이 계몽사상에 촉발되어 국민적 규모로까지 시야를 열어 가는 그런 비약의 과

정을 줄곧 '저변의 시점'에서 추적하여 역사의 복류(伏流)를 끄집어내려는 것이 이로카와의 목표였다. 그가 말하는 '정신사'란, 완성되어 표현된 '사상'이 아니라 사회 저변에 숨은 아직 사상화되지 않은 민중의 생활·운동과 미분화된 생활의식이다. 그것을 자유민권운동기와 자신을 잇는 국민국가 형성기 인물의 정신적 고투, 삶, 운동 등을 바탕으로 서술하려 했던 것이다. 그것은 근대 유럽에서 절정을 맞이하던 사상 동향 등을 척도로 파악할 수 없는 영역이다. 이로카와는 그런 점에 대한 방법적 창안을 포함하여 기타무라 도코쿠나 이시자카 마사쓰구를 비롯한 토착 인물과 행동의 상을 훌륭하게 조형해 갔다.

이로카와는 전후 군대에서 복귀하여 연구를 시작하던 당시부터 이런 개성 강한 학풍을 강열하게 나타냈다. 법칙 인식적 과학주의는 애초부터 관심 밖이었다. 따라서 사회구성체론에 대한 방법적 비판을 의식적으로 펼친 적도 없다. 연구 주제는 전후역사학의 주요 문제 가운데 하나였던 자유민권운동사의 흐름 속에 있었고, 그와 관련된 성과를 받아들였다. 그러나 스스로는 천부인권론을 비롯한 발화된 사상 쪽에서 시작하지 않고, 먼저 지역의 현실 속에서 활동하던 사람들의 행동을 추적하는 데서부터 시작했다. 그런 사람들의 행동의 내적 동기라고 부를 만한 것이 그가 말하는 '정신' 즉 사상으로 표상되기 이전의 행동과 미분화된 의식이다. 거기에 초점을 둠으로써 이로카와는 근대사상사·민중사 분야에 새 국면을 개척했다. 대담하게 감정을 이입하는 방법이다.

앞서 말했듯이 가메이 가쓰이치로가 도야마 시게키 등의 《쇼와사》에 대해 민중이 없다고 통렬하게 비판했고 그것이 계기가 되어 역사에서 인간·주체의 문제가 연구에서 새롭게 의식되었다. 그런데 이로카와는 그 이전부터 "국민적 계몽기에 인민이 감동했던 깊이와 의미를 현대 독자에게 전하고 싶다"는 생각에 열중했던 것이다.

가노 마사나오(鹿野政直)는 스스로 밝혔듯이 연구자로서의 출발 시점에서 이로카와 다이키치의 《메이지 정신사》에 커다란 자극을 받아 노작 《자본주의 형성기의 질서의식》(筑摩書房, 1969년)을 완성했다. 이 저작은 에도 말기부터 메이지 후기에 이르는 자본주의 형성기의 역사상을 질서의식이라는 면에서 그려낸 것이다. 기존의 사상사 연구에는 작업과 씨름하는 연구자 자신의 정서가 반영되지 못하고 오히려 정서를 압살하는 자세가 '과학적'이라 평가되는 경향에 대한 비판을 바탕에 깔고, 사상사 연구에서 일상적인 의식을 규명하는 데 초점을 맞추는 경우가 너무 적었다고 평가했다. 그 원인을 가노는 "개념에서 실체로라는 인식 방법은 자유·권리·민주주의…… 같은 개념을 무한정으로, 즉 거기에 초역사적인 가치를 부여하여 다루는 경향을 낳기에 이르렀다"는 데 있다고 생각했다.

그래서 가노 마사나오는, 사상은 추상화된 형태로 파악하는 데 그치는 것이 아니라 기능과 권력의 논리에 대한 작용, 민중과의 관련 속에서 파악할 필요가 있다고 보았다. 이로카와의 '저변의 시점'과 '정신사', 그리고 미분화된 '민중의 생활·운동·생활의식'이라는 시각과 서로 통한다는 점을 잘 알 수 있다. 이로카와의 '정신사'에 상당하는 가노의 키워드는 '질서의식'이었다.

> 우리의 정신활동은 가장 원초적으로는 모두 질서에 대한 자각으로서 비롯된다. …… 질서란 권력이 제시하는 가치의 체계만을 가리키지 않는다. 질서는 궁극적으로 지배·피지배 양 계급의 힘 관계에 따라 규정되어 부단히 잔잔한 동요를 이어 가는 정치적 원리인데, 일상적으로는 보통 우리 주위에 정서적인 성질을 띠면서도 나타난다.

이런 의미로 '질서의식'은 민중의 일상적 생활·의식과 깊숙이 결부된다고 보는 데서 가노의 발상이 잘 드러난다. 그런 전망에서 대상이 되는 시기를 다음과 같이 세 시기로 구분함으로써 근대 일본의 '질서의식'의 형성과 전개 과정을 입체적으로 그려 내고자 했다.

① 봉건 권력을 부정하는 정신이 갖가지 구상으로 경합하며 성장해 가는 시기(1853~1881년)
② 막번 체제를 부정하는 존재로서 활약했던 지사(志士)의 정신과 농민의 정신이 대결하는 시기(1881~1895년)
③ 관료 진영과 민중 진영 양쪽에서 변질과 재편이 일어나는 시기 (1895~1910년)

## 야스마루 요시오의 민중사와 통속 도덕론

약간 뒤늦게 야스마루 요시오(安丸良夫)는 이로카와 다이키치나 가노 마사나오와는 다르지만 역시 민중사상을 독자적인 관점에서 재검토해 나갔다. 그 일련의 작업은 1974년 《일본의 근대화와 민중사상》(青木書店)으로 수렴되는데, 그 발단이 된 대표적 논문은 1965년에 발표한 〈일본의 근대화와 민중사상〉(《日本史研究》78·79호 제1장에 수록, 1965년)이었다.

야스마루의 발상에는 그 무렵 '근대화론'이 일본에서도 영향력을 발휘하기 시작하던 상황이 있었고, 사상사 분야에서도 여러 사상 속에서 '근대성'을 추출하여 '근대'의 주체는 이렇게 성장했다는 것을 일면적으로 강조하는 비역사학적인 언설이 범람하던 상황에 대한 항의가 자리했다. 야스마루는 그런 측면이 실은 자본주의 발전에 대응하는 데 지나지 않으며 근대화의 주체가 된 "지배계급 속의 개량적 분자를 근대의 이름으로 지지하고 옹호하는 데 지나지 않는다"고 단언했다.

야스마루 요시오가 말하려던 점은 아마 '근대화론'에 대한 비판에서 그치지 않고 마르크스역사학과 근대주의역사학을 포함한 '전후역사학'에 대한 근원적 비판이기도 했다. '근대화론'은 말하자면 '근대'의 절대 긍정이며 일본의 근대를 서구 근대와 같은 유형 또는 수준이라고 전면적으로 찬미한다. 이에 대해 '근대주의'는 좀 더 '순화'된 근대를 지향하지만, "그것이 전부라고는 생각되지 않는다"고 해석된다. 마르크스역사학은 2단계적으로 '근대'를 극복의 대상으로 확인하고 있지만, 야스마루 쪽에서 보자면 그것도 이념화된 서구형 '근대'를 기준으로 하는 근대주의의 한 형태가 된다. 그가 "민중적 제 사상을 연구할 때 자연과 인간의 분열, 경험적 합리적 인식의 발전, 자아의 확립 등을 분석 기준으로 삼는 것은 이념화된 근대사상의 상을 고집하고 거기에서 역사적 대상을 재단하는 모더니즘의 도그마이다"라고 했을 때, 직접적으로는 '근대화론'을 향하지만 근원적으로는 전후역사학에 던지는 비판이었음에 틀림없다.

야스마루는 그런 철저한 생각을 바탕으로 《일본의 근대화와 민중사상》 제1편 '민중 사상의 전개', 제2편 '민중 투쟁의 사상'이라는 구성으로 에도 후기부터 메이지 초기의 민중 사상을 분석했다. 거기서 야스마루는 '이념화된 근대사상의 상'을 매개로 삼지 않고, 에도 후기 이후의 경제적 사회적 변동 속에서 몰락 위기에 직면한 민중이 스스로를 구하기 위해 생활 관습을 개혁하고 금욕적인 생활 규범을 수립했던 '통속 도덕' '요나오시'를 주제로 대두시킨다. '통속 도덕'은 일상적 상황 속에 있는 민중 사상, '요나오시'는 비일상적 상황 하의 민중 사상이라 할 수 있겠다.

그것은 분명 이념화된 근대사상의 형태와는 거의 무관한 토착 민중세계에 형성된 생활의식과 사상의 고유한 모습이다. 야스마루는 그 두 민중 사상의 특징과 역할, 굴절 등을 심학, 보덕사상(報德思想, 경제와 도덕의 융화를 강조한 니노미야 손토쿠二宮尊德의 사상 — 옮긴이), 후기 국학(초망), 오하라 유가쿠(大原幽学, 농민 조직을 창안한 농민 지도자 — 옮긴이), 나카무라 나오조(中村直三, 농법의 개량의 선구자 — 옮긴이), 곤고교(金光敎), 덴

리교(天理敎), 후지도(不二道), 마루야마교(丸山敎) 등 다양한 민중 사상과 종교에 주목하면서 검증했다.

야스마루가 말하는 '민중'과 이로카와의 '저변'은 어떻게 연결되는 것일까? '민중'이라는 여러 계층·존재 형태를 지니는 것을 총괄한 개념과 '요나오시'의 주체가 된 빈농-반프롤레타리아 계층과의 관계를 어떻게 생각할 것인가 등 더욱 심화시켜야 할 문제는 있겠지만, 야스마루가 민중 사상을 파악하는 방법은 이로카와 등과도 다른 위상을 차지하면서 1960년대 후반부터 1970년대에 걸쳐 민중사의 풍성함을 연출해 냈다.

| 참고문헌 |

《ハーバード・ノーマン全集》 전4권, 岩波書店, 1977~1978년.

金原左門, 《〈日本近代化〉論の歷史像》, 中央大学出版会, 1968년.

遠山茂樹, 《歷史学から歷史教育へ》, 岩崎書店, 1980년.

家永教科書訴訟弁護團 편, 《家永教科書裁判》, 日本評論社, 1998년.

《家永三郎集》 전16권, 岩波書店, 1997~1999년.

海後宗臣, 《歷史教育の歷史》, 東京大学出版会, 1969년.

山住正己, 《日本教育小史》 岩波新書, 岩波書店, 1987년.

《日本歷史大系》 본권5·별권1, 井上光貞, 永原慶二, 児玉幸多, 大久保利謙 편집, 山川出版社, 1984~1990년.

# 4
## '근대' 비판과 사회사 연구

### 고도 경제성장의 종언과 '근대' 비판

　1955년 무렵부터 1960년대에 걸쳐 이른바 고도 경제성장이 시작되어 1964~1965년의 불황을 사이에 두고 1970년대 초까지 눈부시게 이어 갔다. 전반기 유럽과 미국에 버금가는 새로운 중화학공업의 확립, 기술혁신, 거대 설비투자, 농촌에서 도시로 노동력의 대량 유입, '국토 개조'(대개발), 소비혁명으로 특징지어지며, 후반은 베트남전쟁에 따른 미국 수출 급증에 자극되어 설비투자와 대량 소비의 기세가 더욱 고조되었다.

　그런 고도 경제성장은 1971년의 달러 쇼크와 1973년의 오일쇼크를 계기로 종언을 맞게 되지만, 그동안 거대기업 중심의 생산력·경쟁력 우선주의는 난개발과 환경 파괴, 공해, 농촌 피폐, 도시 과밀 그리고 인심 피폐와 범죄의 증가 등 경제적·사회적 모순을 연쇄적으로 불러일으켰다. 자동차의 증가로 도로는 좋아지고 편리해졌으나 교통 정체와 배기가스가 일으키는 부정적인 측면도 심각했다.

　이런 사태의 진행에 따라 지식인 사이에서도 국민 일반의 감각에서도 두 가지 관념이 강해졌다. 하나는 일본이 완전히 경제적 선진국, 경제대국에 입성하고 메이지 이후 서구 수준의 근대라는 목표를 달성했다는 것이다. 실제로 1960년대 후반에는 일본의 국민총생산(GNP)은 이미 서독을 제치고 세계 2위가 되었다. 그것은 전후 일관되게 경제 재건과 맞닿는 '근대화'를 국민적 목표로 삼아 열심히 일한 대다수 사람들에게 기쁨과 자신감을 가져다주었다.

그런가 하면, 제어가 불가능해진 경제적·사회적 모순과 생활 파괴를 목도하면서 '이제 경제성장은 충분하다' '좀 더 인간다운 생활과 그것을 보장하는 환경이야말로 중요하다' '남을 돌보지 않는 자본주의적 경쟁과 성장을 지상 명제로 삼아 인간성과 서민의 작지만 평화로운 삶을 파괴하는 방향으로부터 노선을 전환할 필요가 있다' 등등의 생각이 동시에 높아졌다. 특히 지식층에서는 그런 문제를 둘러싼 위기의식이 심각하여 국가와 대기업의 결합을 통한 '관리사회'에 대한 반란이 일어나게 되었다. 1960년대 말부터 1970년대 초에 걸친 학원 분쟁도 그런 예이다. '근대의 달성'은 사람들의 생각을 '근대 이후'(포스트모던)의 모색으로 나아가게 하는 조류를 태동시켰다.

'포스트모던'이란 평론가적 구호로서는 분위기를 잘 포착하고 있으나 역사학적으로는 알맹이가 모호하다. 앞서 서술했듯이 서구적 '근대'를 기준으로 전후 사회의 발전 방향을 생각하는 근대주의적 이해에 대해서는 이미 야스마루 요시오 등에 의해 비판이 나왔지만, 그런 이해에 서는 논자가 보기에는 마르크스역사학도 근대주의와 같은 부류였다. 야스마루는 '근대'에 대한 비판 주체를 '민중'한테서 찾고자 했다. 자본주의적 '근대'에 대한 비판 주체를 '사회주의'를 향한 '노동자계급'에서 구할 수 없다고 한다면, '포스트모던'의 알맹이와 그를 향한 역사적 주체를 어디에서 찾으면 좋을지 하는 문제를 전후에 기대하는 것은 당연히 납득이 가지 않을 것이다.

토착적인 것, 민속적인 것에 대한 주목과 재인식은 이미 말했듯이 고도 경제성장의 상승 국면에서도 존재했다. 그것은 성장을 가능하게 한 일본 사회의 잠재 능력을 찾는다는 문제 관심에서 비롯되었고 거기에는 내셔널한 감정이 혼재되어 있었으나, '근대' 그 자체를 직접 비판의 대상으로 삼은 것은 아니다. 그에 비해 1970년대에 들어설 무렵부터는 '근대'를 기본적인 비판 대상으로 보는 경향이 강해진 반면, 민속적인 것과 '비근대'적인 것에 대한 애착과 공감이 강해졌다.

'포스트모던'에는 그런 의미에서 '반근대'라는 감각이 뿌리 깊다. '근대'가 낳은 놀랄 만한 기술과 생산력, 그에 힘입어 사회의 모양새를 뒤바꾼 고도 경제성장에 대한 부정적 느낌은 생산력 발전만이 '진보'가 아니라는 감각과 주장을 불러일으켰다. 더 나아가면 역사를 '진보'라는 잣대로 보는 것도 잘못이라고 얘기된다. 외국에서도 일본에서도 선진국이라고 하는 곳에서는 그런 의미에서 '반근대'가 화제에 오르게 되었다.

1970년대에 들어와서 일본에서도 사회사에 대한 관심이 높아진 배경에는 이런 경향이 전체적으로 짙어졌다는 사실도 있다. 그것은 고도 경제성장이 초래한 마이너스(갖가지 모순)의 측면에 주목하면 잘 알 수 있다. 그러나 사학사 속에서 이 문제를 바라보면 그런 발상에는 불안함도 느껴진다. 전시에 '근대의 초극'을 외쳤던 평론가 가와카미 데쓰타로(河上徹太郎)나 고바야시 히데오(小林秀雄) 같은 교토철학 그룹의 언설과 어딘가 공통되는 점이 감지되기 때문이다.

'근대 초극론'이나 철학자들의 '모랄리슈 에네르기'(도의적 힘이라는 의미. 랑케의 표현 — 옮긴이)론은 '대일본제국'의 적으로 규정한 미국·영국 등 구미의 생산력·군사력에 대한 일본의 열세와 일본의 아시아 침략을, 구미 제국주의와 억지로 구별하기 위한 이데올로기였다. 따라서 '근대 초극론' 등은 세계사의 현실을 직시하고 일본의 현실을 과학적으로 인식하는 길을 은폐하는 역할을 수행했다. 그런 가운데 대두된 것이 일본 낭만파의 낭만주의적 역사관이었다(1부 9장 참조).

1970년대 초두의 '포스트모던론'이나 그런 분위기와 불가분한 '사회사'의 등장이 '근대 초극론'과 흡사하다고 한다면, 너무나 성급하고 일면적인 해석이라는 얘기가 틀림없이 나온다. 프랑스에서 뤼시앵 페브르(Lucien Febvre, 1878~1956년)와 마르크 블로크(Marc Bloch, 1886~1944년)가 1929년에 《사회경제사 연보》를 창간한 데서 등장했던 '새로운 역사학,' 즉 '사회사'는 그들이 몸소 보여 주었듯이 나치에 대한 레지스탕스(저항운동)의 역사와도 불가분하다. 그렇기 때문에 '사회사'는 역사를 민중 쪽에서 살았던 모습으로 파악하려고 생각했던 사람들에게 받아들여졌고, 일본에서도 주목을 받게 되었다는 것이 일반적인 이미지일 것이다. 나도 그렇게 생각한 부분이 있지만 다른 한편에서는 다음과 같은 의문도 든다.

### '사회사'가 지향하는 바

이미 언급했듯이 '근대'의 '순화' 또는 '달성'을 경제적 사회적 발전과 진보의 당면한 목표로 삼고 그를 향한 역사적 경로를 법칙적·이론적으로 인식하려는 전후역사학의 발상의 기본적 틀은 일국적인 국민국가에서 그것을 실현하겠다는 의도를 띠었다. 세계사적 시야를 갖는다고는 하지만 유형 비교에 중점을 두고 있으며, 그런 한에는 역시 일국사적인 역사인식이라는 경향을 띠게 된다. 일본의 경우 특히 패전에 따른 점령에서 냉전과 대미 종속이라는 조건이 역사인식에도 영향을 주어 쇄국성을 강하게 띤 점은 부정하기 어렵다.

이에 따라 특히 사회구성체론에 바탕을 둔 시대구분론에서는 동시다발적으로 전개되는 세계사를 일국 단위로 분할해 버리기 마련이라는 난점을 끌어안게 된다. 이 점은 일본사 인식에서 특히 빠뜨리기 쉬운 문제이다. 일본사의 전개는 고대의 통일 이래 여하튼 일본열도 사회의 태반이 '일본국'에 통합되었다. 현실에서는 여전히 통합되지 않은 지역이 있더라도 전전의 황국사관이나 국민국가 사관은 굳이 그런 통일의 바깥, 또는 그늘에 있는 부분의 문제는 건드리려고 하지 않았다.

중세에서 권력이나 사회의 분립 경향이 심화되어도 여하튼 '일본국'도 존재를 완전히 상실하지는 않았으며, 단순한 의미나 정치 이데올로기적인 '단일문화론'과는 다르지만 언어와 문화의 공통성을 계속 이어간 것도 부정할 수 없다.

일본사 인식이 전전뿐 아니라 전후역사학에서도 자기 완결적인 자국사 인식이라는 틀을 계속 유지했다는 문제의 근거는 더욱 심화될 필요가 있으나, 일본사 전개의 특징이 그런 부분을 뒷받침하는 계기가 되었다는 점도 분명하다.

그런 약점에 대해서는 특히 근대사 연구 속에서 전후 일찍부터 에구치 보쿠로의 지적이 있었으며, 고대사에서도 이시모다 쇼의 인식 틀은 《중세적 세계의 형성》를 통해 '아시아사 속의 일본사로'와 같이 이미 명시적으로 전철(轉轍)되었으며, 앞에서 언급한 《일본의 고대국가》라는 탁월한 성과를 낳았다.

따라서 전후역사학을 통틀어 '일국사 사관'으로 고정시켜 파악하는 것 자체는 역사적인 이해가 아니며 일종의 낙인찍기에 빠질 위험도 잊어서는 안 된다. 그런데 궁극적으로는 전후역사학이 자국 사회와 국가의 변혁과 직결되어 있던 만큼 내셔널한 단위에서의 발상을 기본 틀로 삼았다는 점을 인정하지 않을 수 없다.

'사회사'가 1970년대 초반 무렵부터 일본 사학사의 흐름 속에서 열렬한 환영을 받게 되는 이유 가운데 하나는 이런 점과 연관된다. 니노미야 히로유키(二宮宏之)는 연구 생활의 면에서도 역사인식의 사상 면에서도

다카하시 고하치로의 영향 아래에서 프랑스사 연구를 시작했다. 그는 1960년 전후에 프랑스에 유학하여 프랑스의 지역 농촌 사료와 씨름하는 고투 속에서 스스로의 연구 체험으로부터 '사회사'로의 선회를 감행했다. 독일사의 아베 긴야(阿部謹也,《ハーメルンの笛吹き男》1972년 논문 발표, 平凡社, 1974년)와 함께 니노미야는 일본 역사학계의 '사회사' 도입에서 가장 뛰어난 선도 역할을 담당했다. 니노미야는 '사회사'에서 역사인식의 좌표축의 전환을, 다음과 같은 세 영역으로 총괄하고 그 의의를 밝히고자 했다(1999년도 역사학연구회 대회에서의 전체회의 보고).

첫째, 보편성에서 개별 지식(원문은 local knowledge ― 옮긴이)으로
둘째, 추상적 개념 세계에서 일상적 세계로
셋째, 유럽 근대 모델의 상대화로

19세기부터 20세기에 걸쳐 전개된 '근대지'(近代知)는 보편화·추상화·원리화된 개념, 유럽 중심이라는 틀 속에서 나온 성과라고 봐야 한다는 의미에서 '사회사'는 '근대지'의 인식과 틀을 전면적 전환하려고 했던 것이다. 마르크스의 역사이론도 거기에서는 '근대지'의 유력한 흐름으로서 비판의 대상이 된다.

고도성장을 달성한 국면에서 그런 좌표축의 전환은 받아들여지기 쉬운 사회·사상 환경 속에 있었고, 일본의 사회·사상계에서도 이미 그 맹아가 충분히 존재했다. 야나기타의 민속학이 니노미야가 내건 세 좌표축과 밀접하게 통한다는 점은 명백했으며, 이로카와 다이키치 등의 민중사 연구도 그러했다. 근세 사회경제사를 전공하는 나카이 노부히코(中井信彦, 1916~1990년)가 역사학과 민속학 관련성에 대해《역사학적 방법의 기준》(塙書房)과 같이 통찰력이 풍부한 입론을 제시한 것이 1973년이었던 일도, 일본의 역사학이 이미 사회사를 수용하고 발전으로 나아가는 주체적

준비를 충분히 형성하고 있었다는 것을 보여 준다.

니노미야가 말하는 '개별 지식'이란 '국가'에 포착되고 균질화되지 않은 지역 민중의 생활과 문화, 심성 등을 널리 아우르는 민중 세계의 역사적 양태에 눈을 돌린다는 것이겠다. '계급'과 같이 원리화된 기준만으로 민중이 생활하고 생각하고 행동하지 않는다는 것은 전근대뿐 아니라 근대에서도 부정될 수 없다. '계급'이라는 기본적 이론 범주가 어디까지 유효한가 하는 문제에 대해 전후 마르크스역사학 자신이 '신분과 계급'이라는 큰 테마를 설정하여 각 시대에 걸쳐 실증적으로도 이론적으로도 커다란 성과를 올렸기 때문에, 전후역사학을 송두리째 계급 일원론이라든가 '기저 환원론'이라는 식으로 단정해 버리는 것도 비역사적인 성찰이다.

그러나 기존에 지역적 차원에서 민중의 집단적인 의식이나 행동을 구체적으로 밝히는 작업이 충분하지 않았다는 점도 사실이다. 그 점을 자각하고 파고드는 데서 '사회사'가 출발 궤도에 접어들었다는 것을 확인하는 일은 중요하다.

## 아미노 요시히코의 중세 사회사

일본사 연구 가운데 정면에서 사회사와 씨름하며 수많은 성과를 올린 사람이 아미노 요시히코(網野善彦, 1928~2004년)이다. 책으로 묶인 첫 작업은 《무엔·구가이·라쿠: 일본 중세의 자유와 평화》(無緣·公界·樂: 日本中世の自由と平和, 平凡社, 1978년, 증보판 1987년)이며, 대표작이라 할 《일본 중세의 비농업민과 천황》(日本中世の非農業民と天皇, 岩波書店)은 1984년에 간행되었다.

발간 간격만 보면 일본에서 이른바 서양사학자들에 의해 사회사가 소개되고 도입되어 학계와 논단에서도 주목받게 되면서부터 대략 10년 늦은 듯 보이기도 한다. 그러나 실제로는 꼭 그렇지 않다.《일본 중세의 비농업민과 천황》은 1970년대를 중심으로 오랫동안 발표해 온 논문들을 집성한 것이며, 사회사적 성격을 짙게 띠는 다른 저작《몽골 내습》(蒙古襲來, 小学館 판《日本の歷史》제10권)의 발간은 1974년이다. 아미노의 사회사 연구도 1970년대에 들어서면서 차례로 결실을 맺게 되었다고 하는 편이 정확하다.

이후 아미노의 연구와 저작, 발언은 쉼 없이 이어졌고 내용도 여러 방면에 걸쳐 있다. 그의 연구에 따라 일본 중세의 역사상은 비약적으로 풍부해졌다. 여기서 그 전부를 정리하고 소개할 수는 없으므로, 첫머리에서 든 두 저작 속에서 아미노가 가장 심혈을 기울여 주장하고 싶었던 논점만을 뽑아서 사학사적인 각도에서 내 생각을 피력하고자 한다.

아미노 요시히코의 성과 가운데 핵심이라고 할 부분을 요약하자면, 종래 연구가 주로 씨름했던 장원 영주·재지 영주의 토지소유나 지배의 측면만으로는 포착하지 못한 일본 중세 사회의 '무주(無主)·무연(無緣)' 공간의 존재, 그리고 그 의미가 컸다는 사실의 발견일 것이다. 전후역사학의 중세 사회 파악은 전적으로 영주적 토지소유와 그 지배 하에서 농민의 존재 형태라는 기본적 계급관계로부터 전개되었다. 그런데 그런 개별 영주의 지배 영역 바깥에 있는 수륙 교통로나 산야하해(山野河海)와 같이 '무소유' 또는 '무연'적 공간은 이른바 원시 이래의 '본원적 자유'가 살아 있는 영역인 동시에, 특정 공간의 토지에 고정적으로 결부되는 영주와 농민 이외의 사람들, 즉 무연적 공간을 주무대로 이동성이 풍부한 생업을 영위하던 '비농업민'의 존재를 주목할 필요가 있다는 것이다.

아미노에 따르면 영주-농민적 영역 세계도 자족적이고 자기 완결적인 것은 아니며, 그것들을 서로 결부시켜 상호 교류를 추진하는 것은 산민(山民)이나 해민(海民) 또는 상인과 직인을 비롯한 각종 편력적인 직능인이다. 그리고 그런 사람들의 '자유로운' 편력과 이동을 보장하는 일을 개별 영주가 할 수는 없으며, 그것을 가능하게 한 것은 본원적 자유를 '대지와 대해원(大海原)'에 대한 지배로 재편하고 체현하는 천황의 특수하고 '성스러운' 권위였다. 이따금 편력의 허락이 윤지(綸旨, 천황의 명령으로 나오는 문서―옮긴이)의 형태로 천황 권위에 의해 뒷받침되는 것도 그 증거라고 아미노는 말한다.

'무연'적 사회 공간, 표박(漂迫)편력형 비농업민, 천황 이 셋은 아미노가 중세 사회사를 인식하는 키워드이다. 그리고 그것을 실증하기 위해 '백성은 농민뿐이 아니다'라는 구호를 내걸고 주물사(鑄物師)·우카이(鵜飼, 가마우지로 물고기를 잡는 어부―옮긴이), 가쓰라메(桂女, 은어 행상을 하는 여자―옮긴이), 시라뵤시(白拍子, 가무 유녀―옮긴이)를 비롯한 온갖 '비농업민'의 존재에 주목했고, 중세의 상인 활동이 천황과 신사에 예속되어 특권을 인정받는 구고닌(供御人)·지닌(神人) 같은 신분적 형태를 취한 점을 중시했다. 요컨대 '비농업민'은 천황과 직결되는 신분을 갖고 그 권위에 결부됨으로써 각지를 편력하는 활동을 보장받았다는 점을 강조한다. 천황이 '대지와 대해원의 구석구석까지'를 지배하고 편력자가 두루 천황의 권위와 직결된다는 설명에는 이데올로기와 현실의 혼동이 있으며, 한편으로 '지역'의 문제를 중시한다는 자신의 관점과 어떻게 연관되는지에 대한 의문도 적지 않다. 하지만 그것이 아미노가 사회사를 연구한 초심이고 출발점이라는 것은 틀림없는 사실이다.

나아가 '편력'하는 '비농업민'과 불가분한 것으로서 여관·역·포구, 회조선(廻船), 시장 등과 같이 상업·교통과 연관되는 여러 문제를 다루면서 정기시(定期市)를 '도시적인 공간'으로 규정했고, 화폐유통이나 '신용경제'(장원 연공을 납입하는 데 연공 매입 상인이 현지에서 발행한 어음이 사용된 것을 가리킨다)가 발전했다고 주장했다. 이를 통해 중세의 상공업, 교통, 교역, 화폐유통의 수준이 높았음을 강조하면서 그런 고도화를 심지어 '자본주의적이다'고까지 말하기도 한다.

이렇듯 '과격하다'고 할 만큼 비농업민과 도시적 세계를 강조하는 데 비해 권력론과 국가론에 대한 관점은 소극적이다. 천황이 사적 영주적 지배를 뛰어넘어 '대지와 대해원'까지도 권위적으로 지배한다는 사고방식은 회피되며, 대신에 중세 왕권과 국가를 천황과 동국(東國, 무사가 지배하던 동일본―옮긴이)의 쇼군으로 분할한다. 그리고 '일본국'을 일원적으로 파악하는 견해에 대해 정면으로 비판한다. 《일본 중세의 비농업민과 천황》 이후에도 아미노는 정력적으로 저작을 출간하고 발언을 계속하지만, 그런 작업들을 관통하는 주장은 고대 이래의 '일본국'을 일원적으로 파악하는 전통적인 사고방식에 대한 비판 쪽으로 중점을 옮기는 듯하다.

그 때문에 천황이 일본열도는 말할 것도 없고 '대지와 대해원의 구석구석까지' 지배했다는 식의 관점과, 일본열도 사회에 복수의 국가와 왕권이 존재했다는 관점이 어떻게 정합적으로 존재하는지가 분명하지 않으며, 심지어 서로 모순되는 것처럼 보인다. 물론 학문이 진전되고 아미노 자신의 연구도 심화되는 가운데 관점이나 역점이 변하는 것을 책망할 수는 없다. 다만 그 변화에 대해서는 설명할 책임이 있는 법일진대 여태껏 분명하지 않으며, 1990년대에는 '국민국가 비판'이라는 학계의 풍조에 대응하듯 중세 일본에는 하나의 '국가'와 '왕권'만이 존재한 것은 아니며, 여러 '비농업민' 민중이 '자유롭게' 동아시아적 세계를 왕래하고 교류하는 측면을 드러내는 쪽으로 역점을 옮겨간 듯 보인다.


## '진보'에 대한 회의와 낭만주의

아미노 요시히코의 작업은 새로운 시점을 개척함으로써 일본 중세사 연구를 활성화시키고 중세사의 상을 풍부하게 했다. 그 공적은 충분히 평가해야 할 것이다. 그러나 의문도 적지 않다.

아미노는 종래의 중세사 상을 비판하고 자신의 입지를 확정하기 위해 전후의 중세사 상을 영주-농민 관계 일원론 또는 농민 일원론, 수전(水田) 일원론이라고 비판했다. 전후의 중세사 연구가 영주-농민 관계를 중심축으로 삼아 영주적 토지 소유와 그 규정을 받는 농민의 존재 형태의 규명에 가장 큰 역점을 두었다는 점은 아미노의 초기 작업도 포함하여 사실이지만, 거기서 농업·유통·수공업 등의 문제를 배제하듯이 논리를 구성한 것은 아니다.

그 점은 일면적인 강조와 논쟁적 수사가 있다고 생각되지만 그 이상으로 아미노의 '비농업민' 강조는 강렬했다. 그는 유통·시장·도시나 사람들의 이동 교류 등에 관해 중세 초기 이래 일관적으로 높은 수준이었던 데다 중세를 통해 진전되어 갔다고 주장한다. 하지만 거기에는 몇 가지 문제가 있다.

먼저 아미노가 강조하는 사실이 사실(史實)의 인식으로서 타당한가 하는 문제이다. 아미노는 "조금 대담하게 말하자면 이것은 자본주의적이라고 해도 좋을 정도라고 생각한다"(《續·日本の歷史をよみなおす》, 筑摩書房, 1996년)고까지 장담한다. 상식적으로 표박·편력과 같은 행동은 행상 등을 주요한 영업 형태로 삼는 경우이다. 그런 '비농업민'의 존재 방식은 기본적으로 자본주의적 생산·유통 형태와는 거리가 멀다. 아미노는 연공의 납입에 즈음하여 현지 장관(莊官, 장원의 책임자 — 옮긴이)이 상인에게 연공을 매각하면 상인이 발행한 어음이 중앙 영주에게 전달되고, 그 상인과 거래하는 특정의 중앙 상인에 의해 환금되는 사례가 존재했다는 사실에서, 단숨에 '신용경제의 발달'을 강조한다. 그러나 그것이 어음이나 수표가 일반적으로 민중 경제 속에서 신용화폐로 널리 유통되고 있었다는 사실을 증명하는 것은 아니며, 게다가 자본주의 경제와 같은 신용제도가 성립했다는 것도 아니다. 아미노의 '신용경제의 발전'은 연공 등의 영주적 물자의 유통과 농민 경제를 구별하지 않고 상식과는 다른 개념과 용어를 사용한 것이라 봐야 한다.

이 얘기를 굳이 꺼내는 것은 아미노가 예시하는 '비농업'적 세계의 현상은 중요하지 않으며 그 규명도 무의미하다는 말을 하기 위해서가 아니라, 그런 사실들이 중세 사회에서 어떤 수준에 달했으며 그 발전이 중세 민중 경제를 어떻게 바꿔나갔는가라는 점에 대한 평가와 자리매김이 아직 실증적으로도 이론적으로도 확정되지 않았기 때문이다. 그 점에 대한 관심이 빠졌기 때문에 '백성' 신분 속에서 농민이 어떻게 '비농민'적 경제 분야와 연계되고 생업에서도 그 방향으로 이행하는가와 같은 점에 대한 구체적이고 논리적인 검토가 이루어지지 않았던 것이다. 농민을 포함한 지역적 시장이 확대되고 사회 분업이나 교환관계가 어떤 상태에 도달하는가에 대한 시점과 이론 없이 '자본주의적' 발전을 논할 수는 없는데, 아미노의 '비농업민' 론은 '농민'과 이론상 분리되어 있다.

그런 논리의 부정합은 '본원적 자유'론에도 나타난다. 아미노의 이론에 따르면, 중세는 민중 세계에 살아 있던 본원적 자유가 상실되어 가는 과정이며, 그 결과 중세 후기는 계급 지배가 가혹해지거나 가부장제가 강화되고 여성의 지위가 저하되어 가는 시대로서 비관적으로 그려진다. 중세 전기 쪽이 '자유'로우며 신분 차별도 약했다는 것이다. 시라뵤시가 '자유'로우며 '성스러운' 존재로 그려지며 여성의 혼자 여행도 안전했다는 등 밝은 시대라는 이미지가 앞세워진다. 천황은 그런 사회질서를 현실에서 보장하는 '성스러운 것'의 궁극적 존재인 듯 묘사된다.

그러나 상식적으로도 이론적으로도 '비농업'적 제 관계가 발전하면 농민 경제에도 나름의 변화가 일어나 원격지 거래 상업과 지역 내 경제 간의 상호 연계가 진전되며 '지역'의 형성이나 각 지역의 통합 쪽으로 나아갈 것이다. 그것이야말로 사회 발전의 방향이며, 중세 후기에는 실제로 그런 의미에서 '지역'의 형성에 기반을 둔 열도 사회의 통합으로 나아간 것이다. 중세 후기는 분열과 내란의 시대로 보이지만, 장원의 틀을 넘어

선 농민 결합이나 고쿠진잇키(国人一揆, 영주 층의 영주권 확보를 위한 군사적 동맹 ― 옮긴이)가 곳곳에서 성립되고 민중과 지역의 주체적 조건이 강화되어 간다. 중세사 연구사를 되돌아보면 이 점을 부정할 수는 없다. 하지만 아미노는 그것을 자신의 역사인식 논리에서 배제하고, 중세 후기·근세로 갈수록 '시대 상황은 점점 나빠진다'는 관점을 취하는 것 같다.

이 점은 아미노의 현대관·역사관과도 불가분하다. 아미노는 고도 경제성장의 강행에 따른 여러 사회적 모순에 직면하여 물질적 생산력의 발달이 그대로 역사의 진보로 간주될 수 없다고 생각하는 동시에 역사를 '진보'라는 척도로 보는 데도 회의적으로 바뀐다. 그러면서 고도 경제성장뿐만 아니라 메이지유신 이래 일본근대사 그 자체를 '진보'의 각도에서 보는 데도 부정적으로 된 듯하다. 중세 전기에서 중세 후기로, 근대에서 현대로, 그 점에서 아미노의 역사인식은 비관적이며 '세상은 나빠진다'는 관점이다.

자본주의의 발전과 민주주의의 발전이 한 몸이라고 할 수 없음은 사실이지만, 이런 논법에 서면 근대의 '자유'보다 '본원적 원시의 자유'가 찬미될 수밖에 없다. 그런 의미에서 아미노의 역사관은 일종의 공상적 낭만주의 경향을 갖고 있다. 감히 말하건대 그 부분이 '근대의 초극'을 부르짖던 사회 상황 속에서 등장한 일본 낭만파의 역사관과 통하는 것 같다. 가메이 가쓰이치로가 서구적 근대도 거부하면서 찾아낸 활로는 일본의 고대나 중세에서 찾아낸 탐미적 세계였다. 가메이는 풍부한 감성의 소유자였던 만큼, 전시 중에 학생으로서 가메이의 독자이기도 했던 나 같은 세대에게는 그런 탐미적 낭만주의는 마약적 도취를 안겨 주었다. 아미노의 사회사를 일본 낭만파와 같은 부류로 보는 것은 당사자를 비롯한 많은 역사 연구자들한테서 항의를 받을 지도 모르지만, 근현대를 부정적으로 이해하고 '본원적 자유'라는 환영이나 '무연'적 자유를 예찬하며 그려 내는 수법에서 그런 불안을 느끼는 것은 나와 같은 세대뿐일까?

사건사와는 달리 장기적인 사회 경제 현상이나 생활, 습속, 의식 등에 대해서는 가능한 한 장기적인 시야 속에서 그 현상의 무게나 평가를 논하는 것이 학문적으로 중요하다. 실증주의적 방법은 개별 사실(史實)뿐 아니라 그렇게 간단히는 확정할 수 없는 큰 사상(事象)에 대해서도 필요하지만, 그 점에서 아미노의 얘기는 주관성이 강하다. 그런 평가의 객관성과 과학성을 어떻게 확보할 것인가를 소홀히 하면 역사인식은 일면적인 것이 된다. 낭만주의적 역사관은 그런 측면을 비껴갈 수 없지 않은가?

## 민족·사회·국가에서 '통합'의 의미

따라서 아미노 요시히코의 역사관은 현실의 역사적 사회에서 권력구조와 계급관계를 직시하며 역사적 사회의 발전과 통합을 관련시켜 생각하는 작업을 약화시키기도 했다.

아미노는 점차 '국민국가'적 일본사 상 비판을 강하게 의식함에 따라 전 시대에 걸친 일본열도 사회의 지역성 또는 역사적 사회에서 나타나는 분산의 측면이나 일본국의 비통합적 측면을 강조하게 된다. 그런 측면에 주목하는 자세는 소중하다. 그러나 동시에 그런 지역이나 분산의 계기를 바탕으로 민족·사회·국가가 현대를 향해 통합되어 가는 측면도 그에 못지않으며, 어쩌면 그 이상으로 중요하다. '태초에 통일이 있었으니……'가 아니라 지역이나 분산의 계기가 어떤 형태로 바탕이 되어 통합으로 나아가는가 하는 통합의 진행 방식이야말로 역사적으로 질문해야 하는 지점이다.

'통합'에는 언제나 민중적 계기와 권력·국가적 계기의 대항이 존재하므로 '통합'을 무조건 긍정한다든지 찬미한다든지 할 수는 없다. 그러나 '통합'으로 눈을 돌리지 않으면서 그것을 악으로 보고 조직 이전의 '본원적 자유'나 '표박' '분산'의 강조나 찬미만으로 근현대의 문제를 풀 수 없다.

아미노의 역사학은 왜 이런 경향성을 강하게 띠게 되었을까? 아미노 자신이 가끔 분명하게 밝혔듯이 1953년 마르크스주의 운동에서 이탈하고 사상적으로도 스스로 결정적 전환을 꾀했을 때 새로운 길잡이로 선택한 것은 야나기타 구니오의 민속학이었다. 시종일관 구체적인 자료를 좇으며 민중의 생활과 그 밑바탕에 있는 민중의식까지를 풀어내려 했던 야나기타의 학문 자세에 압도되어, 기존에 자신이 바탕으로 삼았던 '이론'의 '천박함'을 깨닫고 자기혐오에 빠지게 되었다는 고백(《歷史としての戰後史学》, 日本エディタースクール出版部, 2000년)은 나로서도 어느 정도 이해할 수 있는 느낌이다.

그런 만큼 아미노의 회심과 새로운 역사학에는 야나기타 구니오의 학문이 짙게 투영되어 있다. 전통적 사회상에 관한 야나기타의 기조는 농민 일원론 · 논농사 일원론이며 그 자체는 아미노도 비판하는 부분이었으나 (단 야나기타를 직접 비판한 것은 아니다), 야나기타의 농민상 · 민중상은 '평민' 또는 '상민'으로 표현되듯이 지배-피지배 관계에 대한 시각, 또 '평민' 내부의 계층이나 지배 종속 문제에 대한 시각을 결여한 동질적인 존재로서 파악된다. 따라서 그것은 이른바 비정치적이며 어떤 의미에서는 평면적인 민중상이다. 야나기타는 스스로 말했듯이 전전의 일본사 연구의 농민상이 '농민의 역사를 백성 잇키의 역사로 왜소화해 버린' 데 분노에 가까운 감정을 드러내며 비난했으며, 사실 농민 투쟁이나 지배-피지배에 관한 문제는 야나기타의 민속학에서는 완전히 무시되었다.

아미노는 이런 야나기타의 상민상과 시각을 거의 그대로 승계했다. 그런 탓에 아미노의 중세 민중상을 둘러싼 논리는 '평민'으로 일원화된다. '평민'은 일률적으로 '백성' 신분이며 실체적으로는 그 안에 '비농업민'과 농업민이 함께 포함된다는 것이 아미노의 기본 인식이지만, 다른 한편으로 동시에 존재했던 지배-피지배 관계나 계층 문제는 등한시되어 '이동의 자유'가 일반적으로 강조된다. 이렇게 되면 중세 농촌 사회에 실제로 존재했던 지배-피지배 관계나 경제적 관계의 전개에 수반되는 농민의 존재 형태의 추이를 구조적이고 동태적으로 파악하는 시각을 포기했다고 할 수밖에 없다. 지배-피지배 관계를 누락시킨 '평민'론으로는 '통합'의 문제를 논리상으로도 전개하기가 어렵다. 계급사회에서 통합의 양태는 지배-피지배의 대항을 빠뜨린 채 구체적으로 인식할 수 없을 것이다.

물론 전근대 사회에서 계급적 대항 관계가 항상 직접적으로 사회의 기본적인 운동축이 되어 이른바 필연적인 계급투쟁으로 나타난다고 생각할 수는 없다. 사람들의 존재가 신분제에 따라 편성되는 전근대 사회뿐 아니라 근현대 사회에서도 민중의 행동은 순수하게 계급적인 원리나 이해의 대항 관계로서만 전개되는 것은 아니다. '새로운 역사학'으로서 사회사가 이른바 기본 테제의 하나로 민중의 집단적 심리와 씨름하는 것은 그런 점과 관련하여 나름대로 일리가 있다.

그럼에도 불구하고 권력·국가의 양태에는 권력 의지가 명시적으로 드러나는 법이며, 당연히 그런 매개 없이는 '통합'도 있을 수 없다. 야나기타의 상민론은 그런 점에서 지배와 분리시킨 형태로 민중상을 추구하므로, '통합'은 위로부터의 성급한 지배로서 비난의 대상으로서만 이해되며, 이 마을 저 마을 각각의 사례가 그대로 수집되고 제출된다. 그런 다양한 존재 형태의 인식은 중요하긴 하지만 그로부터 그대로 근대를 향한 통합이나 국가의 양태를 논하는 경로는 보이지 않는다.

아미노의 '평민'론에도 비슷한 경향이 강하다. 1953년의 회심 이후 아미노가 '봉건제'나 '농노제' 같은 이론 범주의 사용을 거부하게 된 것은 방법의 문제이기에 바로 그 적부를 운운할 필요는 없겠지만, 그와 함께 그런 범주 자체의 성립 근거가 되는 실재의 계급관계와 지배-피지배 관계를 묻는 방향까지도 버린 듯 보이는 경향을 강화한 것은 역사인식의 내용을 거꾸로 좁히고 말았다고 생각된다.

사회사는 '사회'라는 측면을 주제로 삼는 역사 연구가 아니라 '새로운 역사학'으로서 전체사를 지향한다고 얘기된다. 의도는 그러할 것이다. 그런 만큼 사회사라고 해서 지배-피지배의 문제나 사회·국가의 통합이라는 고도로 정치적인 문제를 고찰 대상이 아니라고 내칠 수는 없다. 민속학을 출발점으로 삼는 아미노의 사회사는 일본의 역사학 발전에 크게 기여했지만, 동시에 이런 점에서 일정한 경향성과 한정성을 내포하고 있다고 생각된다. 경제·정치를 비롯하여 여러 분야에 걸쳐 유기적인 구조를 갖는 역사적 사회의 전개에 민족·계급·국가의 '통합'이라는 시점을 도입했을 때 비로소 아미노의 사회사는 앞서 말한 바와 같이 낭만주의적 역사론이라는 우려를 극복하게 되지 않을까 싶다.

내가 추측한 바로는 아미노가 일본 중세의 사회사를 구상했을 때 특히 1980년대 후반 이후 커다란 지침 가운데 하나는 페르낭 브로델(Fernand Braudel, 1902~1985년)의 《물질문명·경제·자본주의 15~18세기》(원저 1979년. 山本淳一·村上光彦 옮김, 전6책, みすず書房, 1985~1999년)일 것이다. 아미노가 제기한 주제들 대부분은 브로델이 이 책에서 다룬 것과 공통점이 많다. 그러나 거기서 다룬 것과 아미노가 대상으로 삼은 일본의 12~15세기 경제사회의 양태를 겹쳐서 논할 수 있는가 여부는 아직은 검토가 필요한 문제이다.

노파심에서 덧붙여 두자면 나는 여기서 사회사라는 것 일반을 논할 생각은 없다. 사회사라고 얘기되는 것 가운데에는 가령 월러스틴(Immanuel Wallerstein)의 세계체제론 같은 것까지 존재하기 때문이다. 일본에서 사회사 연구의 길을 닦은 아미노의 작업을 어떻게 비판하고 발전시킬 것인지가 앞으로 커다란 과제이다.

한편 아미노와 깊은 연구 교류를 가졌던 가사마쓰 히로시의 《일본중세법사론》(日本中世法史論)과 가쓰마타 시즈오(勝俣鎭夫)의 《센고쿠법 성립사론》(戰国法成立史論)은 중세의 법언(法諺), 법의식, 법 관행 등을 깊이 파고들어 중세 사회의 심층을 조명한 노작이며, 사회사 연구에 선구적 역할을 수행했다(두 책 모두 1979년 東京大学 出版会에서 출간).

## 도시사 연구의 새로운 시각

연도로는 뒤처지지만 이쯤에서 도시사(도시 사회사) 연구의 새로운 움직임에 대해서도 살펴보자.

도시사도 사회사 연구의 중심부이다. 1993년 중세도시연구회(대표 아미노 요시히코, 이시이 스스무, 오미와 다쓰히코)가 발족하여 연보 형태로 《중세도시연구》를 발행하게 되었다.

히라이즈미(平泉, 이와테 현)나 도사미나토(十三湊, 아오모리 현), 구사도센겐(草戸千軒, 히로시마 현) 등 발굴 조사가 큰 성과를 올렸고, 가마쿠라·교토·사카이(堺)·하카타(博多) 등에서도 부분적이지만 발굴을 통해 잇달아 새로운 지견을 얻게 된 것이 큰 자극이 되었다.

근세 도시사 연구는 니시야마 마쓰노스케(西山松之助)를 중심으로 한 에도 연구(《江戸町人の硏究》 전5권, 吉川弘文館, 1972~1978년), 아사오 나오히로 등의 교토 연구(《京都町觸集成》 전13권·별권 2, 岩波書店, 1983~1989년) 등에 의해 추진되었는데, 건축사에서 도시사로 나아간 다카하시 야스오(高橋康夫)와 근세사의 요시다 노부유키(吉田伸之)는 《일본 도시사 입문》(전3책, 東京大学 出版会, 1989~1990년)을 함께 엮어 간행했다. 그 구성을 보면 '1부 공간, 2부 마치(町), 3부 사람'과 같이 마치(町)를 단위로 하는 도시 공간과 거기서 살아가는 온갖 사람들과 그 결합의 모습을 구체적으로 추구하자는 새로운 시각을 제기했다. 종래의 도시사는 대개 도시의 유형이나 도시와 농촌 사이의 분업·시장 관계를 중심으로 삼았으며, 도시 사회의 구체상의 묘사는 결코 충분치 못했다. 그 점에서 이 저작들은 도시 연구에 새 바람을 불어넣었다.

요시다 노부유키는 그런 연구 상황을 더욱 진전시키기 위해 근세 도시 연구에 정력적으로 달려들어 차례로 주목할 만한 저서를 발표했다. 《근세 거대도시의 사회구조》(東京大学出版会, 1991년), 《근세 도시사회의 신분구조》(東京大学出版会, 1998년), 《거대 조카마치 에도의 분절구조》(巨大城下町江戶の分節構造, 山川出版社, 2000년), 그것들을 총괄하여 하나의 역사서술을 이룬 《성숙해져 가는 에도》(成熟する江戶, 講談社 판 《日本の歷史》17권, 2002년) 등이다. 아날학파의 사회사를 가장 잘 이해하고 있던 니노미야 히로유키는 그들이 지향하는 '전체사'란 '심층'에서 출발하여 역사의 표층도 감싸 안으며 다양한 인간 활동의 총체를 중층적이고 다원적인 하나의 구조로서 전체적으로 파악하는 것이라 말했다. 요시다 노부유키는 이런 니노미야의 지적에 강한 공감을 느끼면서 거대도시 3도, 특히 에도의 도시 사회사 연구로 나아갔다.

'심층'이란 크게 보면 민중적 세계, 그것도 오랜 역사 속에서 형성되어 온 여러 집단과 그 결합 원리·전통적 습속이나 심성 등을 포함하는 존재로서의 민중이다. 요시다가 니노미야의 지적을 받아들여 도시 주민의 중층적이고 다원적인 구조를 말하는 경우, ① 쇼군·다이묘를 비롯한 정치적 지배의 정점에 있는 지배자와 그들이 창출하는 지배 구조, ② 도시를 구성하는 '마치' 공동체의 성원, 사이의 과의 양극 대항적인 그룹뿐만 아니다. ③ 마치를 넘어선 대점포(大店), 에도의 경우 그 정점에 있는 미쓰이에치고야(三井越後屋) 같은 '사회적 권력'이라 부를 만한 성질을 지닌 집단, ④ 또 그 대극이라 할 만큼 각종 도시 신분적 주연(周緣)을 구성하는 사람들, 예를 들면 간닌보즈(願人坊主, 결원이 생기면 승적에 들게 되는 수행자 — 옮긴이)와 같은 사람들(메이지 이후 빈민가의 거주자로 이어진다)도 포함된다. 요컨대 이들 모든 계층·직능 집단의 조직 방식, 그들이 서로 중층적 복합적으로 연계되면서 구성하는 도시 전체의 기능과 질서와 같은 부분에 눈을 돌린다. 또 도시의 경제 기능의 핵심이 되는 시장의 구조, 즉 상인과 시장을 구성하는 도매상(問屋)·중개인(仲買)·소매상(小賣) 집단과 기능 등을 야채시장이나 어시장 등을 통해 가능한 한 구체적으로 추적하는 가운데, 그들 사회집단의 중층적·복합적 관계를 풀어나간다.

도시 사회사의 시각을 제시하는 요시다의 키워드는 '사회적 권력, 신분적 주연, 시장 사회, 분절 구조' 네 가지이다. 종래의 에도 시대 도시사가 에도·교토·오사카든 각 조카마치든 지배 쪽에서 보기 마련이었던 데 비해 여기서는 도시민의 제반 구성 집단 쪽에서 파고든다. 그것이 심층에서의 출발인 것이다.

요시다의 작업으로 대표되는 근세 도시 사회사는 중세에 비하면 훨씬 생생한 정밀화를 보는 듯하다. 그 차이는 무엇보다도 사료의 풍부함과 연구 축적에서 나온다. 그러나 그런 부분은 역사 연구에서는 언제나 닥치는 문제이다. 근세와 중세의 차이 가운데 가장 큰 것은 '도시' 그 자체의 형성과 성숙도가 될 것이다. 요시다가 대상으로 삼은 18세기의 에도는 전근대 도시로서 인구 집중, 직업 분화, '마치' 조직, 시장 조직, 도시법 등 도시를 규정하는 여러 요소가 중세와 비교하여 대단한 성숙도를 나타내고 있으며, 그것들을 도시 질서에 자리매김하기 위한 지배 측의 노력도 진척되었기 때문에 그런 모습이 잘 보였던 것이다.

물론 중세 도시 사회사도 특히 근년의 역사고고학적 방법을 통한 많은 성과를 기초로 하여 종래에는 볼 수 없었던 많은 지견과 그것을 바탕으로 한 역사상을 제시하고 있다. 중세 도시에서도 도시 주민의 여러 집단에 관한 연구가 진전되고 있지만, 그런 '중층과 복합'으로서 도시민 사회의 구조 전체를 인식하기 위한 이론 틀은 아직 불완전하며 남겨진 과제라고 생각된다. '표층의 역사'를 넘어서기 위해 도시 사회사는 근대도 포함하여 하나의 중요한 무대이다.

| 참고문헌 |

黒田俊雄,《歷史学の再生》, 校倉書房, 1983년.

二宮宏之,〈戰後歷史学と社会史〉, 歷史学硏究会 편,《戰後歷史学再考》, 靑木書店, 2000년.

二宮宏之,《全体を見る眼と歷史家たち》, 木鐸社, 1986년. 平凡社; 증보판 1995년.

キャロル・グラック,〈戰後と『近代後』―二O世紀後半の歷史学―〉, テツオ・ナジタ 외 편,《戰後日本の精神史》, 岩波書店, 1988년.

# 5
# 역사의 총체적 파악을 향해

## 연구 과제와 방법의 혁신

1970년대에 들어와 일본사학계에서도 사회사가 전후역사학의 재검토이자 새로운 역사 연구의 기수로서 폭넓게 수용되었다.

사회사는 과거 기다 사다키치나 나카무라 기치지가 지향했던 식으로 하나의 부문사가 아니라 역사를 전체사로 파악하는 새로운 시각과 방법으로서 더욱 광범위해지고 중요해진 것이다. 그렇다고 해도 사회사는 성격상 마르크스역사학의 사회구성체 이론처럼 인류사의 발전에 대한 체계적인 거대 이론을 명시적으로 지녔다고 하기 어렵다. 오히려 그런 부분을 비판하는 지점에서 등장한 것이다. 그러나 전통적인 정치사 중심의 역사학에서 완전히 틀 밖에 밀려나 있던 역사사회학·역사인류학적인 사상(事象)들에 강한 관심을 표명함으로써 새로운 틀을 형성해 나갔다. 지배층에 머물지 않고 사회 각층의 가족과 친족의 구조, 의식주나 생활에 바탕을 둔 언어·습속·제(祭)·신앙·의례·신체·성·질병 등 그동안 역사학이 거의 돌보지 않았던 여러 문제에 메스를 들이댔고, 역사학은 인류학·민속학·사회학에 다가서게 되었다.

그런 새로운 움직임 속에서 전전의 흐름을 전후에도 이어 가던 정치사 중심의 아카데미즘 역사학 대 마르크스역사학이라는 구도는 해체되었다. 아카데미즘 역사학도 전통적인 틀을 넘어 마르크스역사학과 근대주의역사학의 성과와 사회사가 추구하는 방향을 대담하게 받아들였으며, 이제 연대기적 정치사와 개인사, 이야기 사건사 같은 것은 거의 사라지게 되었다.

이런 역사학의 자기 혁신은 사학사적으로 돌이켜보면 실은 훨씬 이전부터 널리 진행되어 이미 성과를 제시했다고 할 수 있다. 원래 역사사회학의 방향은 막스 베버가 이룬 역사와 이론의 통합, 비교유형론적 방법에 의한 시야의 확대 같은 형태로 20세기 이른 시기부터 그 존재를 활발히 펼쳐나갔다. 또 아날학파도 1930년대부터 잇달아 새로운 연구를 제출함으로써 일본에서도 그 영향이 서서히 나타났던 것이다. 이를 테면 마르크 블로크의 《봉건사회》는 다카하시 고하치로가 전후 일찍부터 중시했다. 그래서 '새로운 역사학'의 탄생을 1970년대 이후로 한정하는 것은 사실과 맞지 않다.

이제 그런 움직임 가운데 아카데미즘 역사학의 혁신에 커다란 자극을 안겨 준 몇몇 특징적인 연구 조류와 문제에 눈을 돌려 보자.


### 생활사와 기술사에 대한 관심

민중사는 전후역사학에서도 이로카와 다이키치 등의 작업에서 볼 수 있듯이 관심의 중심은 민중운동과 민중투쟁사였다. 그에 비해 사회사적 민중사는 민중의 일상성을 주제로 삼아 집단의 양태나 집단적 심성 등 생활에 밀착하는 방향으로 눈을 돌렸다. 일찍이 하나의 부문사로서 존재하던 '생활사'라는 주제는 드디어 사회사의 눈으로 새롭게 연구되기 시작한 것이다.

전근대 사회의 민중 생활은 생업과 떼려야 뗄 수 없었기 때문에 의·식·주·신체·질병·생업·기술·교역·화폐·교통 같은 문제들은 모두 얽히면서 생활사의 여러 측면을 틀 지우게 된다. 풍속의 스타일이나 기호·유행, 기술의 전파·정보 따위도 거기에 포함되며 연중행사·축제·예능 등도 마찬가지이다.

그리하여 '생활사'도 구체적으로 생각하면 할수록 여러 문제를 포함하는데, 1970년대부터 1980년대에 걸쳐 그와 분리될 수 없는 분야 가운데 하나로서 주목을 받은 것이 기술사일 것이다.

그에 관한 작업으로서 《강좌·일본 기술의 사회사》(講座·日本技術の社會史, 전8권·별권2권, 편집대표 永原慶二, 山口啓二, 日本評論社, 1983~1986년)와 《기술의 사회사》(技術の社會史, 전6권·별권1, 佐々木潤之助, 三浦圭一 편집, 有斐閣, 1982~1983년)가 간행되었다. 또 요시다 미쓰쿠니(吉田光邦) 등의 《일본인의 기술》(《講座·日本文化》제5권, 硏究社, 1977년)이 비교문화론의 관점에서 일본 전통 기술의 양상을 다루었다.

그런 기술사의 한 분야인 농업기술을 보더라도 개발과 경지·산야 이용, 관개, 노동 용구, 작물과 품종 개량, 비료, 농사 관행, 농서 등에 관해서는 메이지 이래 각종 연구가 진행되었다. 그러나 예를 들면 농업의 재생산과 생활을 유지하는 메커니즘을 규명한다는 관점에서 가족 내 분업이나 가족과 가족 간의 협동, 가족과 마을, 마을의 기능과 질서 구조 등에 대한 고찰은 여전히 완전히 만족할 만하지 못하다. 이것도 기술의 사회사라는 시점에 서면 영농에서 남자와 여자의 역할과 같은 문제 하나를 보더라도 신선한 관점이 될 수 있다. 중세의 두루마리 그림(絵巻)을 보면 모내기는 주로 여성이 담당했지만, 그 밖의 일상적인 작업에서는 논은 남자, 밭은 여자라는 분담 질서가 견고했다. 텃밭에서 작물을 돌보는 이들은 예외 없이 여성이다. 뽕과 모시를 심고 재배하는 일과 양잠도 여성의 일이었다. 그것은 고대·중세부터 근대에 이르기까지 변함없는 분담 형태이다.

농가는 철제 농구와 자급할 수 없는 물자인 소금, 도기 같은 것을 얻기 위해 농산물이나 그 가공품(짚 제품이나 때로는 직조 등), 산과 들에서 채집한 물품 또는 땔감 등을 생산하여 판매하는데, 그런 문제를 구체적으로 포착하기 위해 시장·교역·화폐유통·교통 등도 유기적 관련을 맺는 문제로서 주목하게 되었다. 농업의 기술, 영농, 생활의 양태, 시장을 통일적으로 파악하는 관점이다.

또 농업 기술과 분리될 수 없는 농업 노동의 생산성이나 생산 의욕 같은 문제도 주목을 받게 되었다. 예를 들어 무로마치·센고쿠 시대에 목화 재배가 조선과 중국으로부터 전해지자 모시와 목화를 짜는 난이도 차에 따라 자급적 방직 노동은 그 이전 모시 중심 시대에 견주어 혁명적으로 경감되었다. 그런 여성 노동의 경감이 목화 직조를 농한기 상품 생산으로 바뀌게 했고, 그것이 근세 농가의 생산 의욕을 높여 재생산 기반을 강화하게 된다. 이런 변화가 근세 소농 경영을 안정시킨 유력한 조건이 되었다는 점은 기술과 사회의 관계가 중요하다는 사실을 일깨웠다(永原慶二, 《新·木綿以前のこと》, 中公新書, 1990년).

나아가 농가와 농촌에서 빼놓을 수 없는 전문 기술자로서 목수, 대장장이, 염색공 등이 있는데, 장원제 시대에는 그런 직인에게 식생활을 위한 면세지(給免田)가 허용되었다. 일정한 식생활 비용을 장원 단위로 인정하고 직인들의 정주 또는 초빙을 도모하는 일종의 '마을 부담'(村抱え) 형태인데, 그런 면세지 형태는 근세에 들어와 소멸되고 대개 자립적인 직인 영업자와 주문자로서 개별 농가의 관계로 이행한다. '비농업민' 편력 활동의 비중이 컸다는 점에 주목하는 것도 중요하지만, 각각의 기술이나 유통의 단계적인 양태에 대응한 그들의 사회적 존재 형태에 주목함으로써

시대마다 농촌 사회상도 크게 조망하고 그 특징도 파악할 수 있게 된다.

위에서 든 두 기술사 관련 강좌 시리즈 가운데 《강좌 · 일본 기술의 사회사》는 농업 · 농산 가공, 염업 · 어업, 방직, 요업, 채광 · 야금, 토목, 건축, 교통 운수와 같이 부문 별로 편성된 데 비해, 《기술의 사회사》는 전체를 고대 · 중세 · 근세 · 근대라는 기본적 시대구분에 따라 각 분야의 기술을 시대별로 한 권으로 묶어 고찰하는 형식을 취했다. 전자에는 부문 별로 기술의 발전을 훑어볼 수 있다는 장점이 있고, 후자에는 한 시대의 여러 기술을 서로 관련지어 볼 수 있다는 장점이 있다. 저마다 이점이 있지만 이 연구들도 아직 초기 단계라고 봐야 한다. 최근에는 취락 유구(遺構)나 대형 성관(城館) · 도시 유적의 발굴이 진전됨으로써 각종 '물품'에 관한 연구가 진행되고 있으며, 그에 따라 기술사 연구는 새로운 단계로 나아가고 있다.

### 여성사 연구의 비약

여성사 연구는 아카데미즘 역사학과는 전혀 무관한 곳에서 출발했다. 전후 여성사에 관한 최초의 서적은 당시 재야 근대사가인 이노우에 기요시의 《일본 여성사》(三一書房, 1949년)이다. 전후 개혁의 기운이 활발한 가운데 이노우에는 여성의 해방이란 천황제와 가부장제의 예속으로부터 해방이며, 그것은 노동자계급의 해방과 분리될 수 없다는 기본 인식을 표명했다. 그렇게 말해 버리면 너무 공식적이라고도 여겨지기 쉽지만, 원시 · 고대부터 전후에 이르는 여성의 역사를 일관되게 서술한 최초의 저작으로서 대중 학습 운동의 교재로 널리 읽혔으며, 여성사 연구 제1기의 주제를 여성해방사로 규정하는 데 커다란 역할을 담당했다. 바로 그 무렵 (1946년) 민주주의과학자협회(민과)의 부인문제연구회(후에 부인문제 부회)에서 미쓰이 레이코(三井礼子, 1905~1989년), 이데 후미코(井手文子, 1920~2000년), 무라타 시즈코(村田静子) 등이 중심이 되어 여성사 연구를 시작한 뒤 이윽고 여성사연구회로 독립했다. 곧 다테와키 사다요(帯刀貞代, 1904~1990년)와 나가하라 가즈코(永原和子)도 가세하여 해방운동사와 함께 제사·방적의 여성노동사 등을 주제로 연구를 진행했다. 조금 뒤의 일이지만 무라타 시즈코의《후쿠다 히데코》(福田英子, 부인해방운동의 선구자―옮긴이, 岩波新書, 1959년)도 이 시기의 기념비가 될 만한 저작이다.

1950년대 후반 무렵부터 여성사 연구는 점차 관심의 폭을 넓히면서 변모해 갔다. 그러한 제2기의 대표적인 노작으로는 다카무레 이쓰에(1894~1964년)의《여성의 역사》(전4권, 理論社, 1954~1958년)나 무라카미 노부히코(村上信彦, 1909~1983년)의《메이지 여성사》(전4권, 理論社, 1969~1972년)가 있다. 무라카미는 이노우에 기요시의《일본 여성사》를 두고 해방운동사의 사건이나 인물만을 다루고 있어 이름 없는 일반 여성들의 삶과 능력, 에너지를 포착하지 못했다고 비판하면서 가부장적 가족제도 아래에서 견디며 살아가는 여성들의 생활사를 그려 내고자 했다. 그것은 이노우에가 결여한 시각이고 그것을 추구하기 위한 문헌 발굴과 면담 조사도 밀도가 높았기에 여성사 연구에 큰 획을 그었다.

1970년대에 들어서면 여성사는 크나큰 비약을 보인다. 수많은 여성 연구자가 각 시대별로 여성사 연구에 달려드는 상황이 연출되었고, 양과 질 모두 충실해졌으며 때때로 대학에서도 여성사가 강의 제목으로 등장하게 되었다. '여성' 역사의 중요한 주제 가운데 하나가 성적 억압과 계급적 억압의 결합으로 출현하는 '예속'의 구조적인 양태와 그 극복의 경로라는 것이 공통의 문제의식이 되었다. 이 시기에는 그것을 해방운동으로서가 아니라 일상적 생활사의 깊이로부터 조망해 보겠다는 분위기가 강해졌다.

여성사종합연구회(대표 와키타 하루코)가 펴낸 《일본 여성사》(전5권, 東京大学出版会, 1982년), 《일본 여성 생활사》(전5권, 東京大学出版会, 1990년)가 여러 남성 연구자의 협력도 얻으면서 각 시대의 주요 테마에 걸친 논문집 형태의 강좌로 간행된 것은 이 시기의 대표적 성과이며, 일본 여성사가 더 이상 일본사 연구의 곁가지가 아니라는 점을 명시하는 일이기도 했다. 이 무렵 근대사 연구자 가노 마사나오도 다카무레 이쓰에를 논했고(《高群逸枝》, 호리바 기요코堀場淸子와 공저, 朝日新聞社, 1977년), 그 뒤에도 《부인·여성·여자: 여성사의 물음》(婦人·女性·おんな: 女性史の問い, 岩波新書, 1989년)을 써서 여성사에 대한 문제의식을 높였다.

제4기는 1980년대부터 1990년대에 걸쳐 주제가 성차별과 젠더 문제로 수렴되는 시기라고 할 수 있다. 이런 문제는 1980년대에 활기를 띠던 '여성학'의 주요 테마이며, '여성사'와는 일정한 거리를 두는 듯 보이기도 한다. 그러나 일본국헌법 체제 아래에서 '남녀 고용 기회균등법'(1989년)이 성립되고 직장에서 여성의 처지에 대한 기회균등이 원칙으로 보장되는 상황에서도, 실체적으로 뿌리 깊게 존속하는 차별 문제는 여성사 연구 쪽에서도 준엄하게 맞서 나가야 할 주제이다.

이리하여 여성사 연구는 전후 각 시기와 대응하듯이 몇 시기를 나누어 일본사 인식 속에서 자기 위치를 점차 분명히 했다. 그 사이 1980년에는 나가하라 가즈코, 니시무라 히로코(西村汎子), 하야시 레이코(林玲子), 요네다 사요코(米田佐代子), 세키구치 히로코(関口裕子, 1935~2002년), 후쿠토 사나에(服藤早苗) 등이 중심이 되어 모두에게 열린 학회로서 '종합여성사연구회'(総合女性史研究会)도 결성되었다(초대 대표 나가하라 가즈코, 기관지 《종합여성사연구》). 또한 교토에서도 '여성사종합연구회'가 기관지 《여성사학》을 발간하게 되었다. 그 점에서 보자면 여성사 연구는 처음부터 확립기를 맞았다고 할 수 있으며, 관점에 따라서는 아카데미즘과 근접하고 체제에 편입될 위험도 있었다고 해야 할지 모른다.

그렇더라도 1970년대부터 일어난 비약은 사회사의 융성과 시기를 같이 하며 여성사 연구도 사회사의 일환이라고 보는 시각도 충분히 있을 수 있겠다. 이런 여성사 쪽에서는 다카무레나 아미노와 같이 중세부터 근세에 걸친 여성의 발자취를 오로지 가부장적 예속의 강화로 보며 이른바 퇴행의 역사로 파악하고 옛날일수록 아름답게 묘사하는 데 동조하는 연구는 거의 없다. 그러나 사회사가 갖는 보다 넓고 풍부한 가능성에서 생각하면 여성사 연구가 사회사가 지향하는 전체 인식의 일환으로 자리를 잡는 것은 당연하다. 한편 1982년에는 에모리 이쓰오(江守五夫), 모리 겐지(森謙二) 등이 애를 써서 법학·사회학·문화인류학·민족학·역사학 등 넓은 범위의 가족사 연구자를 결집한 '비교가족사학회'(초대 회장 나가하라 게이지, 회지《비교가족사연구》)가 발족하여 여성사 연구와도 강한 협력 관계를 만들었다.

### 신분제론과 '비천' 신분론

전전의 일본사 연구 속에서 몇 안 되는 선각자를 제외하고 일본사 인식 속에 올바르게 자리매김되지 못한 중요한 분야 가운데 피차별신분사가 있다.

주지하듯이 메이지유신에 따라 1871년에는 피차별신분인 '에타(穢多)·히닌(非人)'이라는 명칭이 폐지되고 '균질하고 평등'한 '국민' 창출을 향한 자세가 표명되었다. 하지만 현실은 바로 바뀌지 않았다. 1922년 들어 전국수평사가 창립되어 차별받던 사람들 스스로 주체가 된 해방운동이 전국 조직으로 출발했다. 하지만 이것도 억압·분열·좌절의 길로 나아갔고 본격적 해방의 여정은 전후를 기다려야 했다.

그 고난은 궁극적으로는 메이지 이후의 천황제 국가가 명분상 '국민'을 강조하고 근대 이전에 생겨나서 사회적으로 침투한 사농공상 신분 이외의 이른바 사회적으로 배제된 형태로 온존시켰던 피차별민에 대해, 호칭을 없애는 것만으로 존재 그 자체에는 눈을 감는 식으로 대응한 데 원인이 있다. 그런 허위적 명분이 교육을 통해, 한편에서는 국민에게 문제의 존재를 알리지 않고 다른 한편에서는 뒤틀린 차별 의식을 음습하게 존속시키는 결과를 낳았다. 차별에 대한 국민의 의식 상황은 궁극적으로 일본 역사학의 양태도 규정하게 되는 바, 전전 내내 이것을 정당하게 일본사 인식에 자리매김하고 그것을 통해 차별 극복에 기여하지 못하도록 한 것이다. 전전 세대에게는 '천황은 인자하고 국민을 평등하게 적자(赤子)와 같이 보듬어 주신다'는 것이 교육을 통해 강요되어 창출된 국민의식의 중핵이었다. 따라서 그런 명분적 원리에 의심을 갖게 만드는 피차별신분 연구는 천황의 '성려'(聖慮)에 위배되는 것이다.

이 문제는 사실 피차별신분에 대한 역사 연구뿐 아니라 일본사 전 시대에 걸쳐 기초가 되는 '신분'제 연구 전체에도 부정적 영향을 크게 끼쳤다. 메이지 천황제 정부는 '에타·히닌'의 이름을 없앤다는 개명성을 전면에 내세우는 동시에 '에타·히닌'제를 에도 시대의 소산이라며 책임을 구 막부에 들쒸우는 식의 이해를 국민에게 유도하여, 결과적으로는 피차별민의 존재가 근세 이전으로 거슬러 올라가 천황과 불가분의 관계에 있다는 점을 은폐하도록 꾀했다.

전후 피차별민 문제는 그 사람들의 인권 문제로서가 아니라 차별을 낳은 일본 사회와 국가의 특수성, 신분제의 특질과 같이 일본사에서 가장 근원적인 문제로서 연구가 진행되었다. 후지타니 도시오(藤谷俊雄, 1912~1995년), 하야시야 다쓰사부로, 하라다 도모히코(原田伴彦, 1917~1983년)는 전후 피차별민 연구의 제1세대를 대표하는 연구자이다. 후지타니는 고대, 하야시야는 중세, 하라다는 근세를 전공했는데, 그들의 작업 속에서 피차별민과 게가레(부정) 관념, 피차별민과 공동체, 피차별민의 직능, 차별의 양상을 비롯한 여러 측면이 밝혀졌고 많은 사료도 간행되었다.

더 나아가 전후 세대인 요시다 아키라, 구로다 도시오(黒田俊雄, 1926~1993년), 와키타 하루코, 오야마 교헤이(大山喬平), 미우라 게이이치(三浦圭一, 1929~1988년), 요코이 기요시(横井清), 와키타 오사무 등은 각 시대의 사회·국가 구조와 신분 체계 전체 속에 피차별신분을 위치시키는 노력을 거듭하여 연구 수준을 비약적으로 높였다. 특히 요시다 아키라의 〈고대의 신분제에 대하여〉(《部落問題研究》 33집, 1972년), 구로다 도시오의 〈중세의 신분제와 비천 관념〉(같은 곳에 수록), 오야마 교헤이의 〈중세의 신분제와 국가〉(《岩波講座 日本歴史 中世4》, 1976년) 등은 지체되었던 고대·중세의 신분제 체계와 피차별민의 연관성을 계통적·이론적으로 규명했다.

전후 초기의 피차별민과 관련하여 '산조'(散所, 영주에게 예속되어 연공을 면제받는 대신에 노역을 제공 — 옮긴이)가 핵심 존재이며 계급적 본질은 노예라고 보는 하야시야 다쓰사부로의 견해가 유력했다. 그러나 와키타 하루코는 누구보다 빨리 '산조=피차별민 설'을 비판하고 나섰고, 구로다 도시오는 중세 피차별민의 핵심 존재는 '히닌'이며 걸식·잡예민(雑藝民)·히지리(聖, 탁발승 — 옮긴이)·에타 등을 총칭한다는 점, 그들은 여러 계기로 공동체에서 배제된 개인으로 '이에'(家)를 구성하지 않고 비닌주쿠(非人宿, 히닌 거주지 — 옮긴이)와 같은 형태로 집단화하는 데 기본적 특징이 있다고 밝히면서 피차별민 인식을 혁신했다. 또 오야마 교헤이도 히닌='기요메'(清目)에 착안하여 게가레-기요메 관계가 가장 엄격히 요구되는 것은 '청정'을 존재의 불가결한 조건으로 삼는 천황·조정이며, 그때문에 천황의 거처인 교토에서 부정 처리를 떠맡는 '기요메'와 '가와라모노(河原者, 도살과 피혁 가공에 종사 — 옮긴이)가 필요했다는 것이다. 여기에서 천황의 대극으로서 피차별민인 기요메가 없어서는 안 될 존재가

되는 이유가 밝혀졌다. 이시모다 쇼는 고대 신분제에서 율령법적 신분제와 성(カバネ, 천황과의 관계를 나타내는 칭호―옮긴이)에 의한 신분 질서가 복합적으로 존재했으며 천황과 천민은 성을 갖지 않는 존재로서 양극단에 있다고 지적했다(〈古代の身分秩序〉,《日本古代国家論 第一部》, 岩波書店, 1973년). 오야마의 논지는 중세에서 천황과 천민이 양극에서 대응하는 관계의 의미를 규명한 것이라 할 수 있다. 나아가 와키타 오사무는 신분적 소유권의 한 형태로서 죽은 소와 말의 처리권이라는 시각에서 권리의 측면도 포함하는 근세 피차별민의 성격을 탐구했다.

피차별민 연구는 그 뒤로도 양과 질 모두 눈부신 발전을 보이며 오늘에 이르고 있다. 과거 기다 사다키치가 연구를 시작하던 무렵과는 상황도 이해도 완전히 달라졌다. 그 당시는 연구 주제로서도 일본사의 상에서도 주변에 머물러 있었다. 그러나 오늘날 피차별민의 존재와 근거는 일본 사회와 국가의 체질적인 특징과 불가분하다는 점이 명백해졌다. 구로다 도시오는 〈중세의 신분제와 비천 관념〉에서 일본 중세의 신분 질서-비천 관념의 종성(種姓)적 특질과 그런 신분 밖에 놓인 '신분 외 신분' 히닌의 양태를 지적했는데, 그것이야말로 피차별민 문제가 일본사 인식의 핵심과 연관된다는 사실을 잘 나타낸다. 최근에는 다카노 도시히코(高埜利彦), 요시다 노부유키, 구루시마 히로시(久留島浩), 쓰카다 다카시(塚田孝), 요코타 후유히코(横田冬彦)의 《시리즈 근세의 신분적 주연》(シリーズ 近世の身分的周縁, 전6책, 吉川弘文館, 2000년)과 같이 피차별민을 포함한 사회적 저변의 민중 군상에 총괄적으로 접근하는 시도도 진행되고 있다.

더욱이 쓰카다 다카시는 《신분론에서 역사학을 생각한다》(校倉書房, 2000년)에서 근세 사회의 신분적 주연으로서의 슈겐(修験, 산중에서 수행하는 종교―옮긴이), 신쇼쿠(神職, 신사의 신관―옮긴이), 음양사(陰陽師, 점복이나 풍수지리를 전담―옮긴이), 스모 선수, 자토(座頭, 시각장애 예능인―옮긴이), 주물사 등과 대도시 하층사회의 날품팔이(日用), 행상, 건축

노동자, 이발사, 히지리아키나이(聖商), 거간, 히요자(日用座, 날품팔이의 우두머리 — 옮긴이), 부케호코닌(武家奉公人, 무사의 각종 하인 — 옮긴이), 마치요닌(町用人, 마치 단위의 잡부 — 옮긴이), 이에모리(家守, 토지나 가옥의 관리인 — 옮긴이), 메아카시(目明し, 관청의 정보원 — 옮긴이), 유녀 등 다양한 집단의 존재에 주의를 기울여 사농공상이라는 기본 구분으로만 포착되지 않는 현실의 도시 민중 제 집단의 중층적이고 복합적 존재 형태를 파고들었다.

신분제는 전근대 사회의 기본 질서(인간 집단의 상하 배치의 표시)로서 국가권력에 의해 창출되었다고 할 수 있을 뿐 아니라, 민중적 세계의 내부에서 상호 관계로부터 창출된 사회적 질서라는 성격을 갖고 있다. 후자 측면의 연구는 그동안 뒤처진 분야였고, 쓰카다의 지적도 그와 연관되는 문제로서 사회사 연구에 기대되었던 주요 테마 가운데 하나였을 것이다.

## 전근대의 국가사와 국가론

일본 역사에서 신분제 문제는 천황제 문제와 떼려야 뗄 수 없다.

'천황제 국가'라는 국가의 양태가 전전 일본 역사학에서는 천황을 정점으로 하는 국가 질서에 대한 비판으로 직결되었기 때문에 깊이 있는 연구가 곤란했다. 국가사·국가론은 전전에는 이른바 불가침의 성역으로서 연구자의 접근을 허용하지 않았다. 메이지 이래의 일본사 연구가 정치사를 중심축으로 삼았음에도 '국가' 그 자체를 역사인식의 대상으로 객관화한 적이 거의 없었던 것도 그 때문이다. 감히 시도한 것이라면 마르크스 역사학의 천황제 연구가 있겠지만, 그것도 치안유지법의 존재로 엄격한 제약을 받았다는 점은 《일본 자본주의 발달사 강좌》에서조차 '천황제국가론'을 정면으로 다루지 못했던 데서 잘 나타난다.

그런 의미에서 전후의 일본사 연구 가운데 국가사·국가론은, 점차 세분화되고 정치화된 분야별 연구를 총괄하는 위치에 서는 핵심 테마로서 특히 중요한 의미를 지닌다.

여기서는 전근대의 '국가'를 둘러싼 주요한 견해를 전망해 둔다. 전후 일본 고대국가의 기본 구조를 이론화한 이시모다 쇼는 율령국가는 재지의 수장층과 인민 사이에 형성된 생산관계와, 국가-공민 간의 생산관계라는 이중의 생산관계 위에 서 있었다고 하면서, 수장 층은 다이카 전대(大化前代, 다이카개신 이전의 야마토 정권 말기 — 옮긴이)의 고쿠조(国造, 국을 다스리던 지방관 — 옮긴이), 율령제 하의 군지(郡司)로 대표된다고 생각했다. 그것은 중국 수·당 제국의 발전 단계에 비해 훨씬 후진적인 일본이 율령 체제를 도입했을 때 회피할 수 없는 이중구조였다고 본다. 한편 아카데미즘 고대 사학의 중심이자 율령 연구의 기초를 닦은 사카모토 다로(坂本太郎, 1901~1987년)의 후계자인 이노우에 미쓰사다(井上光貞, 1917~1983년)도 이시모다 학설을 깊이 받아들이면서 율령국가는 율령제와 씨족제의 이원적 구조를 지닌다고 보았다. 이시모다와 이노우에는 학통을 달리하면서도 동아시아 변경에 있는 후진사회 일본이 수·당이라는 세계 제국과 문명에 접촉했을 때 어떤 대응과 국가 형성이 가능했는가에 대한 문제의식을 공유했다고 할 수 있다. 그것이 전후 고대국가론의 출발점이었다.

그런 이시모다와 이노우에의 작업에서 크게 배운 요시다 다카시는 야마토의 오키미(大王)와 각지의 수장층이 의사(擬似)혈연계보적인 형태로 결합된 고쿠조제, 도모노미얏코(伴造, 각 직능 조직을 이끌던 호족 — 옮긴이)-시나베(品部, 직능 조직 — 옮긴이)제적인 족제(族制)에 입각한 국제(國制) 단계로부터 법과 제도를 바탕으로 하는 율령국가로의 이행(唐令繼受)에 즈음하여, 앞 단계의 관계들이 어떤 형태로 살아남아 일본에서 율령국가의 특징을 만들게 되었는가 하는 문제를 치밀하게 탐구했다. 특히

씨족·가족·촌락이라는 사회 기반에 대한 깊은 고찰을 바탕으로 일본 율령국가론은 사회와 국가의 이질 대항성과 상호 의존성을 함께 지니는 측면에 대해 새로운 연구 수준을 보였다(《律令国家と古代の社会》, 岩波書店, 1983년).

그런 문제 관심은 이후 요시무라 다케히코(吉村武彦), 오쓰 도루(大津透) 등의 작업으로 이어지고 있다.

이 점을 천황 쪽으로 연결하면 한편에서는 국제의 정점, 다른 한편에서는 사제자(司祭者)라는 이중적인 성격의 문제가 된다. 그런가 하면 전제 왕권으로서의 천황인가, 씨족(귀족) 연합 '구성원의 일인자'로서의 천황인가 하는 문제이기도 하다. 전후 이른 시기 쇼와 천황의 전쟁 책임 문제를 염두에 두면서 천황의 집정·불집정의 논의가 제기되자, 법제사 연구자 이시이 료스케(石井良助, 1907~1993년)는 불집정이 참모습이라고 말했다(《天皇》, 弘文堂, 1950년). 그것은 쇼와 천황의 면책으로 이어지는 성격과 역할을 갖는다는 점도 부정할 수 없지만, 천황이 정치적 실권을 가질 수 없던 시기에도 천황으로서의 지위를 유지할 수 있었던 것은, 다른 한 쪽인 사제자의 측면이 타자에 의해 대체되지 못하는 역사가 있었기 때문이다.

중세 국가에 대해서는 이시이 스스무가 막부와 왕조 양자 간 지배 조직의 상호 관련에 주목하여 중세국가론에 새 국면을 열었으며(《日本中世国家史の研究》, 岩波書店, 1970년), 구로다 도시오가 제창한 '권문(權門)체제국가'론(〈中世の国家と天皇〉, 《岩波講座 日本歷史》, 1963년; 1975년에 《日本中世の国家と宗教》로 재간행, 岩波書店)은 그 점에 관한 중요하고도 신선한 시각을 제기했다. 종래 교토의 왕조 국가에 대해 가마쿠라 막부는 동국(東国)에 생긴 중세 국가의 맹아라고 여겨지는 경향이 강했는데, 구로다는 공가·무가·사원은 저마다 권문적 정치 집단을 형성하여 통치 권능의 일익을 분담하면서 천황 아래 통합되어 결집해 있었다고 보아 헤

이안 후기 이후의 중세 국가를 '권문체제국가'라고 규정했던 것이다. 구로다는 동시에 신분제론도 그에 대응하는 예리한 이해를 제시하여 종성(種姓)적 혈통에 입각한 직능 분담형 신분 편성(家職)이 중세 국가의 신분 질서의 기축이 되었다고 보았다.

이 무렵 국가사에 관한 연구로서는 사카모토 쇼조(坂本賞三)의《일본 왕조국가 체제론》(東京大学出版会, 1972년), 도다 요시미(戸田芳実)의《일본의 영주제 성립사 연구》(岩波書店, 1967년), 고미 후미히코(五味文彦)의《원정기 사회 연구》(院政期社会の研究, 山川出版社, 1984년), 또 호타테 미치히사(保立道久)의 연구가 있으며, 가마쿠라 막부의 법과 통치기구 등을 둘러싼 우와요코테 마사타카(上横手雅敬)와 요시에 아키오(義江彰夫)의 연구도 의미가 크다.

고대에 율령적 제도의 기층에 있던 씨족적 제 관계가 12세기에 무렵에는 지배 각층의 '이에'와 '가직'(家職)의 성립이라는 형태를 취하며 율령제 이후의 국가 형태를 규정했다는 데 대해, 사토 신이치(佐藤進一)는 '관사청부제'(官司請負制)를 중세 국가의 특질로 삼았고(《日本の中世国家》, 岩波書店, 1983년), 나가하라 게이지는 장원제의 '직'(職)을 관직 지위의 가산화(家産化)로 봐서 중세 국가를 장원제의 '직의 중층'을 기본 질서로 하는 국가 체제 '직제국가'라고 하면서 그런 중세 전기의 국가를 가산제 국가의 일본적 형태라고 생각했다(《日本中世の社会と国家》 증보판, 青木書店, 1991년;《莊園》, 吉川弘文館, 1998년).

구로다, 사토, 나가하라의 접근법은 서로 다르지만 공(公)·무(武)·사원을 포함한 지배층이 만들어 내는 국가권력의 편성 원리를 종성·가직·가산·가산관료 등 '이에'의 정치적 양태를 축으로 삼아 통일적으로 파악하려고 했던 점에서는 공통적이다. 중세 국가에서 '천황' 또한 그런 최고의 '가직'이었다.

중세 전기에 전개된 국가 체제는 남북조의 동란 속에서 크게 변모한다.

천황·공가·무가·사찰·신사의 경우 저마다 지배권을 분점하고 서로 이어진 권문인 '이에'의 존립이 밑바탕에서 뒤흔들리고 분열과 몰락이 속출했다. 그러나 그 사이 내란을 제압하고 왕권의 실체 부분을 장악한 아시카가 요시미츠(足利義滿, 무로마치 막부의 3대 쇼군 — 옮긴이) 이후 천황은 무가(武家) 왕권의 권위 부분으로 전화했고, 기본 관계는 뒷날 에도 막부의 붕괴에 이르기까지 무가 쇼군(권력)과 천황(권위)이 대립을 함축하면서도 쇼군이 주도하는 일본국의 정점(왕권)을 구조적으로 유지해 가는 체제가 이어졌다.

그런 왕권의 특유한 양태는 실은 율령국가의 신분 체계를 변질시키면서도 지속시켜 나갔던 점과 맞닿아 있다. 일본에서 중세·근세를 통해 지역적 영주 권력이 존재했음에도 불구하고 그들에게 사적으로 예속되는 신분인 '농노제'는 기본 체제로서는 전개되지 못하고 일반 농민은 '백성'이라는 일원적인 신분이 되었다. 근세에서도 '백성'은 '천하의 백성'으로 쇼군의 일원적 관하에 두는 원칙을 유지함으로써 다이묘의 개별적 지배에 완전히 위임되지 않았다. 그런 신분제의 편성 원리는 전근대 일본 국가를 관통하는 특징이었다. 근세 국가의 구조와 특질에 대해서는 아사오 나오히로, 다카기 쇼사쿠(高木昭作), 후카야 가쓰미(深谷克己) 등이 중요한 논점을 제시하고 규명해 왔다.

쇼군은 천황과 결정적인 대립 관계에 들어가지 않고 개별 지역 영주(다이묘)와 농민 간의 지배-예속 관계는 사적 농노제와 같은 형태로 전개되지 않으며 '공의(公儀)의 백성'이라는 형태를 취하면서 율령국가 해체 후 전근대 국가가 공통의 공무(公武) 질서를 창출해 간 관계는, 중국처럼 '혁명'이나 왕조 교체를 초래하지 않은 채 '왕정복고'라는 형태로 메이지 근대국가에까지 연속되어 간다는 특징을 낳기도 했다.

메이지 이래의 일본에서는 천황의 연속과 함께 국가의 연속을 세계에 자랑할 지고의 가치로 얘기해 왔는데, 그런 겉모습 아래에 있는 역사적 현실과 기층 사회에까지 침투된 천황관·질서관의 관계 등 국가와 천황의 양태에 대한 사적 인식을 심화시켜 가는 작업은 현재와 미래 일본의 모습을 생각하기 위해서도 빼놓을 수 없는 과제이다. 전근대와 근현대를 통일적·계통적으로 파악하는 '일본국'의 역사적 특질을 둘러싼 연구는 앞으로 더 심화되어야 할 분야이다.

### 천황·천황제론의 새로운 단계

이러한 문제를, 다소 중복된 감이 있으나 천황에 입각해서 조금 더 생각해 보자.

'천황제'라는 말의 의미와 내용이 전전에 가장 선명하게 제시된 것은 《일본 자본주의 발달사 강좌》일 것이다. 메이지유신을 거쳐 형성되고 전개된 일본 근대국가의 지배계급과 지배 메커니즘, 지배 이데올로기의 총체인 국가 체제를 가리키는 실체 개념인 동시에 이론 개념으로서 처음으로 본격적으로 사용되었다.

그와 같이 '천황제'는 본래 일본 근대국가 체제를 둘러싼 인식에서 출발했지만, 전후 그 역사적 원형이라 할 고대 율령제 시기의 왕권으로서 천황을 정점으로 하는 국가 체제를 '고대 천황제'라 부르게 되었다. 나아가 천황이 중앙 지배 권력으로서의 실체를 상실하고 현실의 최고 권력이 된 쇼군 왕권의 시기(중세·근세)에도 국가 체제로서는 천황의 존재가 불가결하고 중요하다는 견해가 심화됨에 따라, 고대·중세·근세·근대를 통해 넓은 의미에서 '천황제'라는 개념이 사용되는 경우도 많아졌다.

전전의 국가가 의회정체를 취하면서도 여전히 천황이 이따금 절대주의적 권력이라 할 만한 상태를 실제로 견지하던 시대로부터, 그 변혁('상징 천황제'로의 이행)이 직접적인 과제였던 전후의 제1기에는 각 시대의 천황이 현실의 국가 지배에서 어떤 권력을 지녔는가가 가장 큰 연구 과제였고, 천황과 지배계급으로서의 공가인 섭관(攝關, 천황의 후견자인 섭정과 관백 ─ 옮긴이)의 관계, 천황과 무가(쇼군)의 관계, 그를 둘러싼 질서 구조 등이 연구의 주제가 되었다. 앞서 언급한 천황 집정–불집정 논쟁도 그런 일환이었다.

연구가 심화되는 가운데 다음과 같은 점이 확인되었다. 먼저 남북조 동란기를 통해 무가의 재지 지배가 결정적인 것이 되고 천황을 정점으로 조직된 고대 이래의 관료제나 그에 바탕을 둔 국군(国郡) 지배 체제가 전혀 기능을 못하게 되었다. 이어 15세기 초 쇼군 아시카가 요시미쓰가 교토의 시중 지배권과 검단권(檢斷權, 다스리고 재판하는 권한 ─ 옮긴이), 외교권까지를 수중에 집중시켜 '일본국왕'이라 칭하기에 이른 단계에서 왕권의 실체는 무가로 옮아갔고(메이지유신까지), 천황은 왕권의 권위 부분을 체현하는 데 지나지 않게 된다. 오다 노부나가(織田信長)나 도요토미 히데요시(豊臣秀吉)는 '무위'(武威)로써 '천하인'(天下人)이 되어도 정권의 외형은 천황의 위관 서임권 등을 인정하고 그 권위를 높여줌으로써 자기 권력의 정통성을 밝힌다는 방식을 취했다.

이런 사실의 확인은 그동안 천황(제)의 쟁점이 된 왕권의 소재가 천황에게 있는가 쇼군에게 있는가 하는 논의의 의의를 상실하게 만들었다. 문제의 초점은 천황은 어째서 권력을 잃어도 국가의 최고 권위로서 계속 살아남았는가 하는 점으로 옮아간 것이다. 그것은 전전의 '만세일계·불역(不易)의 국체'와 같은 허위적인 것이 아니라 권력 면에서는 역사 속에서 명백히 힘을 잃었으면서도 권위는 오랜 동안 살아남게 된 근거의 문제이다. 그것도 만약 현실 권력자의 정치적 이용 정도라면 시간과 더불어 권위와 이용 가치도 점차 무게를 상실해 갔을 것이다. 센고쿠 시대나 메이지 이후처럼 신흥 지배층이 국정을 장악했을 때 특히 노골적으로 천황의 권위를 이용한 것은 사실(史實)이 명시하는 바이지만, 천황의 권위를 현실의 국가권력 장악자 쪽에서만 보는 것도 일면적이다.

천황의 권위는 오랫동안 시대를 뛰어넘어 유지된 의례나 종교적 비의(秘儀), 또는 위관 서임 등 국가적 신분적 질서, 나아가서는 학문과 예능 등 문화적 우월, 그에 대한 피지배층의 동경과 승인같이, 천황과 그를 둘러싼 정치적·사회적 환경의 전체를 규명하는 데서부터 이해를 심화시켜 갈 필요가 있다.

천황·천황제에 대한 이런 시각은 근대 일본에서 부정되어야 할 핵심으로 천황제를 논하던 데서 크게 선회한 것이다. 전후역사학, 근대주의역사학의 경우 그런 측면의 대표적 정치사상사가인 마루야마 마사오만 해도 대상으로 삼은 것은 '절대주의 천황제'였다. 그렇지만 천황을 둘러싼 사회적·정치적 제 관계를 포함하여 상황이 급변하는 가운데에서는 천황론의 선회 또한 당연하다고 할 것이다.

새로운 연구의 방향은 아사오 나오히로, 미야치 마사토(宮地正人), 후카야 가쓰미, 다카노 도시히코 등이 열어 나갔다. 이들 근세사·근대사 연구자들은 에도 시대의 조막(朝幕) 관계나 막번제 하의 관위 관직 수여, 공가의 가직과 그에 예속되는 직인·예능자 집단의 관계를 탐구했다.《일본의 사회사》(日本の社会史) 시리즈 제3권(岩波書店, 1987년)은 '권위와 지배'를 주제로 삼고 지배의 틀과 정치사상, 천황 권위의 관련성을 각 시대의 문제로서 다루었다.

또 1992년부터 1995년에 걸쳐《강좌 전근대의 천황》(講座·前近代の天皇, 전5책, 편집 이시가미 에이이치, 다카노 도시히코, 나가하라 게이지, 미즈바야시 다케시, 무라이 쇼스케, 요시에 아키오, 요시무라 다케히코, 靑木書店, 1992~1995년)이 간행되어 천황의 권력과 권위, 천황과 사회 제 집단, 천황관, 세계사 속의 천황 등 '왕권'이라는 보편의 차원과 '천황'이 지니는 특수의 측면을 통일적으로 고찰하고 전근대의 천황을 전 시대에 걸쳐 계통적으로 파고들었다.

이를 전후하여 특히 1990년대 후반은 1989년에 현실이 된 천황의 교체를 맞아 천황(제) 연구가 사학사에서도 보기 드문 활황을 연출했다. 개인 저작으로도 미야치 마사토의 《천황제의 정치사적 연구》(校倉書房, 1981년)를 선구로 미즈바야시 다케시(水林彪)의 《기기 신화와 왕권의 제사》(記紀神話と王權の祭り, 岩波書店, 1991년), 야스마루 요시오의 《근대 천황상의 형성》(岩波書店, 1992년) 등 독창적인 노작이 잇달아 출간되었고, 오쓰 도루는 《고대의 천황제》(岩波書店, 1999년)를, 후지타 사토루(藤田覚)는 《근세 정치사와 천황》(吉川弘文館, 1999년)을 간행했다. 그것들을 일괄하여 논평할 수 없지만, 천황의 통치권과 권위가 어떤 양태·의례·논리·민중의식 등의 총체로서 성립되고 재생산되어 갔는가를 여러 시대의 다양한 측면에서 좇음으로써 권력론 일원적으로 규명될 수 없는 권위의 내실과 존속의 근거를 파고들었다.

천황·황제의 문제는 일본사의 여러 측면이 수렴된다는 의미에서 말할 것도 없이 일본사 연구의 궁극적인 문제이며 거기에 부응하는 많은 연구가 진행되고 있다. 그런 구체적인 개황에 대해서는 1989년에 《아사히신문》 학예부 기자 아카마쓰 슌스케(赤松俊輔), 이나바 아키라(稲葉曉), 니시지마 다케오(西島建男)가 맡아 그 시점의 모든 연구를 총괄하고 그에 관련된 연구자와의 인터뷰를 바탕으로 쓴 《천황론을 읽는다》(天皇論を讀む, 朝日新聞社, 1989년)가 편리하다.


## 미즈바야시 다케시의 국가제도사

이런 천황 및 국가론을 전 시대에 걸쳐 독자적으로 검토하고 계통적인 국제사(国制史)와 그 특질을 밝혀낸 것으로 미즈바야시 다케시(水林彪)의 연구가 주목할 만하다.

미즈바야시는 일반적으로 말하면 법학부 출신으로 법제사를 전공했다고 해도 좋으나, 그의 작업에서 보면 국제사 쪽이 내용상 적합하다. 대표적 연구로서는 《기기 신화와 왕권의 제사》외에 〈근세의 법과 국제사 연구 서설〉(近世の法と国制史研究序說, 《国家学会雑誌》90권 1·2호~95권 1·2호, 1977~1982년), 《일본통사II 봉건제의 재편과 일본적 사회의 성립》(日本通史II 封建制の再編と日本的社会の成立, 山川出版社, 1987년), 〈막번 체제에서의 공의와 조정〉(幕藩体制における公儀と朝廷, 《日本の社会史》, 岩波書店, 1987년), 〈무가 관위제〉(《講座·前近代の天皇3》, 青木書店, 1993년), 〈율령 천황제에서의 국제 개념 체계〉(律令天皇制における国制概念体系, 《思想》855, 1995년) 등 다수가 있다.

미즈바야시 다케시의 목표는 사회구성사의 단선적인 발전단계 이론에서는 포착하기 어려운 일본의 국제사를 관통하는 특질을 밝혀내는 일이었다. 근세 막번 체제 사회와 국가에서도 봉건제 사회·봉건 국가라는 일반적 범주로는 포착할 수 없는 권력의 집중, 그와 불가분한 막부 관료제의 발달이 있었으며, 게다가 무가(쇼군·다이묘)의 공적 지위와 신분도 천황의 서임을 받는 전통적인 위관에 의해 표현되는 양태는 주종제와 지교(知行, 영주의 토지 지배권―옮긴이)제에서 구성되는 봉건제 원리만으로는 설명할 수 없다. 그 유래를 중세로 거슬러 올라가면 센고쿠 시대와 같이 일본사에서 가장 권력 분산이 현저했던 사회에서도 센고쿠 다이묘의 권력이 '공의'성을 높이기 위해서는 천황이 서임하는 위관을 받는다든지 천황이 보임한 쇼군에 의해 슈고(守護) 직의 보임을 받는 형식을 필요로 했다는 점, 더 올라가 가마쿠라 시대를 보면 구로다 도시오가 권문체제 국가라고 파악한 공무 결합형 국가권력이 장기간 존속하는 등, 쇼군-고케닌(御家人, 가신―옮긴이)의 주종제가 그 외부에 있는 천황에 의해 '공'으로서 의미를 부여받는다는 점 등 중세에서도 봉건제 원리에 따라 일원적으로 설명할 수 없는 국제 원리가 작동하고 있었다.

미즈바야시는 이런 일본 국제의 전통적 특질이라 할 무언가의 근원을 율령국가에서 구했다. 그것은 율령국가에서도 때때로 사용되는 '고대 전제왕권'이라는 일반 규정으로는 포착할 수 없는 특징이 있다. 율령국가에서도 현실의 정무 집행은 귀족층에게 위임되어 천황은 주로 제사를 전담하고 정무에 관해서는 '들어 주시다'(きこしめす)라는 정도에 머무르는 특징이 있었다. 나아가 권력을 왕권에 집중시키는 전제적 왕권과는 다른 권력의 양태에도 불구하고 천황은 국토와 인민에 대한 전반적 지배권을 갖는다는 원칙을 지켜나갔으며, 그 개념은 중세·근세를 통해서도 이어졌다는 데 전근대 천황과 국제의 전통적 특징이 있다는 것이다. 미즈바야시에 따르면, 율령제에서 천황의 이런 양태 또한 다이카 전대에 군신(群臣)에 의해 오키미(大王)의 후사가 선정된다는 권력의 양태를 바탕에 깔고 있으며, 그것은 중앙 귀족과 지방의 군신(수장층)까지가 관료제적으로 편성되어도 여전히 존속한다는 특징이 있다고 한다.

미즈바야시는 이런 다이카 이전의 권력 구조의 토대로서의 지방 수장제와 중국에서 도입된 중앙집권적 관료제의 결합 위에 성립된 율령국가의 일본적 양태가 전 시대를 관통하는 국제의 역사적 특징으로 존재했으며, 그것이 천황 존속의 근거가 되었다고 본다. 이 점은 앞서 살펴본 요시다 다카시, 더 올라가면 이시모다 쇼의 인식과 서로 통한다고 할 수 있다. 그리고 그런 발상과 이론은 마루야마 마사오의 '역사의 고층(古層)'(원형론)이나 '정치의식의 집요저음(執拗低音)' 론과 통하며 전후의 마르크스 역사학이 소홀하기 일쑤였던 역사인식에서 '연속'의 측면을 파악하는 작업과 연결된다고 할 수 있다.

이러한 발상과 이론에 따르면 율령국가는 기반인 수장제를 사상한 채 고도문명으로서의 당령계수(唐令繼受)의 측면만으로는 설명할 수 없으며, 중세에 대해서도 재지 수장제의 역사적 발전 형태인 재지 영주제의 성장이라는 면으로만 설명할 수 없기에, 율령제 이래 국제 틀의 결합이라는 측면에 주목할 필요가 있다. 역사의 '고층' 문제, 역사의 '단절과 연속' 문제는 역사인식을 구체화하고 심화하기 위해서는 지극히 중요한 의미를 갖고 있으며, 전후역사학 속에서 되돌아보면 마르크스역사학의 사회구성사론 부정 위에 성립했다고 하기 보다는 그에 대한 일정한 비판을 토대로 한 다양한 시각·방법의 교류와 협동 속에서 만들어 낸 역사인식의 새 단계를 보여 준다고 해야 할 것이다.

### 류큐·오키나와사와 북방사

국가사의 또 한 가지 중요한 측면은 역사 속 주연 지역의 문제이다. 국가가 주연 영역을 어떻게 자리매김하고 그 지역 주민의 생활·문화에 어떤 자세를 갖고 임하느냐는 국가의 본질적인 성격과 연관된다.

그 점에서 일본국 각 시대의 사람들이 국토의 범위를 어떻게 인식하고 있었는가는 중요한 문제이다. 전전의 일본사 인식에서는 많은 경우 제국주의에 의해 획득한 새 영토(식민지) 이외는 균질적인 일본국의 고유 영토라고 생각하여 더 이상은 깊이 논하지 않았다. 그것은 국토 통일 설화(지역 세력의 정복에 의한 야마토 정권의 통일—옮긴이)까지 거슬러 올라가는 영토관과 연결되며 황국사관과도 무관하지 않다.

패전과 더불어 모든 식민지가 부정되었을 뿐 아니라 아마미(奄美)와 오키나와가 미군에 의해 본토 행정과 분리되었고, 고유 영토라고 할 지시마(千島, 쿠릴—옮긴이) 열도도 샌프란시스코 조약으로 일본이 '포기'함으로써 소련령이 되었다. 그러나 1956년의 일소공동선언으로 4도 귀속 문제가 새삼 인식되고 오키나와 반환과 본토 복귀 운동도 1960년 이후 움직임이 강해졌다.

그런 정황은 사람들에게 영토 문제에 대한 위기의식을 높였을 뿐 아니라 주연 영역 연구의 필요성을 절감하게 했다. 전전 류큐(琉球) 연구와 아이누, 에조치(蝦夷地, 홋카이도 — 옮긴이) 연구는 제각기 일정한 성과를 내고 있었으나, 대체로 민속 연구적 관심을 기조로 하고 있어 류큐-오키나와나 에조치-홋카이도에 대한 중앙 정부의 기본적 정책 방향을 새삼스레 되묻는 것은 아니었다.

이에 대해 1960년대 이후의 류큐-오키나와 연구는 시마즈 이에히사(島津家久)의 침입(1609년)과 예속화, 류큐 처분(1872~1879년), 그 후 모든 면에 걸친 본토와의 격차 문제 등으로 시점을 옮겨 전전·전후 일본 정부가 취한 오키나와에 대한 차별 정책 방향을 고발하는 쪽으로 선회했다.

아이누-에조치(홋카이도) 역사 연구에서도 같은 경향이 나타난다. 그런 관심 속에서 중앙 정부의 압정과 차별 정책을 고발하는 의미를 띠는 연구가 활발해졌고, 와진(和人, 본토 일본인 — 옮긴이)의 진출에 대한 1457년의 코샤마인(아이누의 봉기 지도자 — 옮긴이)의 반란이나 1669년의 마쓰마에(松前) 번에 대한 아이누 일제 봉기를 기도한 샤크샤인(아이누의 봉기 지도자 — 옮긴이)의 싸움 등, 국내 소수민족의 관점에서 역사를 재음미하게 되었다. 동시에 대상 지역도 에조치에만 한정하지 않고 동북 지방의 일부까지 포함하여 '북방'으로 보았고, '북방사'의 필요성이 제기되어 오이시 나오마사(大石直正), 이루마다 노부오(入間田宣夫) 등이 새 경지를 개척했다.

그런 움직임은 당연히 국가의 주연 영역과 소수민족관 등 국가 양태의 근간과 관련되는 문제이다. 율령국가의 경우, 중국의 화이(華夷) 질서를 모방하여 '구마소'(熊襲, 기기 신화에 등장하는 규슈 남부의 씨족 — 옮긴이)와 같은 '이적'(夷狄)을 의도적으로 창출하여 이민족 취급을 함으로써 스스로 '제국'의 권위를 부여하려 했던 것도 전후 연구에서 일찍부터 지적되었다. 주연 영역 주민의 생활과 문화, 권리를 보전하고 공존하는 방향이 아니라, 그들 지역과 주민에 대해 종속·차별과 그것을 전제로 한 '동화'를 강제하는 방향으로 지배를 강화하려는 자세는, 그런 의미에서 고대부터 근대에 이르기까지 일관적이었다는 성질을 지닌다.

여기에 대해 오키나와 현에 사는 사람들의 류큐-오키나와 연구의 시선은 엄격했다. 그런 연구자들은 오키나와 본섬과 주변 섬 간의 격차를 용인한 점에 대해 자신의 몸속에 깃든 차별의식을 스스로 고발하기도 했다.

1988년 가노 마사나오는《'도리시마'는 포함되어 있는가 : 역사의식의 현재와 역사학》('鳥島'は入っているか―歷史意識の現在と歷史学―, 岩波書店)라는 책을 출판했다. 부제에서 알 수 있듯이 현대 역사학을 재검토한 연구로서 사상사가의 엄격한 자기 점검이기도 하다. 그 책에서 가노는 도리오 도시오(鳥尾敏雄)의 다음과 같은 발언을 인용하면서 "우리들의 역사학에는 과연 도리시마는 포함되어 있는가"라고 자문한다.

> 각종 일본 지도를 보면 다네가(種子), 야쿠(屋久)까지는 포함되어 있습니다만, 그 남쪽은 대개 생략되어 있습니다. 그것이 지도에 지면이 없어서만은 아닐 것입니다. 우리 의식의 저변에 거기는 제외해도 된다는 감각이 남아 있는 것입니다. (……) 그와 동시에 일본 역사 속에서 또는 일본인 가운데 끝자락이니까 빼도 상관없다는 사고방식을 바로잡아 나가야 한다고 생각합니다.

'도리시마는 어떤가' 하는 말은 주류 바깥 부분을 시야 속에서 내버려서는 안 된다는 자기 경계의 물음이다.

일본의 역사 연구는 경위야 어떠했든 중앙에 편중된 관점을 취해 왔다. 거슬러 올라가면 고대 귀족은 '미야코'(都)에 대해 지방을 '히나'(鄙)로 묶어 경멸의 대상으로 삼아 왔다. 히라이즈미 기요시가 "백성에게 역사가 있습니까"라고 말했다고 전해지는 것은 그런 극단적인 예이겠지만, 전후의 역사학이 가노의 자문에 도달하는 데에도 긴 시간을 필요로 했다. 소수자 마이너리티를 팽개치는 것과 주연 영역을 경시하는 것은 같은 발상이다. '게가레'(부정)를 짊어진 '히닌'을 신분 밖의 세계, 고대에서는 양(良, 백성 공동체)의 밖으로 내몰았던 질서 의식도 마찬가지이다.

전후역사학은 그런 점을 처음으로 철저하게 비판하는 눈으로 응시할 수 있었다는 점에서 전전의 역사학과 다른 단계에 도달했다고 할 수 있으며, 현실 사회에서의 민주주의와 그 사상이 역사 연구의 시점을 어떻게 바꿔 왔는가를 보여 준다고도 할 수 있겠다.


### '일본국'의 안과 밖

국가사에서 주연 문제는 나아가 자국과 타국의 관계를 어떻게 보는가 하는 문제로 이어진다. 그것은 또한 외국관·이민족관이라 해도 좋은 문제와 연결되며, 총체적으로는 자국사 인식의 양태를 드러낸다.

'일본국'과 그 지배층, 민중이 저마다 타국을 어떻게 보는가, 자국을 어떻게 파악하는가 하는 것은 자국사를 객관화하는 일이며, 전전의 일본사 인식에서는 거의 파헤치지 못했던 시각이다.

이 문제는 국가의 성립 이래 오늘에 이르기까지 '일본국'을 둘러싼 나라 안팎의 정치적·국제적 정황 속에서 변화하면서도 일관되게 존재하고 있다. 그에 관해서도 몇몇 측면이 있으나, 전전의 일본사 인식 속에서 특히 중요한 것은 일본과 조선·중국의 연관성, 그 배후에 자리잡은 자국관·타국관의 문제이다. 이에 대해서는 니시지마 사다오(西嶋定生, 1919~1998년)가 처음 본격적으로 논한 중국 황제를 중심으로 하는 화이질서·책봉 체제(〈六—八世紀の東アジア〉, 《岩波講座 日本歷史 古代2》, 1962년)와 관련되며, 일본 쪽에서는 고유의 게가레 관념이나 신국(神國) 사상과도 관련이 깊다.

일본의 고대 율령국가가 견당사를 보내면서도 책봉 관계에 들어가지 않은 사실은 과거부터 알려져 전전에는 일본 국가사의 '자랑'이라 얘기되기도 했지만, 뒤집어 보면 주변 타국에 거리를 두게 되어 중국·조선에 대한 일본국의 왜곡된 인식을 낳게 된다. 또 무라이 쇼스케(村井章介)에 따르면 9세기 이후 귀족 사회에서는 '안=신국=청정, 밖=이토(異土)=부정(汚穢)'이라는 엄격한 구별 의식이 강해져, 안팎의 왕래를 차단하고 안의 청정을 지키려는 자세가 취해지게 되었다(《日本中世の內と外》, 筑摩書房, 1999년). 그들에게 국경이란, 성스러운 영역인 일본을 부정한 외부 세계로부터 차단하는 벽으로 간주된 것이다. 그러나 다른 한편에서는 다나카 다케오(田中健夫)의 끈질긴 연구 노력으로 밝혀졌듯이, 이 무렵부터는 나라의 벽을 넘어 일본·조선·중국의 다민족으로 구성된 교역 집단이 동해·서해·동중국해를 왕래했고 한반도의 서남단이나 산둥반도에는 그들 집단의 활동 기지가 만들어졌다. 일본과 중국 관계의 현실은 국가 간의 외교적 질서에 규제되는 외교 관계에서 민간적 상업 활동 중심으로 이행했고 중앙 귀족의 타국관·국경 의식과는 전혀 다른 국면이 전개되었다. 그리고 12세기 말 무렵부터는 일본에 대량으로 북송의 동전이 유입되어 송나라 상인과 하카타 상인의 교역을 발판으로 삼아 일본은 중국 동전권의 일부로 편입되었으며, 중국 도자기와 공예품을 비롯한 '가라모노'(唐物) 문화의 매력에 사로잡히게 된다.

무라이 쇼스케는 그런 움직임을 염두에 두면서 일본 중세 귀족이 지니고 있던 외국관의 특징을 '자존과 동경'이라는 두 가치 의식의 복합으로 파악했다. 자존은 표리의 관계로서 타자를 경멸하고 적대시하는 감정과 통한다. 그런가 하면 동경은 비굴한 종속과 관련이 있다.

무라이가 지적한 두 가치 의식의 복합적 존재는 중세 초기 귀족에게 해당되지만 모든 시대를 관통하는 경향이기도 하다. 일본의 조선 멸시는 때때로 근대의 산물이라고 설명되지만 이미 고대·중세부터 존재했던 것이다. 동시에 '탈아입구' '대미 종속'과 같은 국민의식의 문제도 이 문제와 따로 떼서 이해할 수 없다는 점도 명백하다.

무라이는 《엔기시키》(延喜式, 10세기 초에 편찬된 격식—옮긴이)의 세쓰분(節分, 입춘·입하·입추·입동의 전날—옮긴이)·쓰이나(追儺, 섣달 그믐밤에 행하던 궁중의 액막이 행사—옮긴이)에 관한 기사에서 다음과 같은 부분을 인용하며, '귀신'을 국경 밖으로 내쫓음으로써 국가 영역의 청정과 평안을 확보하려 했던 귀족의 대외·대내 의식을 적확하게 포착하고 있다.

더럽고 흉악한 역귀가 곳곳에 마을마다 숨어 있는 것을 천리지외(千里之外), 사방지계(四方之界), 동방 무쓰(陸奥), 서방 오치카(遠値嘉, 五島 열도), 남방 도사(土佐), 북방 사도(佐渡)보다 먼 곳을 너희 역귀의 소굴이라 정하시고 가시니……

'귀축미영'(鬼畜米英, 아시아태평양전쟁 때 일본이 내세운 구호—옮긴이)이라는 말에도 이렇게 먼 옛날 대외 인식의 연속이 있었는지도 모른다. 무라이가 지적한 '자존과 동경' 의식은 자국의 역사와 타국의 역사를 진정으로 글로벌한 세계사의 시야에서 보는 것을 방해한다. 동시에 거기에서는 가노 마사나오가 말하는 '도리시마는 포함되어 있는가' 하는 시점도 누락되고 말 것이다.

전후의 국가사는 패전을 체험함으로써 자국의 양태나 국민의 국가의식 양태를 객관적으로 역사인식의 대상으로 삼는 일이 가능해졌다. 기타지마 만지(北島万次)가 진행한 도요토미 히데요시의 조선침략 출병에 관한 연구 등도 한일 양측의 사료를 구사한 새로운 연구로서 국가사 연구의 한 장을 열었다. 전후 국가사 연구의 성과는 풍부하지만, 여기서는 특히 위의 논점들을 강조해 두고자 한다.

| 참고문헌 |

《石母田正著作集》전16권, 岩波書店, 1988~1990년.

《井上光貞著作集》전11권, 岩波書店, 1985~1986년.

《黒田俊雄著作集》전8권, 法藏館, 1994~1995년.

《岩波講座 日本歴史》전23권·별권3, 편집위원 井上光貞, 永原慶二, 佐々木潤之助, 藤原彰 외, 1975~1977년.

《大系日本国家史》전5권, 편집 原秀三郎, 峰岸純夫, 佐々木潤之助, 中村政則, 東京大学出版会, 1975~1976년.

《日本民俗学大系》전15권, 小学館, 1983~1987년.

女性史総合研究会 편,《日本女性生活史》전5권, 東京大学出版会, 1990년.

《アジアの中の日本史》전6권, 편집 荒野泰典, 石井正敏, 村井章介, 東京大学出版会, 1992~1993년.

村井章介,《アジアの中の中世日本》, 校倉書房, 1988년.

岩井忠熊,《天皇制と歴史学》, かもがわ出版, 1990년.

深谷克己,《近世の国家・社会と天皇》, 校倉書房, 1991년.

尾藤正英,《江戸時代とはなにか》, 岩波書店, 1992년.

# 6
# 근현대사를 보는 눈의 변화

### 문제의식의 전환

전후 이른 시기의 근현대사 연구는 전후 개혁의 전제 인식으로 불가결한 역사적 제 문제의 규명에 의욕적으로 달려들었다.

전전의 《일본 자본주의 발달사 강좌》는 그 무렵(1932~1933년) 직면한 '변혁'의 성격을 확인하기 위해 메이지유신부터 고찰을 시작했는데, 전후 개혁에서도 메이지유신은 여전히 문제의 출발선이라는 성질을 지니고 있었다. 유신 변혁은 무엇을 이루었고 무엇을 이루지 못했는가? 유신 정권에 대해 자유민권운동은 어떻게 싸웠고 그들이 좌절한 결과 어떤 국가 체제가 생겨났는가? 메이지헌법 체제(근대 천황제 국가)는 근대국가의 양태로서 어떤 역사적 특질을 지녔는가? 기생지주제의 발전과 자본주의의 구조적 결합 실태, 나아가 일본 자본주의의 제국주의로의 재빠른 전화·이행의 근거는 무엇인가? 이와 같은 문제들이 대표적인 주제였다. 그것을 규명하는 일은 전전 쇼와기의 과제였지만 전쟁으로 중단되어 모든 것은 전후로 넘겨졌다. 전후의 일본은 그것을 새삼스레 어떻게 인식하고 그를 토대로 현실을 어떻게 변혁해야 하는가를 출발선으로 삼았다. 전쟁기의 천황제 국가 체제, 그와 구조적으로 결합되는 여러 전근대적 사회관계를 어떻게 하면 극복할 수 있을 것인가 등의 전망을 창출하기 위해서는, 극복해야 할 대상을 역사인식으로 밝히거나 메이지 이래의 국민적 투쟁이 어떻게 추진되었고 국가 권력은 그것을 어떻게 억눌렀는가를 새롭게 밝히는 일이 강하게 요구되었다.

연구 작업은 대개 자국을 '패자'로 규정하고 패인(후진성)의 극복을 통해 재생을 도모한다는 발상에 서 있었다. 그러나 그것은 점령 하의 쇄국적인 국민국가 틀, 한정된 역사적 시야 속에서 나온 발상이라는 제약을 지니면서도 선명한 문제의식을 출발점으로 삼았던 만큼, 현실에 호소하는 힘을 갖고 있었다.

전후 개혁의 평가는 논자에 따라 달라질 수 있겠지만, 농지개혁이 기생지주 계급을 완전히 해체하고 자작농을 널리 창출함으로써 전후 경제발전을 가능케 했다는 점은 어떤 각도에서도 부정할 수 없다. 그런 의미에서 전후 근대사 연구의 큰 주제 가운데 하나였던 기생지주제 연구는 나름대로 개혁을 향해 큰 역할을 수행했다. 그러나 그런 현실에 직결되던 기생지주제 연구는 1960년대 이후가 되면 농지개혁의 진행에 따라 실천적 문제로서의 역할을 마치게 되고, 점차 아득한 과거의 주제인 것처럼 역사상 일정 시기의 중요 문제로서 의의를 지닌다는 정도로 치부되어 갔다.

그것을 대신이라도 하듯 1960년대의 고도 경제성장 속에서 전후 일본의 '성공', 나아가 그 전제로서 에도 시대의 사회·경제·문화 등의 높은 수준을, 막말 유신의 사회변혁이나 전후 변혁의 의미와 분리시켜 긍정하고 찬미하는 '역사의 재검토'가 선전되었다.

국가 행사로서 치러진 1968년의 '메이지 백년' 축전은 그런 '역사의 재검토'를 환영하고 국민 속에 침투시키려는 정치적 의도를 노골적으로 드러냈다. '근대화론'이 그 지도적 역사관이었다는 점은 이미 서술했다.

그러나 이 시기 일본이 '경제대국'화하여 경제적 제반 관계의 국제적 확대가 가동되고 특히 과거 '대동아공영권'에 휘말렸던 아시아 여러 지역·민족·국가와 교류가 진행되자, '성공자 일본'이라는 자기 인식이 얼마나 단순하고 안이한 것인지가 분명해졌다. '근대화론'적인 근현대사 인식은 설득력을 상실했다. 특히 1970년대에 들어와 국민의 세대교체가 진전되어 전쟁을 직접 알지 못하는 일본의 젊은이와 한국, 중국, 동남아시아의 나라와 지역 사람들과 접촉할 기회가 늘어남에 따라 아시아태평양전쟁의 '가해자'라는 현실에 대한 일본의 역사인식이 얼마나 부족한지 드러나게 되었다. 그런 인식의 필요성은 또한 1965년 이에나가 사부로가 교과서 검정 소송을 제기하고 이어《태평양전쟁》(岩波書店, 1968년) 같은 책을 통해 일본의 침략 행위와 국민 억압의 실태를 구체적으로 추궁함으로써 절감되기도 했다.

전후의 일본사 연구에서 아시아태평양전쟁의 침략과 가해자 측면에 대한 문제의식이 지체된 것은 원래 패전 후 냉전의 과정에서 전쟁 책임이나 '전후 처리,' 독일의 예를 따르자면 '과거의 극복'이 애매모호했다는 점과 불가분하다.

그렇다면 그런 쇄국적 상황 하에서 '탈아입구'형 근대의 추구한 전후 제1단계, 그 목표의 대략적인 달성과 '성공'에 대한 자화자찬의 제2단계를 거쳐, 아시아 각 나라·지역과 교류가 진전됨과 더불어 자국의 침략 책임에 눈이 뜬 상황에서, 일본의 역사학은 문제를 보는 시각을 어떻게 선회해 갔을까?

하나는 메이지유신과 전후 개혁을 '성공의 연쇄'로 직결시키려는 방법에 대한 비판으로서, 기존 연구에서 뒤쳐진 청일·러일전쟁의 성격, 제국주의 국가로의 전화, 조선 병합과 같은 전전의 제국주의 문제에 대한 본격적인 재검토와 재음미이다. 자유민권이 좌절된 뒤 후진적인 아시아의 자본주의 국가 일본은 왜 아시아 유일의 제국주의 국가로 급선회하여, 동일한 문명권에 속한다기보다 자국 문화의 어머니라고 해야 할 조선·중국에 대한 침략과 식민지화 행보를 무리하게 추진했는가 되묻게 된다. 그리고 그런 가운데 강행된 조선 지배, '황민화' 정책과 거기에 맞선 저항의 실상이 본격적으로 규명되기에 이른다. 그것이 가해자 측면을 동전의 한 쪽이라 자각한 일본 근현대사 연구의 출발점이라고도 할 수 있다.

이제 전후 근현대사 연구의 제3단계라 할 1970년대 이후의 연구 가운데 제국주의, 전쟁 책임과 관련된 중요한 논점을 되돌아봄으로써 일본 근현대사 연구의 진로 변경과 그것이 지닌 사학사적 의미를 생각해 보자.

### 청일전쟁과 러일전쟁, 제국주의

1972년 일본과 중국 사이에 국교 회복이 실현되었다. 미군에 의한 통킹만 사건(1964년)이 발단이 되어 개시된 미국-베트남 전쟁은 베트남 인민의 불굴의 저항 속에서 미국의 불법성에 대한 세계의 비난이 고조되어 1973년 1월 평화협정이 체결되었다.

이 무렵의 사정은 일본의 역사학을 향해 자국 중심의 쇄국적인 근현대관에 대한 근본적인 반성을 더욱 엄하게 촉구했다. 아시아태평양전쟁을 패자의 감각에서 보지 않고 침략자·가해자의 측면에서 아시아 민중을 시야에 넣고 재검토할 필요를 한층 통감하게 된 것이다. 그런 상황에서 진행되던 이에나가 교과서재판에서는 일본의 전쟁 책임과 전쟁범죄를 둘러싼 문제가 쟁점의 핵으로 떠올랐고, 한편으로 문부성의 역사교과서 검정은 거꾸로 그것을 은폐하고 봉인하려는 자세를 노골적으로 드러냈다.

청일전쟁의 성격과 평가에 대해서도 패전 후 이른 시기에는 일본의 민족적 독립과 불가분하다는 관점에서 그 전쟁의 본질을 '국민전쟁'이라 보는 관점도 있어 오히려 제국주의 전쟁이라 보는 관점을 유보하는 의견이 강했다. 그러나 1970년대 이후, 기본적인 의미로서는 이 전쟁을 아편전쟁 이후의 동아시아 세계에서 제국주의 시대로 가는 새로운 단계의 기점이라 보는 관점이 정착되어 갔다.

청일전쟁에 관해 전전에 역사교육을 받은 세대에서는 전적으로 '삼국간섭' '랴오둥(遼東) 반환' '와신상담'이 강조되었고, 그것이 군국주의적인 국민감정으로 번지게 하는 자극제가 되었다. 전후의 연구에서는 러시아 제국주의의 압력 앞에 일본의 민족적 자립이 위협받는 측면이 주목을 받았는데, 그것은 점령 하에서 일본의 '독립'이 아직 절실한 과제로 의식되고 있었다는 점과 불가분하다. 그런데 1970년대 이후 크게 관점이 바뀌게 된다. 사토이 히코시치로(里井彦七郎, 1917~1974년)나 다나카 마사토시(田中正俊)를 비롯한 중국 근대사 연구가 크게 진척된 것과 밀접하게 연관된다.

중국 쪽에서 청일전쟁의 결과는 막대한 배상금의 부담과 타이완 할양뿐만이 아니었다. 배상금 지불을 위해 청은 러시아·프랑스·영국·독일에서 거액의 차관을 들여옴으로써 네 나라의 경제적 지배를 허용하게 되었으며, 역으로 일본은 배상금을 받아 군비 확충을 한꺼번에 추진했다. 1900년의 의화단 사건이 일어났을 때는 중국 본토에 대규모 군대를 들여보내 제국주의 열강의 일익을 담당하는 데 그치지 않고 이후 톈진(天津)에 '지나(支那) 주둔군'을 상주시키는 권익을 획득했다.

일본이 아시아에서 제국주의로 나아가는 기폭제가 되었다는 점에서 청일전쟁의 본질이 가장 선명하게 드러나고 있다. 일본의 중국 침략 역사는 1915년의 21개조 요구에서부터 거론되는 경우가 많으나, 근대사를 돌이켜보면 청일전쟁이 지닌 제국주의적 본질은 부정할 수가 없다. 뒤이은 러일전쟁과 조선 병합이 조선과 '만주'를 둘러싼 일본과 러시아 제국주의의 충돌에 지나지 않는다는 점도 두 말할 나위가 없다.

일본의 근대사는 그런 의미에서 청일전쟁에서 태평양전쟁에 이르는 장기간의 과정을, 일관되게 제국주의의 역사로 파악하지 않으면 안 된다. 그렇다고 한다면 또 일본은 왜 자본주의의 형성 과정에서 군사력이든 경제력이든 아직 열세에 있던 단계부터 재빠르게 이웃 국가를 침략하고 제국주의의 길로 내달았는지 다시금 되물어야 한다.

노로 에이타로는 쇼와 초기의 시점에서 나타난 '제국주의의 국제적 연쇄'가, 형성 과정에 있던 일본 자본주의를 급속하게 제국주의로 전화시킨 요인이라고 지적했다. 여기서 문제는 그 '제국주의의 국제적 연쇄'의 구체적 내용이다. 중국을 세계 제국주의의 최후의 주무대로 삼아 열강이 쇄도하여 경합했고, 일본도 무리하게 끼어들면서 모순을 더욱 첨예하게 했다. 청일·러일전쟁에서 거둔 일본의 승리는 당초 중국과 인도를 비롯한 아시아 여러 민족에게 희망을 안겨 주었지만, 조선 병합 이래 일련의 움직임 속에서 곧바로 '야만스런 제국주의 국가가 또 하나 늘어난 데 지나지 않는다'고 여겨졌고 아시아 민중의 신뢰를 잃어 갔다.

1970년대 이후의 연구는 그 점을 바탕으로 조선과 중국을 비롯한 아시아 민중의 저항 실상과 그에 대한 일본의 식민지 및 그 주변 지역에 대한 지배의 실태를 밝히는 데 힘을 쏟아 커다란 성과를 거두었다. 국민들은 그제야 비로소 자국의 야만스런 제국주의를 알게 되었다.

그런 식민 지배의 역사적 실태를 규명하는 일은 일본국 쪽에서 보면 자국의 국가적 과오나 범죄성이 폭로된다는 성질을 지녔기 때문에 역사교과서 속에 들어오는 것을 극력 억제한다는 검정 방침을 노골화했다. 또 그와 관련된 자료 공개에 대해서도 소극적이거나 억제적인 자세를 줄곧 취했다. 현재의 일본국이 전전의 국가적 행위에 대해 어떤 견해를 갖는가는 자국의 역사에 대한 국가의 자세라는 기본적 문제이며 국제적인 신뢰 관계와 직결되는 사안이지만, 일본이 취한 자세는 독일이 나치에 대해 취한 방침과는 크게 달랐다.

그 의미에서 1970년대 이후의 식민지사 연구에서도 여러 가지 곤란은 있었지만, 1990년대에는 《이와나미강좌 근대 일본과 식민지》(岩波講座 近代日本と植民地, 전8권, 편집위원 오에 시노부, 아사다 교지 외, 1992~1993년)와 같은 대규모 연구 집성이 빛을 보게 되었다. 거기서 특히 중시된 것은 일본의 식민지 획득과 지배가 구미 열강의 식민지 획득과는 달리 조선과 중국처럼 이웃 국가 본국의 전부 또는 일부를 식민지화하고 나아가 그 주변 지역을 종속시키는 형태를 띠었다는 점이다. 조선과 같은 문명국 본국을 송두리째 병합하는 형태는 세계의 제국주의 역사에도 거의 유례가 없었으며, 그만큼 저항도 컸다. 그 때문에 일본은 이른바 '황민화 정책' '동화 정책'이라는 독특한 지배 방식을 채용했다.

'동화 정책'의 원형은 홋카이도의 아이누나 류큐(오키나와)에 대한 정책에 나타나며, 그것이 동심원적으로 동아시아와 동남아시아로 확대되었고, 마지막에는 '팔굉일우'(八紘一宇), '대동아공영권'에 이르렀던 것이다. 그렇게 외형적으로는 온화하게 보이면서도 내실은 세계사적으로도 유례를 찾기 힘들 정도로 민중 탄압과 민족 말살의 성격을 지닌 일본 제국주의에 대한 연구는 이 무렵에 강력하게 추진되었고, 그때까지 알려지지 않은 식민 지배의 실태에 관한 중요한 사실을 많이 발굴해 나갔다.

### 아시아태평양전쟁사와 전쟁 책임

청일·러일전쟁을 통해 일본은 아시아에서 단 하나의 제국주의 국가가 되었다. 그런데도 세계 제국주의 체제 속에서 후발 주자였던 일본은 1902년의 영일동맹을 통해 청과 조선 양국을 둘러싼 일본과 영국 제국주의의 대립에 어느 정도 제동을 걸고 서로의 이익을 지켜 주는 체제를 만들었다. 이후 1923년의 4개국 조약 발효에 이은 영일동맹 종료까지 어떻게든 아시아에서 제국주의 열강의 결정적 대립은 피할 수 있었다.

그러나 제1차 세계대전을 거쳐 1923년 이후 특히 태평양의 여러 도서의 지배를 놓고 일본과 미국의 대립이 급속하게 현재화했다. 그것은 이미 태평양전쟁으로 귀결되고 있는 제국주의 국가 간 모순의 회피할 수 없는 동향이었다. 일본 근대사는 이 시기부터 사실상 '아시아태평양전쟁'의 국면으로 내닫기 시작했다고 할 수 있다.

중국 침략전쟁을 전전 일본 측에서는 '만주사변' 또는 '지나사변'이라고 불렀다. 자국민에게 '전쟁이 아니다'라고 믿게 함으로써 침략전쟁의 성격을 안팎으로 감추고자 한 것이다. 더욱이 '대동아전쟁'이라는 호칭도 기만적이다. 패전 후에는 '태평양전쟁'이라는 호칭이 정착했지만, 그것은 점령군이 주도한 것으로 '대동아전쟁'이라는 호칭의 기만성을 부정하는 역사 이해에 선다는 의미를 갖고 있었다.

그러나 그 뒤 역사인식의 심화와 더불어 '만주사변'에서 '대동아전쟁'의 종료까지를 포함하여, 특히 역사학자를 중심으로 '15년전쟁' 또는 '아시아태평양전쟁'이라는 호칭도 나왔다. 호칭의 변화는 전쟁을 평가하고 역사적으로 자리매김하기 위한 인식과 떼려야 뗄 수 없는 문제이다.

일본 국민의 전쟁 인식에도 역사학에도 지극히 심대한 영향을 끼친 것은 극동국제군사재판(1946년 5월~1948년 11월, 통칭 '도쿄재판')이다. 그 동안 일본 국민이 생각한 적도 없던 '평화에 대한 죄'나 '인도에 대한 죄'가 인류와 국가의 차원에서 공식적으로 제기됨으로써 전쟁을 자국의 '정의'라고만 생각했던 '선량'하고 독선적인 일본인의 의식에 충격을 안겨 주었다. 또한 재판 과정에서 난징대학살을 비롯하여 일본 국민에게 전시 내내 감추었던 전쟁의 과정이나 전쟁범죄 등 갖가지 사실(史實)이 공개되었고, 그를 통해 '15년전쟁'이라는 역사인식으로 향하는 길이 열리게 되었다. 법정이 최종적으로 제시한 전쟁의 성격 규정은 미국과 영국 등의 '연합국＝민주주의' 진영, 일본·독일·이탈리아 '주축국＝파시즘' 진영이라는 도식이었다.

이와 같은 규정을 놓고서는 승자의 패자에 대한 일방적 재판이며 선악의 단순화라는 반론도 적지 않다. 양 진영 공히 넓은 의미에서 제국주의의 성격을 띠고 그 충돌이었다는 점은 사실이기에, 특히 개전에 이르는 국제적 과정 등에 관한 정밀한 연구가 필요하다는 지적은 마땅하다. 또 도쿄재판의 대상에서 제외된, 도쿄를 비롯한 일본 각 도시에 대한 미군의 무차별 폭격이나 원폭 투하를 어떻게 평가할 것인가 하는 문제도 있다.

그러나 전쟁을 둘러싼 역사 연구가 학문적으로도 도쿄재판을 계기로 삼아 전쟁 책임과 전쟁범죄 등에 관한 사실을 발굴하고 역사적 평가를 심화하는 방향으로 움직이기 시작한 것은 유의미한 일이었다.

태평양전쟁의 개전은 정말 피할 수 없었는가와 같은 문제 하나를 보더라도, 일본과 미국의 교섭 같은 외교사적 측면에 그치지 않고, 개전을 향한 국민 통합이나 그에 대한 민중 측의 지지, 비판·저항의 문제 등도 역사 연구의 중요한 테마로 다루어지게 되었다.

'패전'과 '점령'에 규정된 국민의 피해자 심정과 전쟁관은 역사 연구에도 큰 영향을 끼쳤으나, 점차 가해자라는 자각을 바탕으로 한 전쟁 책임과 전쟁범죄에 관한 연구가 추진되기 시작했다. 강제연행, 강제노동, 대량학살, 일본군 '위안부' 문제, 731부대의 생체실험 문제를 비롯한 반인권·전쟁범죄에 관한 사실에 대해, 국가는 교과서 검정뿐 아니라 어떤 경우에도 은폐하려고 했고, 보수 정치가는 그 문제에 관한 '망언'을 반복했다. 한편 호라 도미오(洞富雄, 1906~2000년), 후지와라 아키라 등의 난징대학살, 이에나가 사부로의 731부대 문제, 요시미 요시아키(吉見義明)의 일본군 '위안부' 등 중요한 문제가 역사가의 철저한 실증을 통해 차례로 밝혀지게 되었다.

그럼에도 불구하고 이런 여러 가지 문제를 둘러싼 연구 조건은 대단히 혹독하다. 외교·군부·경찰 관계 자료는 대부분이 소각되기도 했고 지금도 은닉·비공개로 남아 있는 것이 많다. 근년에 미국 국회도서관이 소장한 관계 자료들은 일본인 역사가의 본격적인 조사에 힘입어 그동안 일본에서는 알 수 없었던 사실에 대한 정보를 많이 제공해 주었다. 하지만 조선과 중국, 동남아시아 지역 현지에 있는 자료 조사는 불가능하거나 거의 착수하지도 못한 상황이다. 일본에 있는 기본 자료는 정치가·군인·고위 관료의 일기 종류, 그들이 보관하던 자료의 공개가 마쓰오 다카요시, 이토 다카시(伊藤隆), 아와야 겐타로, 요시다 유타카(吉田裕)를 비롯한 현대사가들의 노력에 의해 어느 정도 진척되었지만, 지방 각지의 도서관 등 보존 기관이나 개인이 보관하고 있는 자료의 계통적 조사·공개는 지체되고 있다.

15년전쟁은 문자 그대로 '총력전'이었으므로 그것을 규명하기 위해서는 과학기술과 교육, 국민의식, 사상 또는 민중 생활 등도 포함하는 더욱 폭넓은 인식이 필요하며, 그를 위해서는 사회·인문 여러 분야의 학제적 협력을 통한 종합 연구의 필요성이 절감된다.


### 전후사의 연구 틀 문제

전후 사회의 문제는 전후역사학의 양태와 그 추이와 연계시켜 이미 어느 정도 언급한 터이다. 따라서 중복되는 느낌도 있지만 여기에서는 역사학의 연구 대상으로서 전후사에 대해 앞서 서술한 바와 같은 시각에서 약간 언급하고자 한다.

이 책의 집필 시점(2002년)에서 '전후'는 57년째가 되며, 전후 태어난 사람이 압도적 다수이다. 전쟁의 시대에 이미 성인이 되어 어떤 의미에서든 전쟁에 직접 책임을 느끼는 세대는 극소수가 되었다. 같이 제2차 세계대전의 패전국이라도 독일에서는 벌써 옛날에 '전후'라는 말이 과거의 것이 된 듯하다. 그것은 역사를 잊었기 때문이 아니라 나치와 그 시대의 '역사(과거) 극복'을 통해 전쟁에 대해 나름의 마무리를 지었기 때문이다.

그럼에도 불구하고 일본에서는 여태껏 '전후'라는 구분 방식이 이따금 의미를 지니며 실감으로 와 닿는다. 이유는 여러 가지겠지만, 무엇보다 패전으로부터 반세기도 더 지난 현재에 이르러서도 일본은 미국의 세계 전략 체제의 일환으로 종속되어 오키나와가 미국의 세계 최대 군사기지로서 영구화되었으며, 외교와 내정의 모든 분야에서도 미국의 이해에 좌우되는 현실이 있기 때문이다. 나아가 '전후 처리'와 연관되는 보상 문제도 벌써 국가로서는 해결이 완료되었어야 하지만, 최근의 일본군 '위안부' 문제처럼 기회 있을 때마다 제기된 데서 '전후'가 종료되지 않았음을 인정할 수밖에 없다.

그런 문제는 의심의 여지없이 다음과 같은 사안이 겹친 데서 발생했다. 무차별 공습과 원폭 등으로 일본 국민들은 패전을 피해자 감각에서 먼저 받아들였기에 자국의 전쟁 책임을 주체적으로 자각하고 해결하려는 의식이 약했다는 점, 패전 후 이내 냉전이 심각해지고 미국의 반소·반공 정책에 편입되었다는 점, 소련의 일본인 시베리아 억류가 가혹하기 짝이 없었다는 점, 또 국내의 민중 생활이 의식주 그 어느 것도 바닥까지 내몰렸다는 점 등이 그러하다. 분명 일본은 고도 경제성장에 의해 '경제대국'이 되었고 이른바 '서방 진영'의 유력 국가로 손꼽히게 되었으나, 냉전이 해소된 지금에 이르러서도 '전후'의 초기를 아는 세대에게 경제나 생활이 좋아졌다는 느낌은 있어도 전쟁 책임을 국가도 국민도 윤리적 차원까지 철저하게 해결했다는 감각은 지니고 있지 않으며, 자국의 '독립'에 대한 진정한 확신조차 마음 한구석에서는 석연치 않다.

그런 '전후사'에 대한 인식의 기본 틀을 어떻게 설정할 것인가는 지난한 문제이다. 본디 동시대사는 그것을 바라보는 사람들의 직접 체험이나 기억에 의해 다양하다는 곤란함이 있는 데다, 일본의 '전후'에는 위에서 말했듯이 대미 종속·전쟁 극복의 불철저와 같은 측면과 고도성장과 경제대국 발전의 측면이 공존하고 있다는 점이 그런 곤란을 더욱 부채질했다고 할 수 있다.

전후사는 대략 1945~1955년의 제1기, 1955~1960년대의 제2기, 1970년대 이후의 제3기로 구분할 수 있다. 세 시기를 통해 민주주의와 평화라는 헌법 이념(인류적 가치 이념)은 표면적으로는 견지되었고, 비핵 3원칙도 전쟁 포기의 원칙도 어찌됐든 계속 살아 있다. 그것은 전후사에서 자랑스러운 지점이지만, 특히 제3기에 이르러 가치관의 다양화가 진전됨에 따라 이 지점에도 동요나 변화가 진행되고 있다.

그런 단계적 추이를 포함한 전후 사회이기 때문에 57년을 '전후'로 일괄하는 의미는 이제 상실되었다는 생각도 있을 것이다. 그러나 역시 '전후'의 기본적 성격을 역사인식으로서 어떻게 파악할 것인가 하는 문제는 지금껏 '전후'라는 말이 살아 있다는 것이 말해 주듯 일본의 자기인식의 근간을 이루며, 현재와 미래의 양상과 방향을 규정하는 것으로서 일본 역사 연구에서 가장 중요하고 궁극적인 테마이다. 연구 상황을 보자면 '전후사' 인식은 아직 제3기를 포함한 '전후' 전체를 세계 현대사의 일환으로 자리매김하여 파악하고 일정한 전망을 제시한다는 점에서는 결코 충분치 못하다.

최근 근현대사 연구의 큰 성과 가운데 하나라고 할 수 있는 《시리즈 일본근현대사》(전4권, 岩波書店, 1993~1994년, 편집위원 반노 준지坂野潤治, 미야치 마사토, 다카무라 나오스케高村直助, 야스다 히로시安田浩, 와타나베 오사무渡辺治)는 유신부터 전후까지를 중요한 주제에 의거하여 계통적으로 훑어보는 형태를 취하고 있는데, 전후 시기로 할당된 것은 제4권뿐이며 주로 제1~2기에 논점이 집중되어 있다. 그러나 그 무렵 도쿄대학 사회과학연구소가 펴낸 《현대 일본사회》(전7권, 東京大学出版会, 1991~1992년)나 역사학연구회가 펴낸 《일본 동시대사》(전5권, 青木書店, 1990~1991년), 또 《시리즈 전후 일본》(전6권, 편집위원 나카무라 마사노리, 아마카와 아키라

天川晃, 윤건차, 이가라시 다케시五十嵐武士, 岩波書店)도 공간되었으며,《연보·일본근현대사》(2002년, 8호까지 간행. 편집위원 아카자와 시로赤澤史朗, 아와야 겐타로, 도요시타 나라히코豊下楢彦, 모리 다케마로森武麿, 요시다 유타카)도 나오고 있다. 역사로서의 '전후사'를 인식하려는 시도가 본격적으로 추진되고 있다는 점은 확실하다.

전후 사회의 다면적인 발전에 수반되어 전후사 인식은 더 이상 전통적인 역사학 전공의 연구자와 방법에만 의존해서는 불가능하다. 사회과학과 인문과학 분야는 물론, 과학사와 기술사 같은 분야도 포함하여 전문가의 폭넓은 협력이 불가결하다. 그런 의미에서 전후사에 대해서는 특히 연구 자료·연구 기술·연구 방법도 새로워질 필요가 절실히 요구된다. 지구화가 진행되는 가운데 세계 각국은 군사·경제·과학기술을 비롯하여 모든 면에서 상호 의존과 상호 규정 관계를 비약적으로 강화해 왔다는 현실을 돌아본다면, 이제 명백히 일국사적 역사관으로는 아무 것도 할 수가 없다. 또한 그와 동시에 전쟁 책임이나 전후 처리의 방식이 아무리 중요한 문제라고 하더라도 그것만으로 반세기를 넘는 전후사의 전체상을 제시할 수 없다는 측면도 있다.

일면적·생활사적 측면에서는 고도 경제성장이 전통적인 생활방식·질서의식과 가치의식 등을 역사상 가장 급격하게 바꿔 버렸다. 텔레비전·신칸센·자동차·항공기 따위를 떠올릴 것까지도 없다. 나아가 그 후 정보혁명이 전 세계와 일본을 뒤덮었다는 측면에서 현대로서의 전후를 바라보는 작업도 빠뜨릴 수 없다.

국내 과정의 또 하나의 측면인 인권·민주주의·국가와 같이 넓은 의미의 정치적·사회적 문제에 대해서도, 천황 지위의 변화부터 시작하여 인권이나 여성의 지위 등 변화와 진보를 지적하는 것은 어렵지 않다. 그러나 동시에 거대기업과 독점자본의 압도적인 사회적 지배력, 그에 호응하는 정치 세력의 이익 유도형 지배와 위로부터의 허위에 찬 정치적 통합 같은 현실이 있다. 그것들을 포괄하는 세계 속의 일본국·일본 사회는 어떠한 것일까?

전후 일본이 점령 지배에 일정한 저항감을 품었던 시대, 대미 종속 하의 탈아입구형 경제 발전 경로에 대한 비판은 지금으로서는 믿을 수 없을 정도로 철저했으며, 아시아 세계와 어떻게 마주하여 믿음을 얻어 갈 것인가를 진지하게 생각했다. 하지만 반세기를 지나 일본국은 교과서 문제나 야스쿠니 신사 문제에서 상징적으로 드러났듯이 아시아와 함께 살아갈 각오를 했다는 자세를 취하고 있지 않다.

현대, 가까운 미래에 살아갈 국민을 향해 '현대'란 무엇인가를 가능하면 명쾌한 형태로 제시하는 일은 오늘날의 역사학에 부과된 가장 중요한 책무일 것이다. 일본사 연구는 현대사에 대해 종래 일본사학의 틀이나 방법만으로는 도저히 답할 수 없는 상황에 처해 있다. 외국의 역사가는 그 점에서 일본의 역사가보다는 훨씬 대담하다. 일본의 역사학은 메이지 이래 국가와의 대립·충돌을 저어하여 극력 '비정치적' 세계에서 연구하길 바라는 경우가 많았다. 그러나 오늘날 시대에 등을 돌리는 아카데미즘이란 더 이상 존립의 여지가 없으며 스스로 정한 작은 '전공'에만 틀어박히는 것은 허용될 수 없다.

그런 의미에서 일본의 '전후'(=현대사회)를 어떻게 인식할 것인가 하는 문제는 전공 분야를 넘어 모든 역사 연구자에게 요구되는 회피할 수 없는 책임이자 과제이다.

### 외국인 연구자의 일본 근현대사 연구

일본 근현대사는 자국사로서의 눈뿐만 아니라 남북한·중국·미국을 비롯하여 바깥에서 보는 눈이 특히 소중하다. 1982년 교과서 검정 문제를 놓고 국내와 국제적 비판이 세차게 이루어진 것을 계기로 삼아 남북한·중국 역사가와의 교류, 근현대사에 대한 상호 의견 교환의 필요를 통감하여 비교사·비교역사교육연구회(1982년, 대표 요시다 고로)가 결성되어 국제 심포지엄을 열게 된 것도 그런 움직임의 하나이다.

오늘날 외국에서 일본사 연구가 널리 진행되고 있는데, 현재 시점에서는 미국의 일본사 연구 수준이 현저히 높은 듯하다.

전시·전후의 일미 관계로 봐서 당연한 일이겠으나, 그것은 이미 전전·전시부터 준비되어 있었다. 점령기 주일 캐나다 대표부의 수석을 지낸 허버트 노먼은 선교사의 아들로 일본에서 태어나 1940년부터 캐나다 공사관원으로 근무하던 중에 일본 근대사를 공부했다. 전전의 마르크스 역사학의 근현대사 연구에도 깊은 이해를 지녔고, 1940년에는 《일본에서 근대국가의 성립》(日本における近代国家の成立, 1947년 번역, 時事通信社)을 간행했고, 전후 미국의 점령 정책에도 커다란 영향력을 미쳤다(1957년 미국의 하원 비미활동위원회〔매카시즘의 무대―옮긴이〕의 추궁을 당했고 임지 카이로에서 객사). 이미 언급했지만 점령 초기의 대담한 개혁 정책에는 전전에 강좌파 마르크스역사학이 추구했던 '변혁'의 내용과 공통되는 측면들이 관찰된다. 거기에는 노먼의 일본 근대사 인식이 작용했다고 추정된다.

'근대화' 이론에 바탕을 두고 일본 근세·근대사 전개 경로에 대한 넓은 학식을 섭렵하여 비교사적 시야에서 논한 에드윈 라이샤워(Edwin Reischauer, 1910~1990), J. W. 홀, M. 잰슨, A. M. 크레이그 등은 잘 알려진 인물이다. 로버트 스칼라피노(Robert Scalapino, 1919~ )의 정당사 연구나 T. 스미스의 1850~1880년 시기 '공업화' 연구, H. 로조프스키의 1868년부터 1940년에 이르는 '일본의 자본 형성' 등 경제사 연구도 일본의 수량경제사 연구에 깊은 영향을 주었다.

또 이런 사람들을 잇는 차세대의 일본 근대사가도 다채롭다. 최근 앤드

루 고든(andrew gorden)이 펴낸《역사로서의 전후 일본》(歷史としての戰後日本)이 번역 출판되었는데(전2권, 감역 나카무라 마사노리, みすず書房, 2001년), 거기에 집필한 사람들이 대표적인 연구자일 것이다. 그중 한 사람인 존 다위(John W. Dower)의 다른 대작《패배를 끌어안고》(敗北を抱きしめて, 三浦陽一, 高杉忠明 외 옮김, 전2권, 岩波書店, 2001년)는 패전과 점령 간접 통치기의 GHQ · 일본 정부의 정책 결정과 집행(통치)을 둘러싼 부분부터 시작하여 널리 민중의 의식과 행동의 매몰된 실상을 놀라울 정도로 다양하고 광범위한 자료로 정밀하게 그려 내고 있다. 특히 일본인 학자와는 달리 미국의 대일관 · 대일 정책의 전반적인 동향을 일미 양측의 풍부한 자료를 구사하여 지금까지 일본 측의 국내 연구에서는 알 수 없었던 역사의 복합적 · 양의적 전개 과정을 종횡으로 논하며 규명하고 있다. 이 책은 풍부하고 유연한 역사상의 제시와 탁월한 문장으로 전 세계에 깊은 감동을 안겨 주었다. 일본인 연구자로서 보자면 일본의 근현대사 연구가 외국 연구자로부터 깊이 배우지 않고서는 더 이상 나아갈 수 없다는 점을 명백히 알게 되었다. 여기서는 거론할 수 없으나 남북한 · 중국 · 베트남을 비롯한 아시아 각국의 역사학에 대해서도 마찬가지일 것이다.

현대 미국 역사학계의 대표적 역사가 가운데 한 사람인 이리에 아키라(入江昭, 하버드대학)는 현대 외교사와 국제관계론 전문가로서 잘 알려져 있다. 이리에는 전술한《시리즈 전후 일본》제1권의 서론으로 썼던〈20세기의 역사와 전쟁〉에서, "20세기라는 현대의 역사를 얘기할 경우 그때 살았던 역사가 개인을 시대와 분리시키는 것은 불가능하다. 역사가 자신이 살아온 시대를 그 이전의 시대와 같은 자세나 방법론으로 배우는 것은 불가능에 가깝다"고 서술했던 영국의 역사가 에릭 홉스봄(Eric Hobsawm)의 말에 공감을 표시하면서도, '20세기'를 '아메리카나이제이션과 멀티컬추럴리즘의 시대'로 크게 재단하는 시각을 제기했다.

'아메리카나이제이션'은 세계에서 미국의 압도적 영향력을 가리키며, 일본 전후사의 중요한 반쪽이기도 하다. 아메리카나이제이션은 다른 관점에서는 현대형 '미국 제국주의'의 문제라고 할 수 있겠으나, 이리에는 그런 개념으로 현상을 정리하는 것을 거부하며 좀 더 넓은 문화적 현상으로 사용하고 있다. 확실히 일본의 전후 사회에는 여러 가지 반발이나 굴절을 포함하면서도 거시적으로는 국가적·국민적 제도의 가치 이념을 비롯하여 일상적 생활문화에 이르기까지 아메리카나이제이션이 침투했다.

그러나 '멀티컬추럴리즘' 즉 문화의 다양성도 다른 반쪽에서 나란히 존재했다. 아메리카나이제이션과 멀티컬추럴리즘은 결코 서로 배타적인 관계가 아니다. 일본의 전후사는 경제적·문화적으로 중국을 비롯한 아시아 각국이나 지역과 관계를 긴밀히 해 왔으며, '아시아태평양 지역'이라는 틀은 점차 하나의 형태와 기능을 갖추는 방향으로 나아가고 있다. 문화적으로도 '구미 문명'은 유일한 가치 원천이라는 지위를 잃었고, 민족·종교·문명관도 다원화하여 '백인·서구형' 가치가 정점에 위치하는 상황은 크게 바뀌었다. 이 아메리카나이제이션과 멀티컬추럴리즘은 20세기 세계에서 두 차례 대전을 겪으며 진행되었다는 것이 이리에의 발언하는 내용의 골자이며, 20세기 역사를 어떻게 볼 것인가 하는 큰 테마를 향한 하나의 유효한 시각일 것이라고 한다.

이런 두 방향 그 자체는 일본의 여러 사람들에게도 특별히 놀라움을 안겨 주지 않을 것이다. 그러나 그것을 두 차례의 대전을 겪으며 전개되는 세계사의 동향으로서, 일본의 근현대사도 그 일환으로 자리매김하고 구체화하는 동시에 이론화해 가는 작업을 향해, 일본의 역사학이 본격적으로 씨름하기 시작했다고는 말할 수 없다는 점도 확인해 두지 않으면 안 된다.

앤드루 고든이 펴낸 《역사로서의 전후 일본》의 공동 연구자이며 일본 역사학의 양상에 대해서도 날카로운 비판력을 지닌 역사가로 알려진 캐

럴 글럭(Carol Gluck)은 〈현재 속의 과거〉(現在のなかの過去)라는 논문을 썼다. 1945년부터 1990년 초두까지 일본 국민의 역사의식과, 그것을 배경으로 한 지식인의 '현대' 이해 방식의 추이를 추적한 것이다.

그것은 국민·역사가에 의한 역사의 이해 방식, 역사의 '기억' 양태, 역사의 거론 방식 등에 관한 역사이다. 전통적인 역사학의 연대기적 사실의 실증적 추구와는 달리 캐럴 글럭의 방법은 '현재 속의 과거'라는 표제가 나타내듯, 있는 그대로의 과거에 대한 완전한 인식은 불가능하다는 역사학의 본질과 연관되는 역사이론을 바탕으로, '현재'가 발견하는 특정 '과거'와 그 인식의 추이를 물으려고 한 것 같다. 세계적으로도 일본에서도 그런 역사관과 역사 해석은 점차 힘을 얻고 있다고 생각된다. 전후 일본이 전전의 지배 이데올로기에 의해 획일화된 역사의식과 획일적 '역사의 기억'을 강요당하던 상황에서 벗어나 크게 변해 가는 가운데, 국민과 역사가가 저마다 자기의 동시대사를 어떻게 보고 어떻게 평가하며 의미를 부여했는가를 좇는 일은 자국의 현대사 인식으로서도 유효하고도 흥미 깊은 문제이자 방법이라 판단된다.

### 역사 왜곡과 역사교육

근현대사 인식은 지금까지 살펴봤듯이 현재와 미래를 어떻게 볼 것인가 하는 문제와 직결된다. 그런 만큼 관점과 인식은 필연적으로 정치적인 것이 된다. 역사학은 본래 어느 시대, 어떤 문제에 관해서도 인식하는 이의 사상을 매개로 구성된 역사상이라는 성격에서 궁극적으로 벗어날 수 없으므로 그것을 둘러싼 대립이 생긴다. 역사인식이란 그런 의미에서는 역사 재검토의 무한한 반복이며, 인식을 둘러싼 논쟁의 연쇄이다.

그러나 역사가의 가치관이나 그것에 근거한 역사상이 아무리 다양하다고 해도 그것이 학문으로 성립되는 것은, 사실의 확정과 역사상의 구성에 대해 자의적으로 사실 그 자체를 왜곡하거나 학문 외적 계기에 따라 사실을 자의적으로 선택하는 일은 허용되지 않는다는 대원칙을 공유하기 때문이다. 하지만 그것은 어디까지나 원칙이며 현실에서는 외적인 힘에 따른 자의적 왜곡을 억제할 수 없는 경우도 있다. '나치의 유태인 홀로코스트는 없었다'거나 '일본 군의 난징대학살은 없었다' 등과 같은 얘기는 통상의 실증주의적 연구에 근거한 판단에서는 있을 수 없는 일이다. 그래서 제2차 세계대전이 끝나고 반세기도 더 지나 동시대의 기억이 가물가물해지기 시작함에 따라 특정 의도를 갖고 그런 사실을 왜곡하고 '역사의 수정'을 굳이 무리하게 밀어붙이는 움직임이 생겨났다. 이것은 통상 얘기되는 '역사관의 차이'와는 전혀 다른 성질의 사안이다. 역사가 '집단으로서의 기억'이라는 점에 편승하여 그 기억을 왜곡하고 '역사의 수정'을 감히 시도하는 비학문적 행위이다.

'난징대학살'에서 몇 사람이 희생이 되었는가를 확정하는 일은 분명 어렵다. 그러나 그것이 확정하기 어렵다는 점에 편승하여, 그렇기 때문에 사건 자체마저 의심스럽다고 말한다면 명백히 '역사의 왜곡'이다.

태평양전쟁이 한창이던 1943년 11월 도조 히데키(東條英機)가 '대동아공영권' 내의 나라와 지역의 괴뢰 정권·괴뢰적 '민족독립운동'가를 모아 '대동아회의'를 도쿄에서 열었던 것을 들어, 일본은 '대동아공영권'의 여러 국가와 지역을 해방 독립시키려고 했다는 니시오 간지(西尾幹二) 등의 중학교 교과서(扶桑社, 2001년) 서술이 있다. 이 문제에 대해서는 역사 해석의 여지가 있으므로 교과서 서술의 하나로서는 인정하는 편이 좋다는 것이 문부성 검정의 표면적 의견인 듯하다. 그러나 도조 히데키는 다른 한편에서 조선의 독립을 인정하려는 생각이 전혀 없었고, 싱가포르도 인도네시아에 대해서도 괴뢰 정권의 성립조차 인정하지 않는다는 방침을 취했다고 하므로, 이것도 역사의 왜곡 이외에 아무 것도 아니다.

'역사관과 역사인식의 자유'라는 대원칙을 앞세우며 이루어진 역사의 의도적 왜곡은 너무 많아서 실로 일일이 셀 수가 없다. 역사교육의 경우, 이미 살펴봤듯이 일본에서는 메이지 이래 역사의 학문적 연구와 역사교육은 별개라는 방침을 취하여, 국민 '교화'를 위해서는 신화를 사실처럼 가르치는 일부터 시작하여 중요한 문제에 대해서는 역사 왜곡을 불사하는 방향을 계속 강행했다. 그뿐 아니라 전후에도 1982년의 교과서 검정에 대한 남북한과 중국을 비롯한 국제 비판, 소위 '침략-진출' 문제, 또 2001년 니시오 간지 등의 자칭 '자유주의 사관' 그룹이 집필한 중학교 역사 교과서의 위와 같은 근현대사 왜곡에 이르기까지, 역사 왜곡은 음으로 양으로 반복되어 왔다. 역사교육에서는 진실을 가르치기보다 사실을 왜곡하더라도 국가에게 불리한 것은 가르치지 않는다는 국민 교화의 수단으로 보는 사고방식이 전후에도 살아남은 것이다.

전전·전후를 통해 일부 국민 속에 존재하던 배타적이고 독선적인 국가주의·내셔널리즘의 감정은 특히 암울한 시기에 활발한 움직임을 보인다. 쇼와 전쟁기나 1990년대가 그 대표적인 시기일 것이다.

국가권력과 그 응원 집단인 국가주의자가 역사교육을 영유하도록 내버려두는 일은 역사학 연구자로서 한 걸음도 양보할 수 없는 바이다. 오늘날 위험이 높아지고 있는 그런 사태를 어디까지 역사학과 역사교육의 역사에 비춰 뼈아프게 인식할 것인가는 역사 연구자와 교육자에게 답을 구하는 양심과 책임의 문제일 것이다.

| 참고문헌 |

《日本近代史》, 岩波全書, I 도야마 시게키, 1975년; II 이마이 세이이치, 1977년; III 후지와라 아키라, 1977년.

《シンポジウム日本歷史》, 전23권, 그중에서 〈世界資本主義と開港〉(14권),

그 외 근현대 관계로는 10권.

宮地正人,《日本通史III 国際政治下の近代日本》, 山川出版社, 1987년.

中塚明,《日新戰爭の研究》, 靑木書店, 1968년.

《近代日本の朝鮮認識》, 硏文出版, 1993년.

宮地正人,《日露戰後政治史の硏究》, 東京大学出版会, 1973년.

大石嘉一郎 편,《日本帝国主義史》전3책, 東京大学出版会, 1985~1994년.

江口圭一,《日本帝国主義研究》, 靑木書店, 1998년.

田中正俊,《東アジア近代史の方法》, 名著刊行会, 1999년.

洞富雄,《南京大虐殺の証明》, 朝日出版社, 1986년.

藤原彰,《日本軍事史》상·하, 전4권, 日本評論社, 1987년.

比較史·比較歷史教育研究会 편,《自国史と世界史》, 未來社, 1985년.

《帝国主義の時代と現在》, 未來社, 2002년.

高橋哲哉,《歷史/修正主義》, 岩波書店, 2001년.

藤原彰·今井淸一 편,《十五年戰爭史》전4권, 靑木書店, 1988~1989년.

歷史学研究会 편,《日本同時代史》전5권, 靑木書店, 1990~1991년.

教科書檢定を支援する歷史学研究者の会 편,《歷史の法廷―家永教科書裁判と歷史学―》, 大月書店, 1998년.

# 7
# 연구 체제의 확충과 사료·자료의 조사와 정비

## 연구 기관과 학술 체제

지금까지 전후 50여 년에 걸친 일본사 연구의 발자취를 더듬어 왔다. 이제 마지막으로 연구 체제와 연구 조건 등의 추이를 되돌아보기로 하자.

전후 이른 시기 젊은 연구자들은 어느 분야를 봐도 손에 꼽을 정도밖에 없었으며, 대학은 황폐하여 도쿄대학 사료편찬소도 예산의 제약으로 업무 정체 상태에 빠졌다. 그러던 무렵에서 생각해 보면 오늘날의 연구 체제는 문자 그대로 격세지감을 느끼게 한다. 학문 수준의 비약도 충실한 연구 체제에 힘입어 가능해졌다는 점에 의심의 여지가 없다. 연구 기관과 학술 체제의 충실함과 관련하여 먼저 열거하고 싶은 것은, 전후 각 부현에 국립의 신제(新制) 대학이 설치되고(1949년 발족), 일본사 관련 교원이 모든 대학에 배치되어 감과 동시에, 그 사람들이 부현 관내의 사료 조사와 역사 연구에 본격적으로 달려들게 되었다는 점이다. 그것은 특히 당시 사회가 동요하는 와중에 널리 옛 가문의 변동이 생기고 오랫동안 가문에 전해지던 고문서 부류의 유실이 급속히 진행되려 하던 위기 상황에 대한 유효한 처방이었다. 근세 사료의 조사와 보존은 신제 대학의 충실과 더불어 크게 진전되었다.

그 후 전후의 제반 조건이 개선됨에 따라 각 부현과 시정촌(市町村)은 빠르고 늦고의 차는 있지만 거의 예외 없이 대규모의 지자체 역사, 그것도 좁은 의미에서의 지자체 행정사가 아니라 그 지역의 각 시대 종합 지역사로서 내용을 담은 시정촌사·현사를 편찬하게 되었다. 그런 종류의 지자체사는 그 지역과 관련된 각 시대의 사료·자료를 힘써 널리 수집하여 공간하는 방침을 취했다. 그것은 지역의 사료와 역사 연구를 자신의 책임 분야로 맡으려는 기풍이 신제 대학이나 그 외 지역의 대학 교원 간에 강해짐으로써 가능했던 것이다. 신제 대학은 메이지 이래 도쿄와 교토의 제국대학을 중심으로 형성된 연구의 독점 체제를 타파하고 보다 조밀한 조사·연구의 네트워크를 형성했다는 점에서 큰 역할을 수행했다. 전전 일본사 연구의 중심 기관이었던 사료편찬소는 주로 도쿠가와 이전 시대의 사료 수집·편찬·연구를 주된 임무로 삼았기 때문에, 이런 신제 대학의 발족과 지자체사의 편찬은 특히 근세·근현대사의 지역 사료와 지역사 연구 기초를 만드는 데 큰 공헌을 했다.

한편 앞서 언급했으나 근세 문서의 수집·연구의 중심적 기관으로서는 전후 일찍이 1951년에 문부성 사료관이 설치되어(뒤에 국문학연구자료관의 부속 부문으로 조직 개편되었다), 촌락·도시·무가의 문서를 수집·연구하고 있다. 또 근대 사료에 관해서는 1949년 오쿠보 도시아키(大久保利謙) 등의 노력에 의해 국립국회도서관 국회지부에 헌정자료실이 개설되었고, 이어 쓰다 히데오(津田秀夫) 등 역사학 관계자의 세찬 촉구와 운동에 의해 설치가 진행된 국립공문서관이 1971년 개관되었다. 국립공문서관에서는 원칙적으로 작성 후 30년이 경과된 공문서와 기타 기록의 보존을 맡게 되었다. 메이지 태정관 관련 공문서도 여기에 소장되었다. 공문서는 단지 역사 연구의 소재에 그치지 않고 정보 공개와 연계되어 국민의 알 권리라는 측면에서도 필요불가결하며, 1987년에는 '공문서관법'이 정해져서 국가뿐 아니라 지방자치단체도 설치할 것으로 기대했지만, 현재 27개 부현과 극히 일부의 지자체에 설치된 데 그치고 있다.

그러나 문서 이외의 매장·출토물 등 광의의 역사고고 자료의 조사·연구·보존 체제는 전후에 비약적으로 발전했다. 개발에 수반되는 토목사업의 전국적 전개, 그 와중에서 잇달아 발견되는 유적과 유물은 양과 질 모두에서 종래의 상식을 뛰어넘었다. 1946년의 이와주쿠(岩宿) 유적에서 아이자와 다다히로(相沢忠洋, 1926~1989년)가 구석기 유물을 발견한 이래, 전전의 고고학적 지식과 학문 수준이 얼마나 낮았는가를 절감하던 고고학자들은 고고학 애호가들과 함께 개발에 따른 사적 파괴에 위기의식이 높아져서 문화재 보호 운동을 전개했다.

그러는 동안 전후 1949년의 호류지(法隆寺) 금당 화재 사건을 계기로 국가에서도 1950년 5월 문화재보호법을 공포했다. 하지만 그 직후인 7월에는 한 승려의 방화로 긴카쿠(金閣)의 소실이라는 불상사가 발생하여 문화재 보호에 관한 국민들의 관심이 크게 높아졌다.

문화재보호법은 전전의 관련 법규를 통합 정리하는 한편 새로운 상황에 대응하려는 문화재 보호의 기본법이며, '문화재'를 유형문화재(건조물과 미술 공예품: 회화·조각·공예품·필적·서적·고문서·고고 자료·역사 자료), 무형문화재(예능·공예 기술 등), 민속문화재(무형: 의식주·생업·신앙·연중행사 등 풍습·민예, 유형: 무형의 민속문화재에 사용되는 의복·기구·가옥 등), 기념물(유적: 패총·고분·도성터·성터·가옥, 명승지: 정원·교량·협곡·산악 등, 천연기념물: 동물·식물·지질 광물)로 구분했다. 나중에 '전통적 건조물군'이 추가되어 문화재나 역사 자료라고 생각할 수 있는 모든 형태가 보호의 법적 대상이 될 수 있고, 그것을 담당하는 행정기관으로 문화재보호위원회(1968년 문화청으로 개편)도 설치되었다.

그리고 유적 지도가 작성되었고, 개발과 관련 있는 사적에 대해서는 사전 조사나 기록 보존이 의무화되었다. 이에 따라 긴급하게 대응할 수 있는 다수의 고고학 연구자가 필요해졌고, 점차 도도부현은 저마다 연구자를 '학예사'로서 상설 '매장문화재센터'에 배속하여 긴급 조사에 대비할 수 있도록 했다. 시정촌에서도 순차적으로 학예사를 배치하고 있다.

이런 변화는 유적의 조사와 나란히 여러 출토물의 계통적인 연구나 편년을 가능케 하는 계기가 되었다. 또 연대 측정을 비롯한 자연과학 기술, 컴퓨터를 통한 데이터 처리 기술의 급격한 진전은 이런 움직임을 혁명적으로 가속화했다. 그런 가운데 조몬·야요이의 토기 편년뿐 아니라 고대·중세의 출토 도자기 조각 등의 편년 연구와 유적의 연대 조사가 진전되었다.

고고학자 와지마 세이이치(和島誠一, 1909~1971년)는 전전에 와타나베 요시미치를 중심으로 하는 《일본역사교정》 그룹의 일원이었는데, 1953년에는 오카야마 현 소재 쓰키노와(月の輪) 고분(5세기 전반) 발굴 조사에 처음으로 주민 참가 방식을 채용하여 일반 사람들의 고고학 조사에 대한 관심을 불러일으켰으며, 그 후의 조사 방식이나 국민의 손을 통한 유적 보존에 커다란 영향과 효과를 남겼다.

1955년 사카이(堺, 오사카 부 소재—옮긴이) 시의 이타스케 고분(百舌鳥 고분군)이 개발로 파괴 위기에 처하자 주민들의 보존 운동이 고양되었고, 1962년에는 헤이조궁(平城宮, 나라 시대의 도읍—옮긴이) 터의 위기를 구하자는 운동도 한층 고조되었다. 그런 가운데 쓰보이 기요타리(坪井清足)는 정부나 지자체가 추진한 헤이조큐(平城京)를 비롯한 대형 발굴 조사에 지도적 역할을 맡았고 문화재 보호 행정의 기초 수립에 공헌했다. 다른 한편으로 아마카스 겐(甘粕健) 등의 노력으로 연구자와 일반 시민이 참여한 문화재보호대책협의회가 탄생하고 긴키(近畿) 지역에서도 같은 협의회가 만들어졌다. 1970년에는 통합하여 문화재보존전국협의회가 되어 그 뒤로 문화재 보존 운동에 지대한 역할을 담당하게 된다.

이런 문화재에 대한 관심에 더욱 박차를 가한 것은 목간의 대량 발견이었다. 1961년 헤이조궁 터에서 40점 이상 출토된 것을 시초로 그 후 헤이조큐 유적에서 약 35,000점, 나가야(長屋) 왕가 터에서 약 74,000점이 발견되었고, 헤이안궁(平安宮)·다자이후(大宰府, 후쿠오카 현 소재)·다가성(多賀城, 미야기 현 소재 — 옮긴이)를 비롯하여 관아나 사원 터 등에서도 출토가 잇따랐다. 목간의 존재 자체는 전전에도 알려졌지만, 전후에 대량으로 발견된 것은 문서·기록에 해당되는 것, 물품 딱지 같은 것, 부적 같은 것 등 내용상으로도 가지가지이며, 율령 시기뿐 아니라 중세에 이르는 것도 있어, 문헌 사료의 한 유형이라 해도 종이가 일반화되기 이전의 것으로서 사료적 가치가 높다는 사실이 밝혀졌다.

또 1972년에는 나라 현 아스카(明日香) 촌의 다카마쓰총(高松塚) 고분에서 내벽 사면의 채색 벽화가 거의 완전한 상태로 발견되어 국민들을 흥분에 빠뜨렸다. 벽화의 성격을 이해하기 위해서는 널리 조선과 중국의 관련 자료를 조사·연구할 필요도 있었기에, 멀리 동아시아로 시선을 던지는 연구의 필요성이 절감되었다.

각지에서 조사·사료 보존을 위한 체제가 다듬어짐에 따라 연구 현장의 최전선은 대학이나 연구소보다도 매장문화재센터나 지자체의 문화재 관련 학예사들이 떠맡게 되었다고 해도 좋을 상황으로 바뀌어 갔다.

나아가 이런 상황은 역사에 대한 일반 국민의 관심을 북돋우고 발견된 유물이나 새로운 역사상을 눈으로 보고 알고 싶다는 요구가 제기되면서, 그동안 있어 온 유물을 보관하고 진열하는 기관인 박물관과는 다른 '역사박물관'을 설치하는 분위기를 낳게 되었다. 국립민속학박물관(1977년 개관, 초대 관장 우메사오 다다오)은 그 효시가 되었으며, 1983년에는 지바 현 사쿠라(佐倉) 시에 국립역사민속박물관(초대 관장 이노우에 미쓰사다)이 개관했다. 이 박물관은 일본사·고고학·민속학 세 연구 부문을 거느리고 각각 외부의 광범위한 연구자들과 협력을 통해 프로젝트를 정하여 공동

연구를 진행하기 시작했다. 동시에 전국에서 공동으로 이용하는 연구 기관, 연구자를 양성하는 대학원 기능도 짊어지게 되었다. 그런 체제를 바탕으로 상설 전시와 테마 전시에 최신 연구 성과를 반영하며 국민의 요구에 부응하는 역할을 지향하고 있다. 이미 개설 이래 20년에 가까운 시간이 흘러 '물건'(モノ, 종이에 쓰인 문자 사료와는 다른 것)을 근거로 삼는 역사 연구의 전국적 중심지로서 신뢰를 얻고 있으며, 각 도도부현에서도 이를 참고하여 현립 역사박물관을 잇달아 개설하고 있는 실정이다. 능력이 뛰어난 연구자도 그런 기관에 직장을 가짐으로써 일본사 연구 체제의 폭과 깊이는 더욱 커지고 있다.

이런 와중에 문헌사학의 측면에서 중세사의 제 문제에 지도적인 역할을 다한 이시이 스스무(石井進, 1931~2001년)는 국립역사민속박물관 관장으로서 앞서 언급한 분위기에 기초하여 각지의 중세 도시 유구(遺構)를 역사고고학적으로 조사하는 데에도 지도적 역할을 담당했다.

한편 1971년에는, 앞서 서술했듯이 쓰다 히데오 등 역사학 관계자의 강한 촉구 운동의 결과로 국립공문서관이 설립되었다.

이상은 고고·민속을 포함한 일본사 연구의 공적 기관을 중심으로 하는 연구 체제의 개요이다. 또 하나 역사학계의 네트워크, 행정과 학계의 의사소통 기관 등에 관해서도 잠깐 살펴보자. 대표적인 것으로 일본학술회의의 하부 조직인 역사학연구연락위원회와, 일본역사학협회(협회와 개인을 구성원으로 한다)가 있다.

일본학술회의는 앞에서 살펴본 대로 1948년 인문·사회·자연과학을 포함하는 전 분야에서 선출된 회원 210명으로 구성되는 학술 체제의 최고 심의기관으로 설치되었으며, 현재는 총리부 소관의 국가기관이다. 학술상의 중요 사안에 관해 정부에 건의·권고하는 임무와 권한을 지님과 동시에 학술과 관련된 공적인 국제교류를 위한 대표 기관이자 창구이기도 하다. 역사학은 이 일본학술회의의 제1부(인문과학)에 속하며 그 하부 조직인 역사학연구연락위원회를 국제교류의 창구로 거느린다. 역사학연구연락위원회의 노력에 따라 1960년 제10회 국제역사학회의에 일본이 전후 처음으로 참가할 수 있게 되었다. 5년마다 열리는 '국제역사학회의'의 대표 파견을 비롯하여 일미·일소·한일 등 두 나라 간 교류에서도 중심적인 역할을 다해 왔다.

다른 한편으로 일본역사학협회는 1948년의 일본학술회의 설치와 관련하여 역사학 연구자·학회 등이 이를 지원할 수 있는 연락 기관이라는 목적으로 조직되었고, 더불어 역사학 관련 여러 학회 간의 연락과, 역사학 관계자로서 일정한 사회적 책임을 떠맡고 있다. 예를 들어 사적 보존·야스쿠니 신사·원호법·역사교육 같은 각종 중요 문제에는 특별위원회를 두어 대응하고, 나아가 문부성 과학 연구비(역사학 분야) 문제에 대해서도 민주적 배분과 젊은 연구자·민간 연구자에 대한 배분 문제 등에도 온 힘을 기울이고 있다.

이 역사학연구연락협의회와 일본역사학협회는 역사학에 관한 학술 체제의 민주화와 상호 연락이라는 면에서 전후역사학의 발전을 뒷받침하는 역할을 수행했다고 할 수 있다. 학회나 그 회원이 전적으로 대학을 중심으로 하는 전문가로만 구성 운용되는 여타 학술 분야의 경우와는 달리, 역사학 분야에서는 민간에도 많은 연구자를 보유하고 연구 조직으로서 소규모 학회가 병립함으로써 연구가 진전되어 왔다는 사정이 있기에, 이런 연락 기관이 수행하는 역할도 특히 소중하다고 봐야 한다.


### 대형 사적의 종합 조사와 복원

학술 체제뿐 아니라 연구의 진행 방식 면에서도 상황은 크게 바뀌었다. 전후의 특징 가운데 하나는 개인 연구와는 다른 대규모 공동 조사·연구나 그를 위한 공적 조직이 정비되었다는 점이다. 그에 따라 개인으로서는 감당할 수 없는 큰 규모의 조사·연구 사업이 폭넓게 추진되었다. 그 가운데 대표적인 사례를 살펴보자.

먼저 거론해야 하는 것은 헤이조궁 터의 조사·연구·보존·정비 사업이다. 헤이조큐 유적은 이미 막말 무렵부터 관심이 커져서 메이지 말년에는 건축사가 세키노 다다시(関野貞)가 현지조사를 실시한 것을 기화로 유적 지역의 일부를 매입하여 보존하려는 움직임도 일었다. 전후인 1952년 나라(奈良) 국립문화재연구소가 설립되어 역사·건조물·미술 공예 세 부문의 연구가 시작되었다. 헤이조궁 터 보존의 목소리가 높아진 것과 발맞춰 헤이조궁 터 발굴조사부가 생긴 데 이어 아스카후지와라(飛鳥藤原) 발굴조사부와 아스카자료관이 설치되어 장기간에 걸친 본격적인 발굴과 조사 연구, 공개 시스템이 정비되었다. 앞에서 언급했듯이 1961년 헤이조궁 터에서 목간 40점이 출토된 것을 시작으로 이후 아스카·후지와라쿄나 나가오카·헤이안쿄 등의 도성 터나, 다자이후를 비롯한 전국의 주요한 관아 유적 등에서 다수의 목간이 발견되었다. 이 목간들은 새로운 자료로서 특히 고대사 연구에서 그 중요성이 각광을 받아 수많은 연구서가 간행되는 동시에, 1975년에는 목간학회도 발족했고(초대 회장 기시 도시오) 오늘날에는 컴퓨터를 통한 데이터 처리도 진전되어 널리 활용될 수 있는 조건이 마련되었다. 기시 도시오(岸俊男, 1920~1987년)의 고대 도성제(都城制) 연구도 여러 야마토 궁터의 발굴이 없었다면 빛을 볼 수 없었을 것이다.

전전 일본사학의 교과서적 이해에서 고고학은 역사학의 '보조 학문'이라 규정되었다. 기기 신화를 중심으로 삼으려는 생각에서 보자면 고고학은 기껏해야 '보조 학문'에 지나지 않을 법하다. 그러나 지금은 고대 문헌사학자도 고고학적 지식과 개념을 섭취하는 정도가 아니라 스스로 그런 조사·연구에 뛰어들지 않고서는 어찌할 도리가 없는 지경까지 상황은 바뀌었다.

여기서는 고고학의 성과를 전면적으로 되돌아보지는 못하겠지만, 조몬 시대의 산나이마루야마(山內丸山) 유적, 야요이 시대의 요시노가리(吉野ヶ里) 유적 등 대단히 유명한 대형 유적의 사례에 비춰 봐도 고고학의 성과가 '일본인' 형성사나 국가 형성사의 가장 중요한 재료라는 점은 두 말할 나위도 없다. 나아가 고대 관아 유적인 다자이후나 무쓰(陸奧) 다가성 터 조사는 율령국가의 지방 지배기구를 직접 눈으로 확인할 수 있게 해준다. 그런 의미에서 고고학은 문헌사학에 버금가는 고대사 연구의 양대 축이 되었다.

중세 대형 유적으로 오랜 기간 발굴 조사가 진행되어 일본사학에도 헤아릴 수 없는 영향을 준 것으로서 오슈 후지와라(奧州藤原) 씨의 히라이즈미 유적, 에치젠(越前, 후쿠이 현 일부 — 옮긴이)의 센고쿠다이묘 아사쿠라(朝倉) 씨의 본거지 이치조다니(一乘谷) 유적, 중세 세토(瀨戶) 내해의 포구 도시였던 구사도센겐 유적을 들 수 있다.

히라이즈미는 1980년대에 들어가 대규모 개발 특히 기타카미가와(北上川)의 이치노세키(一関) 유수지 사업과 관련하여 긴급 발굴 조사가 진행되었다. 그 가운데에서도 야나기노고쇼(柳之御所) 터(히데히라[秀衡, 오슈 후지와라 3대 당주 — 옮긴이] 시대의 정청 히라이즈미 관으로 추정), 갸라노고쇼(伽羅之御所) 터(히데히라의 일상 거처로 추정)를 중심으로 가라와케(カワラケ, 유약을 바르지 않은 상태로 구운 도기 — 옮긴이)·도자기·거울 등 다수의 유물이 출토되었고, 시라야마(志羅山) 유적에서는 일족·가신의 거처로 보이는 유구도 많이 확인되어 전체적으로 후지와라 4대의 도시 히라이즈미의 모습이 수면 위로 떠올랐다.

아사쿠라 이치조다니 유적은 1573년에 센고쿠다이묘 아사쿠라 씨가 오다 노부나가(織田信長) 군의 공격을 받고 멸망한 이후 폐허가 되어 대부분은 매몰되었으나, 아사쿠라 관의 정원 터 일부 등은 이전부터 알려져 있었다. 그 유구는 국가의 사업으로 1967년 이래 이미 30여 년에 걸쳐 발굴 조사가 계속되어 점차 전모가 드러났다. 본관을 비롯하여 가신 거처와 직인 주택의 일부도 복원되어 지금에 와서는 최고의 복원 유적이 되었다. 위 성문과 아래 성문을 포함하여 흙벽으로 둘러쳐진 이치조다니 강가의 성채 안 공간은 계획적으로 토지 구획이 실시되어 본관과 일족 중신의 관·무가 거처·사원·상가 등이 일정 구획으로 집중되어 건설되어, 전체적으로 훌륭한 센고쿠 시대 조카마치를 형성했다는 점, 그것이 '아사쿠라 에이린 벽서'(朝倉英林壁書) 14조에 나오는 가신들의 이치조다니 집단 거주, 그들의 거처에 성곽 축조가 금지된 사실과 잘 대응하고 있다는 점, 나아가 도자기·동전·괭이·도끼 같은 공구, 빗과 같은 여성용 방물, 장기 말을 비롯해 놀랄 정도로 다량의 생활 자료가 출토되는 등, 역사를 의식주나 그에 관한 '물건', 도시의 거주 형태 등 구체적인 재료의 면에서 연구하는 데 획기적인 발견이었다는 것이 확인되었다.

빈고(備後)의 구사도산겐은 히로시마 현 아시다가와(芦田川)의 모래톱에 형성된 포구 도시로서 중세에 번영했다가 1673년의 홍수로 매몰되었다. 여기도 1961년 이후 30년이 넘도록 발굴 조사가 이루어져 당시의 도시 경관이 잘 복원되었다. 히라이즈미나 이치조다니와 같은 지역 지배 권력의 거점과는 달리, 구사도산겐은 세토 내해 해상교통의 중계 도시였던 탓에 서민적인 생활의 공간으로서 특징을 잘 드러내고 있다. 그곳에서는 저장·조리·음식·농사·어로·수공업에 관한 갖가지 도구나 일상적인 신발이나 장난감 또는 종교성이 짙은 부적·종이 인형·사리탑 등 각양각색의 유물이 발견되었다. 이 유적은 원래 홍수 방지를 위한 토목공사로 제거된 모래톱이었기 때문에 현지 보존은 불가능했으나, 후쿠야마(福山)에 개설된 히로시마 현립역사박물관에 일부는 실물 크기로, 그 밖에 다른 것도 엄밀한 복원에 의해 중세 포구 도시의 민중적 세계를 생생하게 전하고 있다.

이와 같은 대규모 중세 유적의 전면 발굴은 아오모리 현 쓰가루(津輕)의 도시미나토 등에서 이루어졌고, 가마쿠라나 하카타와 같은 중세의 대표적 도시에서도 부분적으로는 발굴이 이루어졌다. 이런 것들을 포함하여 지금까지 밝혀진 것을 한 마디로 하자면 중세 도시 경관의 구체상과 그곳에서 이루어진 생활의 양상을 나타내는 막대한 유물이다. 그것은 문자 사료로는 쉽사리 얻을 수 없는 정보이며 일본 중세사 연구에 새로운 지평을 개척한 것이라 말할 수 있다.

한편 중세 장원의 현지 유구에 입각한 복원 연구도 전전에는 없던 연구방법으로 연구의 새로운 수준을 드러낸 부분이다. 이나가키 야스히코(稻垣泰彦)는 야마토 고히가시노쇼(小東莊)의 경지 복원에서 '묘'(名)의 성격을 규명했고, 스마 지카이(須磨千穎)는 가모 신사 소유 영지의 복원을 필생의 작업으로 삼았다. 한편 1950년대 나가하라 게이지는 빈고의 오타노쇼(大田莊), 사쓰마의 이리키인(入來院) 등에 대해 경지와 촌락을 중심으로 촌락사회 구조와 집락 경관의 통일적 파악을 구상했는데, 그 후 그런 수법은 오야마 교헤이, 이시이 스스무, 핫토리 히데오(服部英雄) 등이 더욱 연마하여 역사지리학·지명학·민속학·관개 기술·고도(古道) 등을 비롯한 많은 전문 분야 지식과 조사 기술을 구사하여 커다란 성과를 올렸다. 그들은 문헌에만 의존하는 연구에서 현지·현상에 밀착한 현지조사로 나아가게 하여 새로운 방법을 개척했다.

또 센고쿠와 근세 촌락에 대해서도 기무라 모토이(木村礎), 다카시마 로쿠오(高島綠雄)가 정밀한 경관 복원 기법을 통한 조사·연구를 실시했다. 그런 작업을 망라한 통시적인 촌락사 연구의 집성으로《일본 촌락사 연구》(전9권, 편집대표 기무라 모토이, 雄山閣出版, 1990~1993년)도 간행되었다.

## 사료·자료의 다양화와 학제적 협동

역사 연구가 고도화하고 세부적인 사실에 대한 추구나 과거에는 손을 댈 수 없었던 여러 분야에 대한 역사학적 접근이 진행됨에 따라 연구에 구사되는 사료·자료의 범위가 비약적으로 확대되었다. 그와 동시에 그에 관한 이용 방식도 급속도로 변해 갔다.

무엇보다 문헌사학의 기본 사료라고 하는 고문서에 대한 이용법과 관점도 변화했다. 전전 구로이타 가쓰미로부터 아이다 니로로 이어진 고문서 연구는 양식론이 중심이었다. 각 시대에서 필요에 따라 작성된 문서의 양식을 분류 정리하는 것이 문서의 진위 판정과 정확한 이해·이용을 위해 절실하다는 것은 두말할 필요가 없다.

그러나 아이다 지로의 학통을 이은 사토 신이치(佐藤進一)는 전후에, 문서가 의사 전달의 수단이면서도 그것은 단순한 전달에 그치지 않고 상대방이 여러 반응을 일으킬 것에 대한 기대를 포함한 전달이었으며, 거기에는 문서의 기능에 대한 과제가 있다는 점을 지적했다. 사토의 주장은 양식론 중심의 고문서학에 문서의 기능론이라는 중요한 분야가 존재한다는 것을 밝히면서 고문서학은 단지 역사 연구의 수단에서 멈추지 말고 각 시대에 통하는 문서사로서 발달시켜야 한다는 것이었다. 그런 제언을 염두에 두면서 고문서학은 오늘날 문서군의 전래와 보존, 문서의 성격에 관한 분야도 주목을 받으며 발전을 거듭하고 있다. 1966년 일본고문서학회(초대 회장 이기 히사이치伊木寿一, 회지 《고문서연구》)가 설립된 것도 그런 동향 속에서 고문서학의 독립을 주장하는 활동이었다고 볼 수 있다. '도지햐쿠고문서'(東寺百合文書, 교토의 도지에 전해지던 고문서로 일본의 국보 — 옮긴이)의 정리와 연구를 통해 고문서학 연구에 새 국면을 열어간 우에지마 다모쓰(上島有)의 작업도 중요하다.

고문서 이외의 자료로서는 회화·도상(圖像) 종류를 사료로서 고도로 이용하는 길도 구로다 히데오(黑田日出男) 등에 의해 추진되었다. 그림 두루마리나 그림 병풍에 그려진 광경을 구체적인 역사적 장면으로 해석하는 시도를 심화함으로써 문헌에 대한 이해를 확인한다든지 넘어선다든지 할 수 있게 되었다. 회화·도상 종류의 작성 동기나 목적을 파헤치고 무엇이 어떻게 어디에 그려졌는가, 그 이유는 무엇인가와 같이 작품을 역사로서 읽어 내려는 시도가 역사 연구에 새로운 분야를 개척했다. 도쿄대학 사료편찬소에 화상사료해석센터가 부설(1997년 초대 센터장 구로다 히데오)된 것은 도상학의 중요성이 인정된 증거이다. 그 밖에 이시가미 에이이치(石上英一)는 고대 장원 그림(絵図)을《古代莊園史料の基礎的硏究》상·하, 塙書房), 사토 가즈히코와 고야마 야스노리(小山靖憲) 등은 장원 그림을(고야마·사토 편,《絵図にみる莊園の世界》, 東京大学出版会, 1987년), 고미 후미히코(《〈春日驗記絵〉と中世》, 淡交社, 1998년)나 세타 가쓰야(瀬田勝哉,《洛中洛外の群像》, 平凡社, 1999년)는 그림 두루마리를 대상으로 한 분석적 독해를 통해 문서에서는 보이지 않는 중세 사회의 구체적인 모습을 파헤친 바 있다.

한편 종래에 미술사·회화사의 영역으로 간주되던 그림 두루마리를 풍속사·유식고실(有識故實, 조정이나 무가의 관직·법령·의식·의상·집기 등을 연구―옮긴이) 연구로서 다루어 새로운 시각을 이끌어 낸 이는 스즈키 게이조(鈴木敬三, 1913~1992년)이다.

나아가 '물건' 연구의 하나로서 동전 연구도 도약을 맞았다. 스즈키 기미오(鈴木公雄)는 전국에서 출토된 300만 개가 넘는 동전을 컴퓨터로 처리하여 그 시대적 추이와 지역적 분포, 동전(수입 동전)의 종류 등을 한눈에 볼 수 있는 데이터베이스를 작성했다. 동전에서 금·은으로의 이행에 관해서도 중국 측의 사료나 연구 성과와 연결을 바탕으로 중국 동전 세력권 해체의 일환으로 일본의 동향을 자리매김하여 살피는 길을 열었다. 매장된 동전을 '주술적 헌납'이라고 보는 시론은 이런 철저한 연구에 따라 여지없이 비판을 받았다.

　석조물 연구도 크게 변화했다. 지지와 미노루(千々和実, 1903~1985년)·지지와 이타루(千々和到)는 부자 2대에 걸쳐 중세의 이타비(板碑, 판자 모양의 돌로 만든 솔도파 — 옮긴이)를 남김없이 조사했고, 그것을 바탕으로 이타비의 배후에 있는 건립자의 사회적 위상이나 신앙의 형태까지 조망하는 길을 열었다.

　센고쿠 시대의 산성형 성곽 유구는 전국에 적어도 2~3만 이상은 있다고 여겨지는데, 역사 연구의 자료로서는 거의 활용되지 못했다. 문화청은 그 개황을 부현 별로 파악하기 위해 '중세 성관(城館) 조사'를 부현에 위탁 실시하고 보고서를 작성하게 했다. 또 무라타 슈조(村田修三)는 여러 성관 유구를 정력적으로 조사하여 나와바리(縄張り, 성곽 설계도·구역 배치·주변의 외성 등), 출입문(虎口)을 비롯한 복수의 지표에 의해 성관의 편년을 실시했다. 동시에 유구에서 출토되는 도자기의 편년도 매장문화재 관련 연구자에 의해 진행되고 있으며, 문헌으로는 거의 내력을 확정할 수 없었던 산성이 센고쿠 역사 연구의 구체적인 전개 속에 연대적 확정성을 바탕으로 자리매김되었다.

　이런 '물건'이나 도상, 나아가 유구 등 문자 사료 이외의 다양한 재료를 역사 연구 자료로 활용하는 방향은 1970년대 이후 점차 일본사 연구에 새로운 조류를 개척하고 있다.

　이와 동시에 역사 연구는 다른 학문 분야와 학제적 협력의 필요성을 강하게 느끼게 되었다. 출토물의 연대 측정이나 목재·석재 등의 종류나 산지의 판별, 돌쌓기 기술 등 대단히 구체적인 자연과학 지식의 도입에서 시작하여, 문헌에서는 쉽사리 파악하지 못하는 민중의 집단적인 의식·습속·신앙 등을 탐구하는 데 유리한 민속학이나 종교학, 그런 문화의 양태를 지구상의 여러 지역·민족과 비교 연구하는 민족학이나 문화인류학도 이제 역사 연구에는 불가결하다. 가족·촌락·도시의 사회구조 등에 대한 인식을 심화하기 위해서는 사회학이나 역사인구학의 이론을 빼놓을 수 없으며, 근현대 연구에서 경제학이나 정치학 또는 법학의 지식과 이론적 관점이 있느냐 없느냐에 따라 역사 연구도 크게 달라진다.

메이지 이래 고증을 주된 임무로 생각했던 19세기적이라 할 실증주의 역사학에서는 개별적으로 확실한 문헌사료에 의해 확정할 수 있는 연대기적 사실이 역사라고 생각해 왔기 때문에, 역사 연구자는 무엇보다 고증 기술을 배우고 연마하면 되며 다른 학문 분야의 이론은 그들에게 맡기면 된다고 생각하기 십상이었다. 그것이 '순수하고 객관적인' 사실을 발견해 가는 길이라고 생각했다. 그러나 '역사적 사실이란 무엇인가' 하는 문제를 새삼 곱씹어 보면, 예를 들어 민중의 집단적 의식이나 행동 양식 등 전체적으로 '문화'라고 일컫는 특정의 시간과 공간 속에서 형성된 비사건적·비단일적인 것을 어떻게 인식할 것인가는 지난한 과제이다. 또는 여러 민족의 국가라는 것의 성격이 저마다 다르고 독자적인 구조나 운동 형태를 지닌다는 것은 누구라도 알지만, 그것을 인식하기 위해서는 자의적으로 어떤 특징을 집어내어 지적하는 것만으로는 부족하다. 국가를 역사적 사회의 보편성을 지닌 궁극적인 조직으로 이해하고 그 특질을 다른 국가의 양태와 대비하며 이해하고자 한다면, 그에 필요한 정치학이나 국가학의 이론을 매개로 하는 일이 자연스레 필요하다.

그런 이론을 통해 열린 눈을 갖지 못하는 한, 특히 자국사 인식은 그 특수성을 인류 국가의 역사 속에서 보편의 시각을 통해 상대화하지 못하고 독선적인 자국중심 사관에 빠질 위험성을 벗어날 수 없다. 전후역사학에서 중세·근세 사회 연구는 봉건제라는 사회조직·사회구성 개념을 중심으로 인식을 펼친다는 공통점을 지니고 있었다. 역사인식에서 '보편과 특수'를 궁구하기 위해서는 이론을 빼놓을 수 없다. 오랜 연구의 역사 속에서 구축되고 연마된 이론 개념과 범주를 활용하지 않으면, 대상으로 삼는 자국의 사회·국가에 대한 이런저런 현상을 열거할 수는 있다 해도 그것을 이론화하여 인류사적 보편 속에서 본질을 궁구하고 비교하는 것은 불가능하다. 이론을 매개로 하지 않는 인식은 자의적이고 자국 중심적 성격을 띠기 쉬우며 역사주의·낭만주의적 역사관으로 이어지기 마련이다. 그런 의미에서 위에서 얘기한 것과 같은 역사 연구의 기술이나 사료·자료가 다채로운 확산을 거듭하면 할수록 그 반면에 이론의 필요성, 타 학문과의 학제적 협동의 필요도 높아진다는 점을 확인해 둬야 하겠다.

### 사료의 공개 간행과 충실한 연구 길잡이 서적

마지막으로 전후의 일본사 연구, 특히 문헌사학 연구 발전의 기초가 된 사료와 연구 공구로서 의미를 갖는 사전 등에 대해서도 간단히 언급해 두겠다. 다만 각 시대사의 세부에 관한 그런 종류의 사전은 지면의 제약이 있으므로, 일본사 전체에 관한 것 가운데 특히 중요한 것만을 한정해서 다루기로 한다.

일본사의 기본적 사료집이 1890년대 후반 이래 지속적으로 간행되고 있는 《대일본사료》와 《대일본고문서》라는 사실은 재론의 여지가 없으나, 유신 사료를 별도로 하자면 거의 도쿠가와 이전에 관한 내용이라는 제약을 안고 있다. 그 때문에 전후는 에도 시대의 기본 사료를 《대일본사료》와 같이 강문(綱文)을 앞세우고 편년 배열하지 않으며, 각각 이른바 단권(丸本, 전 내용을 한 권에 수록—옮긴이) 형태로 공간하는 《대일본근세사료》가 1953년 이래, 예를 들면 《제도매상재흥조사》(諸問屋再興調), 《시중취체류집》(市中取締類集) 등 각각 원형 그대로 나오고 있다.

또 《대일본사료》가 '가문별' 형태로 소장자 단위마다 단권으로 공간되는 데 비해, 《대일본근세사료》와 공통되는 측면이 있는 일기 부류는 이른바 잘게 나눠 《대일본사료》에 편년 배열한 데 지나지 않아 단권으로 볼 수 없다는 난점을 해결하기 위해 별도로 《대일본고기록》(大日本古記錄)이 간행되고 있다. 1952년 이래 《아라이 하쿠세키 일기》(新井白石日記), 《소우기》(小右記, 후지와라노 사네스케藤原実資의 일기 — 옮긴이) 등을 비롯하여 수많은 일기·기록이 공간되었다. 중세를 중심으로 근세에 걸친 시대의 일기·기록도 《사료찬집》(續群書類從完成会)이라는 이름의 시리즈로 현재까지 다수 간행되어 《대일본고기록》을 보완하는 역할을 하고 있다.

일본사 연구의 기본 문헌을 일괄하여 시리즈로 간행하는 시도는 다구치 우키치의 《국사대계》(1897~1904년) 이래 많이 축적되어 왔는데, 다구치의 계승자 구로이타 가쓰미의 《신정증보 국사대계》는 1929년에 착수되어 각각 엄밀한 교정을 거쳐 1964년에 66책을 간행하고 완결을 보았다.

이에나가 사부로, 이시모다 쇼, 이노우에 미쓰사다, 사가라 도루(相良亨), 나가무라 유키히코(中村幸彦), 비토 마사히데(尾藤正英), 마루야마 마사오, 요시카와 고지로(吉川幸次郎)를 편집위원으로 한 《일본사상대계》(岩波書店)는 기본 사료를 단권 및 테마 별 편집의 형태로 집성하여 상세한 주석과 충실한 연구 해설을 부쳐 1970년 이래 전67권을 간행했다(1982년 완결).

또 개인의 작업으로 특별히 언급하지 않으면 안 되는 것은 다케우치 리조(竹内理三, 1907~1997년)의 《헤이안 유문》(平安遺文, 고문서편 11권에 부록으로 편년 목록·해설·금석문 1권·색인 2권 등)과 《가마쿠라 유문》(고문서편 42권·보유(補遺) 5권·색인 4권)이다. 전자는 헤이안 시대(781~1185년)의 고문서(5,530통)를 연차순으로 수록하여 간행했고(1947~1980년), 후자는 가마쿠라 시대(1185~1334년)의 고문서·금석문 33,000여 통과 보유(補遺) 2,170여 통을 역시 연차순으로 수록한 것이다(1971~1997년). 개인의 작업이라고는 믿기 어려울 정도지만 다케우치는 탁월한 능력과 범접하기 어려운 부지런함으로 홀로 이룩해 냈다. 《헤이안 유문》과 《가마쿠라 유문》은 원래 사료편찬소에 가서 소장된 영사본(影寫

本)을 한 점씩 독해하고 필사하며 이용할 수밖에 없었는데, 그런 곤란한 조건에 혁명적 변화를 가져와서 누구나 활자로 쉽게 입수할 수 있게 된 것이다. 전후 헤이안·가마쿠라 시대의 연구가 비약적으로 진전된 것은 이 두《유문》에 힘입은 바 크다.

한편 근세에 관해서는《근세 번법집》(近世藩法集, 전12권, 근세번법연구회 편집, 創文社, 1957~1975년)이나《일본농서전집》(전72권·별권1, 농산어촌문화협회, 1977~2001년),《일본서민생활사료집성》(근세에 한정된 것은 아니다. 전30권·별권1, 다니가와 겐이치谷川健一 외 편집, 三一書房, 1968~1984년) 등, 현대사에 관해서는 주로 구 관청 자료를 수집·편찬한 《현대사 자료》(45권·색인1, 1962~1980년; 후일 속편 전12권, 1982~1996년, みすず書房)를 비롯하여 열거하고 싶은 것은 적지 않으나 전체에 연관되는 것이라는 틀을 뛰어넘기에 이 정도로 마칠까 한다.

다음으로 일본사 연구의 공구 역할을 하는 서적에 대해서도 소개하자면, 대표적인 것으로서는《국서총목록》과《국사대사전》을 들 수 있다.

《국서총목록》은 1867년까지 일본인이 저작·편찬·번역한 서적의 총목록이며, 권수·지은이·사본·판본·활자본, 또 사본 등을 소장한 문고·도서관 등 필요한 기본 정보를 망라한 것이다. 쓰지 젠노스케와 신무라 이즈루(新村出)의 지도로 모리스에 요시아키(森末義彰, 1904~1977년)를 비롯한 여러 연구자의 협력을 얻어 본문 8권, 색인 1권이 1963년부터 1976년에 걸쳐 간행되었다(岩波書店).

《국사대사전》은 적지 않은 일본사 사전 중에서도 최대이며, 사카모토 다로가 대표자가 되어 1979년부터 1997년까지 전15권·17책이 간행되었다(吉川弘文館). 각 항목 모두 평균적으로 요구되는 내용에 충분한 지면을 확보하여 항목의 망라성이라는 점에서도 참고문헌 등에 대해서도 만족할 만하다.

또 역사 연구의 기초인 지명 사전으로는 1978년부터《가도카와(角川)

일본지명대사전》(전47권 · 별권2, 다케우치 리조 외 편집, 1978~1990년)이 물꼬를 텄고, 헤이본샤(平凡社) 판《일본역사지명대계》(48권 · 색인2권)도 1979년부터 발간되고 있다(2005년 완간—옮긴이). 일본열도의 여러 지명을 망라하고 지명과 연관된 문헌 사료를 가능한 한 적시하는 방법은 이용자에게는 한없이 편리하고 고맙지만, 편찬 사업의 지난함은 이루 말할 나위가 없다.

그러나 연구의 진전에 수반되는 증보 개정도 컴퓨터 시대에 들어오면서 대체적으로 수월해졌기 때문에 이런 종류의 사전은 앞으로도 오랫동안 일본사 기초 지식의 보고가 될 것이다.

그런 의미에서《국서총목록》과《국사대사전》등의 완성은 전후 일본사학의 토대 구축에서 지대한 의의를 지닌다고 할 수 있다. 이런 도구와 더불어 컴퓨터 · 인터넷을 통한 여러 서비스가 가능해진 덕택에 오늘날의 젊은 세대는 전전의 연구자가 한평생에 걸쳐 도달하지 못한 높은 차원의 지점에서 연구를 시작할 수 있게 된 것이다. 선학의 노고와 분투 위에 오늘날의 학문이 있다는 것은 어느 분야도 마찬가지겠지만, 역사학과 같이 세부에 이르는 무한한 지식과 정보의 축적을 통해 연구가 심화되는 성격이 강한 학문 분야에서는 특히 그런 생각이 더 커진다.

| 참고문헌 |

文化財保存全国協議会 편,《文化遺産の危機と保存運動》, 青木書店, 1971년.

岩倉規夫 · 大久保利謙 편,《近代文書学への展開》, 柏書房, 1982년.

津田秀夫,《史料保存と歴史学》, 三省堂, 1992년.

| 맺음말 |

## 사학사를 보는 내 입장

이제 '20세기 일본의 역사학' 곧 일본 근현대 사학사에 관해 개략적이지만 나름의 통사적 논술을 마쳤다.

돌이켜보면 그 속에 어쩔 수 없이 관여하는 자신의 존재를 도외시하고 선배·동학들의 학문 연구에 대하여 갖가지 논평을 시도하는 일은, '머리말'에서도 얘기했듯이, 한편으로 두렵고 불손하며 다른 한편으로는 자신의 입장을 분명히 밝히지 않은 채 써 나간다는 점에서 적절하지 않다고 말할 수도 있겠다. 이 책을 쓰면서 줄곧 이 점이 마음에 걸렸다.

그래서 마지막으로 나 자신의 역사관과 사학사를 보는 입장에 대해 간단하게 언급해 두고자 한다. 여기서 내 연구가 이러저런 점에서 사학사적으로 의미를 지닌다고 말하려는 것은 결코 아니다. 사학사를 보는 사람, 비평하는 사람으로서 내 시각을 독자에게 밝히고 응분의 책임을 져야 한다는 생각이다.

나는 1942년 4월 도쿄제국대학 문학부 국사학과에 입학하여 그해 10월에는 '조기 진급' 조치로 2학년이 되었다. 1943년 10월에 3학년이 되었지만, 문과 계열 학생의 징집 유예가 전면적으로 정지되어 3학년이 되자마자 12월에 징집되어 군대에서 패전을 맞았다(오이타 현에서). 그 사이

군 복무 중이던 1944년 9월 '조기 졸업' 형태로 졸업논문도 쓰지 않은 채 '쇼와 19년 가졸업'을 하게 되었다. 실제로 대학을 다닌 것은 1년 7개월에 지나지 않았고, 그 사이에도 군사 교련이나 근로동원에 내몰렸다. 당초에는 '가졸업'이라는 명칭이었지만 어느 틈에 국가에서 '가'자를 빼 버렸기 때문에 이력에는 '쇼와 19년 졸업'이라고 쓰고 있다. 하지만 대학을 졸업했다고 말할 수는 없다. 전사한 수많은 학우, 긴 억류 생활을 강요당한 학우들을 생각하면 패전 후 열흘 만에 병영에서 놓여나 귀향한 것만으로도 행운이라 여겨야 할 따름이다. 그러나 살아남아 연구자의 길로 나아가기에는, 변명 같지만 제대로 학생 시절을 보내지 못했다는 점에서 '불행하기 짝이 없는' 운명이기도 하다. 그런 가운데에서도 행운이라면, 나는 패전 때 막 스물세 살이 된 젊은이였고 뜻하던 공부에서 밀려난 탓에 지적 굶주림이 강했고, 또 전쟁의 비합리성을 몸으로 절감하고 있었기 때문에 전후 개혁이라는 시대 환경에 자연스레 예민해질 수밖에 없었다.

반면에 학문의 기초를 다지지 못한 채 미숙하고 단순한 사고로 내달았던 점은 솔직히 인정하지 않을 수 없으나, 다른 한편으로 '역사학의 사회적 책임은 무엇인가' 하는 점을 당면한 현실 속에서 늘 생각해 왔다. 사학사로서 선배들의 연구를 살펴보는 경우에도 당연히 그런 쪽으로 마음이 간다. 그것이 57년이 지난 오늘, 이런 내용의 《20세기 일본의 역사학》을 쓰게 된 초심이기도 했다.

그런 사정으로 나는 세대적으로도 의식이나 사상적으로도 '전후역사학'의 흐름 속에서 자랐고 그 사고방식을 오늘날까지 소중히 여기고 있다. 젊은 세대가 보면 시대에 뒤떨어지고 완고한 사람이겠지만, 본문에 썼다시피 '전후역사학'에는 현실과 역사학 사이에 치열하고 긴장된 관계가 항상 존재했고 나 같은 세대는 어찌됐든 그런 상황과 맞서야 했다. 그 점에서는 오히려 행운이었다. '전후역사학'이 창출한 것은 풍부하며, 그것을 '단선적 발전단계론'이라는 식으로만 단순화시켜 비평하는 것은 지금도 학문의 역사를 왜소화시켜 버리는 일이라고 생각한다.

나는 그런 분위기 속에서 '봉건제'와 '지주제' 등에 관한 학문적 관심에서 출발하여 과거로 옮아가 장원을 연구하게 되었다. 영주-농민 관계에서 시작했지만 그 과정에서 장원의 영유라는 것은 지역적인 봉건 영주의 영유 형태와는 성격을 달리하는 지배계급 각층(공가, 막부, 지방무가, 대사원 등)의 중층적·집단적 영유 체제(가산관료제 국가)였다는 점을 자각했으며, 거기에서 일본 국가의 역사적 특징의 중요한 측면을 발견할 수 있다고 생각하여 '중세 국가' 연구에 매진했다. 이어 장원제로 규정되는 중세 전기의 국가는 15세기 이후 소농 경영과 지역적 영유 체제가 진전되고 중세 후기에 봉건적 영역 지배(지역 국가)가 진행되는 가운데 크게 변화하지만, 국가 체제로서는 여전히 천황을 정점으로 하는 '일본국'의 복합적 국가 구조를 견지해 간다는 점에 주목했다. 이런 점이 오늘날 어떤 의미를 가지는가를 문제 삼을 수도 있겠지만, 나로서는 중세의 이 두 단계를 통해서도 깊숙이 뿌리 내린 '일본국'의 구조와 본질('공'과 '사'가 유착된 권력 구조의 지속)의 의미를 중시하는 동시에 그 내실의 역사적 변동을 밝혀내고자 했다.

이 모든 것은 궁극적으로 사회구성체론 및 국가론적인 발상이다. 개별 사실의 추구도 그 나름대로 빼놓을 수 없겠지만, 역사인식으로서는 가능한 한 일본 역사의 특수성과 거기에 관통하는 보편성과 법칙성의 양면을 추구하고자 노력해 왔다. 역사 연구는 언제나 개별 사실을 실증적으로 연구하는 데서 시작된다. 그러나 그 사실 또는 집적된 많은 사실이 뒤얽힌 전체에 함축된 보편과 특수, 단절과 연속으로서 역사의 의미를 묻고 밝히는 일이야말로 역사학의 과제라고 생각한 것이다. 굳이 말한다면 내 사고방식은 메이지 문명사—전전·전후의 마르크스역사학—근대주의역사학의 계열 속에 있지만, 당연히 실증주의역사학이 추구한 연구 기법을 기초로 삼고 있다.

짧은 학생 시절에서 스승이라 부르고 싶은 느낌이 드는 분은 고문서학자 아이다 니로(相田二郎) 선생과 로마의 대토지 소유와 노예제에 관해 두 해에 걸쳐 열정적으로 강의해 주신 무라카와 겐타로(村川堅太郎) 선생(서양사학과)밖에 없다. 그러나 전후에 공부를 시작할 무렵부터 야마다 모리타로(山田盛太郎) 선생의 작업을 거들 기회를 얻었고, 또 이시모다 쇼(石母田正), 후루시마 도시오(古島敏雄), 다카하시 고하치로(高橋幸八郎) 세 분에게는 여러 모로 자주 접하면서 가르침을 많이 받았다. 학우로는 동기 이나가키 야스히코(稻垣泰彥), 야마구치 게이지(山口啓二) 외에, 조금 아래인 구로다 도시오(黑田俊雄), 아라키 모리아키(安良城盛昭), 아미노 요시히코(網野善彥), 미네기시 스미오(峰岸純夫), 여기에 근세사를 전공한 아오키 미치오(靑木美智男) 등과 가깝이 지냈다. 하지만 모두 저마다 의견이 달라 학문적 논쟁의 상대이기도 했다. 이런 사람들이 내 학문을 형성해 온 환경인 동시에 지금껏 이어지는 역사학에 대한 기본 이해, 역사관의 기초와 연관되는 지점이다.

그런 선배와 친구들이 있었음에도 나 자신의 한정된 전공과 무력함 탓에 이 책에서도 일본 근현대 사학사의 모든 유산을 넓게 살피는 일이 충분하지 못했다. 그동안의 객관적 서술형 사학사와는 조금 다른 '나의 사학사'라는 색채를 드러낼 수 있었다면 그 점을 하나의 특징으로 이해해 주었으면 한다.

## 일본 역사학을 되돌아보며

마지막으로 이 책에서 짚어본 바를 다시 한 번 정리해서 되돌아보고, 그를 통해 일본 역사학의 과제를 전망한 뒤 마치고자 한다.

근대 역사학으로서 일본 역사학은 메이지유신과 더불어 막이 올랐다.

그 첫 무대에서는 예부터 내려오던 유교적 명분론적 역사관, 국학-신토적 국체사관, 한학계-청조 고증사학, 유럽 문명사관 같은 여러 조류가 소용돌이치고 있었다. 하지만 유신 천황 정권은 자기의 정통성을 보강하기 위해 수사 사업에 착수했고, 곡절을 겪으면서 한학계-청조 고증사학이 주류가 되었다.

1888년 제국대학으로 옮아간 수사 사업의 담당자인 한학계 사학자 시게노 야스쓰구, 구메 구니타케, 호시노 히사시가 제국대학 교수가 되었고, 전해에 초빙된 독일 근대 역사학의 시조 랑케의 제자 리스에게 배움으로써, 문헌 고증·사료 비판·연대기적 정치사 중심이라는 특색을 지닌 근대 일본사학의 모델이 창출되었다. 그러나 구메 구니타케 사건이 상징적으로 보여 주듯이 학문적 자립이라는 점에서는 여전히 미숙했고, 객관성과 공평성을 표방했음에도 불구하고 정치적 압력 앞에 물러설 수밖에 없었다.

1900년 무렵이 되면 메이지유신 후에 태어나 제국대학에서 배운 신세대 영걸들이 젊은 나이에 유학을 통해 유럽의 역사·사회·문화·학문에 접하게 됨으로써 일본사학의 제2기를 열어나갔다. 이 시기 일본은 정치적으로는 국민국가, 경제적으로는 자본주의 형성을 과제로 삼았으며, 청일·러일전쟁을 통해 내셔널리즘이 고양되는 동시에 일본 역사 연구의 시야가 확대되었다. 유럽 역사학의 이해를 바탕으로 일본 역사 전개의 특징을 유럽 역사와 비교하면서 재음미하려는 등, 중세사와 근세사에 대한 새로운 시각이 제시되었고, 법제사와 경제사 같은 부문사가 등장했다. 그런 새 역사학은 일본의 후진성을 자각하면서 일본이 과연 서양의 뒤를 좇아 근대화할 수 있을까라는 공통의 관심을 지녔고, 그 가능성을 일본 역사 속에서 찾아내려고 하는 자세를 지녔다. 이것도 일종의 내셔널한 시각이긴 하지만, 연대기적 고증사학을 넘어서려 했다는 점에서 지극히 신선한 학풍이었다.

1910년대, 20년대에 접어들면 또다시 새로운 전개가 일어난다. 제2기의 말미에 발생한 남북조 정윤론 사건에 은밀히 저항이라도 하듯, 기기(記紀) 신화의 철저한 사료 비판을 통해 국가 성립사 상(像)의 근본적인 수정을 재촉한 쓰다 소우키치의 연구가 제기되었다. 또 그때까지 시야에서 비껴나 있던 민중의 측면에서 역사를 보려고 하여 민속학·사회사·지역의 생활문화 등을 중시하는 학풍이 여러 형태로 태동했다. 국가에 대한 비판이라고까지 할 수는 없지만, 다이쇼 데모크라시 시기의 사회적 흐름과 연동하는 역사적 시야를 민중 쪽으로 확대하는 것이었다는 점에는 의심의 여지가 없다.

1920년대 후반부터 전시기까지는 근대 일본 역사학의 제4기이다. 심각한 경제 불황, 계급 대립과 사회적 동요, 우익 테러 그리고 15년전쟁의 돌입과 같은 시대 상황을 반영하여 일본 역사학에서도 한편으로는 마르크스역사학이 등장했고, 특히 막말 유신 이후의 사회구조와 그 각 단계를 파악하기 위한 이론과 실증이 진척되었다. 그에 대해 위기의식을 지닌 황국사관과 낭만주의적 역사관의 담당자들은 천황 중심·자국 찬미의 경향을 강화했고, 국가 권력에 붙어 역사교육을 자신들의 영향 아래에 끌어들였다. 이 동안 아카데미즘 일본사학은 정치로부터 거리를 두면서도 일본사의 각 시대와 각 측면에 대한 치밀한 실증 연구에 커다란 성과를 올렸고, 그 점에서는 지금의 학문에 직결되는 풍부한 성과를 낳았다. 그러나 다른 한편 일본의 제국주의와 전쟁이라는 현실에 대해서는 소극적이었던 탓에 '비판의 학문'으로서 힘을 발휘한 적은 거의 없었다.

전후 제1기는 1945년부터 1960년 무렵까지이다. 미군 점령 하의 전후 개혁이라고 해도 그 내용은 전전 마르크스역사학이 파악했던 자본주의와 기생지주제의 구조적 결합을 기초로 한 천황제 국가의 해체라는 기본 인식과 거의 일치했다. 그 때문에 마르크스역사학에 대한 신뢰는 전반적으로 높았다. 전후의 근대사 연구도《일본 자본주의 발달사 강좌》로 대표되는 전전의 도달점에서 출발했다. 근대주의역사학도 발상과 이론의 출발점에서는 강좌파의 기본 인식을 대부분 수용하고 있었다. 그 점에서 이 시기의 연구는 전면적으로 현실에 대한 실천성을 갖추었으며, 이른바 제2의 문명사관이라 불러도 될 계몽주의(휴머니즘과 보편적 가치 추구), 과학주의적 성격을 가졌고, 마르크스역사학의 사회구성체론도 그 기초 이론으로서의 의미를 지녔다. 물론 점령 하의 '전후 개혁'은 기본적으로 '미국을 본떠 일본을 새로 만듦'으로써 종속시킨다는 점령 정책의 틀 안에 있었지만, 전후 초기 변혁은 전반적으로 일본의 민중이 전전부터 주체적으로 추구해 오던 방향과 다를 바 없었다.

제2기에 해당하는 1960년대에는 전후 개혁의 목표로 정해진 것들이 거의 현실에서 달성되었고 고도성장이 실현되었다. 그런 추이 속에서 마르크스역사학과 근대주의역사학의 이론적 틀은 이른바 사명을 다한 형국이 되었고, 이윽고 이에 대한 비판이 높아져 갔다. 미국에서 성립된 '근대화론'은 일본 역사에도 적용되어 갔다. 그러나 '근대화론'이나 그에 부응한 성장 이론을 축으로 삼은 계량경제사 연구 그룹의 일본사 인식은 유신과 전후의 '변혁'적 측면을 사상한 직선적 성장론이라는 비판이 강해졌고, 다른 한편으로 민중운동사·민중사상사 등 변혁 주체로서 민중의 주체적 측면과 그런 일본의 고유한 양태가 탐구되기에 이르렀다.

그렇지만 고도성장과 경제대국화라는 시대 동향은 일본 역사의 관점을, 변혁을 위한 비판이라는 시각에서 근대화의 성공과 달성, 긍정적 평가 쪽으로 전환하는 분위기를 강화시켰다. 역사교육에서도 검정을 통해 일본 역사의 나쁜 점과 어두운 면은 쓰지 말고 밝은 쪽으로 쓰라는 요구가 정재계를 포함한 지배층에서 일었고, 그에 동조하는 연구자의 '대동아전쟁'에 긍정적인 '재검토론'도 등장했다.

'근대'의 대극에 설정되어 '악'의 대명사처럼 이해되기 일쑤였던 '봉건제' '봉건사회'로서의 에도 시대의 재검토론이나, 일본의 '성공담'이 자꾸만 거론되었다. 같은 맥락의 '일본인론' '일본문화론' '일본사회론'이 범람했다.

하지만 1970년대 이후 전후 제3기에 들어서면 상황은 급변한다. "고도성장 시대에서 경제 안정(저성장) 시대로"라는 시대 표어가 등장하고 대기업 중심의 경제성장 만능론에 대한 회의, 그와 표리 관계에서 강화되었던 관리사회에 대한 심리적 반란이 격렬하게 표출되었다.

그런 가운데 일본사 연구에서는, 마르크스역사학·민중사·사회사, 아카데미즘실증주의역사학 등 자신의 연구 방법에 상관없이, 체제적이고 중심적인 것의 밖에 있어 지금까지 간과되기 일쑤였던 각 분야의 주변적인 것, 마이너리티를 중시하게 되었다. 류큐-오키나와 역사, 아이누·에조치-홋카이도 역사의 연구가 본격화되었고, 여성사 연구나 피차별민의 역사 연구가 비약적으로 진전되었다. 농민 이외에 각종 수공업자나 교역에 종사한 사람들의 활동에도 눈길이 쏠렸고, 시라뵤시(白拍子)나 우가이(鵜飼)와 같이 정치사 중심의 역사학에서는 생각조차 할 수 없던 '미약·저변'의 존재의 의미도 캐물으려는 관점이 나왔다. 총괄하자면 '새로운 역사학'으로서의 사회사이며, 민주주의 시각에서의 역사인식 심화라는 방향이다.

동시에 이른바 밑바닥에서 차별받던 사람들도 각 시대의 체제에서 일정한 사회질서 속에 편성되어 있었다는 점, 그런 질서의 정점은 천황일 수밖에 없다는 점 등이 자각되어 거론되었다. 천황제론이나 국가사는 과거 마르크스역사학의 '절대주의적 천황제' 권력론과는 다른 깊이와 두께를 지니며 천착되기에 이르렀다.

다른 한편으로 전후 제1기의 마르크스역사학에서도 강하게 의식되었던 '아시아사 속의 일본사' '세계사의 일환으로서 일본사'와 같은 시각에서 일본사 상의 재검토는, 일본사 연구자에게 널리 공유되는 문제의식이 되었고, 고대·중세·근세·근현대 어느 시기에서도 활발하게 진행되었다.

　근현대사에서 이것은 특히 절실하고도 현대적인 문제였다. 20세기의 두 차례 세계대전과 제국주의를 사이에 두고 일본과 한국·중국을 비롯한 이웃 나라는 좋든 싫든 역사를 공유하고 있으며, 그것을 쌍방이 어떻게 인식하는가는 현재와 미래에 곧바로 연결되는 아시아 국제관계의 기초 문제가 된다. 식민 지배·전쟁 책임·전쟁범죄 등이 일본 근현대사 연구에서도 가장 절실하고 심각한 문제가 된 것은 그 때문이다.

　이런 몇 가지 동향에서도 알 수 있듯이 1970년대 이후 일본 역사학의 문제의식과 연구 시각은 다각화되고 복잡해졌다. 연구 자료도 방법도 다양해졌다. 그러나 반면에 그렇게 연구가 다각화되고 세분화된 상황이나 그런 다양한 연구 성과를 바탕으로 전체적인 일본 역사 인식을 어떻게 재편하여 새로운 역사상을 제시할 것인가 하는 지점에 이르면, 현재 시점에서 그것을 채워 줄 만한 거대 이론(grand theory)은 뜻밖에도 아직 분명치 않다.

　제1기의 마르크스역사학이나 근대주의역사학, 제2기의 '근대화론' 역사학은 여러 비판이 있기는 하지만 저마다의 역사인식을 가능하게 하는 주요한 경로를 드러내고 있다. 그런데 1970년 이후의 제3기에 이르면 그것들을 대신한 명확한 이론이 존재하지 않는 것이 아닌가. '사회사'는 역사의 전체 인식을 지향하는 '새로운 역사학'을 표방하지만, 목하 그것이 충분히 달성되었다고 할 수는 없다. 사회사 연구가 열심히 추구하는 사회 기층부의 조망과 더불어, 경제 발전·국가·권력·지배·계급과 같은 마르크스역사학이 주제로 삼아 온 과제를 어떻게 재음미하면서 자기의 답안을 제출할 것인가가 중요하다. 특히 사회와 국가의 '통합'이라는 문제를 어떻게 이해할 것인가에 대한 해답이 없이 사회사는 근현대사 연구의 기축적인 방법이 될 수 없지 않을까.

　메이지 이래 '국민국가의 확립'은 목표이자 이상이었다. '통합'은 '국민국가'에 우선적으로 요구되는 결정적 가치였다. 일본 역사학도 때로는 외부로부터 정치적인 압박을 받았고, 때로는 학문의 내면적 자발성이라는 측면에서 '국민국가의 확립'을 문제의식의 밑바탕에 깔고 연구해 왔다.

그러나 오늘날의 '글로벌 시대'에 '국민국가'라는 틀이 질곡으로 느껴지게 되자, 일본열도 사회에서 나타나는 '지역'이나 '생활문화'의 다양성을 동경하고 강조하는 분위기도 강해졌다. 과거 메이지 국가에서 이루어진 성급한 위로부터의 통합이 전통사회의 파괴를 초래한 데 대한 분노를 민속학으로 전개했던 야나기타 구니오는 그 선구자이며, 오늘날의 사회사 연구는 그것을 승계하고 있다고도 할 수 있다. 분명 과거의 천황제 국가와 같이 국민적 권리의 억압과 표리를 이루는 '통합'은 허용할 수 없다. 그러나 그에 항의하는 전전의 아나키즘에 의거했던 일본사 연구나 낭만주의 역사관이 결국 전쟁 체제에 휩쓸려 들어갔다는 점은 일본 사학사의 통렬한 교훈이다. '포스트모던'은 체제로부터의 이탈이나 '통합'의 거부만으로 새롭게 조직된 역사 단계로서의 사회를 구상하고 전망하지는 못한다.

오늘날 자국 역사의 인식으로 가장 중요한 것은 오랜 역사를 통해 형성되어 온 경제·사회·정치·국민의식·문화 등 총체로서의 역사적 사회의 구조를 비판의 대상으로 삼아 역사적 진보의 방향을 명확히 해 나가는 일이다. 거기에는 당연하지만 엄밀한 실증과 철저한 이론이 요구된다. 낭만주의적인 과거 찬미나 사실(史實)의 왜곡, 나아가 2000년 11월의 구석기 시대 유적·유물 날조 사건에 나타나듯이 너무나 부끄럽고 무책임한 역사 연구의 상품화 등은 절대로 용서되어서는 안 된다. 그러기 위해서는 무엇보다 먼저 학술 체제의 민주화와 연구 상의 철저한 상호비판 정신이 필요하다.

21세기를 향해 일본의 역사학은 어떤 방향으로 나아갈 것인가. 그에 대한 답안은 연구자 한 사람 한 사람이 계속 쓸 수밖에 없다. 그러나 사학사를 되돌아보며 메이지유신 이래 우리 선배 역사가들은 크게 보면 민감하게 시대의 동향과 과제를 끌어안기 위해 성실히 노력해 왔다. 그것은 이 책에서 지켜본 바이며, 이 맺음말에서도 요약했듯이 상상 이상으로 또렷하다. 일본의 역사학 연구는 일관되게 '현재'로부터 '과거'를 봤고, 지금 필요한 과거를 실증과 이론의 심연에서 발견해 왔던 것이다. 그것이야말로 '비판의 학문'으로서 역사학의 책임을 다하려는 방향이었다.

그런 학문적 영위는 때때로 지배 권력과 그를 뒤에서 지탱하는 언론적 폭력의 방해를 받아야 했다. 그런 문제는 학문과 사상의 자유를 확보하려는 노력 속에서 해결될 수밖에 없다. 메이지 이래 그리고 전후에도 일본 역사학의 사상·이론·방법은 다양하며, 결코 일원적이지 않았다. 황국사관이 맹위를 떨치던 전쟁 때도 실증주의역사학이나 마르크스역사학의 불꽃이 완전히 사라진 적은 없었다. 그런 일본 사학사의 사실을 바탕으로 '현재'를 치열하게 바라보는 '비판' 정신을 견지하는 동시에 다각적으로 역사를 보는 노력 속에서 21세기의 일본 역사학도 다시 새로운 발전을 잉태해 나갈 것이다.

| 후기 |

원고를 다 쓰고 나서 내 자신의 능력 부족, 분량 초과(이 정도라도 주어진 예정 분량을 많이 넘었다)를 비롯하여 집필 준비 때부터 불안했던 일이 현실이 되어 버렸다는 느낌을 지울 수 없다. 처음부터 예상했지만 고고학과 문화사 분야는 거의 건드리지 못했다. 결국 스스로 평소 일정한 관심을 갖고 연구에도 직접 관여했던 문제 이외에는 아무 것도 쓸 수 없으며 쓰지 못했던 것이다.

그런 의미에서 이 책을 일본 사학사라 부르기에는 편중이 있으며 필요한 것이나 소중한 것에 대해 언급이 없는 부분이 적지 않다는 비판이 있어도 그저 감수할 따름이다.

그렇더라도 20세기의 거의 60년을 연구와 학회·학술 시스템, 역사교육 문제 등에 관여하며 살아온 한 사람으로서, 몸에 익힌 학문의 위상이나 학계 상황, 그 속에서 부족하지만 스스로 생각해 오던 바에 대해서는 나름대로 독자에게 전할 수 있었다고 여겨진다. 나는 이 책을 탈고하는 시점에 여든 나이가 되었다. 20세기를 살아온 한 역사 연구자의 체험과 생각을 21세기에 역사를 배우는 젊은 독자에게 전하고 조금이라도 참고가 될 수 있다면 정말로 기쁜 일이다. 21세기의 역사 연구자도 20세기 일본사 연구의 역사를 적확하게 이해하고 자각하지 않고서는 앞으로 나아갈 수 없을 터이다. 이 책이 조그만 참고가 되기를 기대한다.

| 옮긴이의 말 |

　전체 2부로 구성된 이 책은 메이지유신 이후 펼쳐진 20세기 일본 역사학의 '자기 검증'을 담고 있다. 근대국가의 창출을 꿈꾸던 시기부터 패전까지를 대상으로 한 1부에 이어, 2부에서는 점령 하의 개혁과 민주주의의 재편과 궤를 같이 하던 '전후역사학'의 태동 및 전개, 그리고 역사학 연구가 당면한 현실과 향후 전망까지를 아우르고 있다.
　전전의 흐름을 간단히 요약하자면, 19세기의 끝자락에 문헌 고증과 사료 비판, 연대기적 정치사를 주된 특징으로 갖는 근대 일본사학의 모델이 창출되었고, 이후 유학을 통해 서구에 뒤이은 근대화를 고민했던 2기, 다이쇼 데모크라시와 연동하는 국가 비판과 민중적 관점이 대두하던 3기, 그리고 4기는 마르크스역사학과 황국사관의 격돌, 실증 연구의 심화로 정리된다.
　전후는 마르크스역사학과 사회구성체론 등을 바탕에 깐 '전후역사학'의 개화로 대표되는 1기에서 비롯되어, 1960년대에 해당하는 2기에는 '근대화론'의 대두, 민중 연구의 활성화 등과 더불어 '대동아전쟁긍정론'과 같은 역사교육의 쟁점화가 시작되었다. 3기인 1970년대 이후가 되면 '새로운 역사학'으로서 사회사가 등장하여 기존 연구에서 소홀히 보아 넘긴 '주변적인 것, 마이너리티'에 관심이 높아지고, 아시아나 세계사와 접목되는 일본사 상의 재검토가 일어나게 된다. 그리하여 한 노학자의 눈에 비친 21세기 초엽 일본의 역사학은 전체적인 역사 인식의 현주소를 재점검하고 새로운 역사상을 제시할 수 있는 거대 이론의 부재, 즉 전환기에 처해 있다고 보인다.

지은이 나가하라 게이지는 1922년 중국 다롄(大連)에서 태어나서 2004년 서거하기 직전까지도 저작을 내놓은 일본 중세사의 강골 연구자이다. 1922년생이라는 데서 짐작되듯이 그가 보낸 청년 시절은 이 책 1부의 마지막인 전쟁 시기와 맞닿아 있다. 무엇보다 대학(도쿄대학 국사학과)에 입학했을 때는 황국사관이 기승을 떨치던 시대였고, 전쟁 말기에는 자신마저 군문에 몸을 던져야 했다. 그가 역사학에 뜻을 둔 바로 그 무렵 일본의 역사학은 하루하루 죽어 가고 있었던 것이다. 그러기에 청년 나가하라에게 제국주의와 군국주의는 역사 연구의 대상이기 이전에 현실로 닥쳐왔다.

이런 개인사를 바탕으로 연구자로서의 길을 어떻게 열어갔는가에 관한 짤막하고 겸손한 고백은 지은이 후기를 참조해도 좋겠다. 하지만 나가하라 게이지의 학문적 업적에 대한 자리매김으로서 전후 일본 중세사 연구의 주요한 맥을 형성하고 있는 '거목'이라는 점을 놓쳐서는 안 된다. 이 책 2부의 5장 '전근대의 국가사와 국가론'에서 스스로의 주요 관심사를 소개하고 있듯이, 나가하라는 중세 일본 사회의 특질을 장원제 하 '직(職)'의 체계에 초점을 맞춰 '관직 지위의 가산화(家産化)'로 풀어낸다. 그렇게 형성된 '직제 국가' 중세 일본은 구로다 도시오(黒田俊雄)의 '권문(權門) 체제 국가론'(공가, 무가, 사원이 각각 권문적 정치 집단을 형성하여 통치 권능을 분담하면서 천황 아래 통합되어 있었다고 봄)과 더불어 중세 국가론 이해의 쌍벽을 이룬다.

그리고 전후역사학의 대부 격인 이시모다 쇼(石母田正)가 헤이안・가마쿠라의 중세사 연구를 열어젖혔다면 나가하라는 남북조・무로마치・센고쿠까지 중세사 연구의 영역을 확대해 나갔다. 이 점을 염두에 두면서

이 책의 해당 부분을 재음미해 보는 것도 좋을 듯하다.

앞서 살폈듯이 나가하라와 역사학의 만남은 '현실'과 긴밀한 연계 속에서 이루어졌기에 그가 펼쳐 낸 역사학의 발자취는 결코 아카데미즘과 실증주의에 머문 적이 없었다. 1970년대에는 '이에나가 사부로(家永三郎) 교과서 소송'의 원고 대리인 가운데 한 사람으로서 역사교육과 민주주의의 소중함을 외쳤고, 원호 법제화와 히노마루·기미가요 문제가 불거질 때마다 적극적으로 준엄하게 발언하면서 자신이 처한 역사적 현실 속에 몸을 내던졌다. 새 천년이 시작되던 무렵 불거진 후소샤(扶桑社)의 역사 교과서 문제에 즈음해서는 여든 노구를 이끌고 올바른 역사교육과 역사 화해를 몸소 실천했다(가령《'自由主義史觀'批判》, 岩波ブックレット, 2000년). 이렇게 평생을 관통하는 고민의 자락들은 2부 6장 '근현대사를 보는 눈의 변화'에 오롯이 녹아 있다. 그런 나가하라에 대해 일본의 어떤 연구자는 '가장 전후역사학다운 학풍을 가진 연구자 가운데 한 사람'이라는 평가를 내린다.

'20세기 일본의 역사학'을 엮은 이 책을 읽어내려 가면서 독자 여러분들에게도 틀림없이 우리의 사학사에 관한 궁금증이 일었을 터이다. 메이지유신 이후 근대국가의 창출과 궤를 같이 하며 기지개를 켠 일본의 역사학은 한반도가 강점되는 20세기 초두에 본격적인 전개를 맞이하게 된다. 이웃 한반도에 드리워진 국권 상실이라는 운명의 가혹함은 사람뿐 아니라 역사학에도 깊은 생채기를 남겼을 것이며, 짐작건대 우리 역사학의 걸음마는 이 책 1부 4장의 '제국주의와 역사학'에 언급된 시라토리 구라기치(白鳥庫吉)와의 만남에서 비롯되었을 것이다. 그러기에 1945년 8월 15일은 역사적인 해방인 동시에 '역사학의 해방'이었어야 했다.

과연 20세기 우리 역사학은 식민 지배와 분단, 민주주의와 결부시키며 새로운 역사상을 여는 데 얼마만큼 이바지해 왔는가? 이 물음에 답하기 위해서는 우리 사학사가 지녔던 문제의식과 학문적 실천, 사회적 의미를 진지하게 궁구해야 한다. 그런 면에서 일본의 중세사가 나가하라 게이지를 길라잡이로 삼아 우리 역사학의 '미싱 링크'(missing link)를 더듬어 보는 것도 이 책이 한국의 독자에게 주는 교훈일 것이다.

이 책은 역사 연구자로서 갖춰야 할 자세를 되짚어 보는 데도 유용하다고 생각된다. 가령 책의 끝자락에 상당한 쪽수를 할애하여 아미노 요시히코(網野善彦)의 작업을 비판하는데, 정작 아미노는 나가하라의 고교 후배로서 형제와 다름없는 사이였다고 한다. 뒤늦게 학문 세계에 뛰어든 아미노는 나가하라한테서 사료 읽는 법, 논문 쓰는 법까지 배웠을 정도였다. 그렇게 가깝고 친근한 후배의 작업을 향해 나가하라는 일종의 공상적 낭만주의이며 과거 전쟁을 찬미했던 일본 낭만파와 상통한다는 혹독한 비판을 서슴지 않는다. 아미노에 대한 비판의 뿌리를 헤집고 들어가면 나가하라가 반복해서 거론했던 '사상 없는 실증주의'의 경계와도 공명한다. 어쩌면 그는 역사학 자체에 내재하는 함정, 즉 '무사상'으로 가거나 낭만주의로 빠지는, 역사주의의 치명적인 결점을 자각하고 싶었을 것이다. 역사 연구자로서 자신이 걸어온 길과 일본 역사학의 역사를 맞대응시킴으로써 연구자 개인과 전체 사학사의 접점으로부터 역사 연구와 사회 진보를 향한 재출발을 호소하려 했던 것이다. 그런 면에서 역사 연구자는 대상화된 역사를 다루면서도 거꾸로 역사 속에 자신의 존재를 자리매김할 수밖에 없는 시지푸스의 후예일지도 모르겠다.

이 책은 20세기를 중심으로 일본의 역사학이 걸어온 길을 진지하고 치열하게 톺아본 글이다. 페이지를 넘기면서 여러 유의미한 자극과 다양한 깨달음을 얻을 수 있으리라 감히 자부한다. 번역을 하는 시간들은 긴장감 넘치는 감동의 연속이었다. 그중에서 최근 한국 역사학 내에서의 '격투'와 관련하여 절절히 와 닿은 한 구절을 소개하고자 한다.

분명 마르크스의 사상과 학문은 자본주의 비판과 사회의 변혁을 위한 사회과학 이론이다. 그런 의미에서 정치적이라 할 수 있어도, 그의 사회 인식의 이론이 특정한 가치의식을 주관적으로 중시하여 사실을 왜곡하는 성질을 지닌다는 의미는 아니다. 주관성이나 이데올로기에 따라 좌우된 비과학적 인식은 본디 변혁에 기여할 수 없는 법이다. (……) 하지만 그것을 바로 '이데올로기적'이라고 치부해 버린다면 그 자체가 결과적으로 이데올로기적 관점에 빠지는 것이라고 할 수밖에 없다.(103~104쪽)

    고등학교 《한국 근현대사》의 기술을 둘러싼 일련의 논란은 크게는 해방 이후 역사학에 드리워진 분단의 그늘과 무관하지 않다. 이데올로기의 잣대에서 출발한 교육 당국의 검정과 수정 강제는 그 부당함과 졸속함을 넘어서서 이웃 일본의 경험에서 확인했듯 역사교육을 뒤틀리게 하고 역사학의 존재 의의와 활력마저 죽인다. 그러나 우리 역사학계와 사회는 이 중차대한 '한국판 이에나가 소송'을 일찌감치 포기했다.
    나가하라 게이지는 "'현재'를 치열하게 바라보는 '비판' 정신을 견지하는 동시에 다각적으로 역사를 보는 노력 속에서 21세기의 일본 역사학도 다시 새로운 발전을 잉태해 나갈 것"(329쪽)이라고 글을 맺고 있다. 우리는 어떻게 21세기 한국의 역사학을 열어 가고 있는가? 번역하는 내내 이런 물음이 뇌리를 떠나지 않았다. 독자 여러분께도 살펴주시길 부디 앙청하는 바이다.
    이 책이 세상이 나오기까지는 누구보다 삼천리 송병섭 대표의 '부추김'과 '배려'가 컸다. 어느 연구자보다 날카롭게 이 책의 가치를 먼저 파악하고 번역자를 다독이며 기다려 주었다. 그리고 출판의 결행에 즈음해서는 일본 국제교류기금의 번역 지원이 큰 힘이 되었고, 바쁜 와중에도 추천서 작성에 수고로움을 돌보지 않으신 동북아역사재단 정재정 이사장

님과 인하대 이계황 선생님께도 감사의 말씀을 올린다. 마지막으로 아내와 두 딸에게도 사랑과 고마움을 전하고자 한다. 역사 연구자로서 해를 거듭하면서 자신의 성과물에 배어 있는 가족의 흔적에 조금씩 눈길이 가곤 한다. 그런 면에서 우리의 작업은, 아니 모든 학문은 '패밀리 비즈니스'일지도 모르겠다.

2011년 2월
하종문

| 찾아보기 |

〈인명〉

ㄱ

가노 마사나오(鹿野政直) · 17, 208, 221, 224~226, 256, 274, 277
가도와키 데이지(門脇禎二) · 182
가메이 가쓰이치로(龜井勝一郞) · 149, 185, 186, 224, 241
가사마쓰 히로시(笠松宏至) · 208, 245
가사하라 가즈오(笠原一男) · 133
가쓰라 다로(桂太郞) · 69, 70
가쓰마타 시즈오(勝俣鎭夫) · 245
가와네 요시야스(河音能平) · 190
가와다 쓰요시(川田剛) · 27, 28, 54
가와사키 쓰네유키(川崎庸之) · 93, 125, 134
가와시마 다케요시(川島武宜) · 157, 169, 170, 171, 213
가와카미 데쓰타로(河上徹太郞) · 231
가와카미 하지메(河上肇) · 102, 113
가타야마 센(片山潜) · 102
가토 슈이치(加藤周一) · 215
가토 시게시(加藤繁) · 123
가토 히로유키(加藤弘之) · 34
간노 와타로(菅野和太郞) · 124
간바 미치코(樺美智子) · 207
고나카무라 기요노리(小中村清矩) · 54
고니시 시로(小西四郞) · 112, 219
고다 로한(露伴) · 88
고다 시게토모(幸田成友) · 88, 89, 90, 123
고다마 고타(兒玉幸多) · 159, 200, 212, 219
고든, 앤드루(andrew gorden) · 293~295
고미 후미히코(五味文彦) · 264, 312
고바야시 히데오(小林秀雄) · 231
고바타 아쓰시(小葉田淳) · 212
고사카 마사아키(高坂正顯) · 150

고야마 야스노리(小山靖憲) · 312
고야마 이와오(高山岩男) · 150
고지마 다카노리(兒島高德) · 29, 49
고쿠쇼 이와오(黑正巖) · 123, 126
고토 시게루(五島茂) · 123
고토 야스시(後藤靖) · 180
고토쿠 슈스이(幸德秋水) · 68, 69, 102
구라하시 후미오(倉橋文雄) · 155, 156
구로다 도시오(黑田俊雄) · 190, 191, 208, 259, 260, 263, 264, 322
구로다 히데오(黑田日出男) · 312
구로이타 가쓰미(黑板勝美) · 56, 70, 93, 110, 112, 135, 136, 311, 316
구로하 효지로(黑羽兵治郞) · 126
구루시마 히로시(久留島浩) · 260
구리타 히로시(栗田寬) · 90
구메 구니타케(久米邦武) · 15, 22, 28, 30, 41, 47, 50~55, 60, 71, 74, 87, 115, 139, 148, 323
구시다 다미조(櫛田民藏) · 108, 102
글럭, 캐럴(Carol Gluck) · 295, 296
기다 사다키치(喜田貞吉) · 69, 70, 74~77, 93, 123, 201, 250, 260
기무라 모토이(木村礎) · 200, 310
기시 도시오(岸俊男) · 182, 307
기조, 프랑수아(François Guizot) · 34
기타 잇키(北一輝) · 69
기타무라 도코쿠(北村透谷) · 222, 224
기타바타케 지카후사(北畠親房) · 39, 70
기타야마 시게오(北山茂夫) · 112
기타지마 마사모토(北島正元) · 212
기타지마 만지(北島万次) · 277
기히라 다다요시(紀平正美) · 146

## ㄴ

나가마쓰 쓰카사(長松幹) · 27
나가무라 유키히코(中村幸彦) · 316
나가미네 히데키(永峰秀樹) · 34
나가이 히데오(永井秀夫) · 165, 180
나가하라 가즈코(永原和子) · 255, 256
나가하라 게이지(永原慶二) · 191, 219, 252, 257, 264, 268, 310
나라모토 다쓰야(奈良本辰也) · 158
나오키 고지로(直木孝次郎) · 182
나이토 고난(內藤湖南) · 59, 62, 95, 96
나이토 지소(內藤耻叟) · 41
나카 미치요(那珂通世) · 40, 41, 58, 59
나카가와 요이치(中河与一) · 149
나카네 지에(中根千枝) · 215, 222
나카무라 기치지(中村吉治) · 56, 134, 179, 250
나카무라 나오조(中村直三) · 227
나카무라 나오카쓰(中村直勝) · 99
나카무라 마사노리(中村政則) · 168, 290, 294
나카이 노부히코(中井信彦) · 234
나카타 가오루(中田薰) · 61, 66, 63, 89, 90, 91, 127
네즈 마사시(禰津正志) · 125, 156
노로 에이타로(野呂栄太郎) · 103, 104~107, 111, 118, 142
노먼, 허버트(Herbert Norman) · 167, 209, 293
노무라 가네타로(野村兼太郎) · 123, 159
노사카 산조(野坂参三) · 113
노하라 시로(野原四郎) · 125, 155
니노미야 손토쿠(二宮尊德) · 227
니노미야 히로유키(二宮宏之) · 233~235, 247
니시 신이치로(西晋一郎) · 146
니시 아마네(西周) · 34
니시다 기타로(西田幾多郎) · 149, 150, 151
니시다 나오지로(西田直二郎) · 88, 95~98, 100, 101, 140, 148

니시무라 히로코(西村汎子) · 256
니시야마 마쓰노스케(西山松之助) · 246
니시오 간지(西尾幹二) · 297, 298
니시오카 도라노스케(西岡虎之助) · 221
니시지마 다케오(西島建男) · 269
니시지마 사다오(西嶋定生) · 275
니시카와 고지로(西川光二郎) · 69
니시타니 게이지(西谷啓治) · 150
니와 구니오(丹羽邦男) · 132
니이다 노보루(仁井田陞) · 191, 208

## ㄷ

다구치 우키치(田口卯吉) · 23, 36~39, 42, 52, 54, 316
다나베 하지메(田辺元) · 151
다나카 다케오(田中健夫) · 276
다나카 마사토시(田中正俊) · 283
다나카 아키라(田中彰) · 165
다나카 요시나리(田中義成) · 55, 70, 71
다누마 오키쓰구(田沼意次) · 93
다니가와 겐이치(谷川健一) · 317
다니모리 요시오미(谷森善臣) · 27, 28
다미무로 다이조(圭室諦成) · 93
다바타 야스코(田端泰子) · 201
다워, 존(John W. Dower) · 294
다카기 쇼사쿠(高木昭作) · 265
다카노 도시히코(高埜利彦) · 260, 268
다카무라 나오스케(高村直助) · 290
다카무레 이쓰에(高群逸枝) · 118~121, 255~257
다카시마 로쿠오(高島綠雄) · 310
다카야나기 미쓰토시(高柳光寿) · 158
다카하시 가메키치(高橋龜吉) · 105, 110, 124
다카하시 고하치로(高橋幸八郎) · 158, 169, 189, 173, 205, 251, 322
다카하시 신이치로(高橋磌一) · 156, 159
다카하시 야스오(高橋康夫) · 246
다카하타 모토유키(高畠素之) · 102
다케야마 미치오(竹山道雄) · 186

다케우치 리조(竹內理三)·93, 133, 219, 316, 318
다케우치 요시미(竹內好)·196, 197
다케코시 요사부로(竹越与三郎)·43, 44
다키카와 마사지로(瀧川政次郎)·123
다키카와 유키토키(瀧川幸辰)·144
다키타 마나부(田北学)·134
다테와키 사다요(帯刀貞代)·255
데루오카 슈조(暉峻衆三)·168
도다 요시미(戶田芳実)·190, 191, 264
도리오 도시오(鳥尾敏雄)·274
도마 세이타(藤間生大)·117, 158, 161, 172, 182
도야마 시게키(遠山茂樹)·156, 163~165, 180, 184~187, 213, 224
도요시타 나라히코(豊下楢彦)·291
도요타 다케시(豊田武)·134
도요토미 히데요시(豊臣秀吉)·267
도조 히데키(東条英機)·297
도쿠가와 미쓰쿠니(德川光圀)·24
도쿠마스 에이타로(德増栄太郎)·124
도쿠토미 로카(德富蘆花)·69
도쿠토미 소호(德富蘇峰)·36, 42, 43, 58, 61, 68
도쿠토미 이이치로(德富猪一郎)·223
돕, 모리스(Maurice Dobb)·173, 177
딜타이, 빌헬름(Wilhelm Dilthey)·97

## ㄹ

라이샤워, 에드윈(Edwin Reischauer)·293
람프레히트, 카를(Karl Lamprecht)·96, 97, 100
랑케, 레오폴트 폰(Leopold von Ranke)·47, 49, 87, 92, 97, 141, 231, 323
레닌·97
로스토, 월트(Walt Rostow)·213
리스, 루트비히(Ludwig Riess)·47, 49, 61, 87, 89, 90, 323
리케르트, 하인리히(Heinrich Rickert)·97

## ㅁ

마루야마 마사오(丸山真男)·156, 157, 169~171, 178, 205, 209, 316
마루야마 지로(丸山二郎)·160
마쓰다 도모오(松田智雄)·169
마쓰다 미치오(松田道雄)·185
마쓰다 히사오(松田寿男)·125
마쓰모토 신파치로(松本新八郎)·117
마쓰시마 에이이치(松島栄一)·156, 159
마쓰오 다카요시(松尾尊兊)·208, 288
마아키야마 겐조(秋山謙蔵)·125
마키 겐지(牧建二)·123, 134
마키노 신노스케(牧信之助)·124
모건, 루이스(Lewis Morgan)·119
모리 겐지(森謙二)·257
모리 다케마로(森武麿)·291
모리 아리노리(森有礼)·34, 71
모리스에 요시아키(森末義彰)·93, 317, 133
모리타 시로(守田志郎)·132
모리토 다쓰오(森戸辰男)·142
모모 히로유키(桃裕行)·133
모토다 나가자네(元田永孚)·22
모토오리 노리나가(本居宣長)·99, 100
무라오카 쓰네쓰구(村岡典嗣)·99, 100, 101, 151
무라이 쇼스케(村井章介)·268, 276, 277
무라이 야스히코(村井康彦)·208
무라카미 노부히코(村上信彦)·255
무라카와 겐타로(村川堅太郎)·322
무라타 슈조(村田修三)·313
무라타 시즈코(村田静子)·255
미나모토노 도시카타(源俊方)·161
미네기시 스미오(峰岸純夫)·322
미노다 무네키(蓑田胸喜)·142, 144
미노베 다쓰키치(美濃部達吉)·144
미사와 아키라(三沢章)·117
미시마 하지메(三島一)·125, 124, 159
미쓰이 고시(三井甲之)·144
미쓰이 레이코(三井礼子)·255

미쓰쿠리 겐보(箕作阮甫)·34
미쓰쿠리 린쇼(箕作麟祥)·34
미야모토 마타지(宮本又次)·126, 127
미야모토 쓰네이치(宮本常一)·220, 221
미야치 마사토(宮地正人)·268, 269, 290
미야케 세쓰레이(三宅雪嶺)·58, 59
미야케 요네키치(三宅米吉)·40, 41
미야타 노보루(宮田登)·220
미우라 게이이치(三浦圭一)·92, 259
미우라 히로유키(三浦周行)·90~92, 95, 96
미즈바야시 다케시(水林彪)·268~271
미카미 산지(三上參次)·55, 70
미키 세이이치로(三鬼清一郎)·212

## ㅂ

바흐오펜, 요한(Johann Bachofen)·119
반 노부토모(伴信友)·23
반노 준지(坂野潤治)·290
버클, 토머스(Thomas Buckle)·34, 37
베버, 막스(Max Weber)·169, 193, 251
베크, 아우구스트(August Boeckh)·99
브렌타노, 루요(Lujo Brentano)·73
브로델, 페르낭(Fernand Braudel)·245
블로크, 마르크(Marc Bloch)·232, 251
비토 마사히데(尾藤正英)·316
빈델반트, 빌헬름(Wilhelm Windelband)·97, 99, 100

## ㅅ

사가라 도루(相良亨)·316
사노 마나부(佐野学)·103
사사키 준노스케(佐々木潤之介)·180, 208, 212
사에키 아리요시(佐伯有義)·53
사이구사 히로토(三枝博音)·135
사카모토 다로(坂本太郎)·182, 262
사카모토 쇼조(坂本賞三)·264
사카이 도시히코(堺利彦)·69, 102
사쿠도 요타로(作道洋太郎)·127
사쿠라 아즈마오(佐久良東雄)·143
사키사카 이쓰로(向坂逸郎)·108
사토 가즈히코(佐藤和彦)·221, 312
사토 신이치(佐藤進一)·133, 137, 264, 311
사토 쓰지(佐藤通次)·144
사토우 히코시치로(里井彦七郎)·283
산조 사네토미(三条実美)·25
세키 아키라(関晃)·182
세키 야스시(関靖)·134
세키구치 히로코(関口裕子)·120, 256
세키노 다다시(関野貞)·75, 307
세타 가쓰야(瀬田勝哉)·312
쇼지 기치노스케(庄司吉之助)·180
스기야마 하지메(杉山元)·146
스기야마 히로시(杉山博)·200
스나가 렌조(須長蓮造)·223
스마 지카이(須磨千穎)·310
스에마쓰 겐초(末松謙澄)·31
스에카와 히로시(末川博)·160
스위지, 폴(Paul M. Sweezy)·173, 177
스즈키 게이조(鈴木敬三)·312
스즈키 기미오(鈴木公雄)·312
스즈키 다이잔(鈴木泰山)·133
스즈키 료이치(鈴木良一)·112, 173, 179
스즈키 마사시(鈴木正西)·155
스즈키 슌(鈴木俊)·125
스즈키 시게타카(鈴木成高)·150
스칼라피노, 로버트(Robert Scalapino)·293
스탈린·188
시게노 야스쓰구(重野安繹)·22~31, 36, 41, 47~49, 54, 55, 60, 94, 323
시노부 세이자부로(信夫清三郎)·156, 173
시노하라 하지메(篠原一)·185
시다 후도마로(志田不動麿)·125
시데하라 기주로(幣原喜重郎)·166
시라토리 구라키치(白鳥庫吉)·58, 59, 68, 81
시마즈 이에히사(島津家久)·273
시모야마 사부로(下山三郎)·165
시미즈 미쓰오(清水三男)·99, 134

시바 겐타로(柴謙太郎)・124
시바타 미노루(柴田実)・98
시바하라 다쿠지(芝原拓自)・166, 189, 208
시오자와 기미오(塩沢君夫)・189
시오타 쇼베에(塩田庄兵衛)・189
신무라 이즈루(新村出)・317
신조 쓰네조(新城常三)・133
쓰다 마미치(津田真道)・34
쓰다 소우키치(津田左右吉)・15, 74, 80~83, 117, 143, 144, 145, 146, 148, 324
쓰다 히데오(津田秀夫)・211, 301, 305
쓰보이 구메조(坪井九馬三)・63, 89
쓰보이 기요타리(坪井清足)・303
쓰지 젠노스케(辻善之助)・92~95, 101, 133, 134, 317
쓰치야 다카오(土屋喬雄)・108, 110, 123, 124, 135
쓰카다 다카시(塚田孝)・260, 260, 261

## ㅇ

아라이 하쿠세키(新井白石)・39
아라키 모리아키(安良城盛昭)・174~177, 190, 191, 210~212, 322
아루가 기자에몬(有賀喜左衛門)・129, 130, 131, 132
아마카스 겐(甘粕健)・160, 303
아마카와 아키라(天川晃)・290
아미노 요시히코(網野善彦)・235~243, 245, 246, 257, 322
아베 긴야(阿部謹也)・234
아베 이소오(安部磯雄)・102
아사노 아키라(浅野晃)・149
아사다 교지(浅田喬二)・285
아사오 나오히로(朝尾直弘)・210~212, 246, 265, 268
아시다 고레토(蘆田伊人)・123
아시카가 요시미츠(足利義満)・265, 267
아오키 가즈오(青木和夫)・182
아오키 미치오(青木美智男)・322

아이다 니로(相田二郎)・133, 136, 137, 311, 322
아이자와 다다히로(相沢忠洋)・302
아이자와 야스시(会沢安, 正志齋)・143
아카마쓰 슌스케(赤松俊輔)・269
아카자와 시로(赤澤史朗)・291
아키야마 겐조(秋山謙蔵)・125
아키자와 슈지(秋沢修二)・117
야나기타 구니오(柳田国男)・74, 77~80, 85, 86, 220, 221, 234, 243, 244, 328
야나이하라 다다오(矢內原忠雄)・160
야마구치 게이지(山口啓二)・212, 322
야마구치 마사오(山口昌男)・222
야마다 모리타로(山田盛太郎)・106, 107, 111, 158, 160, 167, 173, 322
야마다 요시오(山田孝雄)・146
야마무로 시즈카(山室静)・185
야마자키 안자이(山崎闇斎)・143
야마지 아이잔(山路愛山)・43, 44
야마카와 히토시(山川均)・102, 108
야스다 요주로(保田与重郎)・149
야스다 히로시(安田浩)・290
야스마루 요시오(安丸良夫)・226, 227, 228, 230, 269
에구치 보쿠로(江口朴郎)・186, 195, 196, 233
에모리 이쓰오(江守五夫)・257
에무라 에이이치(江村栄一)・180
에비사와 아리미치(海老澤有道)・133
엔도 모토오(遠藤元男)・125
엥겔스, 프리드리히・102, 119, 179
오고 가즈토시(小河一敏)・2728
오규 소라이(荻生徂徠)・170
오노 고지(小野晃嗣)・134
오노 다케오(小野武夫)・123, 124, 127, 128, 129, 211
오노 히토시(小野均)・93
오누마 나미오(小沼洋夫)・147
오다 노부나가(織田信長)・267, 308
오리구치 시노부(折口信夫)・85

찾아보기 **341**

오모리 긴고로(大森金五郎)・123
오미와 다쓰히코(大三輪龍彦)・246
오바야시 다료(大林太良)・222
오바타 아쓰시(小葉田淳)・134
오사타케 다케키(尾佐竹猛)・124
오시마 사다마스(大島貞益)・34
오시오 헤이하치로(大塩平八郎)・43
오쓰 도루(大津透)・263, 269
오쓰카 긴노스케(大塚金之助)・106
오쓰카 히사오(大塚久雄)・169, 171, 173, 178, 192~194, 205
오야마 교헤이(大山喬平)・259, 260
오야마 시키타로(大山敷太郎)・126
오야마 이쿠오(大山郁夫)・113
오에 시노부(大江志乃夫)・208, 285
오우치 쓰토무(大內力)・213
오우치 효에(大內兵衛)・108, 135, 160
오이시 가이치로(大石嘉一郎)・165, 180
오이시 나오마사(大石直正)・273
오치아이 나오즈미(落合直澄)・41
오카쿠라 고시로(岡倉古志郎)・156
오쿠노 다카히로(奧野高広)・133
오쿠보 도시아키(大久保利謙)・301
오하라 유가쿠(大原幽学)・227
와쓰지 데쓰로(和辻哲郎)・99~101, 151
와지마 세이이치(和島誠一)・160, 303
와카모리 다로(和歌森太郎)・159, 202, 203, 186
와키타 오사무(脇田修)・208, 212, 259, 260
와키타 하루코(脇田晴子)・201, 259
와타나베 고키(渡辺洪基)・47, 48
와타나베 오사무(渡辺治)・290
와타나베 요시미치(渡部義通)・115~119, 158, 172, 178, 190, 303
요네다 사요코(米田佐代子)・256
요시노 사쿠조(吉野作造)・92, 135
요시다 노부유키(吉田伸之)・246, 248, 260
요시다 다카시(吉田孝)・120, 182, 262, 271
요시다 도고(吉田東伍)・70, 74, 75, 123
요시다 미쓰쿠니(吉田光邦)・252

요시다 쇼인(吉田松陰)・42
요시다 아키라(吉田晶)・182, 259
요시다 유타카(吉田裕)・288, 291
요시무라 다케히코(吉村武彦)・263, 268
요시미 요시아키(吉見義明)・287
요시에 아키오(義江彰夫)・264, 268
요시에 아키코(義江明子)・120
요시카와 고지로(吉川幸次郎)・316
요코이 기요시(横井清)・259
요코이 쇼난(横井小楠)・223
요코타 후유히코(横田冬彦)・260
우메사오 다다오(梅棹忠夫)・215, 222, 304
우사미 세이지로(宇佐美誠次郎)・156
우에다 가즈토시(上田万年)・71
우에다 마사아키(上田正昭)・182
우에스기 신키치(上杉愼吉)・142
우에야마 슌페이(上山春平)・217
우에지마 다모쓰(上島有)・311
우에키 에모리(植木枝盛)・36
우에하라 센로쿠(上原專禄)・197, 198, 199, 216
우와요코테 마사타카(上横手雅敬)・264
우치다 긴조(內田銀蔵)・61, 62, 64~67, 87, 93, 95, 126, 140
우치무라 간조(內村鑑三)・53
월러스틴, 이매뉴얼(Immanuel Wallerstein)・245
윤건차・291
이가라시 다케시(五十嵐武士)・291
이가야 젠이치(猪谷善一)・123, 124
이기 히사이치(伊木寿一)・311
이나가키 야스히코(稲垣泰彦)・310, 322
이나바 아키라(稲葉曉)・269
이노마타 쓰나오(猪俣津南雄)・105
이노베 시게오(伊野辺茂雄)・110
이노우에 고와시(井上毅)・29, 46, 54, 55
이노우에 기요시(井上清)・112, 156, 165, 186, 196, 254, 255
이노우에 도시오(井上鋭夫)・179
이노우에 미쓰사다(井上光貞)・182, 207,

219, 262, 304, 316
이다 겐이치(飯田賢一) · 175
이데 후미코(井手文子) · 255
이로카와 다이키치(色川大吉) · 180, 222~226, 228, 234, 251
이루마다 노부오(入間田宣夫) · 273
이리에 아키라(入江昭) · 294
이마이 도시키(今井登志喜) · 123
이마이 린타로(今井林太郎) · 112, 134
이마이 세이이치(今井清一) · 184
이마이 오사무(今井修) · 7
이시가미 에이이치(石上英一) · 182, 312, 268
이시다 에이이치로(石田英一郎) · 222
이시모다 쇼(石母田正) · 64, 117, 156~158, 161~164, 172, 182, 196, 202, 207, 211, 233, 260, 262, 271, 316, 322
이시이 간지(石井寬治) · 166
이시이 다카시(石井孝) · 134
이시이 료스케(石井良助) · 263
이시이 스스무(石井進) · 208, 246, 263, 305
이시자카 마사쓰구(石坂公歷) · 223224
이쓰시 시게키(一志茂樹) · 201
이에나가 사부로(家永三郎) · 133, 182, 216, 281, 282, 287, 316, 335, 316
이와나미 시게오(岩波茂雄) · 144
이와쿠라 도모미(岩倉具視) · 28
이즈 기미오(伊豆公夫) · 117
이즈미 세이이치(泉靖一) · 222
이토 다사부로(伊東多三郎) · 93
이토 다카시(伊藤隆) · 288
이하 후유(伊波普猷) · 74, 83~86, 134

**ㅈㅊㅋㅌㅍ**

젤피, G · 31
주광회(朱光会) · 142, 143
지지와 미노루(千々和実) · 313
지지와 이타루(千々和到) · 313
카론, 프랑수아 · 90
카무라 아키라(中村哲) · 189

콩도르세(Marquis de Condorcet) · 96
크로체(Benedetto Croce) · 109, 141
태정관 정원(正院) · 25, 27, 34
페브르, 뤼시앵(Lucien Febvre) · 232

**ㅎ**

하나와 호키이치(塙保己一) · 23
하니 고로(羽仁五郎) · 106, 109~114, 118, 140~142, 155, 156, 164, 178, 196
하라 가쓰로(原勝郎) · 61~67, 87, 95, 140
하라 히데사부로(原秀三郎) · 189
하라다 도모히코(原田伴彦) · 134, 258
하바라 유키치(羽原又吉) · 129129
하야시 레이코(林玲子) · 256
하야시 모토이(林基) · 156, 158, 173, 178, 179
하야시 후사오(林房雄) · 217
하야시 히데오(林英夫) · 200
하야시야 다쓰사부로(林屋辰三郎) · 98, 99, 158, 199, 200, 202, 258, 259
하야카와 쇼하치(早川庄八) · 182
하야카와 지로(早川二郎) · 116, 117
하타노 세이이치(波多野精一) · 99
하타다 다카시(旗田巍) · 60, 125
하타케야마 마사나가(畠山政長) · 91
하타케야마 요시나리(畠山義就) · 91
핫토리 시소(服部之総) · 111~115, 118, 142, 164, 173
헤겔(Wilhelm Friedrich Hegel) · 96, 97
헤르더(Johann Herder) · 96
헤키 겐(日置謙) · 134
호게쓰 게이고(宝月圭吾) · 93, 133
호라 도미오(洞富雄) · 287
호리 쓰네오(堀経夫) · 123
호리바 기요코(堀場清子) · 256
호리에 야스조(堀江保蔵) · 126
호리에 에이이치(堀江英一) · 173
호시노 히사시(星野恒) · 55
호시노 히사시(星野恒) · 22, 28, 41, 47, 323

호타테 미치히사(保立道久)·264
혼이덴 요시오(本位田祥男)·123, 124
혼조 에이지로(本庄栄治郎)·126, 123, 126, 127
홉스봄, 에릭(Eric Hobsbawm)·294
후루시마 도시오(古島敏雄)·129, 131, 132, 156, 212, 322
후루시초프·188
후지 나오모토(藤直幹)·98
후지노 다모쓰(藤野保)·212
후지사와 모토조(藤沢元造)·69
후지와라 아키라(藤原彰)·184, 287
후지와라노 사네스케(藤原実資)·316
후지이 진타로(藤井甚太郎)·110
후지키 히사시(藤木久志)·179
후지타 고로(藤田五郎)·173, 210, 211
후지타 사토루(藤田覚)·269

후지타니 도시오(藤谷俊雄)·258
후카야 가쓰미(深谷克己)·265
후쿠다 도쿠조(福田徳三)·61, 62, 73
후쿠다 아지오(福田アジオ)·220, 221
후쿠자와 유키치(福沢諭吉)·22, 23, 25, 33~37, 39, 42, 43, 54, 60, 62, 70, 194, 198
후쿠토 사나에(服藤早苗)·256
히가온나 간준(東恩納寛惇)·85, 134
히고 가즈오(肥後和男)·98
히데무라 센조(秀村選三)·127
히라노 도모스케(平野友輔)·223
히라노 요시타로(平野義太郎)·106, 108, 151
히라누마 요시오(平沼淑郎)·123, 124
히라이즈미 기요시(平泉澄)·112, 133, 141~143, 146, 148, 157, 160, 274
히라타 아쓰타네(平田篤胤)·22, 40

〈저작·논문·학술지〉

ㄱ

《가가 번 사료》(加賀藩史料)·134
《가나자와문고 고문서》·134
《가도카와 일본지명대사전》(角川日本地名大事典)·75, 317, 318
《가마쿠라 막부의 소송제도 연구》(鎌倉幕府訴訟制度の研究)·133
《가마쿠라 유문》·316
《가마쿠라막부의 소송제도 연구》(鎌倉幕府訴訟制度の研究)
〈가와다 박사 외사변오의 설을 듣고〉(川田博士外史弁誤ノ説ヲ聞テ)·28
《가족·사유재산·국가의 기원》·119
《강좌 일본 기술의 사회사》(講座·日本技術の社会史)·252
《강좌 일본 기술의 사회사》·254
《강좌 전근대의 천황》(講座·前近代の天皇)·

268
《거대 조카마치 에도의 분절구조》(巨大城下町江戸の分節構造)·247
《건국 중흥의 본뜻》·142
《건국중흥의 본의》(建国中興の本義, 1934)
《경제사연구》·126, 127
《경제성장의 제 단계》(經濟成長の諸段階——つの非共産主義宣言—)·213
《경제학 비판》·189
《고대 장원사 사료의 기초적 연구》(古代莊園史料の基礎的研究)·312
〈고대의 신분제에 대하여〉·259
《고대의 천황제》·269
《고문서연구》·311
〈고문서학 개론〉·136
《고문서학 입문》·137
《고사기》(古事記)·37, 40
《고사기와 일본서기 연구》(古事記及日本書紀

の研究)·144
《고사류원》(故事類苑)·69
《고시 제도 연구》(鄕土制度の研究)·128
《고야산 문서》(高野山文書)·135
〈고지마 다카노리 연구〉(児島高德考)·49
〈공산당 선언〉·102
《교신문집》(虛心文集)·136
《구라파문명사》(歐羅巴文明史)·34
〈구메 구니타케 씨에게 묻는다〉(久米邦武氏ニ質ス)·53
《구미회람실기》(米歐回覽実記)·28
〈구스노키 부자 사쿠라이 역의 이별〉(楠公父子櫻井驛の別れ)·49
〈국가의 대사를 폭로하는 자의 불충불의를 논한다〉(国家の大事を暴露する者の不忠不義を論ず)·52
《국광》(国光)·52
《국민신문》·43
《국민의 벗》(国民之友)·42~44
《국사개설》·146~148
《국사대계》(国史大系)·37, 316
《국사대사전》·317, 318
《국사에서의 협동체 연구 상》(国史における共同体の研究 上)·203
〈국사와 민속학〉(国史と民俗学)·79
《국사총론과 일본 근세사》(国史総論及日本近世史)·64
〈국사편찬의 방법을 논한다〉(国史編纂ノ方法ヲ論ズ)·30
《국사학의 정수》(國史学の骨髓)·142, 146
《국서총목록》·317, 318
《국체론과 순정사회주의》(国体論及純正社会主義)·69
《국체의 본의》(国体の本義)·146, 147
《군서유종》(群書類從)·23
〈권징의 구습을 씻고 역사를 보자〉(勸懲の旧習を洗ふて歴史を見よ)·50
《그림으로 본 장원의 세계》(絵図にみる莊園の世界)·312
《근대 유럽경제사 서설》(近代歐州經濟史序說, 1944)
《근대 천황상의 형성》·269
《근대사회 성립사론》·173, 205
《근대유럽경제사 서설》(近代歐州經濟史序說)·169
《근대일본 지주제사 연구》·168
《근세 거대도시의 사회 구조》(近世巨大都市の社会構造)·247
《근세 도시사회의 신분 구조》(近世都市社会の身分構造)·247
《근세 번법집》(近世藩法集)·317
《근세 일본농업의 구조》(近世日本農業の構造)·131
《근세 정치사와 천황》·269
《근세의 법과 국제사 연구 서설》(近世の法と国制史研究序說)·270
《근세지방경제사료》·128
《근세초기 농정사 연구》·134
《기기 신화와 왕권의 제사》(記紀神話と王權の祭り)·270
'기기'(記紀,《고사기》와《일본서기》)·40, 41, 43, 48, 51, 80, 81, 83, 115, 117, 144~146, 307, 324
《기독교사 연구》(切支丹史の研究)·133
《기술의 사회사》(技術の社会史)·252, 254

ㄴ

《나라의 발자취》(くにのあゆみ)·156, 158, 159
《남조 연구》(南朝の研究)·99
《노농》(労農)·108
《니시진연구》(西陣研究)·126

ㄷ

《다누마 시대》(田沼時代)·93, 94
《다몬인 일기》(多聞院日記)·134
《다이조인사사 잡사기》(大乘院寺社雜事記)·134

〈다이코켄치의 역사적 전제〉(太閤檢地の歷史的前提)・174
《대동아전쟁 긍정론》・217
〈대동아전쟁의 사상사적 의의〉(大東亞戰爭の思想史の意義)・217
《대일본 여성사 제1권 모계제의 연구》(第日本女性史第1卷 母系制の研究)・118
《대일본고기록》(大日本古記錄)・316
《대일본고문서》・55, 136, 315
《대일본근세사료》・315
《대일본사》・24, 29, 39, 48, 49, 135
《대일본사료》・55, 71, 90, 315
《대일본지명사서》・74
《대일본편년사》・29, 33
《도리시마 는 포함되어 있는가―역사의식의 현재와 역사학》(〈鳥島〉は入っているか―歷史意識の現在と歷史学―)・274
《도쿠가와 막부의 쌀값 조절》(德川幕府の米價調節)・126
《독일사》・97
《동양경제잡지》・37
《동양에서 자본주의의 형성》(東洋に於ける資本主義の形成)・111, 196

## ㄹ

《류큐사료총서》・134

## ㅁ

《마르크스주의 강좌》・113
《막말 무역사 연구》(幕末貿易史の研究)・134
《막말 사회론》・180
〈막말의 사상적 동향〉(幕末に於ける思想的動向)・111
〈막말의 사회경제 상태, 계급관계 및 계급투쟁〉(幕末に於ける社会経済狀態階級関係および階級闘爭)・110, 178
〈막말의 정치적 지배 형태〉(幕末に於ける政治的支配形態)・110

〈막말의 정치투쟁〉(幕末に於ける政治闘爭)・111
〈막번 체제에서의 공의와 조정〉(幕藩体制における公儀と朝廷)・270
《만국신사》(萬国新史)・34
《메이지 여성사》・255
《메이지 전기 재정경제 사료집성》・135
《메이지 정신사》・222, 225
《메이지문화 전집》・135
〈메이지유신〉(《岩波講座 日本歷史》)・111
〈메이지유신〉(도야마 시게키, 1951)・163~165
〈메이지유신과 현대 지나〉(明治維新と現代支那, 19310
〈메이지유신사 해석의 변천〉(明治維新史解釋の變遷)・110
〈메이지유신사〉(핫토리 시소, 1928)・113
〈메이지유신의 혁명과 반혁명〉(明治維新の革命及び反革命)・113
《모계제 연구》(母系制の研究, 1938)
《모권론》・119
《모토오리 노리나가》(本居宣長)・99
〈몽골 내습〉(蒙古襲來)・236
《무엔・구가이・라쿠: 일본 중세의 자유와 평화》(無縁・公界・樂―日本中世の自由と平和―)・235
《문》(文)・40
《문명론의 개략》(文明論之概略)・22, 33, 35
《문명의 생태사관》(文明の生態史觀)・215
《문학에 나타난 우리 국민사상 연구》(文学に現はれたる我が国民思想の研究)・81, 82
《문화사란 무엇인가》(文化史とは何ぞや)・97
《물질문명・경제・자본주의 15~18세기》・245
《미나모토노 요리토모》(源賴朝)・44
《민간전승론》・79
《민족과 역사》(民族と歷史)・75, 76
《민중사 연구》・221
《민중생활사 연구》・221

ㅂ

《백성잇키의 전통》(百姓一揆の傳統)・178
《복고기》(復古記)・25, 27
《본방영구소작 청관행》(本邦永小作慣行)・128
《봉건사회》・251
《부인・여성・여자: 여성사의 물음》(婦人・女性・おんな: 女性史の問い)・256
《분케이슌쥬》(文藝春秋)・185
《비교가족사연구》・257

ㅅ

《사료찬집》・316
《사림》(史林)・123
《사원장원 연구》(寺領莊園の研究)・133
《사적 유물론》・188
《사카이 시사》(堺市史)・91
〈사토 노부히로에 관한 기초적 연구〉(佐藤信淵に關する基礎的研究)・110
《사학》・31
《사학잡지》・61, 141, 157
《사학회잡지》(史学会雑誌)・28, 47, 48, 50, 53
《사해》(史海)・37, 52, 53
《사회경제사 연보》・232
《사회경제사학》・124
《사회구성사 체계》(社會構成史体系)・172
《사회문제 강좌》・104
《사회사연구》・75
〈상고연대고〉(上古年代考)・40
《상대 불교사상사 연구》(上代佛教思想史研究)・133
《상대 일본의 사회와 사상》(上代日本の社會及び思想)・144
《상대 학제의 연구》(上代学制の研究)・133
《서양사정》(西洋事情)・22, 25, 33, 35
《선종의 지방적 발전》(禪宗の地方的發展)・133

《성숙해져 가는 에도》(成熟する江戸)・247
《세계사의 기본 법칙》(世界史の基本法則)・189, 190
《세카이》(世界)・170
《센고쿠 시대의 교통》(戰國時代の交通)・133
〈센고쿠 시대의 국민의회〉(戰國時代の国民議会)・91
《센고쿠법 성립사론》(戰國法成立史論)・245
〈센코쿠 시대의 국민의회〉(戰國時代の国民議会)・91
《소우기》(小右記)・316
《소유권법의 이론》(所有權法の理論)・170
《쇼군 권력의 성립》(将軍權力の成立)・213
《쇼소인 문서》(正倉院文書)・135
《쇼와사》(昭和史)・184, 185, 186, 187, 188, 221, 224
《수직적 사회의 인간관계》(タテ社会の人間関係)・215
〈순수 봉건제도 성립에서 나타난 농민투쟁〉(純粹封建制度成立に於ける農民闘爭)・179
《슈겐도사 연구》(修験道史研究)・202, 203
《스치잇키 연구》(土一揆研究, 1974)
《시나노》(信濃)・201
《시리즈 근세의 신분적 주연》(シリーズ 近世の身分的周縁)・260
《시리즈 일본근현대사》・290
《시리즈 전후 일본》・290, 294
《시민혁명의 구조》(市民革命の構造)・173
《시사신보》(時事申報)・43
《시중취체류집》(市中取締類集)・315
《시즈오카 현 사료》・137
《신대사 연구》(神代史の研究)・144
《신대사의 새로운 연구》(神代史の新しい研究)・80, 81, 83
《신대사의 연구》(神代史の研究, 1924)
《신분론에서 역사학을 생각한다》・260
《신슈 주마의 연구》(信州中馬の研究)・131
《신일본사》・43
《신정증보 국사대계》・316
《신지나론》(新支那論)・62

〈신토는 제천의 풍속〉(神道は祭天の古俗)・ 38, 50, 53, 56
《신편 소슈고문서》・137
《신황정통기》(親皇正統記)・70
《신흥과학의 깃발 아래》(新興科学の旗のもとに)・110
《심포지엄 일본역사》・182
《쓰치잇기 연구》(土一揆研究)・179
《아라이 하쿠세키 일기》(新井白石日記)・316

## ㅇ

《아시카가 다카우지》(足利尊氏)・44
《아즈마카가미》(吾妻鏡)・24
《양양사담》(洋々社談)・40
〈'엄마니 시대'의 역사적 조건〉('嚴マニ時代'の歷史的条件)・113
《에도와 오사카》(江戶と大阪)・88
《엔기시키》(延喜式)・277
《여성사학》・256
《여성의 역사》・255
《역사로서의 전후 일본》(歷史としての戰後日本)・294, 295
《역사로서의 전후사학》(歷史としての戰後史学)・243
《역사서술의 이론과 역사》(歷史敍述の理論及歷史)・109, 141
《역사와 경제》(歷史と經濟)・158
《역사와 민족의 발견》(歷史と民族の発見)・211
《역사적 현실》・151
《역사지리》・75, 123
《역사학 비판 서설》・110
《역사학 서설》・5
《역사학연구》(歷史学研究)・124, 156
《역사학적 방법의 기준》(歷史学的方法の基準)・234
《연보·일본근현대사》・291
《영구소작론》(永小作論)・128
《영국개화사》・34
〈영웅은 공중의 노예〉(英雄は公衆の奴隷, 1889)
《옛 가고시마 번의 가도와리 제도》(旧鹿児島藩の門割制度)・128
《옛 류큐》(古琉球)・85
《옛 사가 번의 농민 토지제도》(旧佐賀藩の農民土地制度)・128
《오사카 시사》(大阪市史)・89
〈왕조시대의 장원에 관한 연구〉(王朝時代の莊園に関する研究)・67
《요나오시 잇키의 연구》(世直し一揆の研究)・180
〈요로 호령 응분 조의 연구〉(養老戶令應分条の研究)・66
《요시다 쇼인》(吉田松陰)・42, 43
《요역노동제의 붕괴 과정》(徭役労働制の崩壊過程)・131
《우치다 긴조 유고 전집》・64
'우네비사학총서'(畝傍史学叢書)・133, 139
《원리일본》・144
《원정기 사회 연구》(院政期社會の研究)・264
《유신 농촌사회사론》・128
〈율령 천황제에서의 국제 개념 체계〉(律令天皇制における国制概念体系)・270
《이국총서》(異国叢書)・135
〈20세기의 역사와 전쟁〉・294
《이와나미강좌 근대 일본과 식민지》(岩波講座 近代日本と植民地)・285
《이와나미강좌 일본역사》(岩波講座 日本歷史)・111, 136, 182, 207, 208
《이천오백년사》(二千五百年史)・43
《인간정신 진보사》(人間精神進步史)・96
'인물 총서'(吉川弘文館)・182
《일본 가족제도와 소작제도》(日本家族制度と小作制度)・130
《일본 경제사 문헌》・126
〈일본 경제사 및 사학과 경제학의 교육적 가치〉(日本經濟史及び史学と經濟学との教育的價値)・64
《일본 경제사》・43
《일본 경제사 사전》(日本評論社)・126

《일본 경제사 연구》(日本經濟史の研究)・64
《일본 경제사론》・73
《일본 고대 어업경제사》・129
《일본 고대국가》・161
《일본 고대사 연구》(日本古代史の研究)・116
《일본 고대사회》・116
《일본 과학고전 전서》(전15권)・135
《일본 근대 어업경제사》・129
《일본 근세사》・64, 65
〈일본 근세사의 자립〉(日本近世史の自立)・210
《일본 농업 문제의 전개》(日本農業問題の展開)・168
《일본 농업기술사》・131
《일본 농학사 제1권》・131
《일본 도시사 입문》・246
《일본 동시대사》・290
《일본 모계 시대의 연구》(日本母系時代の研究)・116
《일본 문화사 서설》・96
《일본 문화사》・92, 94
《일본 민중사》・220
《일본 병농사론》(日本兵農史論)・128
《일본 봉건제도 성립사》・134
《일본 부인》・120
《일본 불교사 연구》(日本佛敎史之硏究)・93
《일본 불교사》・92, 94
《일본 사회의 가족적 구성》(日本社會の家族的構成)・170
《일본 사회의 사적 규명》(日本社會の史的究明)・157
《일본 산업발달사 연구》(日本産業發達史の研究)・134
《일본 상대사 연구》・144
《일본 상대사》・134
《일본 어업경제사》・129
《일본 여성사》(여성사종합연구회, 1982)・256
《일본 여성사》(이노우에 기요시, 1945)・254, 255
〈일본 역사에 나타난 인권 발달의 흔적〉(日本の歷史に於ける人權發達の痕迹)・43
《일본 왕조국가 체제론》・264
《일본 원시사회사》・116
《일본 자본주의 발달사 강좌》・106, 108, 109, 110, 111, 113, 178, 184, 210, 261, 266, 279, 324
《일본 자본주의 발달사》・105
《일본 자본주의 분석》・108
《일본 자본주의 사회의 기구》(日本資本主義社會の機構)・108, 151
〈일본 장원의 계통〉(日本莊園の系統)・67
《일본 장원제론》・134
《일본 장원제사론》・128
《일본 정치사상사 연구》(日本政治思想史研究)・170
《일본 중세 가족사 연구》(日本中世国家史の研究)・263
《일본 중세법사론》(日本中世法史論)・245
《일본 중세사》・63, 64, 65
《일본 중세의 국가와 종교》(日本中世の国家と宗敎)・263
《일본 중세의 비농업민과 천황》(日本中世の非農業民と天皇)・235, 236, 238
《일본 중세의 사회와 국가》(日本中世の社会と国家)・264
《일본 중세의 안과 밖》(日本中世の內と外)・276
《일본 중세의 촌락》・134
《일본 촌락사 연구》・310
《일본 촌락사고》(日本村落史考)・128
《일본 현대사 I 메이지유신》・165
《일본 화폐유통사》・134
《일본개화소사》(日本開化小史)・23, 37~39
《일본농서전집》・317
《일본대왕국지》(日本大王国志)・90
《일본사상대계》・316
《일본사학제요》(日本史学提要)・40, 41
《일본상고연대고》(日本上古年代考)・40
《일본서기》(日本書紀)・23, 37, 40
《일본서민생활사료집성》・317

《일본에서 근대국가의 성립》(日本における近代国家の成立)・293
《일본역사 총서》(三笠書房)・134
《일본역사》(일본역사학회)・158
《일본역사교정》・117, 303
《일본역사지명대계》(平凡社)・75, 318
《일본역사학 대계》(日本評論社)・134
《일본-유럽 교류사》(日歐通交史)・90
《일본의 고대국가》(日本の古代国家)・196, 233
《일본의 고문서》(日本の古文書)・136
〈일본의 근대화와 민중사상〉(日本の近代化と民衆思想)・226
《일본의 근대화와 민중사상》・226, 227
《일본의 사상》(日本の思想)・209
《일본의 사회사》(日本の社會史)・268
《일본의 신도와 미국의 국민성》(日本の臣道・アメリカの国民性)・101
《일본의 역사》(中央公論社)・219
《일본의 역사가》(日本の歷史家)・17
《일본의 영주제 성립사 연구》・264
《일본의 중세국가》(日本の中世國家)・264
《일본인》・58
《일본인의 기술》・252
《일본통사Ⅱ 봉건제의 재편과 일본적 사회의 성립》(日本通史Ⅱ 封建制の再編と日本的社會の成立)・270
《잇코잇키 연구》(一向一揆の研究)・179

## ㅈ

《자본론》・102
〈자본주의 생산에 선행하는 형태들〉(資本主義生産に先行する諸形態)・175
《자본주의 형성기의 질서의식》(資本主義形成期の秩序意識)・225
《자유교역 일본경제론》・37
《잡종문화》(雜種文化)・215
《장래의 일본》(將來之日本)・42
《장원》(莊園)・264

《장원사 연구》(莊園史の研究)・221
《장원의 역사》(莊園の歷史)・99
〈전국책과 마키아벨리를 읽는다〉(戰国策とマキャベリを讀む)・44
《전형기의 역사학》(轉形期の歷史学)・110
《정본 야나기타 구니오집》・220
〈정신발전사의 강령〉(精神發展史の綱領)・96
《제국주의와 민족》(帝国主義と民族)・195
《제도매상재흥조사》(諸問屋再興調)・315
《조선사》・60
《존황사상과 그 전통》(尊皇思想とその傳統)・101
《종합여성사연구》(總合女性史研究)・256
《주오고론》(中央公論)・150, 186, 217
《중세 관개사 연구》(中世灌漑史の研究)・133
《중세 도시 연구》(中世に於ける都市の研究)・134
《중세 일본 상업사 연구》(中世日本商業史の研究)・134
《중세의 사원과 사회관계》・142, 143
《중세의 사원과 예술》(中世の社寺と芸術)・133
《중세의 세키쇼》(中世の関所)・133
〈중세의 신분제와 국가〉・259
《중세의 신분제와 비천 관념》・259, 260
《중세적 세계의 형성》(中世的世界の形成)・64, 117, 157, 161, 162, 163, 196, 233
〈중세의 국가와 천황〉(中世の国家と天皇)・263
《지나 사상과 일본》(支那思想と日本)・82, 145
《지나통사》(支那通史)・40
《진종교단 전개사》(真宗教團開展史)・133

## ㅊㅋㅌㅍ

《천황론을 읽는다》(天皇論を讀む)・269
《천황제의 정치사적 연구》・269
《체계・일본사 총서》・182
《체계・일본역사》・182
〈초국가주의의 이론과 심리〉(超国家主義の理

論と心理)・170
《초서혼 연구》(招婿婚の研究)・119
〈크로포트킨의 사회사상 연구〉(クロポトキンの
   社会思想の研究)・142
《클리오의 얼굴》(クリオの顔)・209
《태평기》(太平記)・49
〈태평기는 사학에 이롭지 않다〉・29, 50
《태평양전쟁》・281
《토지제도사학》・158
〈특수부락 연구호〉(特殊部落研究号)・76
《패배를 끌어안고》(敗北を抱きしめて)・294
《편년 오토모 사료》(編年大友史料)・134
〈프랑스의 Parage와 일본의 소료〉(佛蘭西の
   Parageと日本の惣領)・66
《프로테스탄티즘의 윤리와 자본주의 정신》・
   193

**ㅎ**

《하멜른의 피리 부는 사나이》(ハーメルンの笛吹
   き男)・234
《학문의 권유》(学問のすゝめ)・35

《향토 제도 연구》(郷土制度の研究, 1925)
《향토생활의 연구법》(郷土生活の研究法)・79
〈헤이안 유문〉(平安遺文)・316
《현대 금권사》(現代金權史)・44
〈현대 역사가에 대한 의문〉(現代歴史家への疑
   問)・185
《현대 일본사회》・290
〈현대사 연구의 문제점〉(現代史研究の問題点)
   ・186
《현대사 자료》・317
〈현대사의 깊이와 무게〉(現代史の深さと重さ)
   ・185
〈현재 속의 과거〉(現在のなかの過去)・296
〈화란야화〉(和蘭夜話)・90
《황실경제사 연구》(皇室御經濟史の研究)・133
《후대의 사냥 언어 기록》(後狩詞記)・78
《후쿠다 도쿠조 경제학 전집》(福田德三經齊学
   全集)・73
《후쿠다 히데코》(福田英子)・255
《히가시야마 시대 한 진신의 생활》(東山時代に
   於ける一縉紳の生活)・63
가이세이쇼(開成所)・34

〈기관・연구단체〉

경오회(庚午会)・125
경제사연구회・126
교과서검정 소송을 지원하는 역사학 관련자 모
   임(教科書檢定訴訟を支援する歴史学関係
   者の会)・217
교학쇄신평의회・146
국립공문서관・301, 305
국립민속학박물관・304
국립역사민속박물관(사쿠라 시)・304, 305
국민정신문화연구소・148
국사편집국・25
근대일본연구회・213
나라(奈良) 국립문화재연구소・307

내각 임시수사국・47
도요에이와학교(東洋英和学校)・44
도쿄학사회원(東京学士会院)・27, 30
무산부인예술동맹・118
문화재보존전국협의회・160, 303
문화재보호대책협의회・160, 303
문화재보호위원회(1968년 문화청으로 개편)・
   302
민주주의과학자협회(민과)・158, 254
부인문제연구회・254
비교가족사학회・257
비교사・비교역사교육연구회・293
사료편찬계・55, 56, 90, 93, 110, 135, 136

사료편찬소(도쿄대학)·300
사학연구회(교토대학 사학과)·123, 158
사학회·47, 123, 157
사회경제사학회·122, 123, 124, 129
사회과학연구소(도쿄대학)·290
사회정책학회·124
산업노동조사소·113
쇼헤이코(昌平黌)·27, 28
수사관·26, 27, 28, 46, 47
수사국(修史局)·23, 26, 27, 28, 29, 55
시나노사학회(信濃史学会)·201
여성사연구회·255
여성사종합연구회(女性史総合研究会)·256
역사과학자협의회·158
역사교육자협의회·159
역사학연구연락위원회·160, 305, 306
역사학연구회(역연)·122~125, 129, 155~157, 159, 189, 207, 290
연합국총사령부(GHQ)·155, 160, 166, 167, 294
원리일본사(原理日本社)·144
유물론연구회·113

일본경제사연구소·126
일본고고학협회·158
일본고문서학회·311
일본사연구회·158, 199
일본역사지리연구회(일본역사지리학회)·75, 123
일본역사학협회·160, 305, 306
일본역사학회·158
일본학술회의·160, 305, 306
정치경제학·경제사학회·158
GHQ→연합국총사령부
종합여성사연구회(総合女性史研究会)·256
중세도시연구회·246
지방사연구협의회·159, 200
태정관 권소서기관(權少書記官)·31
토지제도사학회·158
프롤레타리아과학연구소·113
향토회·77
화학강담소(和学講談所)·23
황전강구소(皇典講究所)·29
황전강구소·69
흥국동지회(興国同志会)·142